U0112282

双语经典

人生的枷锁 下

〔英国〕威廉·萨默塞特·毛姆 著 刘永权 译

译林出版社

第六十三章

菲利普没能通过三月底的解剖学考试，他和邓斯福德一起复习的这门功课。两人对着菲利普购置的骨架模型互相问答，直到对每一处骨骼上的附着物、骨节和骨沟的位置及功用都烂熟于心为止。但是到了考场上，菲利普却惊慌怯场了，突然担心会答错问题，结果反而不能给出正确答案。他知道这下又考不过了，甚至第二天都懒得去考试大楼看自己有没有通过。第二次考试的失利，让他绝对被划归到本年级既没能力又懒散的那类学生中去了。

他自己却不大在乎。他还有别的事情要考虑。他告诉自己米尔德里德一定也像其他人一样有着七情六欲，唯一的问题就是如何唤醒它们罢了。关于女人他有着自己的一套理论：她们内心也好色，只要你能百折不挠，最终能征服她们。关键是要找准时机，耐住性子，不时表示关心以消磨她们的意志；趁她们疲乏时，温柔体贴地打开她们的心扉；当她们遇到工作、生活中的种种烦恼时，为她们提供慰藉。他跟米尔德里德谈起他在巴黎的朋友与他们所仰慕的漂亮女士之间的关系。他所描述的生活显得那么迷人，那么轻松欢快，而且毫无粗俗之气。他把米密和鲁道夫，以及缪塞①和其他人的恋爱冒险经历与他自己的回忆交织在一起，他的故事在米尔德里德耳朵里就是：生活虽然贫穷，但因生活中洋溢着歌声与欢笑，那种生活也就充满诗情画意；纵然是私情，也因美与青春使见不得光的爱变得浪漫温馨。他从不直接抨击她对两性关系的偏见，而是竭力暗示她的观念保守褊狭。他从不会让自己因为她的漠然态度而烦扰，也绝不会为她的冷落而恼怒。他觉得自己已经让她生厌了，于是努力使自己显得和蔼可亲、诙谐幽默。他绝不让自己动辄生气，他绝不提任何要求，绝不抱怨，绝不斥责。当她定下约会而又失约时，他第二天见她时照样笑脸相迎。在她向他表达歉意时，他只说一句"没关系"。他绝不让她看出其实这已经伤了他。他明白自己诉说相思之情让她实在厌烦，所以他小心翼翼地把情感隐藏起来，免得让她产生厌烦之感。想想他还真有点高尚呢！

她从没提到过他的这种变化，因为她根本就不曾注意过，但这还是对她产生了影响。她变得对他更加信任起来，受到什么委屈总要向他倾诉，她对店里的女经理、某位同事或者她的婶婶有了不满总是向他抱怨。她现在变得话多了起来，虽然喋喋不休谈的都是些琐事，不过菲利普一向都是洗耳恭听。

"你要是不老没完没了地说爱我之类的话，我还是挺喜欢你的。"她有一次跟他说。

"我受宠若惊。"他笑道。

她没有意识到自己这句话让他的心一下子沉了下去，他费了好大劲儿才让自己的应答显得轻松。

---

① 米密、鲁道夫、缪塞，这三人均为法国小说家亨利·米尔热的长篇小说《波希米亚人的生活》中的人物。

"哦，我现在不介意你偶尔吻我一下，那样你高兴快乐，而我也不损失什么。"

她偶尔还会主动要求他带她一起出去吃晚饭，听到她这么提议时，他喜出望外。

"对别人我才不提这种要求呢，"她为自己辩解道，"但我知道我可以跟你一起去吃饭。"

"这真是让我无比荣幸。"他笑着说。

快到四月末的一天晚上，米尔德里德让菲利普请她吃点东西。

"好的。"他说道，"那之后你想去哪儿？"

"哦，哪儿也不去，我们就坐着聊会儿吧。你不会介意，对吗？"

"当然不会。"

他心想她一定是开始在意他了。要是在三个月前，一晚上都花在聊天上，这种念头想想都会让她无聊得要死。天气晴好，春天让菲利普的兴致很高，现在他很容易满足。

"哦，等夏天来了那才美妙呢。"他说道，当时他们正坐在开往索霍区的公交车的顶层上——米尔德里德自己说他们花钱不应该那么大手大脚，所以没坐出租马车去。"我们今后每逢星期天都可以在泰晤士河边玩上一天，我们可以把午餐装在篮子里带去。"

米尔德里德淡淡地一笑，菲利普仿佛受到了鼓励，一把拉住她的手，她也没有缩回去。

"我真的认为你开始有点喜欢我了。"菲利普笑着说。

"你真傻，你知道我喜欢你的，否则我就不会跟你在一起了，不是吗？"

他们现在是索霍区那家小饭馆的常客，当他们进来时，店主冲他们笑了笑，那个侍者也殷勤招待。

"今晚让我点菜吧。"米尔德里德说道。

菲利普把菜单递给她，觉得她比以往更加迷人，她点了她自己最喜欢的菜。菜单上的品种本来就不多，他们已经把店里的所有菜品都吃个遍。菲利普很兴奋，他一会儿盯着她的双眸，一会儿又把目光停留在她完美而又苍白的脸庞上。吃完晚饭，米尔德里德破例点了一根香烟，她平时很少吸烟。

"我觉得女士吸烟看着可不怎么好。"她说道。

她犹豫了片刻，然后又接着说：

"我让你带我出来，还让你今晚请我吃一顿晚餐，你是不是感到有些奇怪？"

"我乐意之至。"

"我有话要对你说，菲利普。"

菲利普飞快地看了她一眼，心猛地一沉，但是经过磨炼，他已经能保持表面上的镇静了。

"好的，你说吧。"他笑着说。

"你不会傻得想不通吧？事实上，我快要结婚了。"

"是吗？"菲利普说道。

他实在想不出能说什么，他以前也经常考虑到会有这种可能，也想象过他应该做什么和说什么。当他想到要承受的绝望，就痛苦难当，甚至还想过自杀，想过怒火会让他失去理智。但是也许他对自己的这段感情经历有着太充分的估计，所以现在他只觉得筋疲力尽。他感觉自己就像一个重病在身的病人，生存的希望是如此渺茫，所以对什么问题都已经看淡，只想一个人静静地待着。

"你知道，我的年龄也一天天大了，"她说道，"我今年都二十四岁了，也是该成家的时候了。"

菲利普沉默着，看着正坐在柜台后面的店主人，随后他的目光停在一位食客帽子上的一根红羽毛上。米尔德里德被惹恼了。

"你应该向我道喜吧。"她说道。

"我是该向你道喜，可不是吗？我几乎不相信这是真的。我梦到过很多次了。你让我带你出来吃饭，我一直喜出望外呢，原来是这么回事。你要嫁给谁呀？"

"米勒。"她答道，脸微微地红了一下。

"米勒？"菲利普吃惊地喊道，"但是你已经好几个月都没见到他了呀。"

"他上周有一天来吃午饭，就是那时向我求的婚。他能挣不少钱，现在是一周七英镑，以后还会挣得更多。"

菲利普又沉默了，他记起米尔德里德对米勒一直颇有好感。米勒能让她喜笑颜开，米勒的外国血统有一种奇特的魅力，米尔德里德不知不觉地就被这种魅力吸引。

"我想这一天总会到来的，"他终于开口说道，"你理所当然会接受出价最高的求婚者。你什么时候结婚？"

"下周六，我已经发请柬了。"

菲利普突然感到一阵锥心的疼痛。

"这么快？"

"我们打算在登记处办个结婚手续，不打算大操大办。埃米尔①喜欢这样。"

菲利普觉得心力交瘁，他想早点儿从她这儿脱身，打算直接上床休息。他招呼侍者买单。

"我会为你叫一辆出租马车送你到维多利亚火车站去，

_____

① 埃米尔是米勒的名。

我敢肯定你不会等太久火车的。"

"你不和我一起去了吗？"

"如果你不介意的话，我想我就不陪你了。"

"随你的便吧，"她傲慢地答道，"我想明天用茶点的时候我还能见到你吧？"

"不，我想我们最好到此为止吧，我看不出为什么我还要继续折磨自己。车费我已经付过了。"

菲利普冲米尔德里德点了点头，强挤出一丝微笑，然后跳上一辆公共汽车回了家。在睡觉之前，他抽了一斗烟，但眼睛几乎都睁不开了。他并没觉得有任何痛苦，头一沾枕头，马上就沉沉地睡着了。

第六十四章

但是大约在凌晨三点钟的时候，菲利普醒了，再也无法入睡。他又开始想米尔德里德，他努力控制自己不去想她，但又控制不住。他一遍又一遍地反复想着这件事，直到头昏脑涨。米尔德里德最终要嫁人，这也是不可避免的事。对于一个不得不自己谋生糊口的女孩子来说，生活是艰难的；如果她能找到某个可以给她一个舒适家庭的男人，她要嫁给他也无可厚非。菲利普承认，从她的立场上看，她真要是嫁给他那才是愚蠢呢，只有两个人之间有真正的爱情才能共守清贫，可她并不爱他。这也不是她的错，这是一个他必须接受的事实。菲利普试图开解自己。他告诉自己，他受了伤害的骄傲埋在内心深处，他的恋情其实源于受伤的虚荣心。事实上，正是这一点造成了他现在的痛苦。菲利普对自己的鄙视不比对米尔德里德的鄙视少。但随后他又会对未来做一番计划，同样的计划他已经反复思考过多次。不过同时这种思考又被亲吻她柔软苍白的脸庞，听到她拖着尾音的声音等种种回忆打断。他有很多功课要做，因为在夏天他要修化学课程，还要参加另外两门他上次没通过的功课的补考。他已经不怎么与医院里的朋友们来往了，但是现在他希望有个人与他做做伴。幸亏还有一件值得高兴的事——海沃德在两周前写信来说他要路过伦敦，希望找机会和菲利普一起吃饭。而菲利普那时不愿意受到打扰，便委婉地拒绝了。海沃德打算回来，在伦敦度过这里的社交旺季，菲利普决定给他写封回信。

当八点的钟声敲响时，他还能勉强爬起床，这让他感到欣慰。他脸色发白，神情疲倦。但是当沐浴完毕，穿上衣服，吃完早餐后，他觉得自己又恢复了精气神，痛苦也不是那么难以忍受了。那天上午，他不打算去听课，而是想去陆海军商店给米尔德里德买一件结婚礼物。犹豫了好一会儿，他决定买一个手提包，这件礼物花了他二十英镑，大大超出他的支付能力。这个手提包既张扬又俗丽，他知道她心里一定会清楚它的价钱。选了这么一件礼物，既能讨她欢喜，同时又能表明自己对她的鄙视，这让他得到了一种悲哀的满足。

菲利普心神不宁地等待着米尔德里德结婚的日子，他在等待一种难以忍受的痛苦。星期六的早上，让菲利普稍微缓解了一下心情的是，他收到了一封海沃德的来信。海沃德在信上说他将在当日一早到达伦敦，让菲利普帮他找一个住的地方。菲利普本来也急于分散一下注意力，去查了一下时刻表，找出海沃德唯一有可能坐的那趟火车，随后便去车站接海沃德。老友重逢，两人都很兴奋。他们把行李暂存在火车站，便高高兴兴地离开了。海沃德还是照以往的习惯，提议他们先去国家美术馆逛一个小时。他有段时间没有观赏过名画了，说需要看上一眼，好让自己和伦敦的生活合拍。菲利普已经好几个月找不到可以谈论艺术和书籍的对象了。自从去巴黎生活，海沃德就一直致力研究现代法国诗人，这样的诗人在巴黎数不胜数，海沃德要跟菲利普讲几位新的天才诗人。两人在美术馆中漫步着，彼此指着他们最喜欢的画作，从一个话题转到另一个话题，兴奋地讨论着。那时，阳光明媚，天气温暖。

"我们去公园坐会儿吧，"海沃德说道，"午餐之后，我们再去找住的地方。"

春天的公园风和日暖，让人心情舒畅。在这样的日子里，人们会感到生活的美好。树上吐出新绿，在蓝天的映衬下显得格外优美；淡蓝的天空点缀着朵朵的小块白云。在观赏水池的尽头，是一队穿着灰色制服的皇家禁卫骑兵。这种井然的优美风景有着十八世纪油画的迷人风韵，让人想起了让-巴蒂斯特·帕特尔①那种平淡质朴的画作，而不会想起华托的画作，后者的风景画充满田园色彩，会让人联想到只有梦中才会看到的树木繁茂的幽谷。菲利普的心情现在轻松起来，他意识到，他以前读过的那些书中也曾谈到，艺术（因为在他看来艺术的存在和大自然的存在一样）可以把人的心灵从痛苦中解救出来。

他们去一家意大利餐馆吃午餐，还点了一瓶基安蒂葡萄酒。一边慢条斯理地品尝美食，一边聊着天。他们回忆起在海德堡的那些熟人，谈到菲利普在巴黎的朋友们，谈论书籍、绘画、道德和人生。突然菲利普听到时钟连敲三下，记起米尔德里德就在这个时候结婚。他感到心里一阵刺痛，有那么一两分钟，他都听不见海沃德在说什么。但是他往杯子里倒满了基安蒂酒。他平时不怎么喝酒，所以很快就上了头。不管怎么说，他现在终于可以不用烦心了。好几个月来，他灵活的脑子已经变得愚钝麻木了，现在他陶醉于和海沃德的闲聊中，庆幸还有个与自己趣味相投的人可以聊天。

"我说咱们别把这么美好的时光浪费在找住的地方上，

---

① 让-巴蒂斯特·帕特尔（Jean-Baptiste Pater，1695—1736），法国洛可可风格画家，作品多以人物穿着舞会礼服参加的户外派对为主题。

今天晚上就在我那儿凑合一下吧，你可以明天或者下星期一再找住处。”

“好啊，那我们接下来要干什么呢？”海沃德应道。

“咱俩花上一便士坐汽船到格林尼治去吧。”

海沃德对这一提议很是赞同，他们跳上一辆出租马车驶向威斯敏斯特桥，在汽船就要开动之前上了船。不一会儿，菲利普嘴角挂着一丝微笑，开口说道：

“我记得第一次去巴黎时，克拉顿，我想就是他，关于美发表了一通长篇大论，说美是由画家和诗人赋予事物的，他们创造了美。在他们看来，乔托的《钟楼》和工厂的烟囱并无差别。只不过美的东西因激起后来的一代又一代人的感情而变得越发绚丽。那就是古老的东西总是比现代的东西更美丽的原因之一。《希腊古瓮颂》[①]现在比它当初写就时更受人们的欢迎，因为百年来情侣们在诵读时，心中悲痛的人能从诗歌的字里行间得到慰藉。”

菲利普任由海沃德去揣摩，面对两岸掠过的景色，听了自己的这些话他会如何想，心里暗自窃喜海沃德对自己的暗示并未察觉。正是他长期过的那种生活，突然在他心中引发这样的反应，才让他现在这样感慨。伦敦的天空中美妙的彩虹晕色给建筑物的灰墙罩上了柔和的色彩，码头和仓库却有一种日本版画的素雅和庄重的气息。他们继续向前行驶，这条壮观的河流是大英帝国的象征，河面越来越宽阔，船只穿行不息。菲利普想到画家和诗人们把这一切描绘得如此美丽，心中充满了感激。他们来到了泰晤士河被称为“伦敦池”的河段，菲利普心想，谁能描绘出它的壮美？他浮想联翩，只

---

① 《希腊古瓮颂》，英国浪漫主义诗人约翰·济慈的代表作之一。

有上天才知道是什么让人们把这宽阔的河流变得如此静美，让约翰逊博士[1]始终有鲍斯威尔[2]相伴左右，让老佩皮斯[3]踏上军舰——是灿烂的英国历史，是离奇的遭遇和冒险的传奇。菲利普转向了海沃德，眼睛里闪烁着兴奋的光芒。

"亲爱的查尔斯·狄更斯。"菲利普喃喃地念叨着，对自己这样的感情迸发不觉微微一笑。

"你对学画半途而废不感到很后悔吗？"海沃德问道。

"不后悔。"

"看来你挺喜欢当医生的吧？"

"不，实际上我不喜欢当医生，但是又没有别的事情好做。头两年课业的辛苦枯燥就别提了，而且很不幸，我也没有科学家的气质。"

"哎，你可不能再换专业了。"

"哦，不会的。我会坚持下去的。我想，当真正行医时，我会喜欢上这行的。我一直觉得自己对人，比对世界上其他任何事物都更感兴趣。而且我觉得只有做医生才能拥有真正的自由。你把知识装进自己的脑袋，带着一个医疗器械箱，还有一些药，就能在任何地方挣口饭吃。"

"这么说你不打算开业从医啦？"

"至少很长一段时间内不会，"菲利普回答道，"只要我在一家医院谋得个职位，我就去做个随船医生。我想去东

---

① 塞缪尔·约翰逊（Samuel Johnson，1709—1784），英国著名作家、评论家和词典编纂者。

② 詹姆斯·鲍斯威尔（James Boswell，1740—1795），约翰逊的学生，著有《约翰逊传》。

③ 塞缪尔·佩皮斯（Samuel Pepys，1633—1703），英国作家，曾为英国海军大臣。

方——到马来群岛、遏罗①、中国和其他地方去——然后，再找点临时的活儿干干。总会有事情可做的，比如到印度去治疗像霍乱一类的疾病。我想四处游历，去看看世界。一个穷光蛋要做到这一点，唯一的办法就是行医。"

接着他们来到了格林尼治，伊尼戈·琼斯②设计建造的巍峨建筑正面对着浩荡的泰晤士河。

"我说，快看，那准是穷小子杰克③跳到泥浆里捞钱的地方。"菲利普说道。

他们在公园里信步闲逛，衣着褴褛的孩子们正在玩耍，大声喊叫着，吵闹着；老水手们这儿一群那儿一伙儿坐着晒太阳，周围弥漫着百年前的气息。

"你在巴黎浪费了两年的时光，看来挺可惜的。"海沃德说道。

"浪费？你瞧那个孩子的动作，瞧太阳光透过树丛在地面上留下的光影图案，还有那片天空——怎么会是浪费？如果我当初没去巴黎的话，我就绝不会看到那样的天空。"

海沃德觉得菲利普的声音有些哽咽，有点吃惊地望着他。

"你怎么啦？"

"没事，对不起，我太多愁善感了，但是这半年来，我一直渴望着能欣赏一下大自然的美。"

"你过去那么现实，现在听你这么说，倒是十分有意思。"

"见鬼，我可不想变得有什么意思。"菲利普大笑着说，"走吧，我们喝杯浓茶去。"

---

① 暹罗是泰国的旧称。

② 伊尼戈·琼斯（Inigo Jones，1573—1652），英国建筑师，设计建造了格林尼治的王后宫。

③ 穷小子杰克，出自英国小说家弗雷德里克·马里亚特（1792—1848）的同名小说《穷小子杰克》，是码头周边的街头流浪儿对其首领的称呼。

第六十五章

　　海沃德的来访，带给菲利普很大的好处，他脑海里米尔德里德的影子一天比一天淡了。他回首往事不觉心生厌恶，搞不懂自己怎么会陷入那种不体面的爱情里。再想起米尔德里德时，他是又憎恨又嫌弃，因为她曾带给他那么多的屈辱。现在，在他的想象中，米尔德里德待人接物的缺点和容貌本身的缺陷都在放大，以至于想到自己跟她这种女人有过一段纠缠不清的过往，他就不寒而栗。

　　"这只表明我是多么意志薄弱。"菲利普对自己说。那段经历就像一个人在社交场合当众犯下的无可救药的大错，让他自己也觉得做什么都无法弥补，唯一的补救办法就是把它忘却。他对自己以前的堕落深感恐惧，这反倒帮了他的忙。他就像一条蜕皮的蛇，无比厌恶地看待过去的自己，他庆幸又重新找回自我。他意识到在他被所谓的爱情搞得癫狂时，已经失去了世上多少别的欢乐呀。他受够了，如果爱情就是那样的，他宁可再也不要。菲利普告诉了海沃德他所经历的一些事情。

　　"索福克勒斯[1]不就祈祷在欲望的野兽吞噬心灵的时候，

---

[1]　索福克勒斯（Sophocles，前496—前406），古希腊悲剧作家。

能够挣脱它的控制吗？"他问道。

菲利普似乎真的获得了新生。好像以前从未畅快地呼吸过一样，他大口地呼吸着周围的空气，像孩子般开心地看待世上的所有事情。他把那段痴狂时期说成是服了六个月的苦役。

海沃德在伦敦还没待上几天，菲利普就收到一张自布莱克斯达布尔寄来的请柬，邀请他去参加某家画廊的预展。他带上海沃德一同前往，在画展目录上，他看见劳森也有一幅画参加这次预展。

"我想是他寄的请柬，"菲利普说道，"咱们找他去，他肯定在自己的画作前面呢。"

在角落里，有一张露丝·查利斯的侧面肖像画，劳森正在画作的不远处站着。他看上去有点失落，戴着一顶很大的软帽，穿着松松垮垮、洗得发白的衣服，有些迷惘地站在受邀参观画展的时髦人士中。他看见了菲利普，非常热情地跟他打招呼。互致问候后，劳森就滔滔不绝地告诉菲利普自己已经搬来伦敦住了，露丝·查利斯是个臭婊子，他租了一间画室，巴黎已经过时了，他不再留恋。他受人之托正在画一幅肖像，他建议他们一块儿吃顿饭，好好叙叙旧。菲利普把自己的朋友海沃德介绍给他，看到劳森对海沃德优雅的穿着打扮和言谈举止略带敬畏，他挺开心。他俩一起数落劳森，言语比劳森和菲利普合住一间破旧的小画室时还要犀利。

在一起吃晚饭时，劳森继续聊着他的新闻。弗拉纳根已经返回美国，克拉顿也不知所踪。因为克拉顿得出结论，一个人只要和艺术及艺术家沾上边，就不可能有什么作为了，唯一的办法就是赶紧跟这两者撇清关系。为了更容易地实施这一步，他和在巴黎的所有朋友都吵翻了。他发展了一项技能——就是净对朋友们说些不受听的实话，迫使他的朋友忍耐着听他宣布，他对巴黎已经烦透顶，打算定居赫罗纳。赫罗纳是西班牙北部的一座小城，是克拉顿坐火车去巴塞罗那的途中看见的，克拉顿一下子就被它吸引住了，现在他就一个人住在那里。

"我不知道他是否会有什么成就。"菲利普说道。

克拉顿对人们想努力表达的思想中晦涩的概念感兴趣，所以他也变得病态和爱发牢骚。菲利普隐隐觉得他自己也是这样，但是，对他而言，是他自己在生活中的操行让他困惑，也许那就是他自我表达的方式。生活中的难题要如何应对，他就不是很清楚了。不过他没时间沿着这个思路继续想下去了，因为劳森一五一十地把他和露丝·查利斯之间的风流韵事全都抖了出来。她为了一名刚从英国来的年轻学生甩了他，那两个人打得火热，弄得尽人皆知。劳森真的觉得应该有人站出来管管，去拯救一下那个小伙子，否则她会毁了那年轻人的。菲利普搞明白了，劳森的不满主要来自他给露丝画肖像画到一半的时候，他与露丝的关系就破裂了。

"女人们没有什么艺术鉴赏力，"他说道，"她们只是装模作样罢了。"他说最后一句话时却很冷静："但是，我毕竟给她画过四幅肖像画，至于正在画的这最后一幅能否成功，我也不能确定。"

菲利普对劳森处理男女关系游刃有余很是嫉妒，劳森轻松快乐地跟露丝谈了十八个月恋爱，一个子儿不用花就有了一名优秀的模特儿，最后两人分手，他跟没事人一样，一点也不悲痛。

"克朗肖怎么样了？"菲利普问道。

"哦，他算是完了，"劳森毕竟年轻，他带着快乐的神情，没心没肺地答道，"他用不了半年就要死了。去年冬天他得了肺炎，在英国医院里住了七个星期，出院时医生跟他说，他康复的唯一办法就是戒酒。"

"可怜的家伙。"菲利普一向饮食简单而有节制，听见此话不觉莞尔。

"有一阵子，他倒是滴酒不沾，还跟往常一样去丁香园咖啡馆，不去他可受不了。不过他只喝热牛奶或橘子汁①，真是了无生趣呀。"

"我想你们没有对他隐瞒病情吧？"

"哦，他自己心里清楚得很，前不久他又开始喝威士忌了。他说自己已经老得没法子重新开始了。宁可痛痛快快活上半年就死去，那也比病病歪歪活五年要强得多。我想他最近过得很艰难，你知道，在他生病期间，没有一分钱的收入，那个一直和他生活在一起的臭婊子可没少作践他。"

"我还记得第一次见他的时候，我对他可是崇拜极了。"菲利普说道，"我认为他很了不起。庸俗的、中产阶级的德行竟然付出这样的代价，不免让人唏嘘。"

"当然了，他就是个没用的家伙，迟早会死在贫民窟中。"劳森说道。

菲利普有些不高兴，因为劳森似乎看不到这件事情中的可悲之处。当然，这是一种因果报应，前有因，后有果，而生活的悲剧就存在于这前后相连的必然规律中。

"哦，对了，我差点忘了，"劳森说道，"就在你走后不久，克朗肖让人给你送过来一件礼物，我原以为你很快就会回来，也就没放在心上，后来我觉得也不值得转寄一趟。不过，它

---

① 原文为法语。

和我的其他东西都一起运到伦敦来了，你如果想要的话，可以找个日子来我的画室把它取走。"

"你还没告诉我那是什么东西呢？"

"呃，只是一件破烂的小块地毯，我觉得它根本不值钱。有一天我问他怎么想起送这种破玩意，他告诉我他在雷恩大街的一家商店里看到这块地毯，就花十五法郎买下来了。那好像是一块波斯地毯。他说你曾经问他生活的意义，那块毯子就是答案，不过他说这话时已经烂醉如泥了。"

菲利普笑了起来。

"哦，是的，我知道，我会去拿的。那是他最得意的小伎俩，他说我必须自己去找出答案，否则就毫无意义。"

第六十六章

　　菲利普用功学习，也不觉得课程枯燥费劲了。他有很多事情要做，因为在七月份他要参加第一轮联合考试的三个科目的考试，其中两个科目是他上次没考及格的。尽管如此，他还是觉得生活充满欢乐，因为他结交了一位新朋友。劳森在找模特儿的时候，发现了一位在剧院里做临时演员的姑娘。为了说服她给自己做模特儿，他在一个星期天安排了一场小型午餐会。那姑娘还带来了一位女伴，菲利普也被叫了来，这样可以凑四个人。劳森要求菲利普专门关照那位女伴，菲利普发现这不难，因为这位女伴是个随和而健谈的人，说话幽默风趣。她还邀请菲利普去她的住处看看。她在文森特广场有一套房间，总是在下午五点时用茶点。菲利普真的上门造访，欣喜地发现自己很受欢迎，于是又继续登门。内斯比特太太不超过二十五岁，很瘦小，有一张虽不漂亮但讨人喜欢的脸庞，一双明亮的眼睛，高高的颧骨，嘴巴也不小。她脸上各部分的色调对比鲜明，使人联想起一位法国现代画家的肖像画。她的皮肤很白，而脸颊处又很红，浓密的眉毛，头发乌黑发亮，组合在一起的效果有些古怪，还有点不自然，但不会让人觉得不舒服。她和丈夫已经分居，独自带着孩子生活，通过写稿酬低廉的爱情小说维持自己和孩子的生活。有一两个出版商专门出版这类小说，她竭尽全力去写作，但报酬微薄，一篇三万字的小说能挣十五镑，不过她自己很满意。

"毕竟，对于这样的故事，读者只需花两便士，"她说道，"而且他们喜欢相同类型的故事，我只需把主人公的名字改一下就可以了。当我觉得写烦了的时候，只要想到我还得付洗衣费和房租，要给孩子买衣服，就会硬着头皮继续写下去。"

除此以外，她还经常去不同的剧院，这些剧院需要一些跑龙套的演员，如果能被雇用演个角色，每周能挣十六先令到一几尼。在干完一天之后，她筋疲力尽，倒头便睡。日子虽然过得紧巴，但她每天都快快乐乐。她强烈的幽默感使她在愁困的处境中也能找到乐趣。有时生活实在艰辛，她发现自己身无分文，便把一些小物件送到沃克斯霍尔桥路的当铺中，整天就吃面包和黄油，直到生活有转机为止。但她从不会失去快乐的心情。

菲利普觉得她得过且过的生活态度很有趣。她绘声绘色地给菲利普讲述自己潦倒时的奋斗经历，逗得他哈哈大笑。他问她为什么不试着写些更有质量的文学作品，可是她说自知没有这方面的天赋，写些粗制滥造的东西能得到按千字计算的稿酬，不仅收入还过得去，而且她的能力也就如此了。她对未来没有什么奢望，只希望日子能够像现在这样平平安安地过下去。她好像没有什么亲戚，她的朋友们也跟她一样穷困。

"我从不考虑将来，"她说，"只要我的钱够付三周的房租，有一两英镑买食物，我就从不担心。如果我既操心将来，又忧心现在，那生活就没什么意思了。每当事情糟到不能再糟时，我总能发现天无绝人之路。"

很快，菲利普就养成了每天和她一块用茶点的习惯。为了使他的到访显得不那么尴尬，他每次去总要带上一块蛋糕、一磅黄油，或者一些茶。他们开始称呼对方的教名。菲利普对女性表现出的同情心感到新鲜，他很高兴有人倾听他的苦闷和烦心事。时间过得很快，他毫不掩饰对诺拉①的仰慕之情，她是一位让人开心的伴侣。他忍不住把她和米尔德里德比较，二人的对比极其鲜明，一个固执而愚昧，对一切她所不知道的东西都不感兴趣；另一个有敏锐的鉴赏力，灵活而睿智。当他想到自己差点和米尔德里德那样的女人纠缠在一起，就心情沮丧。一天傍晚，他向诺拉倾诉了自己与米尔德里德的感情纠葛，这不是一件让他感到很有面子的事情，但是能够得到她可亲的同情，实在让他心情舒畅。

　　"我觉得你已经解脱出来了。"当菲利普讲完，诺拉安慰道。

　　诺拉有个可笑的动作，就是时不时地歪着脑袋，就像一只阿伯丁的小狗。她坐在一张直背椅上，做着针线活儿，她可没时间让自己闲下来不做事，菲利普则很舒服地坐在她的脚旁。

　　"这事结束了，谢天谢地，我简直无法向你形容我的心情。"菲利普叹息道。

　　"可怜的人，那段日子你一定很难熬，"诺拉低声说，为了表示她的同情，她把手搭在了他的肩上。

　　他抓住她的手亲吻起来，但是她很快地把手抽了回去。

　　"你干吗要这样呀？"她红着脸问道。

　　"你不高兴了？"

---

① 诺拉是内斯比特太太的教名，在英国的习俗中，用教名称呼彼此显得亲昵。

她用那双亮闪闪的眼睛看了他片刻，然后露出了笑容。

"不是的。"她说道。

他站起身面对着她。她愣愣地看着他的眼睛，宽宽的嘴巴带着微笑颤动着。

"怎么啦？"她说道。

"你知道，你是一个好心的女人，对我也一向很好，我感激不尽，我太喜欢你啦。"

"你别傻了。"她说道。

菲利普拉着诺拉的双肘把她拉向自己。她没有抵抗，反而往前微微倾着身子，他吻了她红润的嘴唇。

"你干吗要这样？"诺拉又问了一遍。

"因为我喜欢。"

诺拉没有作声，但是眼中充满了柔情蜜意，她用手温柔地抚摸着他的头发。

"你知道，你这样做傻透了，我们是好朋友，我们一直做好朋友不是挺好吗？"

"如果你真的想让我放规矩点，"菲利普回答说，"你在说这种话的时候最好别摸我的脸。"

她咯咯笑了起来，但是手并没有停下来。

"我做的真不对，是吗？"她说。

菲利普既吃惊又觉得有点好笑，他凝视着她的双眸，看到她的眼神变得更加温柔而且眼睛晶莹明亮，眼中的千言万语让他动容，他的心弦突然被拨动，泪水也充满了眼眶。

"诺拉，你不喜欢我，是吗？"他满脸狐疑地问。

"你是个聪明的大男孩，亏你还问出这种傻乎乎的问题。"

"噢，我亲爱的，我从来没想过你会喜欢我。"

菲利普伸出手臂搂紧了诺拉，开始亲吻她，而她有些害羞，又笑又叫，温顺地贴在了他的胸口上。

过了一会儿，他松开了她，向后坐在自己的后脚跟上，好奇地打量着她。

"哦，这不是在做梦吧！"他说道。

"你为什么这么说？"

"我太意外了。"

"开心吗？"

"太开心了，"他发自肺腑地喊道，"我是那么骄傲，那么幸福，那么感恩！"

他抓起她的双手在上面不住地亲吻。对菲利普来说，这似乎意味着一段既稳固又持久的幸福关系的开始。他们成了恋人，但仍然是好朋友。诺拉身上有一种母性的本能。当她对菲利普倾注怜爱时，这种本能得到了满足。她需要有个人来接受她的爱抚、责备和事无巨细的关爱。她有一种居家过日子的气质，喜欢照顾他的健康，喜欢为他缝缝补补。她心疼他的残疾，而他自己又对此非常敏感，她的心疼往往本能地用充满温情的方式来表达。她年轻、强壮、健康，奉献她的爱对她来说是再自然不过的事了。她始终精神高昂、乐观向上。她喜欢菲利普，因为他和她趣味相投，所以菲利普听到她讲述生活中的开心事，会和她一起大笑。更重要的是，她喜欢他因为他就是他自己。

当诺拉把这一点告诉菲利普时，他高兴地回答：

"胡说，你喜欢我是因为我是个安静的人，从不插嘴。"

菲利普根本不爱诺拉，他只是特别喜欢她，愿意跟她待在一起，感到和她聊天有趣甚至乐不可支。诺拉帮他找回了自信，就好像在他的心灵创伤上涂满疗伤的药膏。她那么在乎他，让他特别受宠若惊。他钦佩她的勇气，她的乐观，她对命运的不屈服；她有自己的人生哲学，真诚而务实。

"你知道，我从不相信教堂、牧师和诸如此类的东西，"诺拉说道，"但是我相信上帝，只要你能目标明确，尽到自己的本分，偶尔在别人遇到困难时施以援手，我不相信上帝还会对你的行事有什么意见。我觉得人们总体上是很好的，对于那些不怎么好的人，我只能表示遗憾。"

"那以后怎么办呢？"菲利普问道。

"哦，好吧，你知道，我也不太确定，"诺拉微微一笑，"但是我还是会往最好处想：不用付房租，不用写小说。"

诺拉具备女性在奉承人时那种不露痕迹的天赋。她认为菲利普发觉自己无法成为一名伟大的画家而离开巴黎，是勇敢之举。当她表达出自己对他在这件事上的果决的敬佩之情时，菲利普不禁喜形于色。因为他一直不能确定这一决定是表明他具有勇气还是意志不够坚定。她认为这是一件壮举，真让人高兴和欣慰，她还直面地谈起那个他朋友们都会本能回避的话题。

"你真傻，对你的跛脚那么敏感。"她说道。看到他脸涨得通红，但她还是继续说下去，"你知道，人们并不像你那样把它当回事，他们只是在第一次见到你时会注意一下，随后他们就会忘了这码事。"

菲利普没吭声。

"你不会生我气吧，对吗？"

"不会的。"

她用手搂着他的脖子。

"你知道，因为爱你我才会这么说。我不想因为这事让你整天不开心。"

"我想，你可以跟我说任何你想要说的话，"菲利普笑着答道，"我希望我也能做点什么，来表明我对你是多么感激。"

诺拉用另外的方式把菲利普攥在了手心。当菲利普发脾气时，她就笑话他的暴躁脾气，她使他更加温文尔雅。

"你想让我干什么我就会干什么，全听你的。"他有一次对她这么说。

"你真的都听我的？不会介意吗？"

"不会介意，我想做你要我做的任何事。"

菲利普有一种感觉，自己已经找到了幸福。在他看来，诺拉似乎给了他一名妻子所能给他的一切，而他还能保有自由。她是他所有朋友中最有魅力的一位，她的柔情是他在男性朋友身上无法找到的。两性关系只不过是他们友谊中最牢固的纽带，它使两人的关系趋于完美，但绝非不可或缺。因为菲利普的欲望得到了满足，他变得更加平和，更加容易相处。他觉得自己更加从容自信，他有时会想起那个冬天，那时他一直受到可怕的情欲的困扰，心里充满了对米尔德里德的厌恶，还有对自身的痛恨。

菲利普考试的日子临近了，对他的考试，诺拉同他一样关注。他对她的关心又感动又受用。她让他承诺一有了考试结果，就马上来告诉她。这次他顺利地通过了三门课程的考试，当他把这个好消息告诉她时，她激动得热泪盈眶。

"噢，我太高兴了，可把我担心死了。"

"你这个小傻瓜。"菲利普想大笑，但喉咙被哽住了。

没有人能不被她关心体贴的方式所打动。

"你现在有什么计划呢？"她问道。

"我终于可以无忧无虑地放个假了，直到十月份冬季学期开始之前，我想好好地放松一下。"

"我想你要去布莱克斯达布尔看看你伯父吧？"

"你想得大错特错了，我会留在伦敦和你一起玩。"

"我倒希望你能走。"

"为什么呀？你讨厌我了？"

诺拉哈哈大笑着把双手放在他的肩膀上。

"因为你最近一直复习功课，很辛苦，看上去累坏了，你需要呼吸点新鲜空气，好好休息一下。走吧，去度假吧！"

菲利普一时不知道说什么好，他用充满爱意的目光望着诺拉。

"你知道，我相信除了你别人绝不会说出这样的话来，你只为我着想，我都不知道你看中我什么了。"

"我这一个月来督促你学习，你是不是应该给我发个品德优良的证书呢？"诺拉开心地笑了。

"我要说你善良体贴，不求回报，从不忧虑，从不令人厌烦，还很容易就满足。"

"说得都不对，"诺拉说，"不过我要告诉你一件事：我在生活中遇到能够从生活经历中学到很多东西的人为数不多，而你就是其中之一。"

第六十七章

菲利普急不可耐地盼望回到伦敦，在他待在布莱克斯达布尔的两个月里，诺拉经常给他写信，每封信都很长，字体很大，遒劲有力。在信中，她用惯有的快乐幽默口吻讲述日常生活中的琐事：房东太太的家庭矛盾是妙趣横生的笑料；她在排练中遇到的可笑又让人恼火的事——当时她正在伦敦一家剧院上演的重头戏中客串一个小角色；还有她同小说出版商打交道的奇遇。菲利普在伯父家看了很多书，游泳，打网球，还去驾帆船。十月初，他回到伦敦安心准备第二轮联合考试。他渴望通过考试，因为那意味着枯燥繁重的课业就要告一段落。此后，他就会去医院门诊当实习医生，同男女病人打交道，同时还得学习医学教材。菲利普每天都去看诺拉。

劳森整个夏天一直待在普尔^①，他画了很多港口和海滩题材的速描。有几个人请他画肖像画，他打算在伦敦一直待到光线不适合作画时再离开。海沃德也在伦敦，他本来打算去国外过冬，但是拖了一周又一周，就是下不了决心走。在过去的两三年中，海沃德已经发福了——这时距离菲利普第

---

① 普尔，英国英格兰南部港口城市，位于伯恩茅斯以西。

一次在海德堡见到他已经过去了五年——他过早地谢了顶。他自己对此也很在意，总把头发留得很长来遮盖头顶那处不雅观的地方。他唯一的安慰是他的额头显得很贵气。他的蓝眼睛已经失去了原来的光彩，眼皮耷拉着，嘴唇也不再像年轻时那样圆润，显得松弛而苍白。他谈到未来打算要做的事情时，还是那么模棱两可，无法令人信服。他意识到他的朋友们不再相信他了，常常在两三杯威士忌下肚后，变得愁肠百转，黯然神伤。

"我是个失败者，"海沃德嘟囔着，"生活斗争的残酷我真的适应不了。我所能做的就是站在一边，让那些粗俗的俗人争先恐后地去追逐名利吧。"

海沃德给人这样一种印象：好像失败是一件比成功更加微妙、更加高雅的事情。他经常话中有话地说他与别人格格不入是因为他厌倦平庸和低俗的事情。但他对柏拉图[①]赞美有加。

"我原以为如今你早就不再研究柏拉图了呢。"菲利普有些不耐烦地说道。

"是吗？"海沃德扬了扬眉毛问道。

海沃德不打算就这个话题再讨论下去，他最近发现沉默更能有效地凸显威严。

"我不明白同样的东西反反复复、没完没了地读有什么用，"菲利普说道，"那只不过是一种费劲劳神的疏懒消遣。"

"可是，你觉得自己的理解力那么高超，第一遍读一位思想那么深刻的作家的作品就能理解吗？"

---

① 柏拉图（Plato，前427—前347），古希腊著名哲学家。

"我可不想理解他，我又不是评论家。我并不是对他感兴趣，而是为了我自己才去读他的作品的。"

"那么你为什么要读书呢？"

"一部分是为了乐趣，因为读书是一种习惯，如果我不读书，就会感到难受，就像我不抽烟会难受一样；另一部分是为了了解自己，我读书时，似乎只是用眼睛去读，而不是用心去读，但是时不时地，我遇到一个段落，也许只是一个词语，就会对我有意义，甚至成为我的一部分。书中任何于我有益的东西我都吸收了，哪怕再读上十几遍，我也不可能从中得到任何东西了。你知道，在我看来，一个人似乎就像一朵含苞待放的花蕾，他所读的书和所做的事，在大多数情况下对他根本不起作用，但是某些事对他有着特殊的意义，这些有特殊意义的事让花瓣一片接一片地开放，最后开成了一朵鲜花。"

菲利普对自己所做的比喻不太满意，但是又不知道如何去解释一种他能隐约感觉到，但又说不清的情感。

"你想去做大事，想出人头地，"海沃德说道，不屑地耸了耸肩，"真庸俗。"

此时，菲利普算是真正了解海沃德了，他既软弱又虚荣，他虚荣到你得时刻注意以免伤害了他的感情，他混淆了懒散和理想主义的概念，无法把两者区分开来。一天，在劳森的画室里，海沃德碰到了一位记者，记者被他的谈吐所吸引，一周之后，一家报纸的编辑写信来建议海沃德为报纸写点评论。接到信后的整整两天，海沃德陷入了迟疑不决的痛苦中，很长时间他总是说要找点这类的活儿干干，所以他要是断然拒绝会觉得脸上无光，但是一想到要做事，心中又充满恐慌。最后，他还是婉拒了约稿，这才松了口气。

"做这种事会干扰到我的工作。"海沃德告诉菲利普。

"什么工作？"菲利普不留情面地问道。

"我内心的修行。"海沃德回答。

随后，海沃德又继续说起那位日内瓦教授艾米尔[1]的种种旧闻逸事来：他的才华本可以使他取得一番成就，但他最终一事无成。直到那位教授去世，人们从他的文件堆里找到一本记载详尽、文笔优美的日记，从中明白了他失败的原因和他对自己的失败所做的解释。说罢，海沃德脸上露出了高深莫测的微笑。

然而海沃德仍然能兴致勃勃地谈论书籍，他的品位高深，鉴赏力不凡。他对各种观点思潮有着持久的兴趣，这使得他成为一个能够给人带来欢乐的伙伴。但是观点也好，思潮也罢，对他都毫无意义，因为它们丝毫没有对他产生半点影响。但是他对待它们的方式就好像对待拍卖行中的瓷器一样，怀着对瓷器形状和表层釉面的兴致把玩它们，在心里给它们估个价，然后又把它们放回盒子里，不再理会它们了。

恰恰是海沃德有了一个重大发现。一天傍晚，在经过一番准备之后，海沃德把菲利普和劳森带到一家位于比克大街的酒馆，这家酒馆有名不仅仅是因为自身的特色和悠久的历史——使人回忆起十八世纪激起浪漫遐想的辉煌事迹——而且还因为这里的鼻烟是全伦敦最好的，更为出众的是这里的潘趣酒[2]。海沃德把他们领进一间又大又长的房间，房间富丽堂皇，但光线昏暗，墙上挂着些裸体女人的巨大画像——

---

[1]　亨利·弗雷德里克·艾米尔（Henri Frederic Amiel，1821—1881），瑞士日记作者和哲学家，以一部自我分析的《私人日记》而闻名。

[2]　潘趣酒，一种用酒、果汁、牛奶等调成的饮料。

属于海登①画派的巨幅寓言画。然而，烟雾缭绕，煤气灯昏暗，再加上伦敦特有的氛围，使得画面栩栩如生，看上去就像出自早期大师们的笔下。黑色的镶板、厚实的失去光泽的金色檐口、红木的桌子，给这间屋子营造出一种奢华安逸的气氛，还有沿着墙摆成一溜的真皮椅子，既柔软又舒服。正对着大门的桌上摆着一个公羊的脑袋，里面装着声名远扬的鼻烟。他们点了潘趣酒，一起喝着。这是一种掺着朗姆酒的热饮料，其妙处难以用笔墨描绘。用简单的词汇，朴素的修饰语，是无法清晰地描绘它的美妙的；而华丽的辞藻，如珠的妙语，新奇的词汇，又一向是用来表现活跃的想象力的。这种饮料让人血液沸腾，让头脑更加清醒，使人的心灵充满了美好安宁。它能让人立刻口吐莲花，也能明白别人的字字珠玑。它像音乐一样缥缈虚幻，又有着数学的精准到位的特性。它的味道、香气，以及它给人的感觉都无与伦比，用语言根本无法形容。这种饮料只有一项特性可以和别的东西相提并论，那就是它有着好心肠般的温暖。要是用查尔斯·兰姆②那无限的机智试着描绘这难以言喻的情景，就会描绘出他所生活的时代的迷人画卷；如果拜伦爵士在他的诗歌《唐璜》中描绘这种难以言表的情景，也许会写得壮丽非凡；要是奥斯卡·王尔德把伊斯法罕③的珠宝堆积到拜占庭④的织锦上的话，也许会创作出一个令人心神迷乱的美人⑤。想到这

---

① 本杰明·罗伯特·海登（Benjamin Robert Haydon，1786—1846），英国画家。

② 查尔斯·兰姆（Charles Lamb，1775—1834），英国散文家和评论家，代表作为《伊利亚随笔》。

③ 伊斯法罕，伊朗中西部城市，十六世纪到十八世纪波斯的首都。

④ 拜占庭，古希腊城市，建于公元前七世纪，现为伊斯坦布尔所在地。

⑤ 此处指王尔德的戏剧《莎乐美》，这是一部拜占庭风格的戏剧。

儿，他们的脑海中闪现着埃拉加巴卢斯①宴会上的盛景，令人头晕；耳畔回响起德彪西②的美妙的和声，仿佛可以闻到从衣柜里传出的带着霉味但又有香气的传奇气息，衣柜里面盛满了被遗忘的一代③的旧衣服、绉领、长筒袜和紧身上衣。还有深谷百合的幽香与切达干酪的香味。

　　海沃德在大街上偶然遇见一位他在剑桥大学时的同学，名叫麦卡利斯特。从这位同学那里，海沃德才知道了这家有着独一无二饮料的酒馆。麦卡利斯特是个股票经纪人，也是一位哲学家，他习惯每周都去一次这家酒馆。很快，菲利普、劳森和海沃德也养成每个周二晚上去那里碰面的习惯。社会习俗的改变使得人们现在很少再去酒馆了，但是对于那些喜欢边喝酒边聊天的人来说，倒也不无益处。麦卡利斯特是个骨架粗大的家伙，相对于他的宽身板，他的个头就显得矮小了些，肉嘟嘟的大脸盘，说话的声音却很轻柔。他是康德的弟子，判断任何事情都从纯理性的观点出发。他喜欢阐述他那一套学说。菲利普总是兴致盎然地听着，他很早就得出结论，没有什么比形而上学更能激起他的兴趣了。但是这种学说对于处理生活事务是否有效，他还不太确定。他在布莱克斯达布尔苦思冥想建立的那套简单的、小小的思想体系，在他迷恋米尔德里德期间并没有发挥什么作用。他不能肯定理性在生活实践中能有多大裨益。在他看来，生活就是生活，它按照其自身的规律在运行。他清楚地记得那种完全无法自

---

① 埃拉加巴卢斯（Elagabalus，约203—222），罗马皇帝（218—222），荒淫放荡，不理国事，引起社会不满，后被禁卫军所杀。

② 德彪西（Achille-Claude Debussy，1862—1918），法国作曲家。

③ 后面提到的服饰均为伊丽莎白时期的典型服装，故在此指伊丽莎白时代。

控的感情的猛烈，他好像被绳子捆绑在地面上，想反抗却无能为力。他在书中读到过很多充满智慧的道理，但是遇到事情时，只能依据自己的经验去判断（他不知道自己和别人是否一样）。他在采取某一行动时，不会去估量这一行为的利害得失，也不去权衡其正确与否。但是他似乎受到一种不可抗拒的力量驱使前行。他行动起来不是三心二意，而是全力以赴，那股控制他的力量似乎与理性没有半点关系。理性的作用只不过是向他指出了如何得到他全心全意想获得的东西的途径而已。

麦卡利斯特总是提醒菲利普要遵循康德的"绝对命令"这一论点。

"你的每个行为都应该能够成为所有人行为的普遍准则。"

"对我说，这话是彻头彻尾的胡说八道。"菲利普说道。

"你真是胆大包天，对尹曼纽尔·康德的理论如此不敬。"麦卡利斯特反击道。

"凭什么不能这么说？对某个人说的话唯命是从，是愚蠢的品质。世上盲目崇拜的人太多了。康德这么看待问题不一定就是对的，只不过他是康德罢了。"

"好吧，说说你对'绝对命令'持异议的理由吧？"

他们唇枪舌剑，好像帝国的命运就在千钧一发之际。

"它表明一个人能够通过自己的意志力来选择道路。它还告诉人们理性是最可靠的向导，凭什么说理性的指示就一定比情欲的指示更好呢？两者不是一回事，仅此而已。"

"你似乎心甘情愿地做你情欲的奴隶。"

"如果说我做了奴隶的话，是因为我情非得已，可不能说是我心甘情愿。"菲利普笑着说。

当他说到这里时，想起了他追求米尔德里德期间他那股狂热劲儿，他至今还记得当时自己是怎样痛苦挣扎，同时还怎样觉得自己下贱堕落。

"感谢上帝，我现在终于解脱了。"他心想。

尽管他心里这么说，但他还是无法确定他说的是不是真心话。当他激情勃发时，他觉得自己身上有种奇怪的活力，他的思想异常活跃。他更加生气勃勃，有一种兴奋的情绪在心头翻涌，灵魂在蠢蠢欲动，激情似乎马上要喷薄而出。相形之下，眼下的生活显得有点枯燥乏味。他所承受的痛苦折磨，都在那激情澎湃的生活中得到了补偿。

然而，菲利普那番不合时宜的话却让自己陷入了一场关于自由意志的辩论。麦卡利斯特凭借博闻强记，提出了一个接一个的论点。他热衷于辩证法，逼得菲利普自相矛盾。有时他在辩论中把菲利普逼到了墙角，使菲利普只能做出不利于自己的让步来摆脱困境。麦卡利斯特用逻辑把菲利普驳倒，又引经据典地把他打得一败涂地。

最后，菲利普终于开口说道：

"好吧，我不说别人的事，我只说我自己。自由意志的幻觉在我的头脑中根深蒂固，我无法摆脱。但我还是认为它只不过是一种幻觉，不过这种幻觉是我行动最强烈的动机之一。在我做任何事情之前，我觉得我可以选择，而我就是在这种思想的支配下行动的。但是当事情做了之后，我认为其实那样做是无法避免的。"

"你从中可以推断出什么呢？"海沃德问道。

"嗨，世上没有后悔药可吃，就像牛奶洒了，哭也没用，因为宇宙间所有的力量都一心要把事情弄得难以收拾嘛！"

第六十八章

一天早晨，菲利普起床时觉得头晕目眩，重新躺下后，猛然意识到自己是病了。他四肢酸痛，浑身冰冷得直发抖。当房东太太给他送早餐时，他朝着敞开的房门跟她说自己不舒服，让她送一杯茶和一块烤面包片来。几分钟之后，有人敲了一下门，随后格里菲斯走了进来。他们住在同一幢楼里已经一年多了，不过在楼道里碰面时彼此只是点点头而已。

"嘿，我听说你病了，"格里菲斯说道，"我想还是过来看看你怎样了。"

菲利普不知为什么脸红了，轻描淡写地说自己不碍事，过一两个小时就好了。

"嗯，你最好还是让我给你测一下体温吧。"格里菲斯说道。

"根本没必要。"菲利普有些不耐烦地说道。

"还是测一下吧。"

菲利普把体温计放入了口中，格里菲斯坐在床边跟他聊了会儿天，然后把体温计取出来看了看。

"瞧瞧，老兄，现在你必须卧床休息，我去找老狄肯来看看你。"

"别胡扯了，"菲利普说道，"我根本没什么事，别为我操心了。"

"我也没操什么心，你发烧了，必须卧床休息。你躺着，好吗？"

格里菲斯的神态中有种特殊的魅力，严肃与可亲融合在一起，显得极有吸引力。

"你对病人的态度很亲切。"菲利普喃喃道，微笑着闭上了眼睛。

格里菲斯帮菲利普抖松枕头，捋平床单，掖好被角，走进菲利普的起居室想找一个带吸管的杯子，但是没找到，于是回到自己的房间拿了一个过来。随后他又把百叶窗拉了下来。

"好了，睡吧，只要老狄肯一查完房，我就把他领到这儿来。"

似乎过了好几个小时，才有人进来看菲利普。菲利普头痛欲裂，四肢传来的剧痛撕扯着他，他担心自己会喊出声。这时传来一声敲门声，格里菲斯走进来，他看上去是那么健康、强壮和愉快。

"狄肯医生来了。"格里菲斯说。

医生往前走了几步，他是位态度和蔼的老人，菲利普和他见过但不熟。医生问了几个问题，简单地给菲利普检查了一下，然后做出诊断。

"你觉得他得了什么病？"狄肯医生笑着问格里菲斯。

"流感。"

"完全正确。"

狄肯医生四下望了望这间昏暗的出租屋。

"你不愿意去医院吗？他们会把你安排进单间病房的，你会得到比在这儿好得多的照料。"

"我宁愿待在这儿。"菲利普说道。

他不想被人打扰，在陌生的环境中他总觉得不自在。他无法想象护士们对他大惊小怪的样子，还有医院那种乏味的清洁环境。

"我可以照顾他，先生。"格里菲斯马上说道。

"哦，好吧。"

医生开了药方，又嘱咐了几句，然后离开了。

"现在你必须完全照我说的做，"格里菲斯说道，"我集白班护士和夜班护士于一身。"

"你真的太好了，但是我不需要什么，自己能行的。"菲利普说道。

格里菲斯把手放到菲利普的额头上，那是一只又干又凉的大手，这一摸似乎让菲利普觉得舒服了很多。

"我这就去药房拿药，等他们配好药，我一会儿就回来。"

没过多长时间，格里菲斯拿着药回来了，让菲利普服了一剂。然后格里菲斯又上楼取他的书。

"你不介意我今天下午在你房间里准备功课吧？"格里菲斯下楼走进菲利普的房间问道，"我让房门开着，如果你需要什么东西，就叫我一声。"

这天晚些时候，菲利普从昏昏沉沉中醒来，听见起居室里有说话的声音。原来是格里菲斯的一个朋友来看他了。

"我说，你最好今晚别来了。"菲利普听见格里菲斯说道。

过了一两分钟，又有一个人走进房间，发现格里菲斯在这儿很吃惊。菲利普听见他在解释。

"我正在照看一位租着这套房子的二年级的学生，这个可怜的倒霉蛋因为流感病倒了，今晚打不成惠斯特牌了，老兄。"

不一会儿，屋里只剩下格里菲斯一个人，菲利普便招呼他。

"我说，你不用把今晚的聚会推掉吧？"菲利普说道。

"这不是因为你，而是我必须看我的外科教科书了。"

"去吧，我很快就会好的，你不必为我操那么多心。"

"好吧。"

菲利普病得越来越重，到了晚上，他有些神志不清了。天还没亮，菲利普就从心神不宁的睡眠中醒了过来。他看见格里菲斯从一张扶手椅上站起身，双膝跪着，用手把煤一块块地投入火中。他穿着睡衣，外面套了一件晨袍。

"你在干什么？"菲利普问道。

"我把你吵醒了吗？我想把火弄得旺些，又不想搞出太大动静。"

"你干吗不在床上睡？现在几点了？"

"五点钟左右，我想最好整晚陪着你。我把扶手椅搬了进来，因为我想如果我在床上睡，会睡得太死，如果你叫我拿什么东西，我都听不见。"

"你要是不对我这么体贴入微就好了，"菲利普呻吟道，"如果我把你给传染上，可怎么好？"

"那你就来照顾我呀，老兄。"格里菲斯笑着说道。

清晨，格里菲斯把百叶窗拉上去。经过一个晚上的陪护，格里菲斯的脸色看上去苍白又疲惫，但是精神头还是很足。

"好了，我给你擦洗一下。"他高兴地对菲利普说道。

"我自己能洗。"菲利普有些不好意思地说道。

"别胡扯了，如果你在一间小病房中，护士也会帮你擦洗的，我做的不比护士差。"

菲利普太虚弱和难受了，根本没法拒绝，只能让格里菲斯擦洗他的双手、脸颊、双脚，前胸和后背。格里菲斯的动作非常轻柔，让人浑身舒坦。他一边擦洗一边和菲利普亲切地聊着天，就像他们在医院里做的那样麻利地换床单，拍松枕头，整理被褥。

"要是亚瑟护士长看见我这么专业就好了，保准让她刮目相看。狄肯医生早早就会过来看你。"

"我真无法想象你为什么对我这么好。"菲利普说道。

"对我来说也是一次很好的实习机会呢，照顾病人太好玩了。"

格里菲斯把早餐给菲利普端来，然后穿上衣服出门吃了点东西。快到十点的时候，他带着一串葡萄和几枝鲜花回来了。

"你真是太好了。"菲利普说道。

他已经整整五天卧床不起了。

诺拉和格里菲斯轮流照顾他。虽然格里菲斯和菲利普年龄一般大，但他用的是幽默、慈母般的态度对待菲利普。他是个细心的小伙子，温文尔雅并且知道如何激励人，不过他最大的特点就是活力四射，似乎能给与他接触的每个人都带来健康。菲利普还不太习惯这种大多数人从他们的母亲或姐妹那里得到过的呵护，他被这位强壮的年轻人身上女性般的温柔深深打动了。菲利普的身体渐渐好起来了，这时格里菲斯懒散地坐在菲利普的房间里，讲述一些欢快的风流韵事逗他开心。格里菲斯是个情场老手，可以同时和三到四个女人谈恋爱，他绘声绘色地讲述为了摆脱麻烦，他不得不采取的种种手腕，真是让听者过瘾。他还有一种天赋，能够给发生在他身上的事增添一层浪漫的色彩。他因负债累累，手上值点钱的东西都被送进了当铺，但是他总能保持兴致勃勃的劲头，仍然讲排场，花钱大手大脚。他生性爱冒险，喜欢结交从事不正当职业、不安分的人。他的朋友三教九流，什么人都有，经常出没于伦敦的酒吧的混混中有一些也与他相识。还有放荡的女人也把他当成朋友，跟他倾诉她们生活中的麻烦、困难和成功。而那些赌徒倒能体谅他的困顿，经常请他吃饭，还借给他面值五英镑的钞票。他一次又一次地考试不及格，但他根本不当回事。对于父亲的忠告和责备，他又总是以一种诚恳的态度，俯首帖耳地听从，搞得他那位在利兹行医的父亲对他无可奈何。

"我根本不是读书的料，"他笑呵呵地说，"我就是看不下去书。"

生活充满了欢乐，但是有一点很清楚，当他度过精力充沛的青春年华，最终获得行医资格后，他会在行医时取得巨大的成功。就凭他那招人喜欢的魅力，就能治好人们的病痛。

菲利普崇拜格里菲斯，就像在上学时，他崇拜那些高大、坦诚和精神饱满的男孩子一样。到了菲利普彻底康复的时候，他们很快成了好朋友，让菲利普特别满意的是，格里菲斯似乎很喜欢待在菲利普的小屋里，用他逗人的闲聊与菲利普消磨着时间，同时他又消耗着无数的烟卷。有时，菲利普带他一起去摄政大街上的那家小酒馆，海沃德觉得格里菲斯很愚蠢，但是劳森认为他很迷人，急切地想为他作画。格里菲斯有蓝眼睛、白皮肤和鬈曲的头发，可是肖像画的绝佳模特。他们讨论问题时，格里菲斯根本听不懂，就安静地坐在一旁，俊美的脸上挂着温和的微笑，理直气壮地觉得自己的存在给这帮人增添了不少乐趣。当他发现麦卡利斯特是个股票经纪人后，他渴望得到一些投资理财的建议，而麦卡利斯特带着严肃的微笑，告诉他如果在某个时候买进某个股票，他一定会获利不菲。这使得菲利普也垂涎欲滴，因为在某种程度上，他也是入不敷出，用麦卡利斯特建议的简单方法挣点小钱倒是也很适合他。

"下次我听到有真正的好消息，一定会告诉你。"股票经纪人说道，"有时候行情不错，只需耐心等待时机。"

菲利普忍不住心想，要是能挣到五十英镑该有多好，这样他就能给诺拉买一件她过冬急需的皮大衣。他去摄政大街的几家商店里先逛了一圈，选好这笔钱能买的东西。诺拉值得拥有一切，因为她使他的生活过得如此幸福。

第六十九章

一天下午，菲利普从医院回到家里，同往常一样，在和诺拉一起用下午茶之前，先梳洗打扮一番。当他掏出钥匙要开门时，房东太太直接为他开了门。

"有一位女士正等着要见你。"她说道。

"见我？"菲利普有些惊讶地喊道。只有诺拉会来，他不知道诺拉为什么会来这儿。

"我本不该让她进屋的，只是她已经来了三次，没见到你她似乎很难过，所以我告诉她，可以在屋里等你。"

菲利普从还在解释的房东太太身边挤过去，急匆匆地进了屋。是米尔德里德，他心里感到一阵恶心。她刚要坐下，但是一见他进来，马上站了起来。她没有迎着他走来，也没说话。菲利普惊得目瞪口呆，不知道说什么好。

"你究竟想干什么？"他问道。

米尔德里德没有吭声，但开始哭了起来。她没有用手蒙住眼睛，而是双手一直放在身体的两侧，看上去就像一位女仆在恳求人赐予一份工作，在她的姿态中有一种可厌的谦卑，菲利普搞不清自己心头是什么滋味。他突然有种冲动，想转身逃出房间。

"我没想到还能见到你。"菲利普终于说了这么一句话。

"我要是死了就好了。"她呜咽道。

菲利普让她就站在原地。此时此刻他只想让自己镇定下来，他觉得双膝在颤抖，他看着她，心情绝望地呻吟着。

"到底怎么回事？"菲利普问道。

"埃米尔——他抛弃了我。"

菲利普的心怦怦跳着，这时他才明白自己仍然一如既往疯狂地爱着她，他从未停止爱她。她就站在他面前，那么低声下气，那么柔顺。他想把她搂在怀中，将数不清的吻落在她被泪水打湿的脸上。噢，分别的日子是多么漫长！他不知道自己是怎么熬过来的。

"你最好还是坐下吧，让我给你倒杯喝的来。"

菲利普拉了把椅子靠近火旁，米尔德里德坐下来。他调了一杯加苏打水的威士忌递给她，她一边抽泣着，一边喝，还用她那满含悲伤的大眼睛看着他，眼睛下面有很多深色的皱纹。米尔德里德比菲利普上次见她时瘦多了，而且脸色更加苍白。

"我真希望你向我求婚时，我答应嫁给你就好了。"她说道。

不知为什么，这句话似乎让菲利普百感交集。他想强迫自己疏远她，可就是无法和她保持距离，他把一只手放在她的肩上。

"我很难过你遇到了麻烦。"

米尔德里德把头靠在他的胸口，爆发出一阵歇斯底里的哭声。她的帽子有些碍事，她便把它摘下来。菲利普以前从来没想过她还能像那样哭，他一遍一遍地亲吻她，这样一来，她似乎平静一点了。

"你对我总是很好，菲利普，"米尔德里德说道，"那就是我知道我能来找你的原因。"

"告诉我发生了什么事。"

"哦，我不能说，不能说啊。"她又哭出了声，从他的怀抱中挣脱了出来。

他跪在她的腿边，把他的脸庞紧贴她的脸。

"难道你不知道你没有什么事是不能告诉我的吗？我绝不会责怪你的。"

米尔德里德一点一点地把事情的经过告诉了菲利普，有时她抽泣得厉害，他都听不清她在讲些什么。

"上个周一，他去伯明翰谈生意，答应周四回来，可他那天没回来，周五也没回来，所以我写信问他出了什么事，他也没回信。于是我又写信跟他说，如果我再收不到他的回信，我就动身去伯明翰。今天早上我收到一封律师函，律师函上说我无权对他提出要求，如果我再骚扰他，他会去寻求法律的保护。"

"可这也太荒唐了，"菲利普喊道，"一个大男人不能这样对待他的妻子呀，你们吵架了吗？"

"哦，是的，我们在周日吵了一架，他说他对我烦透了，可他以前也说过那样的话，最后也都乖乖回来了。我没想到这次他会来真的，因为我告诉他我快生孩子了，他吓坏了。我其实是尽可能地瞒着他的，但后来我不得不告诉他。他说那是我的错，本来在这种事上我应该懂得更多些。你听听他说的都是些什么混账话！可是我很快就发现他根本不是个绅士，他没给我留下一分钱就甩了我，甚至连房租都没付，我自己又没钱付房租，那个管理房屋的女人没少对我说怪话——嗯，她说话的样子，好像我就是个贼。"

"我还以为你们要租一套房子。"

"他是一直这么说，但我们只是在海伯里租了一套带家具的房间。他可吝啬了，说我花钱大手大脚，可他没给我一分钱呀，我拿什么去大手大脚。"

米尔德里德说话有个特点，就是分不清主次，想到哪儿说到哪儿。菲利普有些糊涂，整件事情听起来有些不可思议。

"没有一个男人能这样耍流氓呀。"

"你不了解他。现在我不会回去了，就算他回来，跪在地上求我回去，我也不会回去。我真是瞎了眼，看错了人。他也不像他自己说的那样能挣钱，他对我说的全是谎话！"

菲利普思索了一两分钟，他被米尔德里德痛苦的样子深深打动，都顾不上考虑自己的实际情况。

"你想让我去伯明翰吗？我去见他，帮你解决这件事。"

"哦，根本不可能，他现在绝不会回来的，我太了解他了。"

"可是他必须给你赡养费呀，他可不能逃避这个，我对这些事情完全不懂，你最好去找一个律师。"

"我怎么去找呀？我身上没有一分钱。"

"我来付，我会给我的律师写封信，就是那位担任我父亲遗嘱执行人的律师，他是个性格直爽的人。你愿意现在就和我一起去找他吗？我估计他这会儿还在办公室里呢。"

"不了，把你写给他的信给我吧，我一个人去。"

米尔德里德现在镇静一点了。菲利普坐下来写了一封信，随后他记起她身上没钱，幸好他昨天刚兑换了一张支票，能给她五英镑。

"你对我太好了，菲利普。"她说道。

"能为你做点事我也很高兴。"

"你还喜欢我吗？"

"跟以前一样喜欢。"

米尔德里德噘起嘴唇，菲利普亲吻了她。在她的这个举动中，有一种屈服的姿态，这是菲利普以前在她身上从未见过的。就凭这一点，他受的所有痛苦都值得了。

米尔德里德起身离开了，菲利普发现她竟然在这儿待了两个小时，他心里别提有多高兴了。

"可怜的人呀，可怜的人呀。"菲利普喃喃地自言自语，内心燃烧着比以前更为猛烈的爱情火焰。

大约晚上八点钟，一封电报不期而至。在此之前菲利普的脑海里根本就没有想过诺拉，但在打开电报之前，他就猜到一定是诺拉拍来的。

> 出了什么事？诺拉

菲利普不知道该怎么办，也不知道该怎么回复。本来他可以在诺拉演完一场做配角的戏后去接她，陪她一路走回家，就像有时他会做的那样。但是这天晚上他很排斥见她的念头。他想给她写封信，但是无法让自己像往常一样称呼她为"最亲爱的诺拉"，于是决定给她拍封电报。

> 抱歉，无法前来。菲利普

菲利普在脑海中想象诺拉的模样，她那张难看的小脸、高高的颧骨和脸上深浅不均的肤色让他有些厌恶。诺拉的皮肤很粗糙，让他浑身起鸡皮疙瘩。他知道拍完电报后还应该做点什么，但不管怎么说，暂时还能拖延一下。

第二天，他又拍了封电报过去。

遗憾，不能前往，容再告。

米尔德里德说她下午四点钟来，菲利普不愿告诉她那个时间不方便，他要和诺拉用下午茶。毕竟，米尔德里德比诺拉认识他要早，他焦躁不安地等着米尔德里德。他在窗口那儿一看见米尔德里德的身影，就跑去把大门打开。

"怎么样？你见到尼克松了吗？"

"见到了，"米尔德里德回答说，"他说这事不太好办，无能为力，我只能自己忍受了。"

"但那是不可能的呀。"菲利普喊道。

米尔德里德疲惫地坐下来。

"他说了为什么了吗？"菲利普问道。

米尔德里德递给菲利普一封皱巴巴的信。

"这是你写的那封信，菲利普。我没把它送出去。昨天我没告诉你，我真的说不出口。埃米尔没跟我结婚，他不能和我结婚，因为他已经结婚了，还有三个孩子。"

菲利普觉得心猛地一疼，又嫉妒又痛苦，几乎难以忍受。

"那就是我不能再回我婶婶家的原因，我无处可投奔，只能来找你了。"

"那你怎么想的呀，竟然就跟他走了？"菲利普用低沉的声音问道，强作坚定。

"我也不知道，起初我不知道他已经结婚了，当他告诉我以后，我还把他痛骂了一顿。然后我好几个月没见他，可当他再次来店里，又央求我的时候，我不知道自己中了什么邪，觉得有点身不由己，就答应他，跟他走了。"

"你爱他吗？"

"我不知道，对他说的每件事我几乎都忍不住会发笑，而且还有一件事——他说我绝不会后悔的，他许诺一周给我七英镑——他说他能挣十五英镑，其实这都是谎话，他根本挣不了那么多钱。那时我对每天一大早就去店里上班烦透了，我跟婶婶相处得也不好，她对待我就像我是个仆人而不是亲戚。她说我应该自己收拾房间，如果我自己不做的话，没人会为我做的。噢，我当初真不该跟他走，可是当他来店里让我跟他走的时候，我觉得我是鬼迷心窍了。"

菲利普从她身边走开了。他坐在桌子旁，把他的脸埋在双手中，觉得自己遭受了奇耻大辱。

"你不生我气吧，菲利普？"米尔德里德可怜巴巴地问。

"没生气，"菲利普答道，抬起了头但没扭过脸看她，"我只觉得受到了深深的伤害。"

"为什么呀？"

"你知道，我是那么爱你，我愿意尽一切可能来照顾你，我还以为你不会爱上任何人呢。知道你为了那个无赖竟然愿意牺牲一切，真是太可怕了，我想知道你看上了他什么！"

"我真的很抱歉，菲利普。我向你保证，我后来也特别后悔。"

菲利普联想起了埃米尔·米勒那张苍白、不健康的脸，那双骨碌碌乱转的蓝眼睛，还有那粗俗不堪、油腔滑调的样子。他还总爱穿一件鲜红的针织马甲。菲利普叹了口气。米尔德里德站起身向他走来，伸出一只胳膊搂住他的脖子。

"我永远不会忘记你曾向我求过婚，菲利普。"

菲利普握着她的手，抬头看着她。她弯下腰去吻他。

"菲利普，如果你还想要我的话，我现在愿意做任何你想让我做的事。我知道你是个地地道道的绅士。"

菲利普的心好像停止跳动了，她的话让他觉得有些恶心。

"你真是太好了，但是我不能这样做。"

"你难道不再喜欢我了？"

"不，我全心全意地爱着你。"

"那么我们干吗不趁机好好乐一乐呢？你知道，现在可没什么关系啦。"

菲利普从她的搂抱中挣脱出来。

"你不明白，自从我一见到你，我就害上了相思病，但是现在——那个男人，唉，都怪我想象力太活跃，一想到你跟那个男人在一起的情景，我就厌恶得想吐。"

"你可真有意思。"米尔德里德说道。

菲利普再次握住她的手，冲她笑了笑。

"你一定不要觉得我不知好歹，我对你很感谢，但是你知道，这种恶心的感觉太强烈，我也控制不住。"

"你是个好朋友，菲利普。"

他们继续聊着，很快他们又恢复到了过去旧日时光两人亲密熟悉的伙伴关系。天色渐渐暗下来，菲利普建议他们一起出去吃个饭，然后再去歌舞杂耍剧场。米尔德里德起初还扭捏，想让菲利普劝她去，因为她觉得自己的行为要和她的处境相称，本能地觉得去一家娱乐场所和她目前悲惨的状况不符。最后，菲利普说请她陪他去是为了让他开心些，直到她把这一举动看作为他做出的牺牲，才欣然接受。她比以前体贴了，这一点让菲利普高兴不已。米尔德里德让菲利普带她去索霍区那家他俩以前常一起去的小饭馆吃饭。她的建议让菲利普想起与她一起在这家小饭馆里的美好回忆，这让他非常感激。吃饭时米尔德里德的兴致越来越高，从街角小酒馆打来的勃艮第葡萄酒温暖和融化了她的心，她忘记自己应该保持一副愁云惨雾的神情。菲利普觉得此时可以趁机跟她谈谈未来的打算。

"我想你现在几乎身无分文，对吗？"瞅准一个机会，他问道。

"只有你昨天给我的钱，我还从中拿了三英镑给了房东太太。"

"好吧，我最好再给你十英镑花着，我还会去找我的律师，让他给米勒发一份律师函。我们会让他做出补偿的，我敢肯定。如果我们从他那儿得到一百英镑的补偿，会让你维持到孩子出生。"

"我不会从他那儿拿一分钱的，我宁可饿死。"

"可是他就这样把怀着身孕的你丢下不管，真是太可恨了。"

"我还要考虑自己的自尊心呀。"

菲利普听了这话有点为难，他需要省吃俭用，自己的钱才能勉强支撑到取得行医资格，而且还得留下点钱，将来自己在圣路加医院或者去其他医院做住院医师时，作为那一年的生活费。可是米尔德里德已经跟他讲述过埃米尔的种种吝啬行为，他很担心万一违背了她的心意，她会指责他和埃米尔一样小气。

"我可不想从他那儿拿一分钱，我宁可到街上要饭。在此之前，我还一直想找份工作干干，只是我现在挺个大肚子真没法干，人总得考虑自己的健康状况，不是吗？"

"你不必担心现在的问题，"菲利普说道，"我可以提供你要的一切，直到你可以重新工作。"

"我就知道可以依靠你，我早告诉埃米尔他别以为我找不到人帮忙，我告诉他你是个名副其实的绅士。"

菲利普一点一点地了解了两人是怎么分开的。似乎是那个家伙的老婆发现了他定期去伦敦所干的好事，于是去找了那家雇用他的公司的头儿，威胁要跟他离婚，而公司也宣称如果她真跟他离了婚，他们会解雇他。这家伙非常疼爱他的孩子们，不能忍受和孩子们分开的念头。就这样，在妻子和情妇之间，他选择了妻子。他一直担心，生怕情妇怀上孩子使得这场瓜葛更加复杂，当米尔德里德的肚子越来越大，她觉得没法再瞒他，只能告诉他即将分娩的事实，这可把他吓坏了。他借机和她大吵一架，一走了之。

"你估计什么时候生？"菲利普问道。

"三月初左右。"

"还有三个月。"

讨论一下计划很有必要，米尔德里德提出她不想住在海伯里的出租房里了，而菲利普也认为如果她住得离他更近一些会方便得多。他答应第二天去帮她找房子。她提出沃克斯霍尔桥路上的住宅区可以考虑。

"对以后来说，那儿也更近些。"她说。

"你说的是什么意思？"

"哦，我是说，我只能在那儿住上大约两个月或者再稍久些，然后就得住进一幢房子。我知道一个非常体面的地方，那里住着很多上层人士，他们一周只收四个几尼，没有额外的收费。当然，医生的诊费另算，但没别的了。我的一位朋友去过那儿，管理那里的女士是一位不折不扣的贤淑女士。我打算告诉她，我的丈夫是一名驻印度的军官，我回到伦敦就是为了生孩子的，因为这样的安排对我的健康更好些。"

听她这么说，菲利普似乎感到有点不可思议。精致小巧的五官和苍白的面容让她看上去冷淡又文静。可是想到在她体内竟然燃烧着那么出人意料的激情，他的心里不可名状地纠结和烦乱，他的脉搏跳得更快了。

第七十章

当菲利普回到自己的房间时，希望能看到诺拉的来信，但是没有丝毫的音讯，第二天他仍然没有收到诺拉的只言片语。这种沉默让他有些懊恼，同时又有些惊慌，从去年六月起，只要他在伦敦，两人没有一天不见面。可是他有两天没去看她了，也没说明没露面的原因，她一定会觉得奇怪的。他还胡思乱想道：该不会是不凑巧让她看见自己和米尔德里德在一起吧。想到诺拉受到伤害或者难过，他于心不忍，所以他决定当天下午去看望她。他几乎想埋怨诺拉了，因为他竟然允许自己和她如胶似漆，百般依恋她。一想到继续保持这种亲昵关系，就让他心头充满厌恶。

菲利普为米尔德里德在位于沃克斯霍尔桥大街上一幢楼房的三层租了个两居室，虽然那儿很嘈杂，可他知道她喜欢窗外车水马龙的喧嚣。

"我不喜欢那种死气沉沉的街道，一整天都没一两个人经过，"米尔德里德说，"我还是喜欢有点生活气息的地方。"

接下来菲利普硬着头皮去了文森特广场。当他按响门铃的时候，由于紧张他觉得自己都快吐了。他内心感到很不安，因为他觉得愧对诺拉。他害怕遭到诺拉劈头盖脸的痛骂，而且他知道诺拉的脾气其实有点急躁，菲利普又不喜欢大吵大

505

闹的场面。也许最好的方式就是直截了当告诉她米尔德里德又回到了他身边,他对米尔德里德的爱仍是一如既往地狂热。他虽然觉得很对不住诺拉,但是他确实没法再给她任何爱情了。他想到诺拉一定会很痛苦,因为他知道诺拉爱他。在以前,诺拉的爱让他有些沾沾自喜,但更让他感激涕零;可现在,这份爱却令他十分厌恶。诺拉是无辜的,不应该忍受自己强加给她的痛苦。他暗自揣测现在她会怎样迎接他呢?当他沿着楼梯台阶一步步向上走时,脑中闪过她可能采取的各种行动。他敲了敲房门,感到自己脸色煞白,不知道如何掩饰自己的紧张。

诺拉正奋笔疾书,菲利普进屋的时候她从桌子旁站了起来。

"我听得出你的脚步声。"她喊道,"最近你一直躲到哪儿去了,你这个淘气的大男孩?"

诺拉喜滋滋地向他扑来,用双臂搂住了他的脖子。见到他,她显然很开心。他亲吻了她,然后故意装出一副又渴又饿的表情,说他特别急切地想用些茶点,她赶忙去拨弄炉火,好快点把一壶水烧开。

"我近来特别忙。"菲利普吞吞吐吐地说道。

诺拉兴高采烈地打开了话匣子,告诉他她新近受托为一家出版商写一篇小说,而这家出版商以前从未雇用过她,这个活儿她能挣十五个几尼呢。

"这可是天上掉下的一笔钱,我来告诉你我们该怎样安排,我们两个可以出去旅行一趟,我们可以去牛津玩上一天,没问题吧?我特别想看看那里的几所学院。"

菲利普看着诺拉,想在她的眼睛里看出是否有责备的神色。但是她的目光像以往一样坦率和快乐。她看见他有些喜出望外，可他的心却沉了下去，他无法说出残酷的真相。她为他烤了几片面包，还把它们切成小块儿，一块块地递给他，好像他是个孩子。

"小淘气吃饱了吗？"她问道。

菲利普笑着点了点头，诺拉又为他点燃一支香烟。随后，就像她平常喜欢的那样，她走过去坐到了他的腿上。她的身子很轻，带着一种满足的幸福感，她轻轻叹了口气，向他的怀抱靠了过去。

"跟我说些体己的话吧。"她喃喃道。

"我说些什么呢？"

"你可以发挥想象，说你特别喜欢我呀。"

"我就是特别喜欢你，这点你是知道的。"

此刻，菲利普真不忍心告诉她事实，无论如何他要让她平和地度过那一天，也许他再找机会给她写信，那样可能会容易些。他一想到她会泪如雨下，心就像针扎一般痛。诺拉让菲利普吻她，可当他亲吻她的时候，他想到了米尔德里德和她那苍白的薄唇。米尔德里德的样子一直在他脑海中萦绕，就像一种无形但充实的形体，而不仅仅是一个影子，这景象不断让他分神。

"你今天太安静了。"诺拉说道。

他俩待在一起的时候，诺拉的饶舌一直是他乐此不疲攻击的笑柄，于是他回答道：

"你从来不给我插话的机会，我都没有聊天的习惯了。"

"但是你没有在听呀，心不在焉，这可不怎么礼貌。"

菲利普的脸红了一下，禁不住怀疑她是否对他的秘密有所察觉，他不安地把目光转向别处。这天下午她身体的重量让他有些恼火，他也不想让她抚摸他。

"我的脚都麻了。"他说道。

"对不起,"她边喊边跳了起来,"如果我不能改掉自己坐在绅士膝头的习惯,那我就得减肥喽。"

菲利普像煞有介事地跺跺脚,在房间里走了一圈。然后,他站在火炉前,这样她就无法再坐到他膝盖上了。当诺拉讲话的时候,他想诺拉比米尔德里德强上十倍。跟诺拉相处,他会愉快得多,而且两人谈话也很投机,诺拉更加聪明,有着更加善良的天性。她是一位贤淑、勇敢、诚实的小女人;而米尔德里德,他苦涩地想到,这些形容词她一个也配不上。如果他还有些理智的话,他应该坚持选择诺拉,比起和米尔德里德厮守在一起,诺拉会让他幸福快乐得多。不管怎么说,诺拉是真心爱他的,而米尔德里德只是感激他的帮助罢了。但是,说到底,更重要的是,与其被别人所爱还不如去爱别人。他全身心地渴望米尔德里德,他宁愿和米尔德里德待上十分钟也不愿意和诺拉待上一下午。即使诺拉把全部都奉献给他,也敌不过米尔德里德那冰冷双唇给他的一个吻。

"我无法自拔,"他想道,"我爱米尔德里德已经爱到骨子里了。"

他不在乎米尔德里德是否没心没肺、放荡堕落、粗俗不堪、愚蠢无知、贪得无厌,他就是爱她。他宁愿和米尔德里德过悲惨的日子,也不愿和诺拉过幸福的生活。

他站起身准备要走的时候,诺拉随口说道:

"嗯,我明天还能见到你,对吧?"

"是的。"他答道。

菲利普心里明白,明天他来不了,因为他得帮米尔德里德搬家,但他又没勇气说出来,决定明天给诺拉拍封电报。米尔德里德上午时去看了房间,觉得很满意。午饭后,菲利普和她一起去了趟海伯里，她用一只行李箱装了衣服，另外一只箱子装了零零碎碎的杂物——坐垫、灯罩、相框等，她打算用这些东西装饰公寓房，使房间有种家的气氛。另外，她还有两三个很大的硬纸板箱，不过所有这些物件都堆放在四轮马车上，连马车的车顶都没够着。当他们驶过维多利亚大街的时候，菲利普尽量坐在出租马车很靠后的部位，以免诺拉碰巧路过时看见他。他没有找到给她拍电报的机会，也不能从沃克斯霍尔桥路的邮局里拍，因为诺拉会纳闷他究竟在那个地区干什么。而且如果他已经在那儿了，就没有借口不去直接找她，她就住在附近的广场呀。他决定最好还是抽出半个小时的时间去看看她，这种被逼无奈的事情让他很恼火，他生起诺拉的气来，因为她迫使他使用这么卑鄙的手段。但是和米尔德里德在一起却使他觉得快乐，帮她整理包裹都会让他兴致盎然，能够把她安顿到他帮着找到并付钱的出租公寓中，这种迷人的感觉让他体验到一种占有欲。他不会让她累着自己的。能够为她做事他正求之不得，而她本人也没有收拾的念头，因为有人似乎心甘情愿地帮她做这些事。他把她装衣服的行李箱打开，把衣服拿出来摆好。她没有提议再出门，所以菲利普给她拿来拖鞋，并帮她脱下靴子，履行仆人的职责使他心花怒放。

当菲利普跪下来给她解靴子的扣子时，米尔德里德一边爱怜地用手指抚摩着他的头发，一边说道："你太宠我了。"

菲利普抓住她的双手吻了一下。

"有你在这儿，我就很开心了。"

他整理好坐垫，摆放好相框。她还有几个绿色的陶瓷罐。

"我回头给你买些花种在里面。"他说道。

他骄傲地环顾四周，对自己干的活儿很满意。

"我不打算出门了，我觉得还是穿着宽松的袍子舒服些，"米尔德里德说道，"帮我从后面解开一下纽扣，好吗？"

她毫无顾忌地转过身，好像菲利普也是个女人一样，她对他的性别似乎熟视无睹。但是他的内心还是充满感激，因为她的要求表明两人很亲密。他用笨拙的手指解开了衣服的扣子。

"从我第一天进你们店起，我做梦也没想到我现在会帮你做这件事。"他边说边勉强打了个哈哈。

"总得有人做呀。"她随口应了一句。

米尔德里德走进卧室，套了一件镶着很多廉价蕾丝边的淡蓝色长袍，然后菲利普把她安顿到了沙发上，并给她沏了茶。

"恐怕我不能留下和你一起喝茶了，"菲利普抱歉地说道，"我还有个讨厌的约会，但是我半个小时后就会回来。"

如果米尔德里德问起来是什么约会，他正琢磨该如何回答呢，但是她没有显示出丝毫的好奇。当他定下房间后，他已经点了两个人的饭菜，打算和她一起安安静静地度过这个晚上。他着急赶回来，为节省时间，他坐了一辆沿着沃克斯霍尔桥路行驶的有轨电车。他寻思最好一见面就跟诺拉讲清楚，他只能待上几分钟。

"我说，我只有向你问好的时间，"他一走进诺拉的房间，就开口说道，"我忙得要命。"

诺拉的脸沉了下来。

"为什么呀，出了什么事？"

诺拉迫使他不得不说谎，这让他心烦不已。当他回答医院有个示范课他必须得参加时，他知道自己的脸红了。他想她看上去好像根本不信他的话，这更让他恼火万分。

"哦,好吧,没关系。"诺拉说,"明天一整天你得陪着我。"

菲利普面无表情地看着她,明天是星期天,他一直盼着和米尔德里德待在一起。他暗自思忖出于礼貌他也必须那么做,他总不能把米尔德里德一个人孤零零地扔在一幢陌生的房子里吧。

"实在抱歉,我明天也忙。"

他知道自己极力想避免的场面就要出现,诺拉脸颊处的肤色更红了。

"可是我已经邀请了戈登夫妇来吃午饭,"——演员戈登和他的妻子目前正在外地游玩,本周日会在伦敦停留——"我一周前就告诉你了呀。"

"实在对不住,我忘了。"他犹豫着说,"我恐怕无法前来,你还能找到别人作陪吗?"

"那你明天究竟要干什么?"

"我希望你别盘问我。"

"你就不想告诉我,是吗?"

"我倒不是不想告诉你,不过我的一举一动都要向你汇报,这也太过分了吧。"

诺拉突然变了脸色,她显然极力在控制自己,才没让自己发脾气。她走上前拉起菲利普的双手。

"明天别让我失望,菲利普,我一直期盼着和你度过那美好的一天,再说戈登夫妇也想见见你,我们会过得很愉快的。"

"如果可能,我愿意来。"

"我不是一个咄咄逼人、蛮横不讲理的人,是不?我是不会经常让你感到为难的,你就不能推掉那个该死的约会吗——就这一次?"

"我真的很抱歉，我知道我不能。"他脸露愠色地答道。

"告诉我究竟是个什么约会。"她用哄孩子的语气说道。

他利用这个空儿编了个借口。

"格里菲斯的两个妹妹要来度周末，我们要带她们出去转转。"

"就这事？"她高兴地问道，"格里菲斯很容易再找其他人嘛。"

他真希望能想到一个比这个借口更紧迫的理由，这个谎话实在太蹩脚。

"不行，我很抱歉，我不能那么做——我已经答应他了，我得信守承诺。"

"可是你也答应我了呀，而且我肯定比他早。"

"我希望你别再逼我了。"菲利普说道。

诺拉一下子发火了。

"你不来是因为你不想来，我不知道你这些天一直在忙些什么，你完全变了。"

他看着手表。

"我恐怕得走了。"他说道。

"你明天不来吗？"

"不来。"

"要是那样的话，你以后不用来了。"诺拉喊道，再也控制不住自己的脾气了。

"随你的便。"菲利普回敬道。

"别让我再耽误了你的正事。"诺拉又挖苦地补了一句。

菲利普耸了耸肩，走出了门。他感到如释重负，局面倒是没有到无法收拾的那一步，毕竟诺拉没有哭哭啼啼。他一边走，一边庆幸自己如此轻易地解决了这件事。他走到维多利亚大街给米尔德里德买了一些花。

小小的晚宴很成功，菲利普早先送来了一小罐鱼子酱，他知道米尔德里德很喜欢吃，房东太太给他俩端来了炸肉排，还配有蔬菜和甜点。菲利普订了米尔德里德最爱喝的勃艮第红葡萄酒。窗帘被拉下来，房间内炉火闪耀，灯上安了米尔德里德带来的灯罩，室内显得格外温馨。

"这儿真像一个家。"菲利普笑着说。

"我的日子本来可能会更难熬的，对吗？"她自顾自地说道。

他们吃完饭，菲利普把两张扶手椅拉到炉火前，他们坐下来。他惬意地抽着烟斗，觉得幸福又满足。

"明天你想做什么？"他问道。

"哦，我打算去图尔斯山，你还记得我原来待的那家店的女经理吧，嗯，她现在已经结婚了，她邀请我过去跟她待上一天。当然，她认为我也结婚了。"

菲利普的心一下子沉了下去。

"可我还拒绝了一个邀请，我原以为星期天要陪着你一起过呢。"

菲利普心想，如果米尔德里德爱他的话，她一定会说，要是那样的话，她很愿意和他待在一起。他很清楚，假如是诺拉的话，她会毫不犹豫地这样说的。

"唉，只有你这个小傻瓜才会干出这样的事来。我三个星期以前就答应人家去了。"

"可是你一个人怎么去呢？"

"哦，我会说埃米尔出差了。她的丈夫是个手套商人，一个很有气派的家伙。"

菲利普没作声，心头涌上一阵苦涩的感觉。米尔德里德用眼角瞥了他一眼。

"你不会吝啬到连这点乐趣都不让我享受吧，菲利普？你知道，这是我能够出门的最后机会，还不知道要过多久我才能四处逛逛呢，而且我早就答应人家了。"

菲利普握住米尔德里德的一只手，笑着说："不会的，亲爱的，我想让你拥有最好的时光，我只想让你幸福。"

一本用蓝色的纸装帧的小书打开着，倒扣在沙发上，菲利普百无聊赖地把它拿起来。这是一本两便士的爱情小说，作者是考特尼·佩吉特，那正是诺拉的笔名。

"我真的很喜欢他写的书，"米尔德里德说道，"他所有的书我都看，写得真带劲。"

菲利普还记得诺拉对自己作品的评价。

"我在厨房帮佣的女仆中还是特别受欢迎的，她们都认为我颇有绅士风度。"

第七十一章

菲利普为了回报格里菲斯告诉他的知心话，已经把自己复杂的男女纠葛原原本本地都告诉了他。在星期天的早上，早餐之后，他们穿着睡衣，坐在炉火旁抽着烟，这时，菲利普把前一天和诺拉闹翻的那一幕详详细细地讲给他听。格里菲斯因为菲利普干净利索地甩掉了包袱而向他表示祝贺。

"世上最简单的事情就是和一个女人来一段风流韵事，"格里菲斯以说教的口吻讲道，"但是，要是想从中全身而退却是一件极麻烦的事。"

菲利普为自己成功地解决了这件事而沾沾自喜。不管怎么说，他感到如释重负。想到米尔德里德在图尔斯山玩得正开心，他觉得自己有一种真正的满足感，因为她是幸福的。于他而言，这是自我牺牲的行为，他并不抱怨她什么，即使她为了自己的快乐而让他伤心失望，但他的内心仍充满喜悦。

但是在周一的早上，菲利普发现桌子上放着一封诺拉的来信。她写道：

最亲爱的：

我对自己周六那天冲你发火深感抱歉，请原谅

我，并一如既往地前来与我共用下午茶。我爱你！

你的诺拉

读罢来信，菲利普的心情变得沉重起来，他不知道下一步该怎么办。他拿着信找到格里菲斯，给他看了信的内容。

"你最好还是别回复了。"格里菲斯说。

"哦，我做不到。"菲利普喊道，"一想到她时刻刻都在盼望我的回信，我就感到难受。你不知道盼着邮递员的敲门声是种什么滋味，我可体会过，我不能让别人也承受那种折磨。"

"我亲爱的伙计，如果没人痛苦的话，人们就绝不会从感情的纠缠中挣脱出来。做这件事，你必须咬紧牙关，不能松口，你需要明白一件事，这种痛苦不会持续多久的。"

菲利普觉得诺拉不应该承受他给她带来的痛苦，她能忍受多大的痛苦格里菲斯怎么会知道呢？他还清楚地记得当米尔德里德告诉他说她快要结婚的消息时，自己生不如死的痛苦。他不想再让任何人体验他那时经历的痛苦。

"如果你真担心会给她造成痛苦，那就回到她身边好了。"格里菲斯说道。

"我做不到呀。"

菲利普站起身，在屋里紧张不安地来回走着。他生诺拉的气，因为她没有让事情就此结束。她肯定看出来他不再爱她了，人们都说女人对这类事情敏锐着呢。

"你也许可以帮助我。"他对格里菲斯说道。

"我亲爱的伙计，别那么大惊小怪的好不好，你知道，对这类事人们很快就会忘到脑后的。她也许并不像你想象的那样一心扑在你身上呢。人们总是喜欢把自己在别人心中引起的激情夸大很多。"

格里菲斯停下话头，带着调侃的神情看着菲利普。

"听我说，你可以做一件事，给她写封信，告诉她你们俩结束了，把话说清楚，免得引起误解。当然这会让她伤心，但是如果你拖拖拉拉，下不了狠心的话，会伤得她更深。"

菲利普坐下来，给诺拉写了下面的信：

亲爱的诺拉：

　　我真的抱歉让你难过，但是我认为我们最好让事情就停留在上周六我们分手时的状态吧。我觉得既然事情已经毫无快乐可言，再让它继续下去又有何用处呢。你让我走，于是我就离开。我也不想回头了。再见。

菲利普·凯里

菲利普把这封信拿给格里菲斯看，并问他有何想法。格里菲斯读过信后，用闪亮的眼睛看着菲利普，至于他如何想的，他并没有多说。

"我觉得这封信能起作用。"他说道。

菲利普出门把信寄了出去。他整个上午都心神不定，因为他脑子里一直在想象诺拉收到信后的种种反应。他想到她一定会泪水涟涟，因此他心里也备受煎熬。但同时他又能松口气，想象中的悲伤总是比亲眼看见的悲伤更容易让人忍受，现在他终于解脱，可以全心全意地爱米尔德里德了。他一想到今天下午，等他在医院的实习结束后就能见到她的情景，兴奋得心都快跳出来了。

同往常一样，他回到房间想收拾打扮一下。他把钥匙刚插进门锁，就听见身后传来一个声音。

"我可以进来吗？我已经等你半个小时了。"

是诺拉，菲利普觉得自己的脸一下子红到了耳根。诺拉说话的声音轻快，丝毫听不出有任何幽怨的意味，也没有听出任何表明两人之间关系破裂的迹象。菲利普觉得自己被逼入了死角，害怕得要命，但还是努力挤出一丝微笑。

"当然，请进吧。"他说道。

他打开了门，诺拉在他前面走进起居室。菲利普很紧张，为了使自己镇定些，他递给她一支香烟，自己也点着一支。诺拉满脸笑容地看着他。

"你这个淘气包，为什么会给我写一封那样可怕的信？如果我当真了的话，它会让我痛不欲生的。"

"我写那封信是认真的。"菲利普绷着脸回答道。

"别傻了，我那天是冲你发了火，可我已经写信向你道歉了呀，你好像还是不满意，所以我亲自过来再当面向你道歉。毕竟，你是独立的，我没有权利要求你什么。我不想让你做任何你不愿意做的事情。"

诺拉从正坐着的椅子上站起身，冲动地向他走过来，并伸出双手。

"让我们重归于好吧，菲利普。如果我冒犯了你，我感到十分抱歉。"

他不能不让她握住自己的双手，但是他又无法正视她。

"恐怕太晚了。"他说道。

诺拉瘫倒在他身边的地板上，紧紧抱着他的双腿。

"菲利普，别耍小孩子脾气。我脾气是不好，我也知道我伤害了你的感情，但是为这点小事就生气也太傻了。弄得我们大家都不开心有什么好处呢？我俩的友谊曾经是那么让人愉快。"她用手指慢慢抚摸他的一只手，"我爱你，菲利普。"

菲利普站起身，躲开了她的拥抱，走到了房间的另一侧。

"真的很抱歉，我无能为力，整件事情到此为止吧。"

"你的意思是说你不再爱我了吗？"

"恐怕是这样的。"

"你一直想找机会甩掉我，这下终于找到了，是吗？"

菲利普没有作声，诺拉死死地盯着他看了一会儿，时间仿佛凝滞了，气氛让人无法忍受。她还坐在他刚刚躲开她的地板上，背靠着扶手椅，开始无声地哭泣，没有用手捂着脸，大滴的泪珠从脸颊两边滑落。她没有抽泣，看到她这个样子真是让人痛苦万分，菲利普转过身去。

"我伤了你的心，实在对不起，可如果我不爱你了，也不是我的错。"

诺拉没有回答，只是坐在那儿，好像完全垮掉了，泪水顺着脸颊流了下来。如果她指责菲利普，兴许他心里还好受些。菲利普原以为如果她的脾气上来会控制不住自己，他也做好了心理准备。在他内心深处，他还希望两人大吵一通，每个人都用恶毒的语言去诅咒对方，这样起码还能证明自己的行为是有理由的。时间慢慢流逝，最后，她无声的哭泣让他害怕，他走进卧室倒了一杯水，朝着诺拉俯下身去。

"要不要喝点水？会让你好受些。"

诺拉木然地把嘴凑向水杯，喝了两三口水，然后有气无力地跟他要了一块手帕，擦干了眼泪。

"我知道你爱我，远不如我爱你那么多。"她呻吟着说。

"恐怕世事一贯如此，"他说道，"总有人去爱别人，也总有人被别人爱。"

菲利普想到米尔德里德，一股酸楚漫上了心头。诺拉很长时间没说话。

"我一直都是那么不幸，我的生活是那么可恨。"诺拉终于又开了口。

这话诺拉并不是对菲利普说的，而是对自己说的。菲利普以前从来没听她抱怨过和她丈夫在一起的生活，或者她生活的穷困潦倒。他一直很钦佩她面对世界表现出的无畏精神。

"后来，你走进了我的生活，你对我那么好，而我也喜欢你，因为你聪明，能找到一个可以信任的人是多么令人开心的事呀。我爱你，我绝没料到事情会如此收场，而且是在我没有犯一丁点错的情况下。"

诺拉的泪水又流下来，不过现在她能控制住自己了，她把脸埋在菲利普的手帕里，努力想克制自己的感情。

"再给我一些水吧。"她说道。

诺拉擦干了眼泪。

"对不起，我失态了，我一点心理准备都没有。"

"我实在对不住你，诺拉。我想让你知道的是，对你为我做的一切我都非常感激。"

菲利普不知道诺拉是怎么看他的。

"哦，全都一样，"她叹了口气，"如果你想男人对你好，你就得对他们狠一点；如果你对他们好一点，他们就会给你罪受。"

诺拉从地板上站起来，说她得走了。她目光沉稳且长久地注视着菲利普，然后又叹息道：

"太莫名其妙了，到底是怎么回事？"

菲利普突然下定了决心。

"我想我最好还是告诉你真相吧，我不想让你把我想得那么坏，我想让你明白我是身不由己，米尔德里德回来了。"

诺拉又涨红了脸。

"你为什么不马上告诉我？我应该知道这件事。"

"我不敢告诉你。"

诺拉对着镜子照了照，把帽子戴正。

"麻烦你给我叫辆出租马车吧，"她说道，"我觉得自己没力气走回去了。"

菲利普走到门口，拦下一辆路过的带篷双轮马车。但是当她跟着他走到大街上时，他吃惊地发现她脸色惨白，步履沉重，她好像突然变得苍老了。她看上去好像大病了一场，他不忍心让她一个人回去。

"如果你不介意的话，我陪你回去吧。"

她没回答，菲利普坐进了马车。他们默默地驶过大桥，穿过破旧的街道，街上孩子们高声叫喊，玩得正高兴。他们到达她的门前，她没有立刻从车上下来，好像她没有足够的力气来挪动脚步了。

"希望你能原谅我，诺拉。"他说道。

诺拉把眼睛转向菲利普，他看见她眼里还闪着晶莹的泪水，但是她嘴角强挤出一丝微笑。

"可怜的人儿，你太为我担心了，不必费心，我不怪你。我很快就没事了。"

诺拉用手轻轻地、快速地抚摸了一下菲利普的脸，表示她不记恨他，这个动作只不过是一种姿态而已。然后，她跳下马车，走进她住的楼里。

菲利普付过车费后，向米尔德里德的住处走去。在他心里有种奇怪的沉重感，他真想臭骂自己一顿。但是，为什么呢？他不知道自己还能做些什么。在路过一家水果店时，他想起了米尔德里德喜欢吃葡萄。他竟能记起她的种种小嗜好，这让他能够表达对她的爱，这一点让他由衷地感谢上苍。

第七十二章

接下来的三个月，菲利普每天都去看米尔德里德。他带上课本，在吃过茶点之后用会儿功，那时米尔德里德会躺在沙发上看小说。有时，他会抬起眼凝视她一会儿，幸福的微笑会掠过他的嘴角，而米尔德里德也总能感觉到他在注视着她。

"傻瓜，别看着我浪费你的时间，赶紧看你的书。"她说道。

"真是专制。"他快乐地答道。

当房东太太进来铺上桌布，准备开饭的时候，他会把书放到一边，兴致勃勃地跟她打趣逗笑。房东太太人到中年，是位小个子的伦敦本地人，喜欢开玩笑，快言快语。米尔德里德已经跟她成了很好的朋友，对她巧妙地虚构了导致自己落入这番境地的缘由。这位好心肠的小个子女人深受感动，觉得自己有责任尽最大努力照顾好米尔德里德。米尔德里德出于行为规范的考虑，建议菲利普以其兄长的身份出现。他们一起吃饭，米尔德里德的胃口变化无常，如果点的饭菜能够勾起她的食欲，菲利普就会格外高兴。看到她就坐在自己的对面，总能让他神不守舍。有时他压抑不住自己内心的喜悦，会情不自禁地拉起她的手，紧紧地攥在自己手心里。晚饭后，她会坐在炉火边的扶手椅中，他则坐在地板上，紧挨着她，把头靠在她的膝盖上抽着烟。通常他们都不说话，有时菲利普注意到她在打盹儿，这时他一动都不敢动，怕把她吵醒，于是他就安静地坐着，慵懒地看着炉火，享受着他的幸福时光。

"刚刚的小睡还好吧？"看到她醒了，他笑着问道。

"我并没有睡啊，"她回答道，"我只是闭了会儿眼睛。"

米尔德里德从来不会承认自己睡着了。她性情冷漠，如今她的身体状况并没使她感到有特别不便之处，她对自己的健康十分在意，任何人给她提供的有关身体方面的建议她都照单全收。她每天早上都要做"保健运动"——只要天气好，就在固定的时间出门溜达。如果天气不是太冷，她就会坐在圣詹姆斯公园中。但是一天中剩下的大部分时间她都会在沙发中舒舒服服地度过，一本接一本地读小说，或者和房东太太聊天。她对家长里短有着无穷无尽的兴趣，絮絮叨叨地把房东太太的家世讲给菲利普听，不厌其烦地谈起住在他们起居室楼上的房客的情况，没完没了地聊左邻右舍的奇闻逸事。有时她会感到惊慌，向菲利普倾诉自己害怕分娩时的疼痛，对万一生产时自己会死去的恐惧。她向他详详细细地描述房东太太以及那位住在起居室楼上的女士分娩的过程——米尔德里德并不认识楼上的女士——"我这个人就爱自己待着，"她经常把这句话挂在嘴边，"我不是那种爱和别人搭讪的人。"她有时会带着一种匪夷所思的又恐惧又兴奋的口气，描述生孩子时的种种细节；但是在大部分时间里，她倒是能镇静地期待着生孩子那一天。

"不管怎么说，我又不是第一个生孩子的女人，对吧？而且医生说了我不会有事的。你看，我不是生不了孩子的女人。"

当米尔德里德快要生产的时候，她去找欧文太太——这幢房子的主人，欧文太太给她推荐了一位医生，米尔德里德一周去见医生一次。这位医生收费十五几尼。

"当然喽，我本来可以找一个收费低廉的医生，但是欧文太太极力推荐他，我想如果因小失大就太不值啦。"

"只要你觉得开心和舒适，我是不会介意这笔开销的。"菲利普说道。

她心安理得地接受菲利普为她做的一切，似乎这是天经地义的事情。而对于菲利普来说，他喜欢为她花钱，每给她一张五英镑的钞票，都会激起他的幸福感和自豪感；他在她身上已经花了一大笔钱了，因为她从不知道节约。

"我也不知道钱都花在哪儿了，"她会嘟囔着说，"就像流水一样，都从我的指缝间流走了。"

"没关系的，"菲利普说道，"我很高兴能为你做任何事情。"

她不太擅长做针线活儿，所以也没有为即将出生的婴儿准备必要的衣物。她跟菲利普说到最后去买这些东西也花不了几个钱。菲利普的钱主要都买了抵押债券，他最近卖掉一张债券，换回的五百英镑现在就存在银行里，打算将这笔钱投资到更容易获利的买卖中，他此时觉得自己异常富有。他俩经常谈论未来的计划，菲利普非常希望米尔德里德把孩子带在自己身边照顾，但是她拒绝了，因为她要自己挣钱糊口，如果她一边工作一边照顾孩子，会困难得多。她打算回到以前工作过的那家公司的一家店里上班，把孩子放到乡下某个体面的妇女家里寄养。

"我能找到把孩子照看得很好的人，一周只需花上七先令六便士。这样无论对孩子还是对我都比较好。"

对菲利普来说，这样有点不近人情，但是当他试图跟她讲道理时，她却装作认为菲利普是担心花销。

"你不必担心这一点，"她说道，"我不会让你付这笔钱的。"

"你知道我不在乎为你花多少钱。"

在内心深处，米尔德里德希望这个孩子是个死胎。虽然她只是略微暗示过一下，但是菲利普仍然明白了她的心思。刚开始时，他很震惊，可后来经过理性的思考，他不得不承认，从各方面考虑，这件事如果真的发生，倒也不是一件坏事。

"只是说说当然不费什么劲儿，"米尔德里德怒气冲冲地说，"一个姑娘自己挣钱谋生已经够不容易了，要是身边还带个孩子，那会难上加难的。"

"幸运的是，你还有我可以依靠。"菲利普拉起她的手，笑着说。

"你对我太好了，菲利普。"

"噢，瞧你说的！"

"你可不能说对你所做的一切，我什么都没回报呀。"

"天哪，我可没想要你的任何回报。如果说我为你做了点事，那是因为我爱你，我心甘情愿，你不欠我任何东西。除了你爱我，我不想要你做任何事。"

对于米尔德里德把自己的身体作为一件商品，为了感谢所受到的帮助而随便给予的想法，菲利普觉得有点害怕。

"可是我确实想报答你，菲利普，你对我一直都那么好。"

"好吧，我们再等等也无妨。等你完全好了，我们一起出去度个短暂的蜜月。"

"你真淘气。"她笑着说道。

米尔德里德希望在三月初就能分娩，只要她稍好一点就尽快去海边度上半个月的假，这样能给菲利普腾出时间，不受任何干扰地准备考试。在此之后，就是复活节假期了，他们已经安排好要去巴黎一起度假。菲利普不厌其烦地谈论他们要做的事。未来的巴黎之旅一定会轻松愉快的。他们会在他熟悉的拉丁区的小旅馆里租一个房间，他们要在各处迷人的小饭馆里尝遍各种美食；他们要去看戏，他还要带她去各个音乐厅欣赏乐曲。带她见见他的朋友们也一定是件有趣的事。他以前跟她说过克朗肖，她会见到他的；还有劳森，他回巴黎已经有好几个月了。他们还可以去逛逛布利埃舞厅，可以去郊游，去凡尔赛、沙特尔和枫丹白露好好游览一圈。

"那可得花上一大笔钱呀。"她说道。

"噢，让花费见鬼去吧。想想我一直日盼夜盼这一天的到来。你难道不知道这对我意味着什么吗？除了你，我从来没爱过别人，以后也不会爱。"

米尔德里德笑眯眯地听着菲利普热情洋溢的表白，他觉得在她的眸子里看到了一丝以前没有过的柔情，他对她充满了感激。她比过去确实温柔体贴多了，身上也没有了让他恼火的傲慢之气。她现在对他也日益熟稔起来，在他面前很是随便，不再装模作样。她不再费事把头发梳成过去那种复杂的样式，只是简单地扎个髻；她过去精心梳理的浓密刘海，现在也不留了，而这种随便的发式反而适合她。她的脸很瘦削，眼睛看上去显得更大，但是眼睑下有深深的皱纹，脸颊的苍白使得她的皱纹的颜色愈发明显。她神情落寞，看上去有着无限的忧伤。在菲利普眼中，似乎从她身上看到了圣母玛利亚的影子。他希望他们能永远保持现在的样子。在他的生命中，他还从未体验过这样的幸福。

菲利普常常在每天晚上十点钟的时候和她告别，因为她喜欢早早上床睡觉，而他不得不再努力攻读几个小时，来弥补整个晚上荒废的时间。在离开之前，他通常为她梳理头发。然后在说晚安之前，像举行仪式般亲吻她。首先，他亲吻她的手掌（多么纤细的手指呀，指甲也很漂亮，因为她花了很多时间来修剪它们）；然后，他又亲吻她紧闭的双眼，先是右边，接下来是左边;最后,他亲吻她的双唇。在回家的路上，他的心中充满了浓情蜜意。他一直渴望有个机会能满足那令他身心疲惫的自我牺牲的愿望。

没过多久，米尔德里德就搬到妇产医院去了，她要在那儿生产。菲利普只能在每天下午去看她。米尔德里德又换了一套说法，谎称自己是派驻印度的军人的妻子，她的丈夫已经返回部队，而菲利普作为她的小叔子被介绍给这家医院的女院长。

"我不得不小心，以免我编的故事穿了帮，"她告诉他，"因为这儿还有一位女士，她的丈夫就在印度民政部工作。"

"如果我是你的话，我才不会为此担忧呢。"菲利普说道，"我确信她丈夫和你丈夫是乘同一条船出海的。"

"什么船？"她天真地问道。

"飞翔的荷兰人。"①

米尔德里德平安地生下一个女孩，当菲利普得到允许去看她的时候，那个女婴正躺在她的身边。米尔德里德很虚弱，但是所幸一切都过去了。她给他看婴儿，她自己也充满好奇地看着这孩子。

"这个小东西看上去挺滑稽的，是不？我都不相信她是我生的。"

女婴浑身发红，皱巴巴的，看上去很奇怪。菲利普不知道说什么好，只是看着婴儿笑了。他感到有些不好意思，因

---

① 飞翔的荷兰人（The Flying Dutchman），又译"漂泊的荷兰人""彷徨的荷兰人""飞行的荷兰人"等,是传说中一艘永远无法返乡的幽灵船，注定在海上漂泊航行。此处是菲利普戏谑的话语。

为那位拥有这家医院的私人看护此时就站在他身旁。菲利普觉得此时这位看护看他的眼神好像在说她根本不相信米尔德里德编的故事，她认为他就是孩子的父亲。

"你打算给她起个什么名字？"菲利普问道。

"我还没拿定主意是叫她玛德琳还是塞西莉亚。"

那位看护走了，他们俩可以单独待几分钟。菲利普弯下腰去，在米尔德里德的嘴上亲了一下。

"我很高兴一切都顺顺利利地过去了，亲爱的。"

米尔德里德用瘦弱的手臂钩住他的脖子。

"你真是个大好人，亲爱的菲尔①。"

"现在我觉得你终于属于我了。我等了你那么久，亲爱的。"

他们听见那位看护走到门口的声音，菲利普匆忙直起了腰。护士走进屋，嘴角挂着一丝淡淡的微笑。

---

① 菲尔是菲利普的昵称。

第七十三章

　　三周后，菲利普送米尔德里德和婴儿去了布赖顿。米尔德里德恢复得很快，看上去比生孩子前的气色还好。她打算去布赖顿的寄宿公寓住上一段日子，在那儿她和埃米尔·米勒曾经共度过很多个周末。她给房东事先写了封信，说她丈夫不得不回德国公干，所以她自己带着孩子去度假。她从编造的故事中得到不少乐趣，显示出她在虚构细节方面还挺富有创意。米尔德里德还建议在布赖顿找个愿意照顾孩子的妇女。菲利普对她这么快就坚持想把孩子甩掉的铁石心肠有些吃惊，但是她拿常识为由辩解说，把这可怜的孩子先寄养在别处，总比孩子和她熟悉了再送去寄养，对孩子更有好处。菲利普原来以为她生下孩子已经有两三周了，母亲的天性应该已经激发出来了，指望这一点能帮助他说服米尔德里德留下这孩子，但是事与愿违。米尔德里德倒也不是对自己的孩子不好，该做的事她也都做。有时，孩子逗得她很开心，她能滔滔不绝地谈论孩子半天；然而，在内心深处，她对孩子很冷漠，无法把这孩子看成自己身上掉下来的肉。她还觉得孩子现在就长得像她的父亲，不断地考虑孩子长得更大些的时候，她该如何面对这一切。她还懊恼自己怎么那么傻，竟然怀了这个孩子。

"要是我那时能像现在这么清醒就好了。"她说道。

她还嘲笑菲利普，因为他为孩子的一点一滴操碎了心。

"即便你是孩子的父亲，你也不用这样大惊小怪的吧。"她说道，"我倒是想看看埃米尔看到这孩子后坐立不安的样子。"

菲利普听说过不少育婴堂的故事，那些自私、残忍的父母把孩子抛弃，结果那些可怜的孩子受尽了坏人的虐待，他的脑子里满是这样的故事。

"你别犯傻了。"米尔德里德说道，"这只不过是出一笔钱，找一位妇女帮忙照看孩子罢了。你既然每周出那么多钱，照顾好孩子，她们也会得利呀。"

菲利普坚持要米尔德里德把孩子托付给一个自己没孩子，而且答应不再照顾其他孩子的家庭。

"别计较价钱，"他说道，"我宁愿一周付半个几尼，也不愿让孩子冒挨饿或挨打的风险。"

"你这位老兄呀，还真有趣，菲利普。"米尔德里德哈哈大笑起来。

在菲利普看来，这孩子弱小无助，怪可怜的。这个弱小、丑陋、脾气很大的小家伙，是在母亲怀着耻辱和痛苦的期待中降临人世的，没人想要她。她要依靠他这个陌生人提供食物、住处，还有衣物来遮掩赤条条的身体。

火车开动时，菲利普吻了米尔德里德。本来他还想亲亲那孩子，但是他怕米尔德里德会嘲笑他。

"亲爱的，你会给我写信的，是吗？我盼望你能早点儿回来，噢！我都等不及了。"

"好好复习，一定要通过考试哟。"

菲利普一直在为考试刻苦攻读，而现在只剩下十天的冲刺时间了。他非常渴望通过考试，首先这样可以节约他的时间和花销，因为在过去的四个月中，他的钱正在以不可思议的速度从他的指缝间流走；其次，通过这次考试意味着枯燥乏味功课的结束。从此以后，学生要进入药学、妇产科和外科的学习阶段，这个阶段要比他一直在学的解剖学、生理学有趣得多。菲利普对于剩下的课程倒是充满兴趣和期待，他也不想最终还要对米尔德里德承认这几门考试他都没通过。尽管考试很难，大多数的考生第一次考十有八九都通不过，但是他知道，如果他考试不及格的话，米尔德里德会对他有不好的印象。她在表达她的想法时，总让人下不来台。

米尔德里德给菲利普寄来了一张明信片，告诉他她已经安全抵达。菲利普会每天挤出半个小时时间给她写一封长信。他总是羞于亲口说出那些甜言蜜语，但是他发现付诸笔端时，自己表达得大胆、顺畅得多，那些平时觉得说不出口的可笑的话，也能毫不费劲地说出来。多亏这个发现，他能把一肚子的心里话都倾诉给她听。他以前从未告诉她，他对她的仰慕之情充溢着他身体的每一处，所以他的一举一动、他的所思所想都会受到影响。菲利普写信给她，憧憬他们的未来，在他面前的幸福之路，以及自己对她的感激之情。他扪心自问（他以前也经常问自己，但从未用语言文字表达过）米尔德里德身上有什么魔法，让他心里充满了无比的欢乐，他不知道。他只知道当米尔德里德和他在一起时，他就备感幸福；当她离开他时，整个世界就会突然变得冰冷和灰暗。他知道在想她时，他的心似乎在身体里膨胀了，以至于很难呼吸（好像心脏压迫着他的肺部），而且还会激烈地跳动。这时，她在他身边所带来的欢愉几乎也是一种痛苦，他的双膝颤抖，一阵奇怪的无力感袭来，就像好久没有吃东西，因为饥饿而引起的发颤。他急切地盼望她的回信，但他也没指望她能经常写信，因为他明白写信对她来说是件困难的事；他给她写了四封信，而她的回信只是一封字写得歪歪扭扭的短笺，不过这已经让他很满足了。她谈到在寄宿公寓里租了一个房间，谈到了那里的天气和孩子的情况，告诉他自己和一位在寄宿公寓结识的女性朋友到海滨人行道散步，那位女士对她的孩子喜欢得不得了。她周六晚上打算去剧院，布赖顿到处都是人。信写得平淡无奇，但也打动了菲利普，那难懂的文风、流水账似的内容，却让他产生了一种想大笑的奇怪念头，而且还有想把她抱在怀中亲吻她的冲动。

他自信地走进考场，每张考卷上没有一道题目能难倒他。他知道自己考得不错，虽然考试的第二部分是口试①，他有些紧张，但还是设法对那些问题做了令人满意的回答。考试成绩一公布，他马上给米尔德里德拍了封报喜的电报。

菲利普回到住处，发现有一封米尔德里德的来信，信中说她觉得再在布赖顿待上一周比较好。她已经找到一位妇女愿意以每周七先令的价钱照看婴儿，但是她想进一步了解这位妇女的情况，而且海边的空气对她身体的康复也有好处，她肯定如果再待上几天，她会大受裨益。她实在不愿意开口向菲利普要钱，但是他回信时能再给她寄些钱是再好不过的，因为她想给自己买一顶新帽子，她跟她那位女性朋友散步时总不能老是戴着同一顶帽子呀，她那位朋友对穿着打扮可讲究呢。菲利普一时有些失望，通过考试的喜悦一扫而光。

"如果她爱我能有我爱她的四分之一，她怎么能忍受无故又多耽误哪怕是一天的时间。"

菲利普很快把这个想法放到一边，那纯粹就是一种自私

---

① 原文为拉丁语。

的想法，她的健康当然要比别的事情更加重要。但是他现在既然无事可做，他可以去找她，一起在布赖顿待上一周，这样他们就能整天厮守在一起。一想到这儿，他的心又雀跃起来。要是他突然出现在米尔德里德面前，并告诉她他已经在寄宿公寓中租好了一个房间，肯定会吓她一跳，想想都觉得有趣。他开始查火车时刻表，但后来又犹豫了。他不能确定她是否愿意见到他，她已经在布赖顿交了很多朋友，他喜欢安静，而她喜欢热闹。他意识到她跟别人在一起比跟他在一起要快乐得多。如果他有片刻感到自己碍到别人的事，都会自我折磨半天。他可不敢自作主张去找她，甚至都不敢给她写信暗示他在伦敦没什么事，也想去布赖顿度一周假，这样他就能每天见到她了。她也明白他无事可做；如果她真想让他去的话，她早就写信让他去了。假如他提出要去，而她找出各种借口不想让他去的话，他会十分痛苦的，他可没胆量去自讨苦吃。

　　第二天他给她写了一封信，随信还寄给她一张五英镑的钞票。在信的末尾，他婉转地表示，要是她心情不错，也希望在周末见他的话，他会很高兴跑过去找她；但是，她大可不必为他改变自己原来的计划。他坐卧不安地等到了她的回信，在信中她说，她要是知道他要来，会早做安排的，可她已经答应别人在周六晚上一起去歌舞杂耍剧场看演出；更何况，如果他留在那儿，会让寄宿公寓的人们说闲话的。他何不在周日早上过来，在布赖顿待上一天呢？他们可以在都市酒店一起吃午饭，然后她带着他去见见那位马上要照看她孩子的女士，那位女士是个绝对贤淑的人。

　　星期天，因为天气很好，菲利普暗自庆幸。当列车快要到达布赖顿时，阳光透过窗户洒满了车厢。米尔德里德正在月台上等着他。

"你能来接我，我真的太高兴了！"他喊道，握紧了她的双手。

"你也希望我来接你，对吧？"

"我当然盼着你能来。嗨，你看上去气色很不错呀。"

"这里确实对我身体有好处，我觉得在这儿多待一阵子，真是个明智的决定。寄宿公寓里的人可都是些上层社会的人。好几个月来，我几乎什么人都没见，眼下我还真想振作一下，找点乐子呢。前一阵子有时真是无聊。"

她戴着一顶新帽子，显得非常精神。这是一顶黑色的大草帽，上面装饰着很多廉价的鲜花；她脖子上围着一条仿天鹅绒的长围巾。她仍然很瘦，走路的时候有一点驼背（她走路总是这个样子），但是她的眼睛似乎不那么大了；虽然她的皮肤一直没有血色，但是已经没有了过去的土黄色。他们一起向海边走去。菲利普想起来他已经好几个月没跟她散步了，突然又意识到了他的跛足，为了掩盖这一点，他步履僵硬地走着。

"见到我你高兴吗？"他问道，爱意激荡在心间。

"我当然高兴了，这还用问。"

"顺便说一句，格里菲斯问你好呢。"

"这人真不要脸！"

菲利普以前跟她谈过格里菲斯的很多事，他告诉她这家伙生性风流。虽然菲利普答应格里菲斯替他保密，但为了取悦米尔德里德，他把格里菲斯跟他讲的很多自己的风流韵事都告诉了她。米尔德里德听着，有时会装出厌恶的表情，但是大多数情况下听得津津有味，充满好奇。而菲利普，用崇拜的语气来夸大他朋友俊美的外貌和吸引人的魅力。

"我敢保证你会像我一样喜欢他的。他那么幽默风趣，招人喜爱，真是个相当不赖的家伙。"

菲利普告诉米尔德里德，在他俩还不熟的时候，格里菲斯在他病床前照顾他，他详尽细致地讲述了格里菲斯的自我牺牲。

"你会情不自禁喜欢上他的。"菲利普说道。

"我不喜欢长得帅的男人，"米尔德里德说道，"在我看来，他们都太自负了。"

"他想结识你，我跟他讲了很多你的事。"

"你跟他说了些什么？"米尔德里德问道。

除了格里菲斯，菲利普从没向任何人透露过他对米尔德里德的爱。他一点一点地把自己和她之间的爱恨情仇、纠缠不清的关系全都告诉了格里菲斯。菲利普跟他描述过米尔德里德不下五十次。菲利普用无限爱恋的口吻描述米尔德里德外貌的每一处细节，格里菲斯清楚她纤细的双手长什么样，她的脸色是多么苍白，当菲利普谈到她缺少血色的薄唇的迷人之处时，格里菲斯会忍不住嘲笑他。

"哎哟，我很高兴我没有像你那样暴殄天物，"他说道，"那样的话，生活还有什么意思。"

菲利普脸上露出了笑容。格里菲斯不知道热恋的喜悦心情，这种感情就像肉、酒、人呼吸的空气，或者是一切人们赖以生存的必需品。格里菲斯知道米尔德里德在怀孕期间全靠菲利普照顾，而现在菲利普想和她一起外出度假。

"哦，我必须说你理应得到回报，"格里菲斯说，"你肯定在她身上花了不少钱，幸好你还出得起这笔钱。"

"我出不起，"菲利普说道，"但是我根本不在乎！"

因为离午饭时间还早，菲利普和米尔德里德坐在购物街的一把大遮阳伞下，享受着温暖的阳光，看着来来往往的行人。人群中有些布赖顿的男店员，三三两两走在一起，一边走一边挥舞着手杖；也有当地成群结队的女店员，咯咯笑着大踏步地向前走。他们能够辨别出哪些人是从伦敦过来度周末的，海边温暖的空气消除了他们的满身疲惫。眼前还走过很多犹太人，水桶般身材的太太们穿着紧身绸缎长裙，珠光宝气，而男人们个子矮小，身材也发福了，说话时手上还不时地比比画画。还有一些中年的绅士，他们在当地的大宾馆里度周末，衣着考究，在用完一顿丰盛的早餐后，不停地四处转悠，这样在中午时也好胃口大开，来享用一顿丰盛的午餐。他们一整天和不同的朋友待在一起，聊聊布赖顿医生或海边伦敦①的风光。偶尔还可以见到一位非常有名的演员经过，故意摆出一副对路人的围观不理不睬的高傲样子。有时，他脚蹬一双漆皮的靴子，身穿带有阿斯特拉罕羔皮领子的大衣，还挥舞着一根银质把手的拐杖；还有时，他看上去刚刚拍完一天的戏，下身穿着灯笼裤，上身是哈里斯牌粗呢宽大衣，后脑勺上还盖着一顶粗花呢帽子，漫步闲逛，好像刚打完猎回来。阳光照耀在蓝色的海面上，蔚蓝的大海显得明净整洁。

午饭后，他们去霍夫看望那位照看孩子的妇女，她住在后街的一幢小房子里，房子看上去干净整齐。她是哈尔丁太太，是个上了年纪的胖女人，灰白的头发，肉墩墩的红脸庞。她戴着帽子，看上去像个慈祥的母亲，菲利普觉得她似乎是个心地善良的人。

"你难道不觉得照看一个婴儿是件很讨厌、很麻烦的事

---

① "布赖顿医生"和"海边伦敦"都是英国东南部海边城市布赖顿的绰号。

情吗？"菲利普向她提了一个问题。

那个女人解释道，她的丈夫是个副牧师，年纪比她大很多，因为牧师们都想找年轻人当他们的副手，所以她丈夫很难找到一个永久性的职位，只有当有人去度假或者病倒时，他临时替班，才能偶尔挣点小钱。一家慈善机构给了他们一小笔救济金，生活还能凑合；但是她生活很寂寞，照料一个孩子好让她有些事做，而且一周几个先令的收入也能补贴家用。她答应一定会把这个孩子喂养好的。

"这位太太真像一位身份高贵的女士，对吧？"他们走出来后，米尔德里德说道。

他们回到了都市酒店用茶点，米尔德里德喜欢那里的人群和乐队。菲利普有些懒得说话，他看着她的脸，看到她用敏锐的目光观察每个进来的女人的穿着打扮。她有着极其特殊的观察力，每件东西的价格一看就能估准，时不时地她就会凑到菲利普耳畔，小声说出她观察的结果。

"你看见那边那人戴的白鹭羽毛了吗？每一根就值七个几尼呢。"

或者是："快看那件白鼬皮大衣，菲利普。那是兔皮，是的——那不是白鼬皮。"她发出胜利般的笑声，"我隔着老远就能看出来。"

菲利普幸福地笑着。他很高兴看见她喜形于色，她的口无遮拦让他觉得既好笑又感动。这时，乐队演奏起了伤感的乐曲。

晚饭后，他们一起朝火车站走去，菲利普挽着米尔德里德的手臂。他告诉她他对两人巴黎之旅的安排。她本来应该在本周末返回伦敦，但是她告诉他要到下周六她才能回去。他已经在巴黎的一家旅馆里订了一个房间，急切地盼望着能买到车票。

"你不会介意我们坐二等车厢去巴黎吧，对吗？我们不能太铺张，只要我们到了那儿，玩得开开心心就比什么都强。"

菲利普以前跟她谈过很多次的拉丁区，他们会漫步穿过该区宜人而古老的街道，他们会悠闲地坐在卢森堡那景色迷人的公园中。在巴黎玩够了后，如果天公作美，他们可以去枫丹白露。那里的树木刚刚抽出新叶，春天森林中的绿色比他所知道的任何事物都要美，就像一首歌，也像夹杂着酸甜苦辣的爱情。米尔德里德静静地听着。他转过身，想看出她双眸深处的含义。

"你一定想去，是吗？"他问道。

"当然，我想去。"她微笑着说。

"你不知道我是多么期待这一天的到来，我都不知道接下来的这些天我会怎么度过。我害怕会发生什么事让我们无法成行。有时我无法告诉你我爱你有多深，这让我发狂。如今，终于……"

他说不下去了。他们来到了火车站，但是刚才在路上耽误了时间，菲利普甚至都没时间跟她说再见了。他匆匆吻了一下她，拼命向售票窗口跑去。她站在原地看着，他跑步时样子怪里怪气的，实在难看。

第七十四章

接下来的周六，米尔德里德回到了伦敦。当天晚上，菲利普一直陪伴左右。他在剧院订了座位，晚餐时他们还喝了香槟。米尔德里德在伦敦待了多年，但是这么开心还是头一回，她感到周围的一切是那么美好。当他们坐在出租马车上，从剧院驶向菲利普为她在皮姆利科大街租的房间时，她一直偎依在菲利普的怀中。

"我真的觉得你见到我一定开心哩。"他说道。

米尔德里德没有回答，不过温柔地捏了捏他的手。对于她来说，这样的感情外露极少见，菲利普感到心都醉了。

"我已经邀请格里菲斯明天和我们一起吃饭。"菲利普告诉她。

"哦，我很高兴你邀请他来，我还真想见见他呢。"

星期天晚上，没有什么地方可以带她去消遣的，菲利普担心她如果单独和自己待上一整天会觉得无聊。格里菲斯很会打趣逗笑，他会帮助他们度过一个愉快的晚上。菲利普对这两人都很喜欢，他想让他们互相认识并且喜欢彼此。菲利普临走时跟米尔德里德说：

"只剩下六天了。"

他们已经安排好星期天在罗曼诺餐厅的楼座一起吃饭，

因为那里的饭菜十分丰盛可口，而且档次看上去比实际花费要高档很多。菲利普和米尔德里德先到，只好坐在那里等格里菲斯。

"他是个不守时的家伙。"菲利普说道，"他的情人太多了，可能他还在忙于和其中一位周旋呢。"

但是他的话音刚落，格里菲斯就到了。格里菲斯是个英俊的小伙子，高高瘦瘦，一副帅气的面孔配上匀称的身材，让他有着征服女人的吸引力；他有着鬈曲的头发、大胆而友善的蓝眼睛、红红的嘴唇，身上的每一处都很迷人。菲利普看到米尔德里德用欣赏的目光看着格里菲斯，觉得有种莫名的满足。格里菲斯冲他们微微一笑，算是打了招呼。

"关于你的事，我可听说了不少。"格里菲斯握住米尔德里德的手，对她说道。

"恐怕没有我听说你的事情多。"她回答道。

"恐怕也没你的事那么坏。"菲利普补充道。

"他是不是一直在背后说我的坏话？"

格里菲斯说完哈哈大笑，菲利普看到米尔德里德注意到了格里菲斯的牙齿是多么整齐和洁白，他的笑容是多么赏心悦目。

"你们俩应该一见如故了，"菲利普说道，"我已经分别给你们做了详尽的介绍。"

格里菲斯当晚的兴致极高，因为他终于通过了结业考试，这样他就取得了行医资格。他刚在前不久被委任为伦敦北部一家医院的住院外科医生，他将在五月初赴任。在此之前，他打算先回家度假。这是他在伦敦的最后一周，所以打定主意要尽情玩乐一番。格里菲斯开始说起那些逗人的无稽之谈，这一点让菲利普很是羡慕，因为他就做不到像格里菲斯那样。

虽然格里菲斯讲的东西也没什么新鲜的，但是他栩栩如生的描述，使他的话妙趣横生。在格里菲斯身上好像涌动着一股活力，感染着认识他的每一个人，让人感受到明显的温暖。米尔德里德也显得格外活跃，菲利普觉得她好像变了一个人似的，他很高兴看到自己安排的小聚会十分圆满。整晚上她都开心得不得了，笑声越来越大，完全忘了已经成为她第二天性的文静矜持。

这时，格里菲斯说道："嘿，要我叫你米勒太太实在太别扭了，菲利普从来都是叫你米尔德里德。"

"我敢说如果你也那么称呼她，她倒也不至于把你眼珠子给抠出来。"菲利普哈哈笑道。

"那她得叫我哈利。"

他俩在闲聊的时候，菲利普静静地坐在一旁，心想看到人们幸福愉快是件多么好的事情呀。时不时地，格里菲斯会友好地拿他打趣一番，因为他总是那么严肃。

"我相信他非常喜欢你，菲利普。"米尔德里德笑着说。

"他这老兄真的挺不赖。"格里菲斯一边回答，一边抓起菲利普的一只手高兴地摇晃着。

似乎格里菲斯喜欢菲利普的事实更增加了他自身的魅力。他们都是不胜酒力的人，几杯葡萄酒下肚，酒劲就直冲脑门。格里菲斯变得愈发健谈，更加肆无忌惮地大声说笑，以至于菲利普笑着请求他稍微安静些。格里菲斯有一种讲故事的天赋，而他那些风流韵事又向来不缺传奇色彩，他们一边听他的讲述，一边哈哈大笑。在他的故事中，他扮演着一个大胆奔放、幽默逗笑的角色。米尔德里德的眼睛闪着兴奋的光芒，恳求他继续讲下去。于是，他把他那些风流韵事讲了一件又一件。当餐厅里的灯光开始一盏盏地熄灭的时候，米尔德里德吓了一大跳。

"我的天呀,这一晚上过得太快了。我以为还不到九点半呢。"

他们站起身准备离开,当米尔德里德跟格里菲斯道别时,她又加了一句:"我明天会去菲利普家用茶点,如果你能来也来吧。"

"好的。"格里菲斯笑着答道。

在回皮姆利科大街住处的路上,米尔德里德嘴里念叨的全是格里菲斯,她彻底被他英俊的外表、裁剪得体的服饰、说话的声音和乐天的性格迷住了。

"我很高兴你喜欢他。"菲利普说道,"你还记得你对和他见面,当初还满是不屑吗?"

"我觉得他喜欢你,这一点说明他人很好,菲利普。他确实是值得你结交的朋友。"

她对着菲利普仰起脸,让他亲吻她。这对于她来说,是少有的举动。

"我今天晚上过得很开心,菲利普,多谢你了。"

"瞧你说的什么话。"菲利普笑着说。米尔德里德的感谢触动了他柔软的内心,他觉得眼睛有些潮湿了。

她打开了房门,就在她进入房间前,又转过头来对着菲利普。

"去告诉哈利吧,就说我疯狂地爱上了他。"她说道。

"好的。"菲利普大笑着说,"晚安。"

第二天,当他们正在用茶点的时候,格里菲斯走进来,懒洋洋地坐到了一把扶手椅上。他那修长的四肢、慢吞吞的动作里有种说不出来的性感。菲利普没有说话,而那两位叽叽喳喳地聊上了,但菲利普丝毫没有感到任何不悦。因为他非常喜欢他们两个，所以他们能够彼此欣赏，看上去也很自然。他不介意格里菲斯是否吸引了米尔德里德的注意力，因为到了晚上，他就会全部拥有她了。他就像一位深信妻子的丈夫，相信他妻子的感情，在一旁饶有兴趣地看着她和一位陌生人毫无危险地调情。但是到了七点半的时候，他看了一下手表，说道：

"我们该出去吃晚饭了，米尔德里德。"

房间里出现了一阵沉默，格里菲斯似乎在思索着什么。

"好了，我得走了。"格里菲斯终于开口说道，"我没想到天已经这么晚了。"

"你今天晚上有什么安排吗？"米尔德里德问道。

"没什么安排。"

又是一阵沉默。菲利普觉得心里有些不痛快。

"我要去洗洗手，"菲利普说道，然后又冲着米尔德里德说了一句，"你去不去？"

米尔德里德没有理睬他。

"为什么你不来和我们一起吃晚餐呢？"她对着格里菲斯说道。

格里菲斯看了菲利普一眼，发现后者正冷冷地盯着他。

"我昨天晚上已经跟你们一起吃过晚饭了，"格里菲斯笑呵呵地说，"你俩还是享受二人世界吧。"

"噢，没关系的。"米尔德里德还在坚持说着，"劝他一起去吧，菲利普。他不会碍事的，对吧？"

"如果他愿意去，就尽管去好了。"

"那好吧，"格里菲斯马上说道，"我这就上楼梳理一下。"

格里菲斯一离开房间，菲利普便转身冲着米尔德里德生气地说：

"你究竟为什么要请他和我们一块吃晚饭呢？"

"我忍不住就说了啊。当他说没事的时候，如果我们不说话，看起来岂不是太奇怪了。"

"哦，真是可恶！那为什么你又要问他是不是有什么安排？"

米尔德里德两片苍白的嘴唇一抿。

"我有时想找点乐趣，总和你单独在一起我觉得很无聊。"

他们听见了格里菲斯下楼重重的脚步声，菲利普走进他的卧室去梳洗了一下。他们一起在附近的一家意大利餐馆吃的饭。菲利普生着闷气，一声不吭，但是他很快意识到和格里菲斯相比，自己这副样子显得很不利，于是他迫使自己忍住怒火。他喝了很多葡萄酒，想消除正在撕咬他内心的痛楚，而且还打起精神说上几句话。米尔德里德好像对自己刚才的话很后悔，尽力想办法取悦菲利普。她和颜悦色，深情款款地对待菲利普。没过一会儿，菲利普开始觉得自己醋海生波，有失风度，实在太傻。晚饭后，他们一起乘着一辆出租马车去一家歌舞杂耍剧场，米尔德里德坐在两个男人中间，主动伸出手让菲利普握着，于是他的怒火消失得无影无踪了。突然，不知道为什么，菲利普意识到格里菲斯正握着她的另一只手，撕心裂肺的痛楚又一下子涌上心头，那真是一种痛彻心扉的疼痛呀。菲利普惊慌地在心中问了一个以前他也曾问过自己的问题：米尔德里德和格里菲斯是否爱上对方了。由于心中升起一团怀疑、愤怒、沮丧和悲伤的迷雾，菲利普没有心思观看演出了，但仍努力让自己装作若无其事的样子，继续跟他俩说说笑笑。接着，一个自我折磨的念头攫住了他，他站起身，说他想出去喝点东西。米尔德里德和格里菲斯刚才没有片刻单独待在一起的时间，他想让这两人独自待会儿。

"我也去，"格里菲斯说道，"我也觉得口渴得很。"

"哦，胡说，你还是留下来和米尔德里德说会儿话吧。"

菲利普不明白自己为什么要说那样的话。他现在把他俩故意单独留在一起，但是心里的痛苦更加难以忍受。他没去酒吧，而是爬上了剧场的楼厅，从那儿他可以看到他俩而自己不会被发现。他们不再看舞台上的演出，而是彼此微笑着凝视对方。格里菲斯还是跟以往一样，眉飞色舞、口若悬河地说着，而米尔德里德全神贯注地听着。菲利普开始头痛欲裂，一动不动地站在那里。他知道倘若此时回去会碍了人家的事。没有他，他们两人会很开心的，而他好像坠入了痛苦的深渊。时间很快就过去了，现在他觉得不好意思再回去和他们坐在一起，也知道他们早把他忘到脑后了。他苦涩地想到是自己付了晚餐和歌舞杂耍剧场的钱，而他们竟然这样耍弄他！他的愤怒中夹杂着耻辱。他能看出没有他在，那两人是多么高兴。他本能地想不辞而别，直接回家，但是他的帽子和大衣还在那里，这样以后他还要没完没了地解释。于是他又回到了座位那里，他能够感到米尔德里德看到他时眼中闪过的一丝不快，他的心不由得一沉。

"你可离开好一会儿了。"格里菲斯说，带着欢迎的微笑。

"我遇见了几个熟人，一直在跟他们说话，我也没法离开，我想你俩在一起相处得挺愉快吧。"

"我自己觉得很愉快，"格里菲斯说道，"但我不知道米尔德里德怎么想。"

她发出一声满意的笑，笑声中透着一种俗不可耐的意味，让菲利普心里反感极了。他提议他们应该回去了。

"来吧，"格里菲斯对着米尔德里德说道，"我们俩一块送你回家。"

菲利普怀疑她提前向格里菲斯建议了这样的安排，这样她就不用单独跟他待在一起了。在出租马车里，他没有握她的手，她也没有主动伸过手来，可他知道她正握着格里菲斯的手。他满脑子想的都是这一切都鄙俗得可怕。当马车向前行驶时，他暗自寻思，在他不知晓的情况下，他们已经做了怎样的约会安排。他诅咒自己竟然特意留给他们单独相处的机会，实际上正是他故意离开，才让他们趁机做出了私下安排。

"我们还坐这辆马车回去吧，"当他们到达米尔德里德租住的房子时，菲利普说道，"我太累了，没法走回家了。"

在回去的路上，格里菲斯高兴地聊着，似乎压根没注意到菲利普不愿理睬他。菲利普认为格里菲斯一定会发现有什么地方不对劲儿了。最后菲利普的沉默更加明显，格里菲斯无法继续装作不知了，他突然变得紧张起来，停住了话头。菲利普想说点什么，但是他太难以启齿，可是机不可失，时不再来，最好马上把真相搞清楚。他硬着头皮开了口。

"你爱上米尔德里德吗？"菲利普突然问道。

"我？"格里菲斯笑着说，"这就是你今天一晚上都怪里怪气的原因吗？我当然不爱她，我亲爱的老兄。"

格里菲斯想去挽菲利普的胳膊，但是菲利普把身子移开了。他知道格里菲斯在撒谎，但又不能逼格里菲斯当面告诉自己，他没有一直握着米尔德里德的手。突然间，菲利普觉得浑身无力，快要崩溃了。

"哈利，她对你来说算不上什么，"菲利普说道，"你有那么多的女人——别把她从我身边夺走。那是我全部的生命。我已经够不幸了。"

他的声音嘶哑，无法自抑地哽咽起来，羞耻的感觉让他觉得无地自容。

"我亲爱的老兄，你知道我是不会做出任何伤害你的事情的。我太喜欢你了，不会做那样的事。我只是在逗乐。如果我知道你为这事这么难过，我会更加注意的。"

"你说的是真的？"菲利普问道。

"我根本瞧不上她，我以我的名誉担保。"

菲利普长长地舒了口气，出租马车停在了他们住所的门前。

第七十五章

第二天，菲利普的心情不错。他很担心自己老是陪在米尔德里德的身边会让她觉得腻烦，所以决定直到吃饭时间再找她。当他去接她时，她已经收拾妥当，他还打趣她说，她这么守时还真是少见。她正穿着一件他送给她的新衣裙，他对她这身打扮大加赞赏。

"我得把它送回去，让他们改动一下，"她说道，"裙子下摆缝得都不好。"

"如果去巴黎你想穿它，你可得让裁缝师傅抓点紧了。"

"到时一定会弄好的。"

"只剩下三整天了。我们坐十一点的火车走，好吗？"

"随你的便吧。"

有将近一个月的时间，她会完全属于自己。想到这儿，菲利普饱含爱意的目光贪婪地落在了她的身上。他对自己的这种激情都有点哑然失笑。

"我纳闷我究竟看上了你什么。"他笑道。

"这话说得真好。"她答道。

米尔德里德的身体很瘦，几乎都能看到她的骨架，胸也像男孩子般扁平。她的嘴，因为双唇狭窄又苍白而显得很丑。她的皮肤也泛着淡淡的青色。

"我们出门后，我会多给你吃布劳德氏药丸①。"菲利普笑呵呵地说，"我把你带回来时，你会变得胖胖的，脸色红润。"

"我可不想变胖。"她说道。

她没有提格里菲斯的名字。过了一会儿，菲利普确信自己有本事掌控住她了，于是在他们正吃饭时，他半是恶作剧半是开玩笑地说道：

"在我看来，昨天晚上你和哈利调了好一阵子的情呀，是不是？"

"我告诉过你我爱上了他。"她笑着说道。

"我很高兴知道他并不爱你。"

"你怎么知道的？"

"我亲口问的他。"

她犹豫了一下，望着菲利普，有一种奇怪的光芒在她眼中闪烁。

"你想看看他今天早上寄给我的信吗？"

米尔德里德递给菲利普一个信封，他立刻认出了格里菲斯粗大、清晰的笔体。这是一封有八页的信，信写得很好，坦率、动人，正是出自一个惯于追求女人的男人之手。格里菲斯告诉米尔德里德他热烈地爱上了她，从见到她的那一刻起，他便爱上了她。他本不想爱上她，因为他知道菲利普是多么喜欢她，但是他就是情不自禁。菲利普是如此可亲的朋友，他为自己感到羞愧，不过这不是他的错，他只是被米尔德里德的魅力所吸引而无法自制。他还用甜言蜜语对她大加恭维。最后他感谢她同意第二天跟他一起吃午饭，并说他急切地想见到她。菲利普注意到信的落款日期是前天晚上；格

---

① 布劳德氏药丸，一种补铁剂，当时很流行的治疗贫血的药物。

里菲斯一定是和菲利普分手后写的这封信，而且还在菲利普以为他已经上床就寝的时候，不辞劳苦地半夜跑出去把信寄出去。

看信时菲利普的心怦怦直跳，看完后他感到十分厌恶。但是表面上没有显出吃惊的样子。他笑着把信还给了米尔德里德，平静地说道：

"你们的午餐还愉快吧？"

"相当愉快。"她特意加强了语气说道。

菲利普觉得自己的双手都在颤抖，所以他把手放到了桌子下面。

"你千万别把格里菲斯的话太当真，你知道，他只是个招蜂引蝶的浪荡公子。"

米尔德里德把信拿起来，又看了一遍。

"我也无法控制自己，"她说道，竭力使声音听起来冷静一些，"我自己也不知道我这是怎么啦。"

"对我来说，这事有点难堪，不是吗？"菲利普说道。

米尔德里德快速地瞟了他一眼。

"我不得不说，你对待这事还挺冷静的。"

"那你指望我做什么呢？一把一把地扯下自己的头发吗？"

"我知道你对我很生气。"

"可笑的是，我根本没生气。我早该知道这迟早会发生的。我把你们两个人撮合到一起真是傻透了。我明明知道他各个方面都比我强。他个性比我欢快，他长得那么帅，又那么幽默风趣，他能投你所好地谈论你感兴趣的话题。"

"我不知道你说这话是什么意思。如果说我这人不够聪明，我也没办法。但我可以告诉你，我不是你想象的那么傻，还远没到那个地步呢。我年轻的朋友，你对我总是一副高高在上的样子。"

"你想和我吵架吗？"他语气温和地问道。

"不，但我不明白你为什么那样对待我，好像我什么都不懂似的。"

"对不起，我并不打算冒犯你，我只是想心平气和地就事论事，尽力不把事情弄得一团糟。我看你被他迷住了，在我看来，这似乎也很自然。但真正让我伤心的是，他明明知道我对你那么在乎，他还怂恿你那么干。刚告诉我他根本看不上你，五分钟后就立马给你写了那样一封信，我认为他这事做得太卑鄙了。"

"如果你认为在我面前说他的坏话我就会不喜欢他了，那你就大错特错了。"

菲利普沉默了片刻，他不知道说些什么才能让她明白他的意思。他想冷静、细致地给她分析，但是他正处于感情的旋涡中，一下子无法理清自己的思路。

"为了一种你知道也持续不了多久的爱情而牺牲一切是不值得的。不管怎么说，他对每个女人的热乎劲都不会超过十天，而你又生性冷淡，那种事不会对你有什么好处的。"

"那是你的想法。"

米尔德里德这种唱反调的态度使他更难处理了。

"你爱上了他，这也是不由自己。我只能尽力吞下这一苦果。我们一直相处得很好，我也没有对你有什么不礼貌的举动，对吧？我一直知道你并不爱我，但你还是喜欢我的。只要我们一起去巴黎，你会忘了格里菲斯的。如果你下定决心把他忘掉，你会发现那并不难，到了你应该为我做点什么的时候了，我想我理应得到这样的对待。"

米尔德里德没有回答，他们继续吃着饭。沉默使气氛变得越来越压抑，菲利普开始东拉西扯地聊别的话题了。他装作没看见米尔德里德心不在焉的样子。她只是偶然敷衍两句，并不情愿说话。最后，她突然打断了菲利普的话头，说：

"菲利普，恐怕我周六不能跟你走了。医生说我不应该那样做。"

他知道这不过是借口，但是他问道：

"那你什么时候能走？"

她瞥了他一眼，看见他的脸色变得苍白，神情凝重，于是慌忙把目光移开了。在这一刻，她有点害怕他。

"我还是跟你直说了吧，也算是对你有个交代，我不能跟你一起去巴黎了。"

"我想你也是这么打算的。但现在改主意已经太晚了，我已经买好了票，准备好了一切。"

"你说过如果我不想去，你是不会勉强我的，现在我不想去了。"

"我已经改主意了，我不想再被人算计了，你必须去。"

"菲利普，作为朋友，我非常喜欢你。但其他的事我想都不愿去想，我不是以那样的方式喜欢你的。我做不到，菲利普。"

"一个星期以前，你还是很乐意去的。"

"那时情况不同。"

"你是说那时你还没遇到格里菲斯？"

"你自己都说如果我爱上了他，那也是没有办法的事呀。"

她的脸色阴沉了下来，眼睛死死地盯着面前的盘子。菲利普由于愤怒而脸色发白。他真想用紧攥的拳头给她脸上来一下，想象她鼻青脸肿的模样。他们的邻桌有两个十八岁左右的小伙子正在吃饭，他们不时会看一眼米尔德里德。菲利普在想他们是不是在羡慕他在和一位漂亮姑娘吃饭，也许他们正希望取代他的位置呢。这时，米尔德里德打破了沉默。

"我们一起出去有什么好处呢？我心里会一直想着他，我想你也一定不会高兴的。"

"那是我的事。"他冷冷地答道。

她在仔细回味他回答中的潜台词，她的脸变红了。

"但是那也太龌龊了。"

"什么意思？"

"我还以为你是个地地道道的绅士呢。"

"那你看错人了。"

他的回答让自己觉得很痛快，当他说的时候，忍不住哈哈大笑起来。

"看在上帝的分上，别笑了。"米尔德里德喊道，"我不能跟你走了，菲利普。我很抱歉，我知道自己对你不够好，但是我不能违心做我不愿做的事。"

"你难道忘了在你落难时我为你做的一切吗？直到你孩子出生前的生活费都是我付的，我负担了你看医生和生活的所有开支，我花钱送你去布赖顿休养，直到现在我还在付你孩子的寄养费用，你现在身上穿的每一件衣服都是我花钱买的。"

"如果你是个绅士，你就不会当面向我显摆你为我做的一切。"

"噢，老天，快闭上你的嘴吧。你以为我还在乎在你眼中我是不是个绅士吗？如果我是个绅士的话，我就不应该浪费时间和一个像你这样的粗俗荡妇在一起。我根本不在乎你是不是喜欢我。我恨透了被人像个该死的傻瓜一样要弄。你要么周六高高兴兴地跟我一起去巴黎，要么你就要承担后果。"

米尔德里德的脸颊由于生气变得通红，当她回答时，语气生硬粗俗，而她平时都装出一副温文尔雅的样子。

"我从来没喜欢过你，从一开始就没有过，你吻我时，我心里讨厌得很。从现在起，哪怕我饿死，也不许你再碰我一下。"

菲利普想吞下他盘子里的食物，但是他喉咙里的肌肉拒绝工作。他把面前的酒一饮而尽，接着点着了一根香烟。他气得浑身哆嗦，他没说话，等着米尔德里德起身，但是她也一声不吭地坐在那里，直直地盯着雪白的桌布。要是此时没人的话，他会用双臂紧紧搂住她的脖子，热烈地亲吻她。他想象着当他把双唇紧压在她的唇上那一刻，她扬起她那纤长白皙的脖子。两人就这样坐了一个小时，谁都没说话。最后菲利普觉得那位侍者都开始好奇地盯着他们看了，于是便把侍者喊过来结账。

"我们走吧？"他用一种平静的语气说道。

米尔德里德没有回答，但是开始拿她的提包和手套，然后穿上了外套。

"你什么时候再和格里菲斯见面？"

"明天。"她冷冷地回答。

"你最好把这事跟他好好聊聊。"

她无意识地打开提包，看到包里有一张纸条，便把它掏了出来。

"这是这件衣服的账单。"她有些吞吞吐吐地说道。

"那又怎么样？"

"我答应明天付账的。"

"是吗？"

554

"你刚才的意思是你不打算付账了？可原先是你同意给我买的。"

"我确实不打算掏钱了。"

"那我叫哈利付。"她说道，脸唰地红了。

"他会很高兴帮你的。他这会儿还欠着我七英镑哩，上周他还把他的显微镜送进了当铺，因为他现在一贫如洗。"

"你别以为这样说就会吓倒我，我自己有能力挣钱养活自己。"

"你能这样做就再好不过。我不打算再多给你一个子儿了。"

她想到了周六就该交的房租和孩子的寄养费，不过没再说什么。他们离开了餐馆，到了街上，菲利普问她：

"我给你叫辆出租马车吧？我想自己走回去。"

"我身上一分钱也没有，下午还要付账单。"

"走路回去也不会伤到身体的。如果你明天还想见我的话，我大约在下午茶的时候在。"

他脱下帽子向米尔德里德致意，然后径直离开了。过了一会儿，他回头看了看，只见她还无助地站在原地未动，望着来来往往的车辆和行人。他又折了回去，笑着把一枚硬币放在她手上。

"这是两个先令，够你坐车回家了。"

在米尔德里德张口前，他便匆匆走开了。

第七十六章

第二天下午的时候，菲利普坐在房间里思忖米尔德里德是否会来。他头一晚睡得很不好，这天一上午他都是在医学院的俱乐部里度过的，他读了一份又一份报纸。这时正值放假，他认识的学生留在伦敦的不多，但是还能找到一两个人说说话，他玩了一局国际象棋，好歹算是把这段枯燥乏味的时光消磨掉了。午饭过后，他觉得浑身乏力，头痛欲裂，于是回到了自己的住处，躺了下来。他想读一本小说。他没见着格里菲斯，当菲利普头天晚上回来的时候格里菲斯不在家。菲利普后来听见他回来了，但是他没有像往常一样，往菲利普的房间里探探头，看看他是否睡着了。在早上的时候，菲利普听见他早早地就出了门，很明显格里菲斯不想和菲利普碰面。这时，突然传来了一阵轻轻的叩门声。菲利普从床上跳下来，去打开了门。米尔德里德正站在门口，她没有挪动脚步。

"进来吧。"菲利普说道。

他在她身后关上了门。米尔德里德坐了下来，犹犹豫豫地开口了。

"谢谢你昨天晚上给我的那两先令。"她说道。

"哦，不用谢。"

她冲菲利普微微地笑了笑，这让他联想起一只小狗因为淘气刚挨了顿打，接着它想和主人和好而露出的那种怯懦、讨好的表情。

"我刚才和哈利一起吃午饭来着。"她说道。

"是吗？"

"如果你还想让我周六跟你一起去巴黎，菲利普，我跟你去。"

一股胜利的喜悦掠过他的心头，但是这种激动只持续了片刻，接下来是一团疑云升起。

"是因为钱吗？"他问道。

"一部分是吧。"她回答得很简单，"哈利现在无计可施了。他欠了这儿五周的房租了，还欠你七英镑，他的裁缝也逼着他还钱，他把能送进当铺的东西都送去了，但他已经没东西可当了。我打发掉那个给我做了新衣服的女裁缝费了不少劲儿，而周六我又该交房租了，我也不可能一时半会儿就找到工作，总是要等上一小段时间才能遇到岗位有空缺。"

她所有这些话都是以一种平淡、满腹牢骚的口吻说的，好像她正在数说命运的不公，但这种不公是命运安排的一部分，只好忍受。菲利普没有接话，他明白她告诉自己这番话的用意。

"你说这只是'一部分'。"他最后说。

"好吧，哈利说你对我们两个人真的很好，他说你是他真正的好朋友，他说，你为我做的一切，是其他男人不可能做到的。我们必须去做正确的事情。他还说自己天性轻浮，正如你说的，他不像你，我为了他而把你抛弃实在是太傻了。他用情不专，而你不是这样，他自己常常这么说。"

"那么你想和我一起去巴黎吗？"菲利普问道。

"我无所谓。"

菲利普看着她，只见她的嘴角下弯，露出了一丝凄苦的表情。他的确胜利了，终于可以按自己的意志行事了。他不禁大笑出声，嘲笑自己受到的屈辱。米尔德里德飞快地瞟了他一眼，但没有说话。

"我全心全意地期盼着和你一起去巴黎，我到了最后还想，在经过所有的痛苦和磨难后，我终将获得幸福……"

他还没讲完要说的话，冷不丁地，没有任何的征兆，米尔德里德突然号啕大哭。她就坐在诺拉曾经坐过的那把椅子上，哭了起来，跟诺拉一样，她把脸藏在椅子的靠背里面，朝着椅子一侧。靠背中间凹陷下去，两边微微隆起，坐下的时候，刚好可以把头埋在凹陷处。

"跟女人打交道，我实在不走运。"菲利普暗自思量。

她瘦弱的身体随着哭泣而上下抖动，菲利普从来没见过哪个女人能哭得如此悲恸欲绝。那一定是痛彻心扉的苦痛使然，他的心好像也被这哭声撕裂了。他不自觉地走到了她的身边，伸出胳膊搂住了她。米尔德里德也没抗拒，她的悲痛让她屈服于他的抚慰。他在她耳边小声说着安慰的话，自己也不知道在说些什么，他弯下腰，不停地亲吻着她。

"你是不是特别不开心？"他最后问了这么一句。

"我希望我死了就好了，"她呻吟着，"我在生孩子时死了就好了。"

她的帽子有点碍事，菲利普为她把帽子摘掉了。他把她的头放到椅子更舒适的位置上。然后，他走到桌子旁边坐下，看着她。

"爱情，真是可怕，对吧？"他说道，"但可以想象每个人都要陷入情网。"

过了一会儿，她的哭声减弱了，变成了抽抽搭搭，她筋疲力尽地坐在椅子上，把头向后仰着，双臂垂在身体两侧。这古怪的模样像极了画家们用来搭衣服的假人模型。

"我还真不知道你那么爱他。"菲利普说道。

菲利普完全能理解格里菲斯的爱情，因为他曾把自己想象成格里菲斯，用他的眼睛去观察，用他的双手去抚摸；他甚至假想自己就在格里菲斯的身体里，用格里菲斯的双唇去亲吻她，用他笑眯眯的蓝眼睛冲她微笑。反而是米尔德里德的感情让他感到吃惊，他从未料到她会深陷情网。无疑，这就是一种激烈的爱情。有些东西似乎在他心中动摇了，他真的觉得好像有些东西坍塌了，感到莫名的虚弱无力。

"我不想让你不开心。如果你不想去，你不必和我一起去巴黎。但我仍然会给你钱的。"

她摇了摇头。

"不，我说了我会去的，我说话算话。"

"如果你爱他爱得死去活来，去了又有什么好处？"

"是的，就是这个词。爱得死去活来。我知道这不会天长地久，就像他也知道一样，但是眼下……"

她停顿了一下，闭上了眼睛，好像要晕倒了一样。菲利普突然有了一个奇怪的念头，这个念头一出现他就几乎脱口而出，根本未加思索。

"你干吗不和他一起走呢？"

"这怎么可能？你知道我们没有钱。"

"我给你们钱。"

"你？"

米尔德里德坐直身子看着他，她的眼睛开始放光，血色又回到了她的脸上。

"也许最好的办法就是让你们这段感情早点儿开花早点儿凋谢，然后你再回到我身边。"

话刚一说出口，他心里又是一阵痛苦。然而，这种痛苦的自我折磨给了他一种奇怪、微妙的快感。她瞪大眼睛看着他。

"噢，我们怎么能用你的钱？哈利绝不会同意的。"

"哦，会的，他会同意的，如果你能说服他的话。"

她不愿意用他的钱，反而让他更坚持要这么做了，可是在内心深处，他希望她能严词拒绝。

"我给你五英镑，够你们在外面从周六玩到下周一了。你很容易劝他一块出去的。到了下周一，他就要回家乡了，然后他会去伦敦北部的医院赴任。"

"噢，菲利普，你是真心实意的吗？"她一边大声喊道，一边把两只手紧握在一起，"如果你能让我们出行——我以后会好好爱你的，我会为你做任何事情。我保证如果你这么做了，我会从这段感情中抽身的。你真的愿意给我们钱吗？"

"是的。"他说道。

米尔德里德现在完全换了副模样，她开始笑起来，他能看出她特别开心。她站起身来，跪在菲利普的身边，拉住他的双手，说道：

"你真是个好人，菲利普。你是我认识的人中最好的了，以后你会不会生我的气呀？"

他摇了摇头，微笑着，但是他心里痛苦得如同刀绞！

"我现在可以去告诉哈利吗？我能告诉他你不介意吗？除非你答应你不会不高兴，否则他不会同意的。哦，你不知道我是多么爱他！以后，你想做什么我都会随你的意。到了下周一，我会跟你去巴黎，或者任何你想去的地方。"

她站起身，戴上了帽子。

"你要去哪儿？"

"我要去问问他是否愿意带我出趟门。"

"那么急呀？！"

"你想让我留下来吗？如果你想，我就留下来。"

她又坐了下来，但是菲利普笑了笑。

"不了，没关系，你最好还是马上走吧。但我提醒你一件事：我现在还受不了与格里菲斯碰面，这事伤得我太重了。告诉他我并不恨他，但是让他离我远一点。"

"好的。"她从椅子里一跃而起，戴上了手套，"我回头也会让你知道他说些什么的。"

"你最好今天晚上跟我一起吃晚饭。"

"没问题。"

她扬起脸让他亲吻她，当他把嘴唇压到她的唇上时，她用胳膊搂住了他的脖子。

"你真是个可心的人儿，菲利普。"

几个小时之后，她派人给他送来一张便条，说她头疼，无法跟菲利普共进晚餐了。菲利普差不多已经料到了她会来这么一招了，他知道她要和格里菲斯一起吃晚饭。菲利普妒忌极了，但是他也明白那种突如其来的激情在他们俩心中涌动，就像某种从外部灌输进去的东西，似乎是某个神祇拜访他们时带来的礼物。菲利普觉得自己很无助。他们俩爱上彼此似乎是天经地义的事情。他清楚格里菲斯处处都比自己强，也承认如果他处于米尔德里德的位置，他也会像她那样爱上格里菲斯的。但伤他最深的是格里菲斯的背叛，他们曾经是那么要好的朋友，而格里菲斯明明知道他是那么狂热地爱着米尔德里德，他应该放过他的呀。

直到周五，菲利普才又见到米尔德里德。那段时间他渴望见她一面。可当她来时，他才意识到其实在她心里根本没有自己的位置，因为他们俩都把注意力放在了格里菲斯身上。他突然恨起她来。他现在才明白为什么她和格里菲斯会彼此对上了眼。格里菲斯很愚蠢，呃，简直是愚蠢到家了！菲利普实际上心里一直很清楚这一点，不过视而不见罢了。格里菲斯愚蠢而且不学无术，但他身上的魅力掩盖了他极度的自私，他为了满足自己的私欲会牺牲任何人。他过的是怎样疯狂的生活呀，整天在酒吧里游荡，在歌舞杂耍剧场里喝酒，寻花问柳，朝三暮四！他从不读书，除了下流事儿，什么都不懂。他脑子里从没有过好念头：最常挂在他嘴边的一个词就是"漂亮"，那是他对一个男人或者女人的最高评价，"漂亮"！这也难怪他为什么会与米尔德里德臭味相投，因为他们本就是一丘之貉。

　　菲利普跟米尔德里德闲扯了些无关紧要的琐事。他明白她想跟他谈格里菲斯，但他就是不给她这个机会。他也只字不提两天前她找借口推掉了和他一起吃晚餐的事。他对她的态度有些爱答不理的，想让她觉得他突然对她满不在乎了。他也确实练就了一种特殊的本事，就是说些琐事，他知道这些琐事会伤她的自尊心；但他的话又滴水不漏，绵里藏针，让她又无法生气。最后，她站了起来。

　　"我觉得我现在得走了。"她说道。

　　"你一定挺忙的。"他回答道。

　　米尔德里德伸出了手，菲利普握住了它并说了声再见，然后为她打开了门。他知道她想说什么，也知道他冷淡、挖苦的态度吓住了她，使她不敢开口。他的羞怯常常使他看上去很冷漠，无形中让人们退避三舍。他自己也发现了这一点，于是在有些场合就用这种态度去对付别人。

"你不会忘了你承诺的事吧？"当他扶着打开的门时，米尔德里德终于忍不住说道。

"什么事？"

"钱的事。"

"你想要多少？"

他故意用一种冷淡而审慎的语气说话，这语气让他的话特别伤人。米尔德里德脸红了，他清楚那一刻她恨死他了，同时，他知道她忍住没有朝他破口大骂得需要多大的自制力呀，这让菲利普惊讶。他就是想让她吃点苦头。

"就是明天要付的衣服费用和房租，就是这些了。哈利不想去了，所以我们不需要那笔钱了。"

菲利普的心受到了重重的一击，手松开了门把手，门啪的一声关上了。

"为什么不去了？"

"他说我们不能去，不能靠你给的钱出去玩。"

魔鬼攫住了菲利普的灵魂，这个自我折磨的魔鬼总是潜伏在他的身体里。虽然在他的内心深处他不希望格里菲斯和米尔德里德一起出游，但是他就是控制不了自己。他打算让米尔德里德劝说格里菲斯同意。

"只要我愿意的话，我看不出为什么不行。"他说道。

"这话我跟他说了。"

"如果他真的想去的话，他不会迟疑的，我应该能想到这一点。"

"哦，不是那样的，他当然想去。如果他有钱的话，他会拔脚就走的。"

"如果他不好意思的话，我就把钱给你。"

"我说了，如果他愿意，你就算是借这笔钱给我们的，只要我们经济能力一好转，就马上还给你。"

"你真是变化挺大的呀，现在竟然跪在一个男人面前乞求他带你出去度周末。"

"是挺大，难道不是吗？"她说道，然后厚颜无耻地哈哈一笑。

这笑声让菲利普后背发凉。

"那么你有什么打算？"他问道。

"没什么打算，他明天就回家了，他必须得走。"

菲利普看到了得救的希望。只要格里菲斯不在眼前，他就可能把米尔德里德争取回来。她在伦敦一个人也不认识，就有可能再度找他陪伴，只要他们俩能单独待在一起，他很快就能让她忘了那段恋情。如果他不再说什么的话，倒也相安无事。但是他心头邪恶的欲望又蠢蠢欲动了，他要打消他们的顾虑，他想要知道他们对他到底能可恶到什么程度。倘若他再引诱他们一下的话，他们会屈服的。一想到他们会名誉扫地，他心中就一阵狂喜。虽然他说的每一个字都在折磨自己，但是他发现在这种折磨中有一种可怕的快感。

"这种事是机不可失，时不再来呀。"

"我也是这么跟他说的呀。"她说道。

在她的声音中有种亢奋的腔调，让菲利普印象非常深刻。他一紧张就开始咬指甲。

"你们原打算去哪儿呢？"

"哦，去牛津。他在那儿念过书，你是知道的。他说要带着我参观各个学院呢。"

菲利普记得曾经有一次自己建议和她一起去牛津玩一天，但是她坚定地表示那儿一定乏善可陈，没什么好看的。

"看来你们会赶上个好天气的。现在那儿应该很好玩。"

"为了说服他，我使出了浑身解数。"

"为什么不再试一次呢？"

"我能说你想让我们去吗？"

"我觉得你不能说得这么直截了当。"菲利普说道。

她停顿了一两分钟，看着他。菲利普也迫使自己用一种友好的方式看着她。他心里恨她，鄙视她，但又全身心地爱着她。

"我会把我打算做什么告诉你，我准备去找他，看看他能否为此做出安排。如果他说可以，那么明天我会再来找你，来拿那笔钱。你什么时候在家？"

"我午饭过后就会回来等你的。"

"那好。"

"我现在就把衣服的费用和房租给你。"

他走到书桌前，拿出了他所有的现钱。那件衣服花了六几尼，此外，还有她的房租、饭费和孩子一周的寄养费。他给了她八英镑十先令。

"十分感谢。"她说道。

米尔德里德转身离开了。

第七十七章

在医学院地下室吃完午餐之后，菲利普回到了自己的住所。这是星期六的下午，房东太太正在打扫楼梯。

"格里菲斯先生出去了吗？"他问道。

"出去了，先生。他今天上午出门了，就在你出去后不久。"

"他不回来了吗？"

"我认为不会回来了，先生。他拿着行李箱走的。"

菲利普纳闷这意味着什么。他拿了本书，开始读了起来。书是波顿[①]写的《麦加之旅》，他刚从威斯敏斯特公共图书馆里借来的。他读了第一页，不过不知所云，因为他的心思在别处，他一直听着是否有人拉门铃。他不敢奢望格里菲斯把米尔德里德留在伦敦，独自离开回他的老家坎伯兰郡去了。过一会儿米尔德里德要过来拿钱。他咬紧牙关继续看书，拼命想把注意力集中到书上。经过一番努力，他把书上的句子印到了脑子里，但是句意却因他强忍的痛苦而被曲解了。他真希望当初没有提出那个给他们出钱的可怕建议就好了，可是现在话既然已经说出口，他也没有勇气把话收回来。不是因为米尔德里德的原因，而是出于自身的考虑。在他身上有

---

① 理查德·弗朗西斯·波顿（Richard Francis Burton，1821—1890），英国作家、探险家。

股可怕的执拗劲，迫使他去做那些他已经决定要做的事。他发现自己已经读了三页书了，可是书上说了什么他脑子里根本没有印象。他又回过头重新看了一遍，可发觉自己在反复读同一个句子，现在这句子和他的思绪混乱地交织在一起，犹如噩梦中出现的一个计算公式。他能做的一件事就是出门躲到外面去，直到半夜再回来，这样他们就走不成了。他仿佛看见他们每个小时都会登门询问他是否在家。想到他们会很失望，他心中觉得舒服些。他机械地重念了一遍书上那个句子。可是他不能那么做。让他们来吧，把钱拿走，这样他就能知道人们可以卑鄙下作到何种程度。他现在再也看不下去书了，一个字儿也看不进去。他向后靠在椅子上，闭紧双眼，麻木地任由痛苦吞噬自己，等待着米尔德里德的到来。

这时，房东太太走了进来。

"您愿意见米勒太太吗，先生？"

"让她进来吧。"

菲利普强打起精神接待了米尔德里德，没有表露任何内心的感受。他其实有一种冲动，想跪在她面前，抓着她的双手乞求她不要离开自己，但是他知道这根本打动不了她。她还会扭头就告诉格里菲斯他的一言一行，他会无地自容的。

"嗯，你们的出游计划怎么样了？"他故作欢快地问道。

"我们正要走，哈利就在外面。我告诉他你不想见他，所以他就不进来了。但是他想知道他是否可以进来只待一分钟，就跟你道个别。"

"不用了，我不想见到他。"菲利普说道。

菲利普能看出来，米尔德里德根本不关心他见不见格里菲斯。既然她来了，他想尽早把她打发走。

"给，这是五英镑，我想你现在可以走了。"

她接过钱，谢了他，转身离开了房间。

"你们什么时候回来？"他追问道。

"哦，下周一，哈利那时必须回老家了。"

明明知道他下面要说的话是够让人丢脸的，但是他还是既带着妒忌又带着渴望脱口而出。

"到那时我可以去看你吧？"

他控制不住自己，说话的声音里还带着乞求的腔调。

"当然可以，我一回来就马上通知你。"

菲利普和她握手道别。透过窗帘，他看见她跳上一辆等在门边的四轮马车。车轮滚滚向前，马车消失在街角。随后他颓然倒在了床上，用双手捂着脸。他感到泪水涌上了眼眶，他对自己很生气，攥紧拳头，扭动着身子，不想让泪水流下来。但是他没能控制住，满腔悲愤的泪水倾泻而出。

他终于从床上起来了，精疲力竭、羞愧难当，草草洗了一把脸。他给自己调了一杯浓烈的威士忌加苏打水，喝下去以后他才觉得好了一点。接着，他看到放在壁炉台上的两张去巴黎的车票，他一把抓起它们，在狂怒下把它们扔进了火堆。他知道如果退票，还能挽回些损失，但把它们烧毁能让他心里好受些。然后他出了门，想找个人说说话。学校俱乐部里已经空无一人，他觉得自己都快要疯了，除非能找人好好聊聊；但是劳森已经出国了；他又来到海沃德的住处，女仆打开了门，告诉他海沃德已经去布赖顿度周末去了。菲利普又去了一家美术馆，发现这家美术馆正要闭馆。他心烦意乱，不知道接下来该做些什么。他想到格里菲斯和米尔德里德此时正在去往牛津的途中，他们幸福地在火车里面对面坐着。他回到了自己的住处，这里让他觉得恐怖，因为他就是在这里遭受到巨大的不幸的。他想试着再次去读波顿的书，但当他读的时候，他在脑子里一遍又一遍地告诉自己他是这世界上最蠢的人，因为正是他自己提议让他们俩一起出游的。他还给他们提供资金，还硬要他们接受。他明明知道如果自己把格里菲斯介绍给米尔德里德会是什么后果，他自己狂热的激情足以勾起另一位的欲念了。就在此时，他们应该已经到了牛津了，或许两人会安顿在约翰街的一家寄宿公寓楼里。菲利普从未去过牛津，但是格里菲斯以前老是跟他谈起那里，以至于他能确切地知道他们都要去哪里游玩。他们会在克拉伦登餐厅就餐；格里菲斯有个习惯：每当他想狂饮作乐时，总要到这家餐厅来吃饭。菲利普在查令十字街附近的一家饭馆胡乱吃了点东西。他打定主意去看一场戏，随后他费了半天劲挤进了一家剧院的正厅后座，剧院正在上演奥斯卡·王尔德的一出戏。他寻思米尔德里德和格里菲斯是否也在晚上去看戏了。他们一定会设法消磨晚上的时光，他们两个人都太愚蠢了，只是闲聊无法令他们满足。当菲利普想到这两人是思想粗俗的一路货色时，他的心头有种解气之后的痛快。他心不在焉地看着演出，在每一次幕间休息时都要喝些威士忌，让自己保持愉快的心情。他的酒量不大，酒劲很快就发作了，但是他的醉意反而让他烦躁又郁闷。戏演完时，他又喝了一杯。他没有上床睡觉，他知道自己上了床也无法入睡，他害怕自己那丰富的想象力又让种种可恶的画面浮现在他脑中。他努力不再去想他们。他知道自己喝得太多了。现在他浑身燥热，渴望去做可怕、不体面的事情。他想在臭水沟里打滚，他整个人都渴望将内心的兽欲发泄一通。他真想趴在地上。

他拖着他的跛足，在皮卡迪利大街上慢慢地走着。他醉醺醺的，心中充满了忧郁和愤怒，十分难受。他被一位涂脂抹粉的妓女拦下了，她把手搭在他的胳膊上。他把她猛地推开了，嘴里还骂骂咧咧的。他踉踉跄跄走了几步，又停了下来。心想她做的事和其他女人做的事不是一样嘛。他很抱歉对她说了那些粗鲁的话，于是又走到她面前。

"嗨。"他搭腔道。

"见鬼去吧。"她回答道。

菲利普哈哈大笑起来。

"我只是想问问，你今晚是否能赏光陪我吃顿晚饭。"

她有点吃惊地看着他，犹豫了一会儿。她看出他喝醉了。

"我无所谓。"

这个妓女用的词和米尔德里德经常挂在嘴边的词竟然一模一样，菲利普觉得很是有趣。他把她带到了一家他习惯和米尔德里德一起吃饭的饭馆。他注意到当他们一块儿走的时候，她老是低头看他的跛足。

"我的一只脚有毛病，"他说道，"你有意见吗？"

"你真是个怪人。"她哈哈大笑。

他回到自己的住所时，浑身的骨头酸痛，脑袋里好像有只铁锤不停地在敲打，让他疼得几乎要喊出声来。他又喝了一杯威士忌加苏打水使自己镇定下来，然后爬上床去，陷入一场无梦的酣睡，直到第二天中午才醒来。

第七十八章

终于等到了周一，菲利普以为他漫长的折磨可以结束了。他查看火车时刻表，发现格里菲斯搭乘最晚的一趟火车可以在夜里到达家乡，这趟车是下午一点多从牛津发车的，他料想米尔德里德会乘稍后几分钟开往伦敦的火车。他想去火车站接她，但是他觉得米尔德里德想一个人休息一天，也许她会在晚上给他写上一行字告诉他自己回来了，如果他没有收到任何消息，第二天一早他会到她的住处去拜访她。想到要去见她，他不免有些胆怯。他对格里菲斯恨之入骨，但是对米尔德里德，尽管发生了那么多事，却还怀有一种令人心碎的欲望。菲利普现在倒是庆幸在星期六下午他心烦意乱中曾去寻求安慰的时候，海沃德不在伦敦。他会不自禁地把一切统统向海沃德倾诉，海沃德一定会对他的软弱感到吃惊。在米尔德里德已经委身另一个男人之后，菲利普竟然还想着让这女人成为他的情妇，海沃德一定会瞧不起他的，也许是震惊，或是厌恶。管它是震惊还是厌恶，他会在乎吗？他已经准备好妥协了，准备好接受更令人不齿的屈辱了，只要他的欲念能够得到满足。

到了晚上，他的脚又违背了他的心意带他来到了米尔德里德的住处。他抬头看了看她的窗户，里面漆黑一片。他不敢冒险去问她是否回来了，他相信她的承诺。但是到了第二天一早，还没有任何信件到来。到了中午时，他又来到她的住所，女仆告诉他米尔德里德还没有回来。他有些无法理解了。因为菲利普知道格里菲斯要在前一天回老家，他要在一场婚礼上做伴郎，而米尔德里德身上又没有钱。他在心里揣摩了各种各样的可能性。他下午又去了米尔德里德的住处一次，并留下一张便条，邀请米尔德里德晚上跟他共进晚餐，用语平和，好像在过去的半个月中什么事也没发生一样。他写明了见面的时间和地点，希望她能赴约。可他空等了一个小时，连她的影子都没见着。在星期三早晨，他有点不好意思再去米尔德里德的住处打听了，于是派了一个信童带了一封信过去，嘱咐要带个信儿回来。可是一个小时以后，信童回来了，带着菲利普写的尚未启封的信件，回答说那位女士还没从乡下回伦敦。菲利普再也控制不住自己了，米尔德里德对他最后这番欺骗超过了他能忍受的限度。他一遍又一遍地自言自语，说他恨米尔德里德，并把这新的失望归咎于格里菲斯。菲利普对格里菲斯恨得咬牙切齿，想杀之而后快——他在房间里来回踱步，脑子里想象着，趁着黑夜他突然冲到格里菲斯的面前，把一把匕首刺进他的脖子，正戳在他的颈动脉上，让他像一条癞皮狗一样陈尸街头，那该是多么大快人心呀！菲利普悲愤交加，几近疯狂。他并不喜欢喝威士忌，却仍喝了很多，来麻醉自己。在周二和周三的晚上，他都是喝得酩酊大醉才上床睡觉的。

在周四的早上，他起床很晚。他睡眼蒙眬，脸色蜡黄，拖着疲惫的身子走进起居室，看看是否有他的信。当他认出一封信上是格里菲斯的字迹时，一种奇怪的感觉立刻笼罩在心头。

亲爱的老兄：

我不知从何说起，但我觉得必须给你写封信。我希望你不要过于生我的气。我知道不该带米莉[①]出游，但我只是无法控制住自己。她简直把我迷住了，为了得到她，我可以做任何事。当她告诉我你已经给了我们钱出行，我简直无法抗拒。而现在一切都结束了，我为自己感到万分羞愧，我真希望当初不那么傻。我希望你能给我回信，说你不再生我的气了，同时我想让你允许我回来看看你。你告诉米莉你不想再见到我了，我很伤心。一定要给我写上几句呀，好兄弟，告诉我你原谅我了。只有这样才能让我的良心好受些。我原以为你不会介意呢，否则你就不会给我们那笔钱了。但是我现在知道我当初不应该拿这笔钱。我是在星期一回到家乡的，而米莉想自己在牛津多待上几天。她将在星期三回到伦敦，所以当你收到这封信时，你应该已经见到她了。希望一切都会好起来。请千万要给我写信，告诉我你已经原谅我了。请马上给我写信吧。

你忠实的朋友，

哈利

菲利普愤怒地把信撕得粉碎，他也不打算写回信。他鄙视格里菲斯的道歉，也没有耐心理会他良心上的自我谴责。一个人竟然能做出那种卑劣的事情来，那么事后他的忏悔也

[①] 米尔德里德的爱称。

同样令人不齿。他觉得这封信表明格里菲斯懦弱又虚伪，他对信里表达的感伤情调十分厌恶。

"你做下畜生般的勾当，"他喃喃地自言自语，"然后说声对不起，就什么事都没有了，想的倒是轻巧。"

他满心希望有朝一日能有机会给格里菲斯点颜色瞧瞧。

不管怎么说，他知道米尔德里德现在已经在伦敦了。他急忙穿上衣服，顾不得刮脸了，匆匆喝了一杯茶，叫了一辆出租马车赶往她的住处。马车好像蜗牛一般爬行。他急切地想见到她，下意识又向他根本不相信的上帝祷告起来，希望她能和颜悦色地接待他。他只想把过去全部忘掉。他按响门铃时心怦怦地跳着。他满怀激情，竟忘记了以往所遭受的苦痛，只想再次把她拥入怀中。

"米勒太太在家吗？"他兴高采烈地问道。

"她已经走了。"女仆回答道。

他茫然地看着她。

"她大约一个小时前回来了，拿走了她所有的东西。"

有好一会儿，菲利普都说不出话来。

"你把我的信给她了吗？她说了要到哪里去吗？"

这时，菲利普才明白米尔德里德再次欺骗了他，她并不打算回到他身边来。他努力想在女仆面前挽回些颜面。

"哦，好吧，我肯定会收到她的来信的。她可能把信寄到我另一个地址去了。"

菲利普转身离开，绝望地回到了自己的住处。他应该知道她会来这一手的，她从来没有喜欢过他，从一开始她就把他当成了一个大傻瓜。她对人没有怜悯，没有善良，没有仁爱。他只能接受这种不可避免的结局。他忍受的痛苦是那么剧烈，他宁愿早点儿死去也不愿意承受这份痛苦。一个念头涌了上来，最好一了百了算了：他可以去投河，可以去卧轨。然而，他刚冒出这些念头，马上就把它们否决了。他的理智告诉他，过段时间他就会忘记自己的不幸，如果他竭尽全力的话，就可以把她忘掉。为一个俗不可耐的荡妇自杀，这也太荒唐了。生命只有一次，轻易地放弃生命是愚蠢的行为。他觉得自己永远克服不了自己的激情，但是他知道无论如何激情的消退只是时间问题。

他不想在伦敦再待下去了，这里的一切都让他想起自己的不幸遭遇。他给伯父拍了一封电报，告诉他自己打算回布莱克斯达布尔待几天。他匆匆忙忙收拾了一下行装，搭最早的一班火车回了家。他想赶紧离开那几间昏暗压抑的房间，在那里他遭受了痛苦。他想呼吸清新的空气。他厌恶自己，觉得自己有点疯了。

自从菲利普长大成人后，牧师就把家里最好的一个备用房间留给他。这个房间在牧师住所的一角，在一个窗户前有一棵古树遮挡住了视线，但是从另一个窗户可以看到牧师住所花园和场地之外的田地，以及开阔的草坪。房间里贴的墙纸，打从菲利普记事起就没有换过。在四面墙上，还挂着一些风格古雅的维多利亚时代早期的水彩画，都是牧师年轻时的一位朋友创作的。画虽然有些褪色，但仍很迷人。梳妆台的四面围着挺括的平纹细布，还有一个古旧的高脚柜可以存放衣服。菲利普发出一声惬意的轻叹，他以前从未意识到所有的这些东西对他还有何意义。牧师家的生活依然如故，每件家具都还在原来的老地方，没有丝毫的挪动。牧师吃着同样的食物，聊着同样的话题，每天还要沿着同样的路径散步。他稍微胖些了，也更沉默寡言了些，心胸更狭窄了些。他已经习惯了过鳏夫的日子，对已故的妻子几乎不怎么思念了。他还是动辄就跟乔赛亚·格雷夫斯发生口角。菲利普前去看望了这位教堂执事，他比以前瘦了一点，头发白了一些，神色严厉了很多。他还是有些独断专行，仍然对把蜡烛摆放到圣坛上不以为然。街上的商店也还是古色古香，令人愉悦。菲利普站在一家商店的前面，商店里卖的是高筒胶鞋、防雨油布衣帽和滑车索具一类的水手用品。他回想起在孩童时代，他总在这里感受到海上生活的惊心动魄，还有去未知世界冒险的魅力。

邮递员每次的两下敲门声总让菲利普控制不住心跳加速，他不禁期盼万一是伦敦的房东太太转来一封米尔德里德的信呢；但是他明白这是不可能的。既然他现在能更加冷静地思考，他就能理解他一直试图迫使米尔德里德爱他的举动不可理喻。他不知道一个男人给予一个女人的，或者一个女人给予一个男人的究竟是什么东西，而这东西会使一方变成另一方的奴隶。人们把这种东西称为性本能倒是很合适。但如果仅此而已的话，他不明白为什么它会让你强烈地吸引一个人，而无法对另外一个人产生吸引力呢。它又是不可抗拒的，理智无法跟它抗衡，友谊、感恩、兴趣在它面前毫无抵抗之力。因为他根本激不起米尔德里德性欲的冲动，所以他做的一切对她产生不了任何效果。这个想法让他极度反感，它使得人性和兽性无异，他突然觉得人的内心充满了黑暗。因为米尔德里德对他很冷漠，他就以为她性冷淡，她毫无血色的容貌，那薄薄的嘴唇，那臀部狭小和胸部扁平的身体，还有那慵懒的做派，无不证实了他的假设。然而，她有时会情欲突发，从而让她甘冒任何风险去满足自己的欲望。他以前无法理解她竟然会和埃米尔·米勒私奔，这种行为似乎不是她的行事风格，她也从来不能解释清楚。但是现在他看到了她和格里菲斯的爱恋纠缠，他知道是同样的原因促使这一幕再次上演。她被一种无法控制的欲望迷住了心窍，他想搞明白那两个男人究竟靠什么不可思议的东西吸引住了米尔德里德。他们两人天性粗俗，都有一种庸俗的逗笑本领，可以激起米尔德里德平凡的幽默感，但是真正让她着迷的也许是他们明目张胆的性挑逗，这是他们的拿手好戏。米尔德里德那种造作的文雅，在严酷的生活现实面前会瑟瑟发抖。她认为肉体的功能是不体面的。她总是用各种各样的委婉的说法，挑选文绉绉的字眼儿，觉得这些字眼儿比简单的词汇更能达意。因此，这两个男人的兽性就如同一根鞭子，抽打在她瘦弱白皙的肩膀上，她由于疼痛而颤抖，又因为肉欲而快乐。

对于一件事，菲利普已经下定了决心，那就是他不想再回到原来租的出租房了，那里发生的事让他痛苦不堪的。他给房东太太写了封信，提前告知她自己的想法。他想把自己的东西全部带走，决定再找几间不带家具的房间——可能既舒适愉快又房租低廉。他这样考虑也是迫不得已，因为在过去的一年半中，他已经花掉了将近七百英镑。他现在必须通过最节约的方式补上这个窟窿。他一想到未来，就感到一阵恐慌；他像个傻子一样在米尔德里德身上花了那么多钱。可是他知道如果事情再来一遍的话，他还是会做同样的事。他的朋友们因为他表情不丰富，脸上不容易流露内心的感情，动作相当缓慢，便认为他是个意志坚定、深谋远虑、头脑冷静的人，想到这一点，他自己都会感到好笑。他们觉得他做事很有理性，赞扬他懂得为人处世的常识。但是他自己知道他平和的神情只不过是一副面具，其作用就像是蝴蝶的保护色。有时他对自己意志的薄弱都会感到大吃一惊。于他而言，似乎任何细微的感情变化都会让他摇摆，好像风中的落叶，激情一旦攫住他时，他便会软弱无力。他根本没有自控力。他看上去好像拥有自控力，只不过是因为对于很多能感动别人的东西，他都无动于衷。

　　他怀着几分讽刺的心情来思考自己形成的那套人生哲学，因为在他每次经过人生的十字路口时，这套哲学似乎没起到什么作用。他不禁怀疑思想在人生的关键抉择上是否真的能助人一臂之力。在他看来，他倒是完全被一种陌生的，然而又存在于自己体内的力量所左右，这种力量就像驱使保罗和弗朗西斯卡①不断前行的地狱狂风一样催动着自己。他想到了他打算做的事，到了该采取行动时，他也不明白究竟是在什么样的本能、情感的控制下，他变得完全无能为力。他的行动就好像是一部机器，受到所处环境和他的个性两种力量的驱使而运转。他的理智像某个人在一旁冷眼旁观，只能观察而无力干预，就像伊壁鸠鲁所描述的诸神那样，在苍穹之上看着人们的所作所为，但无力改变事态的发展，一丝一毫也无法改变。

---

① 　保罗和弗朗西斯卡是《神曲》中的一对恋人，因为通奸而被打入地狱。

第七十九章

在开学之前，菲利普提前了几天回到伦敦，因为要给自己找个住处。他在威斯敏斯特桥路周围的几个街区看了好几处房子，可这些出租房肮脏破旧，让他很不满意。最后，他在安静、有着古老欧洲气息的肯宁顿区找到了一幢房子。这个地区让人回想起萨克雷①所了解的泰晤士河这一边的伦敦的景象。肯宁顿路两边的法国梧桐树刚刚吐出新叶，纽科姆②一家乘着四轮马车去伦敦西区时一定是经过这条路的。菲利普相中的街区的房子都是两层高的楼房，大多数在窗户上都张贴着出租的广告。他敲了敲一间标明不带家具的出租房的房门。一位不苟言笑的妇女应声开了门，领菲利普看了四个小房间，其中一间有厨房用的炉灶和水槽，房租是每周九先令。菲利普本来不想要那么多房间，但是由于租金低，他也希望自己能马上安顿下来。他问房东太太她能否为他打扫房间和做早餐，但是她回答说她有太多的活儿要干，没有时间为他做这些事。她的回答反而让菲利普觉得很高兴，因为她的话暗示除了收房租外，她不希望跟他有任何瓜葛。她

---

① 威廉·萨克雷（William Makepeace Thackeray，1811—1863），英国维多利亚时代著名作家，代表作《名利场》。

② 纽科姆，萨克雷长篇小说《纽科姆一家》中的主人公。

告诉菲利普，如果他去街角的那家杂货店——同时也是邮局——问一下，他可能会找到一位为他"做这些事"的女人。

菲利普自己有几件家具，那是他几次搬迁积攒下来的。一把扶手椅是他在巴黎买的；一张桌子、几幅画，还有那块克朗肖送给他的小块波斯地毯。他伯父送给他一张折叠床，因为牧师不再在每年八月份出租房子了，他也就不需要这种床了。菲利普又花了十英镑给自己买了些必要的家当。他还花了十先令买了淡黄色的墙纸贴在他打算做客厅的房间里，把劳森送他的描绘大奥古斯丁街的速描画，还有安格尔的《女奴》和马奈的《奥林匹亚》的照片挂在几面墙上。想当年他在巴黎，他经常一边刮脸，一边对着这两幅画沉思。为了提醒自己曾经学习过艺术，菲利普还把自己给那个年轻的西班牙人米格尔·阿胡里亚的炭笔肖像画也挂了起来。这是他最为得意的作品，一位裸体的年轻人紧握双拳站立着，他的双脚以一种特殊的力量紧紧扣住地板，他的脸上有种刚毅的神情，让人印象深刻。尽管经过了这么长时间，菲利普仍然十分清楚这幅作品的缺点，但是自己因这幅画而产生的种种联想让他对这幅画抱以宽容的态度。他想知道米格尔现在怎么样了。那些没有艺术天赋的人却非要追求艺术，没有比这更可怕的事了。也许，米格尔会因风餐露宿、忍饥挨饿、病痛折磨而耗尽气力，最后在某家医院里死去；或者在绝望之余，投身于浑浊的塞纳河。然而，还有一种可能，因为他那南方人的优柔寡断，他已经主动放弃了努力，现在成了马德里某个事务所里的一名职员，正把他的激昂的言辞用在政治或斗牛上面。

菲利普邀请劳森和海沃德来参观他的新居，他俩如约而至。一个拿了一瓶威士忌酒，另一个人拿了一罐肥鹅肝酱①。当他们称赞菲利普的品位不错时，菲利普很是开心。他本来还想邀请那位苏格兰股票经纪人，但是家里只有三把椅子，因此只能款待一定数目的客人。劳森知道通过自己的介绍，菲利普和诺拉·内斯比特已经成了好朋友，此时他谈到了几天前他还碰到过诺拉。

"她还问到你过得怎么样呢。"

劳森提到诺拉的名字时，菲利普的脸唰地红了（他尴尬时，就是改不了脸红的习惯），劳森奇怪地看着他。劳森现在一年有大半时间在伦敦，他还入乡随俗地把头发剪短了，穿着笔挺的哗叽西装，还戴了顶圆顶礼帽。

"我想你们俩之间已经完了吧。"劳森说道。

"我已经有好几个月没见到她了。"

"她看上去很不错，那天她戴了顶非常时髦的帽子，上面还有很多雪白的鸵鸟羽毛。她的日子一定过得不错。"

菲利普赶紧换了话题，但是他脑子里还在想着诺拉。隔了好一会儿，他们三个人正聊着其他事的时候，他突然问道：

"你觉得诺拉还会生我的气吗？"

"一点也不会。她净说你的好话呢。"

"我有点想去看看她。"

"去呗，她又不会吃了你。"

菲利普前一阵子经常会想到诺拉。当米尔德里德离开他以后，他第一个想起的人就是她。他苦涩地告诉自己，诺拉绝不会像米尔德里德那样对待他。他冲动时，真想去找她，从她的怜惜中他能得到安慰。但是他又感到非常羞愧，她待

---

① 原文为法语。

他一向都很好，而他对她是那么可恶，简直不可饶恕。

他送走劳森和海沃德后，抽着上床之前的最后一斗烟。然后自言自语道："要是我有点理智，一直忠于她就好了！"

他还记得他们在文森特广场那间温馨的起居室里一起度过的快乐时光，他们同去参观各种美术馆和观看戏剧，还有那些亲密无间、无所不谈的一个个迷人的夜晚。他又回忆起她总把他的安康挂在心间，所有有关他的事情，她都会放在心上。她对他的爱是那种真挚、持久的爱，超越了普通的男女之情，几乎是一种母爱。他一直都知道这种爱弥足珍贵，他应该诚心诚意地感谢天上的诸神。他下定决心去乞求诺拉的宽恕。她一定遭受了极大的痛苦，但是他觉得她宽宏大量，会原谅他的。她本就有颗善良的心，不会心怀怨恨。他应该先给诺拉写封信吗？不，他要给她个措手不及，突然匍匐在她的脚下——他知道真要到了那时候，他可能会太羞怯做不出这样一个戏剧性的动作，不过这是他喜欢想到的方式——告诉她，如果她还能接纳他的话，她从此以后可以永远依靠他。他已经从那场让他受尽苦头的可恨的疾病中康复过来，明白了她的价值，现在她可以完全相信他。他的思绪甚至还跳跃到了将来，他在脑海中浮现在周日的时候，自己和她一起在河上泛舟的景象；他会带她去格林尼治。因为和海沃德一起的那次愉快旅行让人难忘，伦敦港的美景成为他永恒的珍贵记忆；在暑热的夏日午后，他们会坐在花园里一起聊天。他还想起了她快乐的声音，就像溪水在小石头上汩汩流淌发出的声响，让人开心、快乐、喋喋不休，却充满了个性。想到这儿，他不禁哑然失笑。到那时，他所遭受的痛苦就像一场噩梦一样从脑海里消失。

可是到了第二天，大约是在用下午茶的时候，菲利普认定这个时间诺拉应该在家。他敲了敲门，好不容易鼓起的勇气突然又泄掉了。她有可能会原谅他吗？他就这样冒冒失失地出现在她的面前是有些卑鄙无耻。一个新的女仆打开了门，他以前每天都来，可从没见过这个女仆。菲利普问她内斯比特太太是否在家。

"你能通报一下，问她愿意见凯里先生吗？"他说道，"我在这儿等着。"

女仆跑上了楼，过了一会儿又噔噔地跑了下来。

"先生，请上来吧。三楼前面那个房间。"

"我知道。"菲利普微微一笑，说道。

他忐忑不安地上了楼，敲了敲门。

"请进。"里面传来一个熟悉、欢快的声音。

这声音似乎是在招呼他走进一个平和、幸福的新天地。他刚一进门，诺拉便迎了上来。她和菲利普握着手，好像他们前一天才刚刚分手似的。这时，一个男人站了起来。

"这位是凯里先生——这位是金斯福德先生。"

菲利普发现诺拉不是一个人在家，心里很失望。他坐下的时候，观察了一下那个陌生人。他以前从未听她提到过这个人的名字，但是在菲利普看来，他稳稳当当地坐在椅子上，好像他是这家的主人一样。这个男人四十岁上下的年纪，胡子刮得很干净，金色的长发搽着发油，梳理得服服帖帖的。他有着红色的皮肤，以及青春已逝的漂亮男子常有的黯淡、倦怠的眼睛。他长着一个大鼻子，一张宽阔的嘴巴，颧骨很突出。他身材魁梧，肩膀也很宽阔，身高中等偏上。

"我正想知道你过得怎么样呢。"诺拉仍是带着原来的那股欢快劲儿说道，"我前几天碰到了劳森——他告诉你了吗？——我跟他说了，你真应该再来看看我了。"

菲利普在她的表情中看不出任何尴尬的神色，而他对两人的这次会面却觉得很窘迫，所以很佩服诺拉泰然自若的表现。诺拉递给他一杯茶，正要往里面加糖，他阻止了她。

"你瞧我多糊涂！"她喊道，"我都忘啦。"

菲利普不信她说的话，她一定记得很清楚他在茶里绝不放糖。他把这一举动当作她表面的镇静多少受到了影响的迹象。

由于菲利普来访而打断的谈话接着进行下去。过了一会儿，他觉得自己有点碍事了。金斯福德没有对他特别在意，照样谈笑风生，也不无幽默，但是多少显得有些武断。他好像是个新闻工作者，对每一个涉及的话题都能说得妙趣横生。但是让菲利普有些怒火中烧的是，对于两个人的聊天内容，他发现自己有些插不上嘴。于是，他打定主意要把这位客人耗走。菲利普纳闷他是不是诺拉的追求者。在过去的旧时光，他们经常谈论那些想和诺拉调情的男人，并一起嘲笑这些人。菲利普试图把聊天的话题引到只有他和诺拉知道的事情上来，但是每次那位记者都要插上一杠子，而且每次都能成功地把聊天转移到菲利普不得不闭嘴的话题上。菲利普有点生诺拉气了，因为她一定看出来他正在被人愚弄。但是，兴许她正想让他受点儿打击，以此作为对他的惩罚呢，一想到这儿，菲利普又释然了，情绪又好了起来。然而，最后钟已经敲响六点了，金斯福德终于站起身来。

"我得走了。"他说道。

诺拉和他握了握手，陪着他走到了楼梯口。她把门带上了，两人在外面站立了几分钟。菲利普不知道他们在谈什么呢。

"这位金斯福德先生是什么人呀？"诺拉回来时，菲利普开心地问道。

"哦，他是哈姆斯沃思报业集团下属一家杂志的编辑，近来他采用了我的不少作品。"

"我还以为他不走了呢。"

"我很高兴你留下来了，我正想跟你好好聊聊呢。"她坐在一把大扶手椅上，把整个身体和两只脚蜷成一团——只有她这样的瘦小身体才能做到，点着了一支香烟。当菲利普看到她这种过去就让他感到好玩的姿势重现时，不觉露出了微笑。

"你看上去就像只小猫咪。"

诺拉好看的黑眼睛一亮，向他眨了眨。

"我真的应该改掉这个坏习惯了。到了我这个岁数，行为举止还像个孩子似的，未免荒唐，但是我把双腿盘到屁股底下坐着，就是觉得舒服。"

"能重新坐在这间屋子里真是太高兴了。"菲利普开心地说道，"你不知道我有多么想念它。"

"那你前一阵干吗不来呢？"诺拉欢快地问道。

"我怕来呀。"菲利普红着脸说道。

诺拉用充满宽容的目光注视着他，她的嘴角露出迷人的微笑。

"你大可不必。"

菲利普犹豫了一会儿，心跳得很厉害。

"你还记得我们最后一次见面吗？我对你太不好了——我对自己的言行感到特别羞愧。"

诺拉直直地望着他，没有说话。菲利普有点慌了，仿佛他来这里是为了完成一个他只在此刻才认识到非常荒谬的任务似的。她还是不吭声，于是他只能直来直去地脱口说道：

"你能原谅我吗？"

然后，菲利普很性急地告诉诺拉，米尔德里德已经离开了他，不幸如此不堪忍受，他差点要去自杀。菲利普告诉了诺拉自己和米尔德里德之间发生的一切，说到了米尔德里德孩子的出生，还有米尔德里德和格里菲斯的见面，还说到了他的痴情、对朋友的信任和所受到的双重欺骗。他告诉诺拉，他经常会想到诺拉的善良和对自己的爱，他把这些统统抛弃了，这让他后悔极了。只有和诺拉在一起时，他才能感到幸福，而他现在明白了诺拉的价值是多么可贵。由于激动，他的声音都有些嘶哑了。有时，对自己讲的话他羞愧难当，于是说话时他的眼睛会死死地盯着地面。他的脸由于痛苦而扭曲，但是把话说出来，他能感到一种奇怪的释然。最后，他讲完了，颓然倒在椅子上，觉得精疲力竭，静等着诺拉开口。他和盘托出了一切，没有任何隐瞒，甚至在自卑与自责中，把自己贬得比实际更一文不值，骂自己卑鄙无耻。他很吃惊诺拉始终没有说话。最后，他抬起头来，发现诺拉并没有看他。她的脸变得煞白，似乎陷入了沉思。

"你没有什么话想对我说吗？"

诺拉一惊，脸腾地红了。

"你恐怕过了一段很糟糕的日子，"她说道，"我觉得很难过。"

她似乎还要继续说下去，但是又突然打住了。菲利普不得不等着。终于，她似乎强迫自己接着说了下去。

"我已经跟金斯福德先生订婚了。"

"你干吗不早点儿告诉我呢？"菲利普喊道，"你没必要让我在你面前丢人现眼嘛。"

"对不起，我不忍打断你……我是在你"——她似乎在找某种词语，以免伤害他——"告诉我你的朋友回到你身边之后不久遇到了他。我那时非常难过，他对我特别好。他知道有人让我痛苦不堪，当然他不知道那个人就是你。要是没有他，我真不知该做什么。突然间，我觉得不能没完没了地老是工作，工作，工作，我累了，觉得身体不太好。我告诉了他我丈夫的事。他提出如果我愿意尽快嫁给他，他会给我钱让我办离婚的。他有一份很好的工作，除非我自己想做，我没有必要再去做任何事了。他很喜欢我，急于想照顾我。我非常感动，现在我也是非常、非常喜欢他。"

"那么你已经离婚了？"菲利普问道。

"我已经拿到了离婚判决书，但要等到七月份才生效，一到那时候，我们马上就结婚。"

有好一阵子，菲利普什么也没说。

"我希望刚才我没犯傻就好了。"他终于嘀咕了一句。

他正在回味自己那番长长的、丢脸的坦白。诺拉好奇地看着他。

"你从来没有真正地爱过我。"诺拉说道。

"陷入情网并非一件十分惬意的事。"

不过菲利普总能很快地恢复常态，此时他站起身，朝诺拉伸出手，说道：

"我希望你能非常幸福，毕竟，对你来说这是一件最好不过的事了。"

诺拉抓住菲利普的手紧紧握着，有点依依不舍地看着他。

"你会来看我的，是吗？"她问道。

"不会了。"菲利普摇了摇头，说道，"看见你那么幸福，我会妒忌的。"

菲利普慢慢地走出诺拉的住处。不管怎么说，诺拉说自己从来没爱过她，这句话是对的。他感到失望，甚至有些恼怒，不过与其说是伤心，倒不如说是他的虚荣心受到了伤害，对此他自己心知肚明。过了一会儿，他渐渐意识到诸神跟他开了一个大大的玩笑，他悲戚地嘲笑起自己来。嘲笑自己的荒诞不经，心里可真不怎么好受呀！

第八十章

在接下来的三个月中，菲利普攻读了几门新的课程，不到两年工夫，原先进入医学院的大批学生现在坚持下来的已经不多了。一些人已经离开了医院，因为他们发现考试比他们预想的要难得多；还有一些人被他们的父母带走了，因为他们事先没想到在伦敦生活的花销那么大；还有一些人已经改换别的行当了。菲利普认识的一个年轻人，别出心裁地想出了一个生财之道，他把低价买来的东西送进当铺，但没过多久，他又发现把赊购的东西当掉更能赚钱。可有人在治安法庭的诉讼程序中供出了他的名字，他的事在医院还引起了小小的轰动。随后，这个年轻人被在押候审，经其心急如焚的父亲的保释，最终这个年轻人出走海外，履行"白人的使命"①去了。还有一个小伙子，在上医学院以前从未到过城市，一下子迷上了喧闹的歌舞杂耍剧场和酒吧，成天和赌马的人、专门提供赛马内幕消息的情报贩子及驯马师混在一起，现在成了一名赛马赌注登记人的助手。菲利普在皮卡迪利广场附近的一家酒吧里见过他一次，他身穿束腰的外套，戴一顶褐色的宽边大檐帽。还有一个学生，他具有唱歌和模仿的天赋，

---

① "白人的使命"，意指白种人自诩要把文明带给落后土著民族的责任，语出英国作家吉卜林的诗作《从大海到大海》。

在医学院的允许吸烟的音乐会①上他因为模仿著名的喜剧演员而名噪一时。他后来放弃了学医，转而投身一家音乐喜剧合唱队。另外还有一位学生，菲利普对他感兴趣是因为他粗野的举止和大喊大叫的说话风格，菲利普原以为他不是多愁善感的人。可就是此人觉得在伦敦鳞次栉比的楼房中快要窒息了。他在封闭的空间里日渐憔悴，那连他自己也不知道是否存在的灵魂如同一只被抓在手掌里的麻雀，奋力挣扎，带着惊惧的喘息和心脏的狂跳。他渴望广阔的天空和无垠的田野，他的孩童时代就是在那里度过的。终于有一天他就在两节课的间隙，没有跟任何人打个招呼，就出走了。再后来，他的朋友们听说他已经放弃了学医，在一家农场里干活儿。

菲利普现在在学习内科和外科学的课程。在每周固定的几天上午，他要在门诊处为病人包扎伤口，很高兴还能挣点小钱，医生还教他们如何使用听诊器听诊。他学会了配药。他马上还要参加在七月份举行的药物学考试，他觉得接触不同的药物、调制不同的药剂、搓药丸、配制药膏等工作别有一番乐趣。无论做什么，只要从中能够领略到一丝人生的情趣，他就能乐此不疲地去做。

有一次，菲利普远远地看见了格里菲斯，但是他不愿意承受见面而假装不认识的痛苦，于是避开了他。菲利普意识到格里菲斯的朋友知道了他和格里菲斯之间的不和，也推测他们也一定知道其中原委，因此菲利普在格里菲斯的朋友面前不大自在，因为这些人现在也是他的朋友。其中有一位年轻人，名叫拉姆斯登，个头很高，但脑袋挺小，整天一副没精打采的样子，他是格里菲斯最忠实的崇拜者之一。他戴的

①　允许吸烟的音乐会，盛行于维多利亚时代的现场音乐会形式，观众只限于男性，在听音乐表演的同时，男人们可以一边吸烟，一边谈论政治。

领带，穿的靴子，说话的方式和动作都模仿格里菲斯。拉姆斯登告诉菲利普，因为菲利普没有回复格里菲斯的信，后者很受伤害。格里菲斯想同菲利普重归于好。

"是他让你转达这个信息的吗？"菲利普问道。

"哦，不是。我说这事完全是自己的主意。"拉姆斯登说道，"他对自己所做的事感到十分抱歉，而且他总说你对他一向都特别好。我知道他会很高兴与你和好的。他不怎么来医院是因为怕碰上你，他认为你不会理他的。"

"我当然不会理他。"

"你知道这使他觉得很痛苦。"

"他觉得很痛苦，可我自己倒是能忍受这种小小的不便。"菲利普说道。

"他想尽一切努力与你和解。"

"多么幼稚和歇斯底里呀！他为什么这么在乎和我和解？我是个微不足道的人，不跟我来往，他的日子不是过得挺好嘛。我对他不感兴趣。"

拉姆斯登觉得菲利普铁石心肠和冷酷无情，他停顿了一小会儿，迷惑不解地朝四下看了看。

"哈利向上帝祈祷，他要是和那个女人一点干系也没就好了。"

"是吗？"菲利普问道。

菲利普很满意自己用一种无所谓的口气轻描淡写地问了一句，但是没人能猜到这句话刚出口，他的心就在猛烈地跳动着。他有些急不可耐地等着拉姆斯登继续说下去。

"我想你现在对这事已经不再耿耿于怀了，对吗？"

"我吗？"菲利普说道，"差不多了。"

菲利普逐渐知道了米尔德里德和格里菲斯关系发展的经

过。他嘴角挂着一丝微笑听着拉姆斯登的讲述，装出一副镇静的样子，成功地骗过了那个正在跟他娓娓道来的愣头青。米尔德里德和格里菲斯在牛津度过的那个周末非但没有浇灭她突发的激情，反而使她的爱火更炽。在格里菲斯回了家乡以后，她突然心血来潮，决定自己留在牛津再待上几天，因为在那儿她太开心了。她觉得没有任何力量能再把她拉回菲利普身边了，菲利普让她恶心。格里菲斯被自己勾起的这把欲火吓坏了，因为他发现在乡下和米尔德里德度过的两天乏味极了，再说他不想把一场有趣的调情变成令人生厌的男女纠缠。米尔德里德让他答应给她写信，作为一个诚实、体面的男人，天性彬彬有礼，也想让自己跟每个人都友好相处，因此格里菲斯一回到家乡就给米尔德里德写了一封情意绵绵的长信。米尔德里德马上回复了一封热情如火的长信。但她欠缺表达能力，信中语句逻辑极为混乱。信上的字写得歪七扭八，非常难看。这信让格里菲斯兴味索然，但第二天又来了一封，接下来的一天又来了第三封信。这时，格里菲斯开始觉得她的爱不再讨人喜欢，而是令人避之不及了。格里菲斯没有回信，于是米尔德里德接连发来电报，追问他是否生病了，是否收到了她的信件。她还说他的沉默让她担心死了。格里菲斯只得又给她回信，但是尽量写得随意些，不至于冒犯她就行。他恳求她别再打电报了，因为他很难跟他母亲解释清楚接二连三的电报。他母亲是老派守旧的人，仍认为打电报一定是出了什么了不得的大事。她随即回信说她必须要见他，而且还说为了准备路费过来找他，她打算把一些东西送进当铺（她有一个化妆包，是菲利普当初送她的结婚礼物，能当八英镑）。她打算待在离格里菲斯父亲行医的村庄只有四英里远的镇子上。这可把格里菲斯吓坏了，这一次轮到他用电报告诉米尔德里德，她千万不能做那样的事。他答应一回到伦敦就和她联系，而当他回到伦敦时，就发现米尔德里德已经去他要任职的那家医院找过他了。他可不喜欢这种做法。当两人再见面时，他告诫米尔德里德无论有什么样的理由都不能去医院找他。到了这时候，两人已经有三周没见过面了，他发现米尔德里德实在让他烦透了，他也搞不懂当初为什么会和她搅在一起。于是，他下定决心尽早和她一刀两断。他是个不爱跟人争吵的人，也不想让人痛苦，但是同时他还有很多别的事情要忙，他铁了心不让米尔德里德再来打扰他。等两人再见面时，他还是那么讨人喜欢、兴高采烈、风趣幽默、深情款款。而对于自从上一次见面后一直没去看她的事，他总能找一个令人信服的借口，不过他会想方设法避免和米尔德里德见面。如果米尔德里德强迫他定下某个约会，他会在最后一刻给她拍封电报，找个借口推辞。房东太太（工作后的头三个月他还在出租房里住）已经得到嘱咐，只要米尔德里德来找他，就说格里菲斯不在家。于是，米尔德里德便采取在街上半路拦截他的方法。得知为了等他从医院出来，她已经在门外待了好几个小时了，他会跟她说上几句甜蜜而亲切友好的话，然后找个借口，说他有个工作上的安排，拔腿就走。后来，他对于溜出医院而不被人发现的技能越来越驾轻就熟了。有一次，当他半夜回到住处时，看到有个女人正站在门前空地的栏杆旁，他猜到是米尔德里德，就跑到拉姆斯登的住处，在他那儿凑合了一宿。第二天，房东太太告诉他，米尔德里德在门口台阶上哭了好几个小时，最后自己不得不告诉她，如果她再不走，自己就要派人喊警察了。

"我告诉你，伙计，"拉姆斯登说道，"你能甩掉她，就偷着乐去吧。哈利说，如果当初他稍稍考虑一下，知道她竟会这样令人讨厌，他就是死，也不会跟她有什么瓜葛。"

菲利普想到米尔德里德在深夜一直坐在门口好几个小时的情景，仿佛还看到了房东太太在赶她走时，她目光呆滞地注视房东太太的样子。

"我想知道她现在怎么样了。"

"哦，她找到了一份工作，感谢上帝，这样，她就不会整天无事可做了。"

在夏季学期快要结束前，菲利普终于听到了米尔德里德的消息。据说格里菲斯在不断的纠缠下怒不可遏，终于撕下了他温情脉脉的面具。他告诉米尔德里德说，他讨厌受到别人的这种烦扰，她最好滚远一点，别再打扰他了。

"那是他唯一能做的事，"拉姆斯登说道，"因为那女人也太过分了。"

"那么一切都结束了？"菲利普问道。

"噢，他已经有十天没见着她了。你知道，哈利可擅长把女人甩掉了。但米尔德里德是他遇到的最难对付的一个，不过他最终还是把她对付过去了。"

后来，菲利普再也没有听到米尔德里德的任何消息，她消失在伦敦的茫茫人海之中。

第八十一章

在冬季学期开始的时候，菲利普成为一名门诊部的实习生。在门诊部有三名助理医生轮流给病人看病，每人每周值两天班，菲利普报名给泰瑞尔医生当助手。泰瑞尔医生很受学生们的欢迎，想当他的助手还有一番竞争哩。泰瑞尔医生是个三十五岁、又高又瘦的男人，脑袋很小，红色的头发剪得很短，蓝色的眼睛鼓鼓的，红脸膛油光发亮。他能说会道，说话的声音很悦耳，喜欢开点小玩笑，还有些玩世不恭。他是个成功的男人，门诊经验很丰富，有望被授予爵士头衔。由于经常和学生以及穷人来往，他有点屈尊俯就的样子，又由于总是和病人们打交道，他有一种健康人士快活的优越感，这些可都是一些医生多年练就的专业风范。他让病人觉得自己就像一名小学生面对一位和蔼可亲的校长，病人的疾病就是一场荒唐的恶作剧，与其说是恼人，还不如说是逗趣。

菲利普每天都要到门诊部报到，看病例，尽可能多学些医学知识。不过在给指导医师当助手的那些天他的职责会稍微具体些。在那个时期，圣路加医院的门诊部有三个诊室，诊室之间都是相通的，还有一间又大又暗的候诊室，候诊室有巨大的大理石柱子，还有一排长凳子，病人们正午拿到"挂号证"后就在此等候；一长溜的病人，手里拿着瓶瓶罐罐，一些人衣衫褴褛，蓬头垢面，另外一些人穿得还够体面，这些男女老少坐在光线昏暗的候诊室里，给人一种诡异和可怖的印象。此时此景，让人想起杜米埃①笔下阴森的画作。所有的房间都粉刷着一样的颜色，整体是橙红的，高高的护墙板是褐红色的。所有的屋里都弥漫着一股消毒水的气味，随着下午时光的流逝，还混合着汗臭味。第一间诊室最大，在屋子中间摆着一张供医生看病用的桌子和一把椅子，在这张桌子的两边各放着一张矮小一些的桌子，一张桌子旁坐着住院医生，另一张桌子旁坐着当天负责"病人登记簿"记录的实习生助手。记录用的本子很大，里面记录着病人的姓名、年龄、性别、职业等，还有对病人疾病的诊断情况。

下午一点半的时候，住院医生进来了，按响了铃，告诉叫号的人先把老病号领进来。这类病人很多，在泰瑞尔医生两点上班之前，有必要尽可能先把这部分病人打发走。跟菲利普搭伴的这位住院医生是位矮小精悍的男人，一副自以为是的做派。他对待实习生总是有些屈尊降贵的架势。而那些年长的学生，把他看成同辈，没有给予他与目前的地位相称的尊敬，他们随便的态度让他有些愤然。他开始看病，一位实习生帮助他。病人们鱼贯而入，先看男病号，大多数人患的是慢性气管炎和"令人讨厌的干咳"等疾病；一个人走到住院医生面前，另一个人则来到实习生的跟前，递上他们挂的号。如果他们恢复得还不错的话，医生就在"挂号证"上写上"连续服用十四天"的字样，他们就会拿着自己的药瓶或药罐去药房，装上够他们服用十四天或更长时间的药。一

① 奥诺雷·杜米埃（Honoré Daumier，1808—1879），法国著名画家、讽刺漫画家、雕塑家和版画家。杜米埃是当时最多产的艺术家，也是法国十九世纪最伟大的现实主义讽刺画大师。

些老练的人会故意磨磨蹭蹭落在别人的后面，这样他们可能就会由有经验的医生看病了，但是他们很少有得逞的时候。只有三四个病人，他们的病情确实特殊，需要泰瑞尔医生亲自看诊，才会被留下来。

泰瑞尔医生一阵风似的快步走进来。他令人联想起一名小丑蹦蹦跳跳来到马戏团舞台，嘴里还喊着："我们又来啦。"而泰瑞尔医生的神情好像在说："这都是些什么破病呀？我手到病除。"他坐到自己的座位上，询问是否有一些老病号需要他看，他一个接一个迅速地给他们做检查，当他讨论他们的症状时，用一双精明的眼睛看着他们，偶尔蹦出一句玩笑（所有的实习生都开怀大笑），那位住院医生也舒心地大笑，不过那神情好像在说，只有他有资格笑，那些实习生也哈哈大笑就太不识相了。泰瑞尔医生还会说天气不错，或者说天儿太热了，然后按铃让叫号人再领新的病人进来。

病人们一个接一个地来到泰瑞尔医生的诊台前，有老人，有年轻人，还有中年人，大多数都是劳动阶层的人，其中有码头工人、马车夫、工人、酒吧侍者；但是也有一些衣冠楚楚的人，他们显然是社会阶层相对高一些的店员、职员之类。泰瑞尔医生用怀疑的目光注视着他们，有时他们会穿着破烂的衣服假装他们是穷人；但是医生有双敏锐的眼睛，能识破他们的伪装，阻止他们再装下去，有时他拒绝给某些人看病，因为他觉得他们收入不菲，可以付得起看病的费用。女人们是最难对付的投机者，她们的伪装更为笨拙，她们穿着快破成碎布的斗篷和裙子，但忘了把手指上的戒指取下来了。

"如果负担得起珠宝首饰，你就应该能负担得起看病的费用。医院是个慈善机构。"泰瑞尔医生说道。

他把挂号证退了回去，开始叫下一个病人。

"可是我已经拿到了挂号证呀。"

"我才不在乎你有没有挂号证呢，马上出去。你没权利跑到这儿来，占用真正贫穷的人的看病时间。"

那个病人对医生怒目而视，然后悻悻地离开了。

"她可能会给报社写信，投诉伦敦医院的管理不善。"泰瑞尔医生微笑着说，他又拿起另一个病人的挂号证，同时用精明的眼光瞟了一眼病人。

大多数的病人都抱有这样的印象：这家医院属于国办机构，他们纳的税有一部分用来办这家医院了，来这里接受医疗服务是他们应有的权利。他们还以为给他们看病的医生收入很高呢。

泰瑞尔医生让他的每个实习生检查一个病人，实习生会把病人带到里面更小一些的房间，房间里有一张病人受检查时躺的长榻，上面铺着黑色的马鬃。实习生会问病人一系列的问题，检查病人的肺部、心脏、肝脏，在医院的病历卡上记下病人的症状，在头脑中做出自己初步的诊断，然后等着泰瑞尔医生进来。当泰瑞尔医生检查完外面的病人后，就会到小房间里来，身后还跟着一大群学生。实习生会把他了解的情况大声读出来，泰瑞尔医生会问他一两个问题，然后亲自检查一下。如果有什么特殊的情况，刚才跟着一起进来的那些学生也会用听诊器听上一番。那时，你能看到这样一番景象：有两三个学生在听病人的胸部，有两个在听他的背部，而其他学生则急不可耐地等着轮到自己上去听听。病人站在一群学生当中有些尴尬，但发现自己成了大家瞩目的焦点，倒也不无得意。当泰瑞尔医生滔滔不绝地谈论病人的病情时，病人也一脸茫然地听着，而两三个学生又拿起听诊器听了一遍，想要听出医生所描述的心脏杂音或肺部的啰音。等他们听完后，才告诉这位病人可以穿上衣服了。

所有的病人都检查完了，泰瑞尔医生回到大房间里，再次坐到了桌子前。这时，他就问碰巧站在他身边的学生应该给刚才的病人开出怎样的药方，这个学生提到了一两种药。

"你这样开方？"泰瑞尔医生说道，"嗯，不管怎么说，这倒挺别出心裁的，但我认为我们不能草率行事。"

泰瑞尔医生的话总会让学生们哈哈大笑，他对自己的妙语也颇为满意，眼中闪现出愉快的神色，开出了和那位学生迥然不同的药方。当有两个病例一模一样时，学生提议用泰瑞尔医生给第一个病人的治疗方案，而医生却煞费苦心地琢磨用其他的治疗方案。有时，泰瑞尔医生明明知道药房的人已经忙得四脚朝天了，药剂师们想让医生开已经配好的药，最好是医院已经用了多年，证明疗效还不错的混合药剂，但是泰瑞尔医生为了消遣取乐，专门开些详细复杂的药方。

"我们总得给配药师们找点事做。如果我们老是开处方'喷雾剂：白蛋白'，那他们的脑子该生锈了。"

学生们又哄堂大笑，医生环视一周，对自己说的笑话达到的效果颇为得意。然后他又按了一下铃，看到叫号的人伸进脑袋，吩咐道：

"请叫复诊的女病人进来。"

他向后仰靠在椅子上，当叫号的人把复诊的女病人领进来的时候，他正和住院医生聊着天。她们走了进来，一排贫血的女孩，这些人留着长长的刘海，嘴唇毫无血色，她们无法消化那些既匮乏，又没有营养的食物；还有那些上了岁数的女人，有胖有瘦，由于频繁生育显得过早地衰老了，一到冬天就咳嗽不止。女人们不是这儿有毛病，就是那儿不痛快，浑身上下都不舒服。泰瑞尔医生和住院医生很快给她们都看完了。随着时间的流逝，小房间里的空气变得更加污浊。泰瑞尔医生看了看他的手表。

"今天新来的女病人还多吗？"他问道。

"我看还不少呢。"住院医生说道。

"我们最好让她们都进来。你们继续看复诊的老病号。"

她们进来了。男人们最常见的毛病是由于饮酒过量引起的，女人们则往往是由于营养不良所致。到了六点钟的时候，所有病人都看完了。菲利普因为一直站着，呼吸着浑浊的空气，全神贯注地观察，所以觉得有些筋疲力尽。他和几个实习生一起走回医学院喝茶。

菲利普发现这份工作充满乐趣。在艺术家加工的那些粗糙的材料中存在着人情。菲利普突然想到现在他就处在艺术家的地位，而病人们就像他手中的泥土。这时，他觉得有些莫名地激动。他愉悦地耸了耸肩，又想起了自己在巴黎时的生活，那时他关注色彩、色调、明暗层次，以及天知道都是些什么的玩意儿，但那时的目的只有一个，就是想创造出美的东西。而现在，直接和男男女女的病人的接触让他感到一种从未有过的大权在握的兴奋。看着他们的面孔，听他们说话，他发现其中有无穷无尽的令人激动的地方。他们进来时各有各的特点：有的人脚步粗鲁又拖沓，有的人步子轻快，有的人脚步缓慢而沉重，还有的人则畏缩不前。往往通过外表，你就能猜出他们是干哪一行的。然后你就知道用哪种方式问一些问题他们能听得懂。你也会发现在哪些问题上他们几乎毫无例外地撒谎，又通过什么问题，你才能套出他们的真话。你会明白人们对待同样的事情却有着不同的态度。诊断出了不治之症，有的人呵呵一笑，开句玩笑就接受了，另外一些人则陷入沉默的绝望中。菲利普发现和这些人打交道，他不怎么胆怯了，不像他以前和别人相处时那般不自在。确切地说，他并不感到有什么同情，同情就意味着自己好像高高在上。可是在这些人身边他觉得放松自在。他发现自己能纾解病人的紧张情绪。当医生把一个病人交由他检查，看看他能查出什么病症时，他觉得病人似乎怀着一种特殊的信任，把自己交到了他的手中。

"也许，"他暗自思忖，脸上露出微笑，"也许我天生就是当医生的料。如果说我歪打正着找到了适合自己的职业，这也太有意思了。"

在菲利普看来，下午值班很有意思，估计他是实习生中唯一这么想的人了。在别人的眼中，无论男女都是病人，如果病情复杂还有点益处，如果病情显而易见则难免乏味。他们听见心脏有杂音，或者为检查出肝病而感到震惊，或者听见肺部有异常的声音的时候，他们就找到了谈论的话题。但是对于菲利普来说，事情远非如此。仅仅观察他们就能让他兴趣盎然，通过他们头部的形状、眼睛的神态和鼻子的长短就能发现更多的东西。在诊室里你能看到受到惊吓后人类天性的反应，通常情况下，习惯性的面具会被残忍地扯下，展现在眼前的是赤裸裸的灵魂。有时，你会看到原始的坚忍，让人深深地感动。曾经有一次，菲利普给一个大字不识的粗汉看病，当他尽量用平和的语气告诉病人已经无药可治时，菲利普惊叹是怎样了不起的本能让这位病人在陌生人面前显得那么坚强的。不过，在他独自面对自己的心灵，他还会那么勇敢吗，或者向绝望投降？有时菲利普也会看到悲剧发生。有一次，一个年轻的女人带着她的妹妹来做检查，女孩大约十八岁的年纪，面容姣好，生着一双蓝色的大眼睛，一头金发在秋天的一缕阳光照耀下闪烁着光芒。她的肤色如象牙般美丽。在场的学生都面带微笑地注视着她。在昏暗的诊室中,这么漂亮的女孩可不常见。年长一点的女人介绍了她们家族的病史,她们的父母都死于肺结核,还有一个弟弟和妹妹也都因为这个病亡故了。家里只剩她们姐妹两人了。这个女孩最近一直在咳嗽,体重也下降得很快。在检查时女孩脱掉了上衣,脖子处的皮肤如凝脂般洁白。泰瑞尔医生默默地给她检查,跟往常一样,他检查的很快。他告诉两三个实习生把听诊器放在他指的位置听一下。随后,他让女孩穿上了衣服。女孩的姐姐站在稍微远一些的地方,为了避免让女孩听到。她用很低的声音跟医生讲着话。她的声音因为害怕而颤抖着。

"她没有得上那病吧,医生,是吧?"

"我看毫无疑问是得上了。"

"她是我最后一个亲人了,如果她走了,我就没有亲人了。"

姐姐开始哭了起来,医生神色凝重地看着她。他认为她也患上了这种病,同样活不长。女孩转过头,看见她姐姐在流泪,她立刻明白了那意味着什么。她可爱的脸上渐渐失去了血色,泪珠沿着脸颊滑落。姐妹俩站了一两分钟,无声地哭泣着。然后姐姐好像忘了周围还有很多人在看着她们,走到妹妹的跟前,伸出双臂把她搂在怀里,轻轻地前后摇晃着,好像她是个婴儿。

她们走了以后,一个学生问道:

"您觉得她还能活多久?"

泰瑞尔医生耸了耸肩。

"她的弟弟和妹妹在有了症状之后三个月内就死去了。她估计也会这样。如果她们家境宽裕,可能还能做点事情。你可不能告诉她们到圣莫瑞兹医院再去看看。对她们来说,已经无能为力了。"

有一次，一个很强壮、正当盛年的男人来看病，因为他身体有处地方一直疼痛，让他备受折磨。给他看病的工厂医务室的医生似乎没有使他的症状减轻。诊断的结果对他来说等于宣判了死刑。他的病倒不是那种可怕的不治之症，如果真是那样的疾病倒情有可原，因为科学在它面前也是无能为力的。但是说这个男人难逃一死是因为这个男人只是复杂的文明巨型机器上的一个小齿轮，就像一个自动装置一样，根本没有力量来改变周围的环境。他活下去唯一的希望就是彻底休息。但是，泰瑞尔医生又无法要求他做不可能做到的事。

"你应该换个轻松一点的工作。"

"在我们这一行里，没有轻松的工作。"

"好吧，如果你继续这样干下去，你会害死你自己的。你病得很重。"

"你的意思是说我快死了？"

"我可不想那么说，但你的身体状况确实不适合做重体力活了。"

"如果我不工作，谁来养活我的老婆孩子呢？"

泰瑞尔医生耸了耸肩，这种两难的情况他已经遇见上百次了。时间宝贵，还有很多病人要看呢。

"好吧，我给你开些药，你一周后回来复查，告诉我你身体的状况。"

那个男人拿着写有毫无疗效的处方的挂号证走了出去。医生爱怎么说就怎么说吧。他没有觉得自己的身体糟糕到不能继续工作的程度。他有一份薪水还说得过去的工作，他不能说扔就扔了。

"我觉得他还能活一年。"泰瑞尔医生说道。

有时，在门诊室里也会出现有喜剧色彩的事。有时耳边会传来带有伦敦腔的幽默话语，也时常会来一个老太太，活脱脱是狄更斯笔下的人物，她絮絮叨叨地说着奇怪的话，让大家忍俊不禁。还有一次，诊室里来了一个女人，她是一家著名歌舞杂耍剧场芭蕾舞团的一名演员，看上去有五十岁，可说自己才二十八岁。她涂着厚厚的脂粉，还厚颜无耻地用她乌黑的大眼睛向学生们频送秋波。她的微笑很有诱惑力。她自信满满，特别好笑的是，她对泰瑞尔医生那股随便的亲热劲儿，就像在对待一位痴迷的追求者一般。她患有慢性支气管炎，告诉泰瑞尔医生说这种病对于她这一行的人来说可真是不便。

"我真不知道我怎么就得上了这种病。说句实话，我真不知道。我这辈子还没生过一天的病呢。你只要看我一眼就知道这一点啦。"

她眼睛对着屋里的年轻人骨碌碌地转，眨着涂了睫毛膏的眼睛，意味深长地扫了他们一眼。她还冲他们露出了一口黄牙。她说话带着伦敦土音，还故意装出一副谈吐文雅的腔调，使得每个词都显得特别可笑。

"你得的病就是人们常说的'冬季咳'，"泰瑞尔医生严肃地回答道，"很多中年妇女都有这个毛病。"

"哦，我绝不会得的！你怎么这么跟一位淑女说话，以前还没人把我称为中年妇女呢。"

她把眼睛睁得很大，头向一侧歪着，用一种难以形容的淘气表情看着泰瑞尔医生。

"这就是干我们这一行的不利之处了，"他说道，"有时形势所迫，说话就不是那么殷勤周到了。"

她拿起药方，最后妩媚地向他微微一笑。

"你会来看我跳舞的，亲爱的，对吗？"

"我保证会去的。"

他按了铃，唤下一位病人进来。

"我很高兴有你们几位绅士在这儿保护我。"

不过从总体上看，这儿给人的印象既不是悲剧也不是喜剧，任何语言都无法描述。各式各样，千奇百态，有泪水和欢笑，有幸福和悲哀。或者乏味单调，或者趣味盎然，或者平淡无奇。正如你所见的那样，这里的一幕幕是那么喧嚣、热烈，又是那么严肃；时而悲伤和可笑；时而很琐碎，它既简单又复杂；既有欢乐也有绝望；有母亲对孩子的爱，有男人对女人的爱；欲望拖着沉重的脚步走过每个诊室，惩罚着罪人和无辜者、无助的妻子和可怜的孩子。无论男女，在酗酒之后，都不可避免地要付出沉重的代价；这些房间里回荡着死神的叹息，而让某个可怜的姑娘心中充满恐惧和羞愧的新生命，也在此诊断出来。这里，说不上好，也说不上坏，有的只是事实，这就是生活。

第八十二章

快到年底时，菲利普即将结束他在医院门诊部三个月的实习生活。这时，他收到了一封劳森写来的信，劳森目前住在巴黎。

亲爱的菲利普：

克朗肖眼下在伦敦，他想见见你。他住在索霍区海德大街四十三号，我也不知道它的位置，但是我相信你能找到的。你行行好，去照顾他一下吧，他最近很不走运，他会告诉你他正在做什么。这儿的一切都照旧。自从你离开后似乎没什么变化。克拉顿回来了，但是他变得更加不可理喻。他和每一个人都争吵。就我了解到的情况，他一个分钱也没有，住在离植物园①不远处的一间小画室里，不过他还是不让任何人看他的作品。他哪儿都不去，所以没人知道他在做什么。他也许是个天才，但是从另外的角度上看，他可能已经精神不正常了。顺便说一下，我有一天碰到了弗拉纳根。当时，他正带着弗拉纳根太太参观拉丁区。他已经放弃绘画了，

---

① 原文为法语。

现在做制造爆米花器具的生意，看上去非常有钱呢。弗拉纳根太太长得很漂亮，我正打算给她画张肖像画。如果你是我的话，你觉得收多少钱合适？我不想吓着他们。可如果他们很愿意付给我三百英镑的话，我何必傻傻地只收他们一百五十英镑呢。

你忠实的，

弗里德里克·劳森

菲利普给克朗肖写了封信，很快就收到了下面的回信。信写在半张普通的便条纸上，信封又薄又脏，几乎不能被送到邮局去寄。

亲爱的凯里：

我当然没忘记你啦。我想到我过去把你从"绝望的深渊"①中救出来，可现在我自己也深陷绝望的深渊。我很高兴能见到你。我是一个在陌生城市里的异乡人，深受市侩俗人的打击之苦。我们谈谈巴黎的往事还能让人开心些。我确实无法邀请你过来看我，因为我租住的地方是实在寒酸，不适合接待一个从事皮尔贡先生②职业的大人物。但是你可以在每晚七点和到八点之间，在迪恩大街的一家名叫"乐园"③的餐厅找到我，我每天都在那儿用点

————————————

① "绝望的深渊"一语出自英国作家约翰·班扬（John Bunyan，1628—1688）的小说《天路历程》。

② 皮尔贡先生，法国戏剧家莫里哀（Molière，1622—1673）的代表作《无病呻吟》中的一个医生。

③ 原文为法语。

便餐。

您真诚的，

J. 克朗肖

菲利普在接到信的当天就去看望克朗肖了。那家餐厅只有一个小店堂，属于最低等级的饭馆。而克朗肖似乎是里面唯一的顾客。克朗肖正坐在里面的角落里，远离风口，身上还穿着那件破旧的大衣，菲利普就没见他脱过，头上还是那顶破旧的圆顶礼帽。

"我在这儿吃饭，是因为在这里我能一个人独处。"克朗肖说道，"他们家的生意不怎么好。来的客人只有一些妓女和一两个丢了工作的侍者。这家店也要关张了，这里做的饭难吃极了。不过他们关张对我倒是有利。"

克朗肖面前摆着一杯苦艾酒。从上次见面已经快三年过去了，菲利普对他外貌的改变很是吃惊。克朗肖原来相当富态，而现在形销骨立，面黄肌瘦，脖颈处的皮肤又松又皱；他的衣服在身上晃晃荡荡，好像是别人的衣服，衣领的尺码好像要大上三四个号。这些使他的外表显得格外邋遢。他的双手不停地颤抖，菲利普想起了他信上歪歪扭扭的凌乱笔迹。显然克朗肖病得很严重。

"我这些天吃得很少，"克朗肖说道，"我在早上很不舒服。中午只喝点汤，然后再吃点奶酪。"

菲利普的目光无意间落到了苦艾酒上，克朗肖看见了，露出了嘲弄的表情，好像在说他对别人给他讲大道理不以为然一样。

"你已经看出我的病情了，你认为我还喝苦艾酒是犯了大忌吧。"

608

"很明显，你已经得了肝硬化了。"菲利普说道。

"是很明显。"

克朗肖看着菲利普，那眼神若是在以前会有种力量让菲利普觉得难以忍受。那眼神现在仿佛是在指出，他正考虑的事是显而易见；既然彼此心照不宣，那还有什么好说呢？于是，菲利普改变了话题。

"你打算什么时候回巴黎？"

"我不打算回巴黎了，我就要死了。"

克朗肖轻描淡写地这么一说，倒让菲利普心里一惊。他想起了自己有好多话要跟克朗肖说，可现在这些话似乎都毫无意义了。他知道克朗肖时日不多了。

"那么你打算在伦敦安顿下来喽？"菲利普笨嘴拙舌地问道。

"伦敦对我来说还有什么意义呢？我是一条离开了水的鱼。我穿过熙熙攘攘的大街，人们把我推来挤去，我如同行走在一座死城里。我觉得我不能死在巴黎，我想死在自己的同胞中。我不知道是什么神秘的力量最后把我拽回来的。"

菲利普认识和克朗肖同居的那个女人，以及那两个邋里邋遢的女儿，但克朗肖绝口不提她们，因为他不喜欢谈论她们的事情。菲利普倒是想知道他们怎么样了。

"我不知道为什么你谈到了死？"菲利普说道。

"几年前的一个冬天我患了肺炎，后来他们告诉我，我能挺过去简直是一个奇迹。我很容易再次感染上肺炎，要是再来那么一次，就会要了我的命。"

"哦，你胡扯什么呀！你还不至于那样，但是你确实需要多注意一点，你干吗不把酒给戒了？"

"因为我不想戒，如果一个人做好了承担任何后果的准备，那么他做什么就都毫无顾忌了。我就准备承担一切后果了。你说戒酒，说得倒是轻巧，但是酒现在是我生活里唯一的嗜好了。如果戒了，你觉得生活对我来说还有什么意义？你能理解我从苦艾酒中得到的欢乐吗？我就是想喝酒，而且每次喝，我都品味着每一滴的味道，过后我觉得灵魂都沉浸在妙不可言的幸福之中。你可能讨厌酒，因为你是个清教徒，在你的内心深处，你讨厌能引起肉体欢愉的东西。可肉体的欢愉是最强烈，最细腻的。我是个受到老天眷顾、感官敏锐的人，我一心让我的感官得到满足。现在到了接受惩罚的时候了，而且我也做好了接受惩罚的准备。"

菲利普怔怔地看了他一会儿。

"你不害怕吗？"

克朗肖沉吟了片刻，没有回答。他似乎在考虑如何作答。

"有时，我一个人独处的时候，也害怕过。"克朗肖看着菲利普，"你认为那是一种谴责吗？那你就错了，我不为我害怕的心理而畏惧。基督教徒认为人在活着的时候就应该想到死亡在等着你，那是愚蠢的。要活下去，就要忘掉你将要死去的事实。死亡并没什么了不起。对它的恐惧也不应该影响一个聪明人的一举一动。我知道临死前我会挣扎着想呼吸，我也知道那一刻我会惊恐万分，我还知道我会忍不住后悔，这一生竟然这样度过，心中难免苦涩。但是我又不承认我会悔恨人生。我现在虽然虚弱、衰老、疾病缠身、穷困潦倒、濒临死亡，可我的灵魂仍由我自己掌握，我没什么可后悔的。"

"你还记得你送我的那块波斯地毯吗？"菲利普问道。

克朗肖跟以往的日子一样，又慢慢露出了微笑。

"当你问我生活的意义是什么时，我告诉过你，这块毯子会告诉你答案。那么，你找到你的答案了吗？"

"没有，"菲利普笑着说，"你不打算告诉我吗？"

"不，不，我不能告诉你。不是你自己找到的答案，就毫无意义。"

第八十三章

克朗肖要出版他的诗集了。他的朋友们多年来一直鼓动他做这件事，但是他的懒散使他没有采取必要的行动。他总是回复他们的敦促说英国人民已经不再喜爱诗歌了。你花费数年的心血，耗神劳力地出版一本书，可在一批类似的书籍中，它只能得到不痛不痒的两三行评语，最多能卖出去二十册或三十册，剩下的将被化为纸浆。他渴望成名的欲望早已经被消磨殆尽，就像其他的欲望一样，不过是一种幻想。但是，他的一个朋友对此事大包大揽，决计要帮克朗肖出版诗集。此人也是位文人，名叫伦纳德·厄普约翰，菲利普和克朗肖一起在拉丁区的那家咖啡店里见过他一两次。厄普约翰作为一名评论家在英国已经有了相当的名望，同时他也是公认的现代法国文学的评论家。他长期生活在法国那些大多致力于把《法兰西信使》办成当代最生动活泼的评论杂志的人士中间，因此把这些人的观点简单地用英语表达出来，厄普约翰在英国因观点新颖、见解独特获得了声誉。菲利普读过他的一些文章。厄普约翰因为模仿托马斯·布朗爵士①的文章而形成了自己的风格；他使用复杂的句式，但因精心地安

---

① 托马斯·布朗（Sir Thomas Browne，1605—1682），英国医生兼作家。

排，结构倒还平衡；他还使用老式又华丽的辞藻，使自己的文章表面上显得具有个性。伦纳德·厄普约翰劝说克朗肖把自己所有的诗歌都交给他，他觉得克朗肖诗歌足够出一本篇幅不小的诗集了。他承诺要利用自己在出版商那儿的关系，促成此事。而那时，克朗肖又急等钱用。因为自从生病后，他发现自己很难持续地写作了。他弄来的钱勉强够付酒钱。厄普约翰写信告诉他，这家出版商或那一家出版商虽然很喜欢这些诗，但还是觉得不值得出版。这时，克朗肖倒开始对出版诗集的事上起心来。他写信给厄普约翰，反复强调他急需诗集的出版，并恳求他在此事上多花些精力。既然他将不久于人世，他想在身后留下一本出版的书。而且在他内心深处，他觉得自己创作出了伟大的诗歌。希望像自己有朝一日像一颗新星一样突然出现在世人面前。他一生都把这些美丽的诗篇视若珍宝般独自藏在心底，可现在他即将与这个世界告别，不再需要它们了，便不在乎地拿出来与大家分享，倒也是个明智之举。

促使克朗肖立即决定回到英国的原因是，伦纳德·厄普约翰宣称有一家出版商已经同意出版这些诗歌了。通过一番巧舌如簧的劝说，厄普约翰竟然说服克朗肖把预付版税中的十英镑给了他。

"注意，这可是预付版税。"克朗肖对菲利普说道，"弥尔顿那会儿也只得到十英镑的稿酬。"

厄普约翰答应为这些诗歌写一篇署名文章，而且他还邀请他写评论的朋友们尽量多写一些好的评论。克朗肖装作对此事不以为意，但是你很容易就看出，想到自己即将在文坛上引起轰动，他甚是开心。

一天，菲利普和克朗肖约好一起吃饭，就是在那家克朗肖坚持用餐的寒酸小饭馆，可是克朗肖没有露面。菲利普了解到克朗肖已经三天没来这儿了，他自己随便吃了点东西，然后按着克朗肖第一次来信中告诉自己的地址匆匆去找他。菲利普找到海德大街就费了番周折，那条街道挤满又黑又脏的楼房，很多窗户都破了，胡乱贴了一条条法文报纸算是把窟窿堵上了，相当难看，一道道门也很多年没有油漆过了。在楼房的底层都是些破败的小商店、洗衣店、皮具修理店、文具店等。身着破烂衣服的孩子们在马路上玩耍，一架老旧的手摇风琴正吱吱呀呀奏着粗俗的曲调。菲利普敲了敲克朗肖租住楼房的楼门（底层是一家出售廉价糖果的小店），门被一个系着脏围裙的上了年纪的法国女人打开了。菲利普问克朗肖是否在家。

"啊，是的，有个英国人住在后面顶楼。我不知道他在不在家。如果你想见他，你最好上楼去看看。"

一盏煤气灯照亮了楼梯，楼里有股刺鼻的气味。菲利普上楼的时候，从二层的一个房间里走出来一个女人，她用怀疑的目光看着菲利普，但是什么话也没说。在顶层有三扇房门，菲利普敲了敲中间的一扇房门，没有动静，又敲了敲，还是没有回音，他试着转动了一下门把手，发觉门是锁着的。他又敲了敲另一扇房门，也没有人回应，又试了试转动把手，门开了。屋里一片漆黑。

"是谁呀？"

菲利普听出是克朗肖的声音。

"我是凯里，能进来吗？"

又没动静了。菲利普走了进去。房间里的窗户紧闭，一股恶臭味弥漫在屋子里，简直让人无法忍受。街上的弧光灯透进来些许光线，菲利普看见这是一间只有两张床的小房间，两张床首尾相接，还有一个脸盆架和一把椅子，人在里面几乎没有活动的空间了。克朗肖躺在靠近窗户的那张床上，他没有挪动身子，但发出了一声低沉的笑声。

"你干吗不点着蜡烛呢？"过了一会儿，克朗肖说道。

菲利普划着了一根火柴，发现在床边的地板上有一个烛台。他把蜡烛点亮，把烛台放到了脸盆架上。克朗肖正一动不动地仰面躺着，穿着睡衣，样子看上去很奇怪；他光秃秃的头顶令人很尴尬。他的脸色蜡黄，像死人一般。

"我说，老兄，你看上去病得挺厉害。这儿有人照顾你吗？"

"乔治在早上上班之前给我拿了一瓶牛奶。"

"乔治是谁？"

"我叫他乔治，其实他叫阿道夫，他和我合住这间宫殿般的房子。"

菲利普注意到另一张床上被子都没有叠，好像自从有人睡过以来就没叠过，枕头上脑袋躺过的地方黑乎乎的。

"你的意思不是在说你和别人合租这间房吧？"菲利普喊道。

"干吗不？在索霍区租房子挺贵呢。乔治是名侍者，他在早上八点钟就出门上班了，直到店铺关门才回来，所以他一点也不碍我的事。我们俩睡眠都不太好，于是他就给我讲他的生活经历，借此挨过漫漫长夜。他是个瑞士人，我一向对干侍者这行的人很感兴趣。他们都是从娱乐的角度看待人生的。"

"你在床上躺了多久了？"

"三天了。"

"你的意思是说在过去的三天里除了一瓶牛奶，你什么东西都没吃？你到底是怎么想的，也不给我来封信？我无法想象你整天躺在这儿，而身边没有一个人照顾你。"

克朗肖又发出一声低笑。

"瞧你的脸色，别这样，亲爱的小伙子，我真的相信你是为我难过，你是个心地善良的人。"

菲利普脸红了，他不怀疑自己的脸上显出了难过的神情，因为他亲眼看见这么个可怕的小屋，这位可怜的诗人悲惨的处境，心中升起了悲戚之感。而克朗肖观察着菲利普脸上神色的变化，露出了一丝温和的笑容。

"我一直都很快乐。瞧，这是我诗集的校对稿。你知道，令别人不胜其扰的不适状况，我完全无所谓。如果你的梦想能够让你超越时空，纵横驰骋，生活的种种不如意还算得了什么？"

诗集的校对稿就放在他的床头，他躺在黑暗中也能拿到校对稿。他把稿子递给菲利普，眼睛熠熠发光。他一页页地翻着稿件，看着那清晰的印刷体，显得十分高兴。他禁不住朗诵了一个诗节。

"这诗写还不错吧？"

菲利普突然有了一个想法，但这想法需要一点费用，他目前的经济状况已经负担不起哪怕是超预算一点点的支出了；但从另一方面，对于克朗肖现在这种情况，他也不愿意考虑节约的问题。

"我说，一想到你住在这种地方，我就受不了。我还有一间多余的房间，目前还空着，不过很容易找人借张床。你愿意过来和我住一段时间吗？这样会省出你在这儿的租金的。"

"哦，我亲爱的小伙子，我要住了你的屋，你会坚持让我把窗户都打开的。"

"如果你愿意，你可以把那地方的所有窗户都关上。"

"我明天就会好的，我本来今天就可以起床了，只是觉得有点懒得起。"

"那么你搬次家就很容易了，而且如果你任何时候觉得不舒服，你尽可以在床上躺着，我会在家照顾你的。"

"如果你愿意这样，那我就搬过去吧。"克朗肖说道，脸上带着那种懒懒的但不失愉快的微笑。

"那太好了。"

他们商量好菲利普第二天来接克朗肖，菲利普在忙碌的早上挤出一个小时来安排搬家的事。到了克朗肖的住处，菲利普发现克朗肖已经穿戴完毕，穿着厚呢大衣，戴着帽子，坐在床上。他脚边的地板上放着一个破旧的小手提箱，里面装着他的衣服和书籍，已经收拾好了。克朗肖看上去好像正坐在一家车站的候车室里等车。菲利普看到他的这副模样，忍不住哈哈大笑起来。他们乘坐一辆四轮马车驶向肯宁顿区，马车的窗户都严实地关着。到了菲利普的住处后，菲利普把他的客人安顿在自己的房间里。这天的一大早，菲利普就出门给自己买了一张二手的床架、一个便宜的五斗橱和一面镜子。克朗肖一住下来就开始校对他的稿子，他的身体也好多了。

菲利普发现他的这位客人，除了情性烦躁（这是他疾病的症状），以外，还是很好相处的。他在每天上午九点有课，所以直到晚上才能见到克朗肖。有一两次，菲利普劝克朗肖和自己吃些晚上准备的简单晚餐，但克朗肖不好意思留下来，通常自己出去在索霍区最便宜的馆子里填饱肚子。菲利普还劝他去找泰瑞尔医生看看病，但是他执拗地拒绝了，因为他清楚医生肯定会告诉他要戒酒，而他又绝对戒不了酒的。克朗肖在上午时总是感到不舒服，而到了中午几杯苦艾酒下肚后，他就觉得身体好了很多；到了晚上回家的时候，他又能高谈阔论一番，这一点正是使当年第一次见到他的菲利普大为惊讶的地方。克朗肖的诗集校对稿已经修改完了，诗集将在明年早春的时候与其他出版物一同问世。到了那时候，人们应该已从雪崩一样的圣诞节书籍中恢复来了。

第八十四章

在新年的时候，菲利普成了门诊外科的包扎员。这份工作和以前他在内科门诊实习时所做的工作有着相同的特点，只是外科比内科更为直接。但是无论是内科的病，还是外科的病，大多数的病人遭受的痛苦都在于病情隐私被公之于众，而消极的公众竟然用睁一只眼闭一只眼的态度默许这种行为。菲利普需要配合的外科助理医生名叫雅各布斯，他是个矮墩墩的男人，秃顶，大嗓门，整天咋咋呼呼、嘻嘻哈哈。他操着一口伦敦土腔，通常被学生们称为"大老粗"。但是，他的聪明劲儿，无论是作为外科医生，还是作为教师，都让学生们不可小觑。他还特别喜欢乱开玩笑，不管是对病人还是学生，都一视同仁。在让他的包扎员洋相百出时，他会感到无比的快乐。因为包扎员们还什么也不会，加上紧张，往往对他讲的那些令人难堪的实情无言以对，而他又是他们的前辈，他这么干得心应手，毫不费劲。他喜欢下午坐诊，因为他可以敞开了唠叨那些老生常谈的东西，而那些实习的学生只能赔着笑脸，硬着头皮听下去。一天，来了一个小男孩来看他的跛足，他的父母想知道有没有法子治一下他的残疾。雅各布斯先生冲着菲利普说道：

"你最好来看一下这个病人，凯里。这个课题你应该了解一下。"

菲利普的脸唰地一下红了，因为这位医生的话显然带着调侃和戏耍的意图，而其他几个平时总是担惊受怕的包扎员现在则谄媚地大笑起来。实际上，菲利普自从来到这家医院后，一直对这个课题格外关注，他几乎读遍了图书馆中治疗各种畸形足的书籍。他让男孩把靴子和袜子脱掉。男孩大约十四岁，塌鼻梁，蓝眼睛，脸上长满雀斑。他的父亲解释，如果可能的话，他们想把孩子的脚给治好，否则这残疾会妨碍孩子长大后养家糊口。菲利普好奇地看着病人，那是个生性欢快的孩子，一点也不害羞，很爱说话，脸皮还很厚，他的父亲不时地呵斥他。那孩子对自己的跛足还很感兴趣。

"你知道，它只不过样子长得怪一些，"他对菲利普说道，"我没觉得它有什么不便。"

"安静点，厄尼，"他父亲说道，"你的废话太多了。"

菲利普检查了那只跛足，他让自己的手慢慢摸遍畸形的地方。他无法理解为什么这个男孩一点也没有那种一直压在自己心头的羞耻感。他不知道自己为什么就不能以这种镇静漠然的态度对待他的残疾。不一会儿，雅各布斯先生走到他的跟前。那孩子正坐在诊台的边上，外科医生和菲利普分立他的两侧，另外几个学生也围了过来，聚成了一个半圆。雅各布斯一如既往，带着他那机智的谈吐，生动形象地对跛足的问题发表了一小通演讲：他讲到了跛足有着不同的类型，以及由于不同的组织构造而形状各异的跛足。

"我想你的那只跛足是马蹄形的，是吧？"他突然转身冲着菲利普问道。

"是的。"

菲利普觉得同学们的目光纷纷落在他身上，脸又禁不住红了，他心里暗暗地骂自己没出息，觉得汗水开始从双手的掌心往外冒。由于医生丰富的临床经验和令人艳羡的出众的洞察力，另外，他对自己的职业抱有极大的兴趣，所以口若悬河地讲得头头是道。但是菲利普却没有听进去，他一心只盼着这个家伙快点完事。突然，他意识到雅各布斯正对着他说话。

"你介意把你的袜子脱掉一会儿吗，凯里？"

菲利普觉得全身在发抖，他有种冲动，想朝着医生大喊，见你的鬼去吧。但是，他又没有勇气这样做，生怕雅各布斯会变本加厉地挖苦自己。他强迫自己装出一副无所谓的样子。

"一点也不。"他说道。

他坐了下来，动手解他的鞋带。他的手指颤抖着，他觉得自己永远也解不开鞋带了。他想起了上学时孩子们逼迫他给他们看他的跛足，那种屈辱的痛苦深深地印在他的心灵上。

"他的脚保养得不错，也挺干净的，对吧？"雅各布斯用他那刺耳的伦敦腔说道。

围观的学生都咯咯地笑了起来。菲利普注意到他们正在检查的那个男孩也好奇心十足地低头看着他的脚。雅各布斯用手抓起菲利普的脚，说道：

"不错，跟我想的一模一样。你这只脚做过一次手术，我想，应该在你小时候吧？"

雅各布斯继续滔滔不绝地讲解起来，学生们探过身子，争先恐后地看菲利普那只跛足。还有两三个人在雅各布斯放下菲利普的脚后，又仔细地察看了一会儿。

"等你们瞧够了，我再穿上袜子。"菲利普面带笑容，不无讽刺地说道。

他恨不得把他们都杀了，他要是拿把凿子（他不知道为什么脑子里会想到这种特殊的工具）捅进他们的脖子该是多么痛快。人多像野兽啊！他真希望有地狱，想到这些人会受到的可怕的折磨，他的心里才会好受些。雅各布斯先生开始把重点转到了治疗方案上，他半是对男孩的父亲，半是对学生们交代着他的处置方法。菲利普穿上了他的袜子，系上了靴子。最后，医生终于说完了。但是他似乎又想起了什么，转向菲利普说道：

"你知道，我认为你再动一次手术是没坏处的。当然我不能保证让你的脚能完全矫正，但至少是大有好处的。你可以考虑一下。当你想好了要休个假时，你可以来医院准备做个手术。"

菲利普过去经常暗忖自己的这只跛足是否有什么办法治好呢。但是他对自己的残疾又讳莫如深，所以他没有找医院里的外科医生诊治。他自己看专业的医学文献了解到，他小时候无论接受过什么样的治疗都不会有多少效果的，因为那时治疗跛足的方法远没有达到今天的好。但是如果现在的手术让他有可能穿上普通的靴子，不再瘸得那么厉害，就是再做一次手术也是值得的。他还记得小时候，他曾多么热切地乞求上帝赐予他奇迹，他的伯父向他保证过，上帝是无所不能的，完全能创造这种奇迹。想到这儿，他不禁苦涩地一笑。

"那时候，我多么天真呀。"他思忖。

到了二月末的时候，克朗肖身体显然变得更差了，再也起不来床了。他躺在床上，坚持门窗紧闭，也拒绝去看医生。他应该增加点营养，但他只要威士忌和香烟。菲利普明知这两样东西都不应该给他，但是克朗肖的说法让人无法反驳。

"我想它们会要了我的命，但我不在乎。你已经警告过我了，你已经仁至义尽了，但我不理会你的警告。快给我点酒喝吧，然后滚开。"

伦纳德·厄普约翰一周来造访两三次，他的外表给人一种"枯叶"的感觉，而用这个词来形容他的外表再恰当不过了。他三十五岁，很瘦弱，灰白的长发和煞白的脸，那副样子一看就是不常待在户外的。他戴着一顶像是菲国教牧师戴的帽子。菲利普不喜欢他，因为他总摆出一副居高临下的样子，喜欢夸夸其谈。伦纳德·厄普约翰喜欢听自己说话，对听众的兴趣并不在乎，而实际上，作为一个健谈者，注意听众的反应是第一要素，可厄普约翰从来意识不到他讲的东西都是人家已经知道的了。他字斟句酌地告诉菲利普他对罗丹、阿尔贝·萨曼①和塞萨尔·弗兰克②的看法。菲利普雇用的钟点女工只在上午来一个小时，菲利普必须整天在医院忙活，克朗肖大部分时间都是一个人待着。厄普约翰告诉菲利普他觉得家里应该有人陪着克朗肖，但是又不主动找人来陪他。

"一想到那位伟大的诗人一个人孤零零的，心里就不好受。唉，也许他死前身边一个人都没有。"

"我想这很有可能。"菲利普说道。

"你怎么能这样冷酷无情呢！"

"那你干吗不来，你可以每天在这儿写你的东西，这样的话，他想要什么东西，你不是正好在旁边吗？"菲利普冷冷地反问道。

"我？我亲爱的朋友，我只能在我习惯的环境里写作，而且我还得经常出门。"

①　阿尔贝·萨曼（Albert Samain，1858—1900），法国诗人、作家。
②　塞萨尔·弗兰克（César Franck，1822—1890），法国作曲家、钢琴演奏家。

就因为菲利普把克朗肖接到自己这儿来住，厄普约翰还有点不高兴。

"你当初要是让他自己住在索霍区就好了。"厄普约翰一边说，一边挥舞着他瘦长的手，"那间阁楼虽说脏了点，但有一种浪漫的气息。哪怕是沃平或者肖尔迪奇①我也能容忍，但竟然是体面的肯宁顿！这哪里是一位诗人的安息之所！"

克朗肖经常发脾气，菲利普只能控制住自己不发火，因为他始终记得克朗肖的暴躁脾气是他疾病的症状。厄普约翰有时在菲利普下班之前过来看克朗肖，克朗肖就会向他尖刻地抱怨菲利普的种种不是，而厄普约翰总是心满意足地聆听。

"事实上凯里不知道什么是美，"他微笑着说，"他只有中产阶级的庸俗想法。"

厄普约翰对菲利普极尽讽刺挖苦之能事，而菲利普在和他打交道时，尽量在克制自己的情绪。但是有一天晚上，菲利普再也控制不住了。他白天在医院里忙活了一整天，已经筋疲力尽。当他正在厨房给自己沏杯茶时，伦纳德·厄普约翰走上前来，说克朗肖刚才抱怨菲利普没完没了地老跟他提看医生的事。

"你难道没意识到你正在享用一种非常罕见、非常微妙的特权吗？当然，你应该竭尽全力来展现你的伟大、你的崇高值得信赖。"

"这种罕见和微妙的特权我可负担不起。"菲利普冷冷地说道。

只要一提钱的事，伦纳德·厄普约翰就总是摆出一副不屑一顾的表情。他敏感的天性总是被激怒。

---

① 沃平和肖尔迪奇为伦敦的两个区。

"克朗肖的看法中总是有些美好的东西，但被你的强求给搅乱了。你没有细微的想象力，可你得让别人有呀。"

菲利普的脸沉了下来。

"咱俩去找克朗肖，当着他的面把事情说清楚。"菲利普硬邦邦地顶嘴道。

那位诗人正仰面躺在床上看一本书，嘴里还叼了个烟斗。空气中有股发霉的气味。这间屋子尽管菲利普常来打扫，但还是邋里邋遢的，似乎克朗肖走到哪儿，哪儿就干净不了。当他俩进来的时候，他摘下了眼镜。菲利普简直到了怒不可遏的地步。

"厄普约翰告诉我说你一直在向他抱怨，就因为我劝你看医生。"他气呼呼地说道，"我想让你看一位医生，是因为你说不定哪天就死了，如果你从来没被医生检查过，我到时就无法拿到死亡证明。如果那样的话，我就会被传讯，还会因为没给你请医生的事受到指责。"

"我以前倒没想到这一点。我还以为你想让我看医生是为了我，而不是为了你自己。好吧，你什么时候乐意，我就什么时候看病。"

菲利普没有回答，但是耸了耸肩，这个动作几乎不易察觉。克朗肖一直在观察他，这时扑哧笑出了声。

"别那么气鼓鼓的啦，亲爱的，我心里很清楚你想为我做一切力所能及的事情。那就让我们去看看病吧，也许医生还真能为我做点儿事呢，不管怎么说，这样可以让你舒服些。"他又把目光转向厄普约翰，"你这个该死的蠢货，伦纳德。你没事干吗去惹这个小伙子烦心呢？他已经为我做得够多了。而你呢，除了在我死后，给我写篇漂亮的文章，你什么也没为我干过，我太了解你了。"

第二天，菲利普去找了泰瑞尔医生。他觉得要是把克朗肖的病情告诉他，他是那种会感兴趣的大夫。确实，泰瑞尔一忙完一天的工作，就陪着菲利普来到了肯宁顿。看完后，他只能同意菲利普之前告诉他的判断，这病人没救了。

"如果你愿意，我可以让他住院，"泰瑞尔医生说，"他可以住进一间小病房。"

"他说什么也不会去的。"

"你要明白，他随时可能咽气，要不，他可能会再次染上肺炎。"

菲利普点了点头。泰瑞尔医生又给了一两个建议，答应只要菲利普叫他，他就可以再来，并留下了他的地址。送走医生后，菲利普又回到了克朗肖的房间，发现他正平静地看着书，都懒得问刚才医生说了些什么。

"你现在满意了，亲爱的小伙子？"克朗肖问道。

"我想你是不会听泰瑞尔的建议的，怎么劝，你都不会听的吧？"

"当然不会。"克朗肖笑着说道。

第八十五章

时间又过去了两周，有一天晚上，菲利普忙完白天在医院里的工作回到家里。他敲了敲克朗肖屋的房门，里面没人应声，菲利普便走了进去。克朗肖正蜷着身子侧身躺着，菲利普走到了床前。他不知道克朗肖是睡着了，还是又躺在那儿生闷气。他看到克朗肖的嘴巴张着，感到十分奇怪。他碰了碰克朗肖的肩膀，不禁发出一声惊叫。菲利普赶紧把手伸进克朗肖的衬衣下摸摸他的心跳。他一下子不知所措了，在无助和绝望中，他掏出一面小镜子放到克朗肖的嘴前，因为他以前听说人过世后都要这么做。自己就这样和死去的克朗肖待在一起让他十分惊恐。正好他的外套和帽子还穿戴在身上，他跑下楼，直奔到了街上，拦下一辆出租马车，驶向了哈尔雷大街。所幸泰瑞尔医生在家。

"嗨，您介意马上跟我去趟住处吗？我想克朗肖死了。"

"如果他人都死了，我去了也没多大用处，不是吗？"

"要是您能去，我将感激不尽。我已经叫了出租马车，就停在门口，只要半个小时就能到。"

泰瑞尔戴上了帽子。在出租马车里，他问了菲利普一两个问题。

"我早上离开时，他看上去也不比平时更糟呀。"菲利普说道，"我刚才进屋时真是吓了一大跳。一想到他孤零零地死去……您认为当时他知道自己要死了吗？"

菲利普想起了克朗肖曾经说过的话，菲利普暗自想，克朗肖在生命的最后那一刻心中是不是充满对死亡的恐惧。菲利普想象自己处于那样的境地，知道死神的降临不可避免，心中一定充满恐惧，但身边没有一个人给予安慰和鼓励。

"你心里太烦乱了。"泰瑞尔医生说道。

泰瑞尔医生用他明亮的蓝眼睛看着菲利普，目光中露出同情的神色。当他看见克朗肖的遗体时，他说道：

"他已经去世好几个小时了，我认为他是在睡眠中死去的。病人有时就是这样死去的。"

克朗肖的遗体蜷缩着，很不雅观，看上去都没有人形了。泰瑞尔医生面无表情地看着尸体，下意识地掏出怀表看了一下时间。

"好了，我必须得走了，我一会儿派人给你送死亡证明来。我想你接下来要联系他的亲属了。"

"我想他好像没什么亲属。"菲利普说道。

"那葬礼怎么办？"

"哦，我来张罗吧。"

泰瑞尔医生看了菲利普一眼，他在琢磨是否应该资助几个金镑。他对菲利普的情况一无所知；或许菲利普完全有能力支付这笔开销；要是他贸然提出给钱的话，菲利普可能还会觉得唐突呢。

"好吧，如果需要我做什么，你就尽管开口好了。"他说道。

菲利普陪他走了出来，在门口两人分了手。菲利普去了电报局，给伦纳德·厄普约翰拍了封电报。然后，菲利普又去了一家殡葬店。菲利普每天去医院上班时都要经过这家店铺。他的注意力经常被写在黑布上的三个银色的词所吸引：经济、迅速、得体。而且在橱窗里，店主还放着两个棺材的模型做装饰。殡仪店老板是个胖胖的矮个犹太人，一头黑色的鬈发，又长又油腻，一只短粗的手指上戴着一个硕大的钻石戒指。他用一种他那个行当所特有的既彰显了门面又显得温和的态度接待了菲利普。他很快看出了菲利普的无助与无所适从，答应马上派个女人去把必要的送逝者的程序走完，他还建议把葬礼办得风光气派。殡仪店老板似乎觉得菲利普在办丧事上有点小气，这让菲利普不觉有点自惭形秽。在丧事上讨价还价好像是件不体面的事，最后菲利普同意支付这笔他本无力负担的葬礼费用。

"我十分理解，先生，"殡仪店老板说道，"您不想铺张浪费——我自己也不喜欢张扬摆阔——可是您要知道，您希望把它办得体体面面吧。您就放心把这事交给我吧，我一定会节约开支的，但会办得妥当又得体。话我只能说到这儿了，对吧？"

菲利普回到家里去吃晚饭，在他吃饭的时候，殡仪店老板派来的女人来为克朗肖的遗体做殡葬准备。过了一会儿，伦纳德·厄普约翰的电报也到了。

> 惊闻噩耗，不胜悲恸。遗憾今晚外出聚餐不能
> 前来，明天一早赶来陪你。深表同情。厄普约翰。

不一会儿，传来那个女人敲起居室房门的声音。
"我现在已经干完了，先生。您愿意过来看他一眼，看看这样行吗？"
菲利普跟着她进了克朗肖的房间。克朗肖正仰面躺着，

双眼紧闭，双手虔诚地交叉放在胸前。

"按理说，您应该在他身边再摆放些鲜花，先生。"

"我明天就买一些来。"

她满意地看了一眼遗体。她已经完成了工作，现在，她撸下了卷起的袖子，解开围裙，戴上了帽子。菲利普问她需要多少工钱。

"嗯，先生，有人给两先令六便士的，也有人给五先令的。"

菲利普很不好意思地给了她不到五先令的工钱，而她脸上的神情与菲利普现在的悲伤倒很相称，她道了谢，然后离开了。菲利普回到起居室，把吃剩的晚餐收拾妥当，然后坐下来读沃尔萨姆写的《外科学》。他觉得这本书很难懂，也感到自己内心特别紧张。楼梯上一有响动，他便一跃而起，心怦怦直跳。隔壁房间的那具尸体，原先还是个活生生的人，可现在气息全无。一想到这儿，他的心中便充满了恐惧。四周的沉寂好像也有了生命，好像某些神秘的动作正在暗中进行；死亡的阴影重压着这套房间，气氛诡异，阴森恐怖。菲利普突然对曾经是自己朋友的那具尸体感到不寒而栗。他想硬着头皮把书看下去，但是没过一会儿，他便绝望地把书扔到了一边。让他心神烦乱的是，刚刚结束的那个生命好像完全没有价值和意义。克朗肖是活着还是死去似乎都不重要。哪怕克朗肖从未在世上走过一遭，情况仍然如此。菲利普想到了年轻时的克朗肖，一个身材修长、步伐轻快有力、满头青丝、意气风发、充满希望的年轻人，但这副形象要经过一番努力才想象得出来。菲利普的人生信条——尽可按自己的心意做事，只是要适当小心街角警察——似乎并没有起到什么作用。克朗肖就是这么做的，但他的一生可悲地失败了。看来人的本能并不足以被相信。菲利普有些迷惘，他问自己，如果那个人生的信条没有用，那么究竟什么样的人生信条才有用呢？为什么人们要采取某一种方式而不是另一种方式行事呢？他们凭着自己的情感去行事，可他们的情感有好有坏。看来，情感把他们引向成功还是失败，似乎只是运气的问题。生活仿佛一场无法摆脱的混乱场景。人们像是被一种他们也不知道的力量驱使着四处奔忙；但目的何在，无人知晓；他们似乎只为了忙碌而忙碌。

第二天早上，伦纳德·厄普约翰露面了，还带来一个用月桂枝编的小花环[①]。他很得意自己能想出把月桂花环套在已故的诗人头顶的主意。尽管菲利普无声地反对，他还是把花环试着套在死者的秃头上，不过这样子看上去实在奇怪，那花环就像歌舞杂耍剧场中的低级小丑头上戴的帽子的帽檐。

"我还是把它放到他心脏的位置吧。"厄普约翰说道。

"可你却把它放到他的肚子上去了。"菲利普说道。

厄普约翰淡淡一笑。

"只有诗人才知道诗人的心在何处。"他回答道。

他们一起回到起居室。菲利普告诉厄普约翰自己对葬礼的安排。

"我希望你别怕花钱。我喜欢灵车的后面跟随着一长队空马车，我还喜欢所有的马匹都佩挂上长长的随风飘扬的羽毛，在送葬队伍中还应该有一队沉默悲痛的人，他们都戴着有长飘带的帽子。嗯，我喜欢一长队空马车的想法。"

"既然葬礼的花费显然最后都落到了我头上，而现在我手头并不宽裕，我想还是量力而为吧。"

---

① 优秀的诗人有"桂冠诗人"之称。

"但是，我亲爱的伙计，要是那样的话，你干吗不把它办成像给穷人送葬的葬礼呢？兴许还有点诗意在里面呢。你这个人天性没有创意，只会做些平庸的事。"

菲利普的脸又红了一下，但是他没有回答。第二天，他和厄普约翰坐在一辆他出钱雇来的马车里，跟在灵车的后面。劳森没能来，派人送来了一个花圈。菲利普为了让棺材看上去不那么冷清，自己又花钱买了一对花圈。在回程的路上，马夫一路快马加鞭。菲利普累极了，没一会儿就睡着了。后来他被厄普约翰说话的声音弄醒了。

"诗集还没有出版真是运气。我觉得我们最好把诗集的出版稍微推后些，这样我可以好好写个前言。在我们去墓地的路上，我就在马车上就开始考虑这个问题了。我相信我能写出一篇很好的文章来。不管怎么说，我可以先给《星期六评论》写篇稿子。"

菲利普没有回答，马车里一片寂静，最后厄普约翰又开口说道：

"我敢说我一稿两用是个明智之举，我认为可以为某家评论杂志先写一篇文章，然后我可以把它作为诗集的前言。"

菲利普关注着所有的月刊杂志，几周之后，厄普约翰的文章发表了。那文章还引起了小小的轰动，很多家报纸还纷纷节选刊登呢。这是一篇非常出色的文章，还带有传记的性质，因为对克朗肖早期的生活没什么人知道。文章结构精巧，语气亲切，描述生动。伦纳德·厄普约翰以他复杂的叙事风格，把克朗肖在拉丁区如何谈论艺术、创作诗歌描绘得优雅得体；克朗肖的形象顿时栩栩如生，成了英国的魏尔伦。伦纳德·厄普约翰描述了克朗肖的凄惨结局，以及他在索霍区那间破旧的小阁楼间的生活，他用浓墨重彩的妙笔写出了一种豪迈之势，悲怆之情。他还很含蓄地暗示，他原想帮助诗人移居到一所掩映在百花盛开的果园中的农舍，四周是金银花丛，为此做了种种努力。厄普约翰那含蓄的态度实在让人喜爱，人们觉得他为人慷慨，远远超过他谦虚地所说的程度。可是某位缺乏同情心，虽然用心良好但欠缺考虑的年轻人把诗人带到了俗气而体面的肯宁顿区！伦纳德·厄普约翰用那种委婉诙谐的口吻描写肯宁顿区，文章是严格遵守托马斯·布朗的风格来遣词造句的。他还用巧妙的讽刺笔法叙述了在诗人生命的最后几周里，一位年轻的学生自告奋勇地承担起照顾他的重任，而诗人也只好耐住性子，忍受这个用心良好却笨手笨脚的青年学生的照顾，以及这位非凡的流浪者在无望的中产阶级的环境中遭受的痛苦。他还引用了《以赛亚书》[①]中的话"美出自灰烬"。那位为社会所弃的诗人竟然死在了庸俗体面的环境中，真是莫大的讽刺。这使得厄普约翰联想起了身处法利赛人[②]中的耶稣基督，这一类比又给了厄普约翰机会使他洋洋洒洒地写了一大段。然后，他讲述诗人的一位朋友——并没有说明这位气度不凡的朋友究竟是谁，只是稍微做了点暗示了一下这位具有很好的品位朋友是谁——曾把一个月桂花环放到死去诗人的心口，而死者秀美的双手似乎以一种充满欲火的姿势放在阿波罗的叶子[③]上。月桂花环散发着的香味是艺术之香，月桂树叶比那些皮肤黝黑的水手从地大物博、充满神秘气息的中国带回的绿宝石还要绿。文

① 《以赛亚书》是《圣经·旧约》中的一章。以赛亚是希伯来的预言家。

② 法利赛人，古犹太教的一个派别。在《马太福音》中，耶稣称他们为言行不一的伪善者。

③ 希腊神话中，太阳神阿波罗追求达芙妮，而达芙妮最后化身月桂树。所以，阿波罗的叶子即月桂树叶。

章结尾的对比，更是画龙点睛之笔，厄普约翰描写了一场平淡无奇、毫无诗意的中产阶级葬礼。对于克朗肖这样的大诗人，他的葬礼要么办得像王公贵族一样气派，要么就像穷人的葬礼一样潦草。这是对诗人最后的打击，是腓力斯人[①]最后战胜了艺术、美和精神层面的东西。

伦纳德·厄普约翰从来没写过这么好的文章，这篇文章简直就是极具魅力、文风高雅、充满同情的杰作。他在这篇文章中把克朗肖最好的诗歌都引用于其中，所以当克朗肖的诗集出版后，不少精华诗作已经被抽走了，而厄普约翰却大大提升了自己的地位。从此，他成了一名受到各方关注的评论家。过去他看上去有些冷漠，但是在这篇文章中却充满了温暖的人情味，让人读来不忍释手。

---

① 腓力斯是公元前十二世纪至公元前四世纪时地中海东岸古国。腓力斯人一般被视为没教养、不懂文学艺术的人。

第八十六章

在春天，菲利普结束了他在门诊部当包扎员的实习工作，开始去住院部实习。这个阶段的实习期有半年。每天上午，实习生们和住院医生要一起在各个病房中查房，首先是男病房，然后是女病房。实习生得记病历，给病人做检查，接着就是和护士们一起消磨时间。一周有两个下午，值班医生要和几名实习生一起在几间病房中查房，询问病情，传授知识。这工作与在门诊部的工作相比，不怎么令人兴奋，没有太多变化，与现实的接触也不那么密切，但是菲利普学到了很多知识。他和病人相处得相当好，当他给他们检查时，病人们表现出的喜悦让他有点受宠若惊。其实他对病人们的痛苦，也不见得比别人有更深的同情，但是他喜欢他们，他在病人面前不摆架子，因此他比别的实习生更受病人们的喜爱。他很讨人喜欢，擅于鼓励人，而且对人友善。像其他在医院工作的人一样，菲利普发现男病人要比女病人更容易相处。女病人通常爱发牢骚，动辄发脾气。她们刻薄地抱怨辛勤工作的护士，说护士没有给她们应有的照顾。她们都是爱惹麻烦，不知感恩，态度恶劣的病人。

很快，菲利普就幸运地交到了一位朋友。一天早上，住院医生把一个新病人交给他，这是个男病人。菲利普坐在床边，着手把病人的病情细节登记在病历卡上。他注意到资料上记录着这位病人的职业是记者，名叫索普·阿瑟尔尼，在住院病人中他是比较特殊的一个。他的年龄是四十八岁，急性黄疸发作，但因为症状还有拿不准的地方，所以需要入院观察。他用一种令人愉快的、受过教育的声音回答菲利普例行公事的各种问题。鉴于他正躺在床上，所以很难看出他个头的高矮，不过他的小脑袋和一双小手表明他应该是中等偏下的身高。菲利普有观察人手的习惯，阿瑟尔尼的手让他感到吃惊：这是一双瘦小的手，但很纤长，尖细的手指上指甲呈现出漂亮的玫瑰红色；双手很光滑，要不是得了黄疸病，肯定白得惊人。病人把双手放在被子外面，其中一只手略微张开，无名指和中指并拢着。他一边跟菲利普说着话，一边端详着自己的双手，似乎很是满意。菲利普眨了眨眼睛，瞟了一眼病人的脸庞。尽管脸上的黄色还很明显，但他的长相还是很出众。他有一双蓝色的眼睛，鼻子很突出，还有点鹰钩状，看起来有点咄咄逼人，但并不难看，一小撮尖尖的花白胡子。他谢顶得很厉害，但能看出他过去有一头纤细而且漂亮的鬈发，现在他还留着长发。

"我看到你是个记者，"菲利普说道，"你为哪家报纸撰稿呀？"

"我为所有的报纸写稿，只要你打开一份报纸，就能看到我写的东西。"

床边正好有一份报纸，他拿过来指了指报纸上的一则广告。大号字体写着菲利普知道的一家知名公司的名称——莱恩–赛得利公司，摄政街，伦敦。在名称下面有一行稍小一些的字，但仍然很醒目，是一条教条式的说教："拖延就是时间的盗贼。"然后又是一个问题，因为合情合理，所以显得令人惊讶："为什么不今天就订货呢？"接下来，又用大号字体重复了一遍这个问题"为什么不呢？"，这一行字好像用良知的重锤击打着一名谋杀犯的心。再接下来，又是一行粗体字："本公司从世界龙头市场购进数千副手套以惊人低价出售。世界上最值得信赖的厂商制作的数千双长筒袜减价出售。"最后，又重复了一遍问题，但这次就像是决斗场里丢出的手套①："为什么不今天就订货呢？"

"我是莱恩-赛得利公司的新闻代理人。"他轻轻挥舞了一下他那只漂亮的手，"做些基础的工作……"

菲利普继续问一些常规性的问题，有些不过是日常琐事，而有些是经过精心设计的问题，诱导病人不经意间说出一些他可能希望隐瞒的情况。

"你在国外生活过吗？"菲利普问道。

"我在西班牙待过十一年。"

"你在那儿干什么？"

"我在托莱多的一家英国水利公司当秘书。"

菲利普记得克拉顿曾经在托莱多待过几个月的时间，这位记者的回答使他怀着更浓的兴趣地注视着他。但是，菲利普觉得显露出这一点不太合适，因为医院的病人和医务人员之间保持一定的距离是很有必要的。他做完例行检查，又继续走到其他人的病床前询问。

索普·阿瑟尔尼的病情并不严重，虽然身上的皮肤还是很黄，但他恢复得很快。他之所以还在病床上是因为医生认为，对他应该继续保持观察，直到症状完全消失。一天，刚走进病房，菲利普就注意到了阿瑟尔尼手里拿着一支铅笔，

---

① 在西方，骑士决斗中扔下一只手套是发出挑战的标志。

正在看一本书。当菲利普走到他的病床边时，他放下了书。

"我能看看你正在读的书吗？"菲利普问道，他有个习惯，只要看见书，就想看看书名。

菲利普拿起了书，看到这是一本西班牙语的诗集，里面是圣胡安·德拉克鲁兹[①]的诗歌。当他翻阅的时候，一张纸掉了出来。菲利普捡了起来，注意到纸上有一首诗。

"你别告诉我，在闲暇时间你一直在写诗呀？对一位住院病人来说，这是最不该干的事。"

"我在试着翻译一些诗。你懂西班牙语吗？"

"不懂。"

"好吧，但你肯定知道圣胡安·德拉克鲁兹，对吗？"

"事实上，我真的不知道。"

"他是西班牙的一位神秘主义者，也是西班牙有史以来最好的诗人之一。我觉得把他的诗歌翻译成英语是一件值得做的事情。"

"我能看看你的翻译吗？"

"还很粗糙。"阿瑟尔尼嘴上这么说，但是他迅速地把译稿递给菲利普，这表明他正巴不得菲利普读一下呢。

译稿是用铅笔写的，字写得不错，但是字体很特殊，也很难辨认，就像是一堆古代哥特式黑体字。

"这样写字岂不是很费时间吗？太厉害了。"

"我不知道为什么手写的字就不应该漂亮点儿。"

菲利普读着第一节诗：

在朦胧的夜晚，

① 圣胡安·德拉克鲁兹（San Juan de la Cruz，1542—1591），西班牙基督教奥秘神学家、诗人，参与建立赤足加默罗修会。

急切的爱情之火在燃烧，

哦，多么幸福！

我的家人现在睡意正酣，

我悄悄出门，无人看见……

菲利普好奇地看着索普·阿瑟尔尼。他不知道和阿瑟尔尼在一起，他是有点羞怯呢，还是被他吸引了。菲利普突然意识到自己的言行一直有点高高在上，想到阿瑟尔尼一定觉得他很可笑时，他不禁又涨红了脸。

"你的姓还真有点特别呢。"菲利普没话找话地说道。

"这是约克郡一个非常古老的姓。一度我们家族的族长去巡视他的领地时得辛苦地骑一天的马，但是后来家道中落了。钱都花在放荡的女人和赌马上了。"

阿瑟尔尼有点近视眼，说话时，非常专注地看着别人。他拿起了那本西班牙诗集，说道：

"你应该读读西班牙语的诗歌，"他说道，"那是一种高贵的语言。它不像意大利语那样流畅悦耳，意大利语是男高音和街头音乐演奏者的语言。而西班牙语有种恢宏的气势，它不像花园里的溪水潺潺流动，而是像大江大河在洪峰过境时的汹涌澎湃。"

阿瑟尔尼浮夸的言语让菲利普不禁哑然失笑，但是他还是领略了对方话语中的修辞的意味。阿瑟尔尼绘声绘色、热情真挚地向菲利普讲述着阅读《堂吉诃德》原著时无比的快乐，以及令人着迷的卡尔德隆[①]文体清晰、韵律和谐、富有情调和激情四射的作品。

---

① 参见 346 页注释。

"我得去工作了。"菲利普过了一会儿说道。

"哦，请原谅我，瞧我这记性。我要让我妻子下次给我带一张托莱多的照片来，拿给你瞧瞧。你有空就过来跟我聊聊天吧。你不知道，跟你聊天我真的很开心。"

在接下来的几天里，一有空菲利普就跑去跟阿瑟尔尼聊天，两人很快就熟稔起来。索普·阿瑟尔尼非常健谈，他说的事不见得有多了不起，但是从他嘴里说出的话总能给人以启迪；他栩栩如生的描述能点燃听众的想象火花。菲利普在这个虚幻的世界生活了这么多年，突然发现他的脑海中涌现了很多新的画面。阿瑟尔尼彬彬有礼，见多识广，无论是书本上的知识，还是现实世界中的经验，他知道的东西都比菲利普多得多。他还比菲利普年长很多，谈吐的不凡让他具有了某种长者的优势。但是，在医院他还是一个慈善的受惠者，要遵守严格的规章制度。他在这两种角色之间轻松转换，而且还不失幽默。有一次，菲利普问他为什么要来医院。

"哦，我的原则是凡是社会提供的福利，能利用的我一定要利用。我要好好利用我生活的这个时代。当我生病的时候，我就来住院，我不在乎虚假的面子，我还把我的孩子送到寄宿学校去接受教育。"

"你真的这么做了？"菲利普问道。

"他们也会得到很好的教育的，会比我在温切斯特公学所受的教育强得多。不然你认为我会送他们去什么学校呢？我有九个孩子，等我出院回家了，你一定要来家里看看他们。好吗？"

"我十分乐意。"菲利普说道。

第八十七章

十天以后，索普·阿瑟尔尼康复得不错，可以出院了。他给了菲利普自己家的地址，菲利普也答应在下周日的一点钟和他共进午餐。阿瑟尔尼告诉他自己住在伊尼戈·琼斯[①]设计的一幢楼房里。就像他总喜欢极力夸赞自己中意的东西一样，他把老橡木做的栏杆也赞美了一通。当他下楼为菲利普开门的时候，他迫使客人立马也随声附和，称赞门梁上优雅的雕刻技艺。这是一幢坐落在大法官巷和霍尔本巷之间的破旧的楼房，急需刷新，不过因为它的历史悠久，倒也显得庄严。这幢房子一度很时尚，但现在比贫民窟好不到哪儿去。本来市政计划把这幢楼房拆除，重建一些漂亮的办公楼。这里的租金比较低，阿瑟尔尼以与他的收入相符的价格租了楼上的两层。过去菲利普见阿瑟尔尼时，他总在床上躺着，所以见他的个头这么矮，菲利普很吃惊。阿瑟尔尼的身高不超过五英尺五英寸。他的衣着打扮有些奇怪：下身穿着法国工人常穿的那种蓝色的亚麻布裤子，上身穿着一件褐色天鹅绒的旧外套，腰部系了一条鲜红的饰带，衣领很低。所谓的领带，只是一个飘荡着的蝶形领结，就像《笨拙》杂志的讽刺画插

---

① 参见 466 页注释。

页中画的法国小丑系的那种可笑的领结。阿瑟尔尼非常热情地接待了菲利普，他开始谈论起房子曾经的辉煌，用手爱惜地抚摸着栏杆柱。

"你瞧这柱子，摸一下它，它就像绸缎一样。多么优雅，简直就是个奇迹！可不出五年，拆房子的人就会把它们当劈柴卖掉。"

他坚持要把菲利普领进二楼的一间屋里去，屋里有个穿衬衫的男人，一个红脸膛的女人和三个孩子，他们正在吃周日的午餐呢。

"我想带这位绅士来参观一下你们家的天花板。你以前见过这么漂亮的天花板吗？你好呀，霍奇森太太？这位是凯里先生，我住院时他一直照顾我。"

"请进，先生，"那个男人说道，"只要是阿瑟尔尼先生的朋友我们都欢迎，阿瑟尔尼先生让他所有的朋友都来看一眼这天花板。我们正在干什么他可不管，哪怕我们有时在床上，或者在洗澡，他都照样闯进来。"

菲利普能看出来，他们觉得阿瑟尔尼有点小古怪，可还是打心眼里喜欢他。当阿瑟尔尼滔滔不绝、口若悬河地谈论十七世纪天花板的美丽时，大家都呆呆地听着。

"要把它拆了，这是多么大的罪过呀，对吗，霍奇森？你是一位有影响力的公民，你干吗不给报社写封信表示抗议呢？"

穿衬衫的男人哈哈大笑起来，对菲利普说道：

"阿瑟尔尼先生就爱开个小小的玩笑。人们都说这些房子卫生条件不好，住在里面不安全。"

"让卫生条件见鬼去吧，我要的是艺术。"阿瑟尔尼嚷嚷道，"我有九个孩子，他们喝的水不干不净，可个个壮得跟小牛犊似的。不，不，我可不愿意冒险，我也不想听你们那套时髦的说法！除非我确定这儿的排水系统不能再用了，否则的话，我绝不搬家。"

这时传来一阵敲门声，随后一个金发的小姑娘把门打开了。

"爸爸，妈妈说让你别光顾着说话，该回家吃饭了。"

"这是我的三女儿，"阿瑟尔尼用食指指着她，像煞有介事地介绍道，"她叫玛利亚·德尔皮拉尔，但是你叫她简好了，她更愿意答应这个名字。简，你的鼻涕快流出来了。"

"我没带手帕，爸爸。"

"哎呀，这孩子，"他一边回答，一边掏出一块鲜艳的印花大手帕，"你想想，上帝给你手指是干什么用的呀？"

他们走上了楼梯，菲利普被领进一间四面墙都镶着深色橡木护墙板的房间。在屋子中间，有一张细长的柚木桌子，支架是活动的，用两根铁条支撑着，西班牙人管它叫"铁架支撑的桌子①"。他们就在这张桌子旁吃饭，桌子上已经摆好了两副餐具，旁边还有两把大扶手椅，橡木的扶手又宽又平，椅背和坐的地方都是皮面的。它们看上去庄重、优雅，坐上去却不怎么舒服。唯一的家具是一个橱柜②，上面还有镀金的精美铁艺装饰，底座上刻着基督教教义图案，虽说略显粗糙，但雕工还算细致。在柜子上方还放了两三个釉面盘子，布满裂纹，但颜色很鲜艳。在墙上挂着西班牙大师们画的油画，画框有点破旧，可还是很漂亮。画的题材有些可怕，因岁月的侵蚀和保养不善导致画作有些损毁；画作的构思也很平庸。尽管如此，这些画作仍洋溢着一种激情。屋里没有什

----

① 原文为西班牙语。

② 原文为西班牙语。

么值钱的东西，但气氛很温馨。古老的房间陈设既庄严又朴素，菲利普觉得这里的气氛所呈现的正是古老的西班牙精神。阿瑟尔尼在屋子中间打开了橱柜，给菲利普看看橱柜的里面，只见内部有漂亮的装饰，还有隐蔽的抽屉。这时，一个身材修长、背后垂着两根褐色辫子的女孩走了进来。

"妈妈说午饭备好了，就等你们二位了。你们一坐下来，我马上把饭菜端来。"

"过来跟凯里先生握握手，莎莉。"他又转向菲利普说，"她的个头不小吧？这是我的大女儿。你多大了，莎莉？"

"到六月份就十五岁了，爸爸。"

"我给她取了教名，叫玛利亚·德尔索尔。因为她是我第一个孩子，我决定把她献给荣耀的卡斯蒂利亚①王国的太阳神。可她妈妈叫她莎莉，她弟弟叫她布丁脸。"

女孩害羞地笑着，露出平整、洁白的牙齿，脸还红了。她发育得很好，对于她的年纪来说，个头很高，有着惹人喜爱的灰色眼睛和宽宽的额头，脸颊红扑扑的。

"去告诉你妈妈，让她进来，在凯里先生坐下前跟他握握手。"

"妈妈说她饭后再进来，她还没梳洗呢。"

"那我们还是自己去看看她吧。在吃约克郡布丁前，一定要握握做布丁的那双手。"

菲利普跟着男主人来到厨房，厨房不大，但里面挤了不少人。厨房里欢声笑语不断，等菲利普这个陌生人一进来喧闹声便戛然而止了。厨房中间放着一张大桌子，阿瑟尔尼的

---

① 卡斯蒂利亚，西班牙历史地理区域，北起比斯开湾南岸，南至塔古斯河，约占西班牙全国领土的四分之一，是历史上卡斯蒂利亚王国的所在地。

孩子们正围在桌旁等着他们的午饭。一个妇女站在烤箱旁边，正一个接一个地从里面取出烤熟的土豆。

"这位是凯里先生，贝蒂。"阿瑟尔尼介绍道。

"你怎么把客人带到这儿来了。人家会怎么想呀？"

她系了条脏围裙，棉布上衣的袖子卷到了胳膊肘上方，头发上别着满头的卷发夹。阿瑟尔尼太太是个身材高大的女人，至少比她丈夫高出了三英寸，皮肤白皙，蓝色的眼睛，慈眉善目。她的体形原来应该不错，可年岁渐长，又生养了这么多孩子，让她变得肥胖，样子邋遢了。她湛蓝的眼睛已经失去了往日的光彩，皮肤也变得粗糙、发红，一头青丝也少了光泽。她站直身子，在围裙上擦了擦手，把手伸向菲利普。

"欢迎您，先生，"她用缓慢的声音说道，她的口音似乎让菲利普莫名地感到熟悉和亲切，"阿瑟尔尼说您在医院对他非常好。"

"现在该让你见见我的那些小兔崽子了。"阿瑟尔尼说道，"那是索普，"他指着一个胖乎乎、长着一头鬈发的男孩说道，"他是我的大儿子，将继承我家族的头衔、财产和责任。那是阿瑟尔斯坦、哈罗德、爱德华。"他用食指指着三个更小一些的男孩子，这些孩子都长着红扑扑的、健康的小脸，都笑眯眯的，当他们觉得菲利普含笑的目光在他们身上一一扫视时，都害羞地低头看着眼前的盘子。

"现在该轮到姑娘们了，玛利亚·德尔索尔……"

"布丁脸。"一个小男孩喊了一句。

"你的幽默感还差着火候呢，臭小子。玛利亚·德罗梅赛德斯、玛利亚·德尔皮拉尔、玛利亚·德拉孔塞普西翁、玛利亚·德尔罗萨里奥。"

"我们把她们叫作莎莉、莫莉、康妮、罗茜和简。"阿瑟尔尼太太说道，"现在，阿瑟尔尼，你们回房间里去吧，我会把饭菜给你们送去。我过会儿给孩子们洗完脸和手后，就让他们过去。"

"亲爱的，如果要我给你起个名字的话，我一定叫你肥皂沫玛利亚。你总是用肥皂折磨这些可怜的孩子。"

"您先去吧，凯里先生，要不我怎么也不能让他坐下来，老老实实吃个午餐的。"

阿瑟尔尼和菲利普在那两把古朴的大椅子上坐下，莎莉给他们端来两盘牛肉、约克郡布丁、烤土豆，还有卷心菜。阿瑟尔尼从口袋里掏出六便士给莎莉，让她去打一壶啤酒。

"我希望你不是因为我才特意把桌子放在这儿的，"菲利普说道，"和孩子们一起用餐我也会十分高兴的。"

"哦，不，我一向是自己吃饭。我喜欢这些古老的传统。我认为女人不应该和男人同桌吃饭，那样会扫了男人们聊天的兴致，我也敢肯定男人们的话题对她们来说也没有好处。听了男人们的谈话，她们就会渐渐有了自己的思想，如果女人们有了自己的思想，她们可就不安分守己喽。"

主客两人都吃得津津有味。

"你以前吃过这样的约克郡布丁吗？没人能像我妻子做得那么好，这就是不娶淑女的好处。你可能已经注意到她不是淑女，对吗？"

这问题问得让人有点尴尬，菲利普不知怎么回答才好。

"我还从未想过这一点。"菲利普有点不知所措。

阿瑟尔尼哈哈大笑，他欢快的笑声与众不同。

"不，她不是个淑女，也没有一丝像淑女的地方。她的父亲是个农民，她这辈子从来不为说话漏发了 H 音而操心。我们生了十二个孩子，但只有九个活下来。我告诉她是时候停下来了，可她是个固执的女人。现在她已经养成了习惯，就是让她生二十个孩子，她也不见得会满足呢。"

这时，莎莉拿着啤酒回来了，她给菲利普倒了满满一杯，然后又走到桌子的另一边，给她父亲也倒了一杯。她的父亲用手揽住她的腰。

"你见过这么漂亮、高挑的姑娘吗？只有十五岁，可看上去像二十岁了。看她的脸蛋。她这辈子一天病也没生过。哪个男人娶了她才叫幸运呢，是不是呀，莎莉？"

莎莉听着这些话，嘴边带着稳重的浅笑，一点也没不好意思，因为她已经习惯了她父亲这般调侃的话，但是她那种随和端庄的神情显得很迷人。

"您再不吃，饭就凉了，爸爸。"她一边说，一边挣脱出了他的怀抱，"您准备吃布丁了就叫我，好吗？"

又只剩他们两人了，阿瑟尔尼把锡酒杯端到嘴边，灌了一大口。

"要我说呀，还能有比英国啤酒更好喝的酒吗？"他说道，"让我们感谢上帝赐予我们简单的欢乐，烤牛肉、大米布丁、好胃口和啤酒。我曾经娶过一个淑女。我的上帝呀！可别娶什么淑女，我的老弟。"

菲利普哈哈大笑，他被这个场面搞得兴奋异常。这位穿着奇装异服的滑稽的小个子男人，周围是镶着护墙板的房间和西班牙风格的家具，可桌上摆着的却是地道的英国美食，这一切是那么不协调，但又那么雅致。

"笑什么，我的老弟，你肯定觉得不能娶一个不如你的老婆。你想要一位在学识上和你相当的妻子。你的脑子里充斥着志同道合的思想。这都是瞎扯，我的老弟呀！男人不会跟他的老婆谈论政治的，你觉得我会在意贝蒂懂不懂微分学吗？男人只想娶一个能给他做饭、照看孩子的老婆。两种女人我都娶过，我可知道这点。我们吃布丁吧。"

他拍了拍巴掌，很快，莎莉就出现了。她收拾餐盘时，菲利普想站起来帮她，可阿瑟尔尼拦住了他。

"让她自己收拾吧，我的老弟。她不希望你帮倒忙，是吧，莎莉？她不会觉得她在伺候你，而你一动不动地坐着是失礼。她才不会在乎什么该死的骑士风度呢，是吧，莎莉？"

"是的，爸爸。"莎莉羞涩地回答道。

"你知道我说的是什么意思吗，莎莉？"

"不知道，爸爸。可是您知道，妈妈不喜欢您说粗话。"

阿瑟尔尼放声大笑。莎莉给他们端来两盘大米布丁，淡黄色的布丁香喷喷、甜滋滋的，阿瑟尔尼津津有味地吃了起来。

"我们家有个不成文的规矩，那就是星期天的正餐是一成不变的。那是一种仪式。每年的五十个星期天顿顿要吃烤牛肉和大米布丁。但在复活节的星期天要吃羊肉和青豆，在米迦勒节①要吃烤鹅和苹果酱。这样我们可以把民族的传统保持下去。莎莉以后嫁人了，可能会忘记我教给她的很多东西，但她一定不会忘，如果想幸福安康，就必须在星期天的时候吃烤牛肉和大米布丁。"

"您要准备吃奶酪，就喊我一声。"莎莉面无表情地说道。

"你听说过翡翠鸟②的传说吗？"阿瑟尔尼说道。菲利普已经习惯了他的跳跃性思维，他经常从一个话题转到另一个话题，"当雄鸟在大海上飞翔时，如果飞不动了，它的伴侣

① 米迦勒节，基督教节日，每年 9 月 29 日。
② 翡翠鸟，也称翠鸟、太平鸟，代表祥和与繁荣。

就会飞到它的身下，用强有力的翅膀撑起雄鸟的身体。那就是男人需要妻子做的，像翡翠鸟一样。我和我第一任妻子一起生活了三年，她是个淑女，一年有一千五百英镑的收入，我们过去常常在位于肯辛顿区的红砖小楼里举办小型宴会。她是个迷人的女人。来参加我们的宴会的那些律师和律师太太啦，还有爱好文学的股票经济人啦、刚上台的政客啦，等等，他们都这么说。哦，人人都夸她是个魅力十足的女人。她给我准备去做礼拜的丝质帽子和长礼服，带我去听古典音乐会，还非常喜欢在星期天的下午去听演讲。她每天上午八点半准时坐下来用早餐，我如果起晚了，饭早就凉了。她读正经的书籍，欣赏正经的画作，喜欢正经的音乐。我的上帝，那女人让我感到无聊透顶！她现在依然很有魅力，还住在肯辛顿区的那幢红色砖楼中。墙上贴着莫里斯的墙纸，挂着惠斯勒的蚀刻画，还在举办着同样的小型宴会，从冈特餐厅买奶油沙司和冰块，一如她二十年前所做的那样。"

菲利普没有问这对不般配的夫妇是如何分开的，但是阿瑟尔尼自己告诉了他。

"贝蒂不是我的合法妻子，你知道。我的妻子不肯跟我离婚。孩子们是私生子，每一个都是，但是他们不都好好的吗？贝蒂是肯辛顿区那幢小红砖楼里的一位女仆。四五年前，我穷得实在过不下去了，我还得养活七个孩子，于是我去找我的妻子，恳求她帮帮我。她说如果我抛弃贝蒂出国的话，她会给我一笔钱。你觉得我能离开贝蒂吗？我们宁愿挨饿也要一家人待在一起。我妻子说我就爱贫民窟。我那时可是贫困潦倒到家了，跌到了社会的最底层。我如今在一家亚麻纺织品公司做新闻广告员，一周挣三英镑，最艰难的日子已经熬过来了。每天我都感谢上帝，因为我没有回到肯辛顿区的那幢小红砖楼里去。"

莎莉拿来了切达奶酪，阿瑟尔尼继续侃侃而谈。

"世人犯的最大错误就是认为人需要有钱才能养家糊口。你需要钱把孩子们培养成绅士和淑女，可是我不想让我的孩子成为绅士和淑女。莎莉再过一年就要自己赚钱养活自己了。她可以去制衣厂做学徒，对吧，莎莉？男孩子们要去为国家效劳，我想让他们参加海军，军人的生活快乐又健康，伙食好，收入也不错，退役后还有一笔养老金等着他们。"

菲利普点燃烟斗，阿瑟尔尼用哈瓦那烟丝自己卷了根烟抽。莎莉在清理桌子。菲利普本就是个矜持少言的人，一下子听了别人这么多隐私，多少让他有些不自在。阿瑟尔尼个头不大，嗓门不小，一副外国人的模样，再加上他的夸夸其谈，每句话都特意地强调，不免让人惊讶。菲利普由此又想到了克朗肖。阿瑟尔尼也有着相同的独立思想，相同的玩世不恭，但是阿瑟尔尼的性情比克朗肖欢快大咧得多。阿瑟尔尼的见解显然要粗俗些，他对抽象的东西不感兴趣，而正是这些抽象的东西使得克朗肖的谈吐有着非凡魅力。阿瑟尔尼对自己出身郡中望族十分骄傲，他给菲利普看了伊丽莎白时代一幢豪宅的很多照片，并告诉他：

"阿瑟尔尼家族居住在那儿已经有七个世纪了，我的老弟。啊，如果你能亲眼看看那些壁炉和天花板该有多么好呀！"

在护墙板上有个隐秘的小壁橱，阿瑟尔尼从里面拿出了一本家谱。他像孩子般扬扬得意地把它递给菲利普，这本家谱确实让人印象深刻。

"你看我们家的名字都是怎么重现的：索普、阿瑟尔斯坦、哈罗德、爱德华。我用家族的名字给我的儿子们命名，而女儿们，你瞧，我给她们取了西班牙名字。"

菲利普的心头漫过了一种不安的情绪，他觉得也许阿瑟尔尼说的所有故事不过是一个精心编造的谎言。他这么做倒不是出于卑劣的动机，可能仅仅是出于为了让人印象深刻，让人惊叹，甚至是为了唬人罢了。阿瑟尔尼曾告诉他自己在温切斯特公学受过教育，但是菲利普对仪态的差异很敏感，他和阿瑟尔尼接触时，没有感觉到他身上有在一所著名公学受过教育的特点。当阿瑟尔尼显摆他的祖先和很多名门望族联姻时，菲利普会好笑地暗自琢磨，阿瑟尔尼也许不过是温切斯特某个商人的儿子，他的父亲也许是拍卖商，或是煤炭商人，他同那个古老家族唯一的联系不过是姓氏的相似罢了，而他还把人家的家谱拿出来炫耀。

第八十八章

这时传来了敲门声，旋即一队孩子鱼贯而入。他们现在干净整洁，小脸被肥皂洗得洁白发亮，头发也梳理得整齐妥帖。他们要在莎莉的带领下一起去主日学校。阿瑟尔尼用他那戏剧化的、兴高采烈的方式和孩子们开着玩笑，你能看出来他很疼爱孩子们。他以孩子们的健康身体为傲，以孩子们漂亮的长相为荣。菲利普觉得孩子们在自己面前有点害羞，当他们的父亲发话他们可以走了的时候，他们显然如释重负，飞似的从房里跑了出去。过了几分钟，阿瑟尔尼太太进来了，她已经把头发上的卷发夹拿掉了，眼下正梳着优雅的刘海，身着一件朴素的黑色衣裙，帽子上插着些廉价的鲜花。进屋时，她正在把因劳作而又红又粗糙的手往一双黑色羔皮手套里塞。

"我要上教堂去，阿瑟尔尼，"她说道，"你还有什么需要吗？"

"只需要你的祷告，亲爱的贝蒂。"

"我的祷告对你没有什么用，你太长时间没有自己去做祷告了。"她笑着说。然后，她转向菲利普，拖长腔调慢吞吞地说："我没法把他硬拽去教堂，他比无神论者也好不到哪儿去。"

"她看上去难道不像鲁本斯①的第二个妻子吗？"阿瑟尔尼喊道，"她要是穿上十七世纪的服装，不也会尽显雍容华贵吗？要娶就娶这样的女人做老婆，我的老弟。你瞧瞧她的模样！"

"你一唠叨起来就没完没了，阿瑟尔尼。"她平静地回应道。

她终于扣上了手套，但在离开屋前，她转身冲菲利普露出一丝和蔼但略显尴尬的笑容。

"您留下来用些茶点再走，好吗？阿瑟尔尼喜欢找人聊天，能找到既能听他唠叨又足够聪明的人可不容易了。"

"他当然会留下来喝茶的。"阿瑟尔尼说道。当他妻子离开后，他又接下去说道："我坚持让孩子们去主日学校，我也喜欢贝蒂去做礼拜。我认为女人们应该信教。我自己虽然不信，但我喜欢女人和孩子信教。"

菲利普自己对涉及真理方面的事一向严谨有加，被他这种漫不经心的态度弄得有点吃惊。

"可是你让孩子们学习你认为不是真理的东西，你究竟是怎么想的呀？"

"如果这些东西是美的，我才不会介意它们是不是真理呢。如果它们既符合你的理性，又满足你的审美，那你的要求未免太高了吧。我想让贝蒂成为一名罗马天主教徒，想看着她头戴纸花冠皈依天主教，可她偏偏是个虔诚的新教徒，而且，宗教关乎人的气质。只要你有信教的思想，那么你对什么都会坚信不疑；如果你不信的话，那么硬生生塞到你脑子里的信仰没多久就会消失。也许宗教是最好的道德学校。

---

① 鲁本斯（Peter Paul Rubens，1577—1640），佛兰德斯画家。他画中的女子大都身材丰满，体格健壮。

宗教信仰就像你行医时使用的一种可以溶解另外一种药物的药剂,这种药剂本身没有什么功效,但是它能促进另一种药的吸收。你选择你的道德观念,因为它和宗教是结合在一起的,你失去了宗教信仰,但道德观念还在。一个人通过敬爱上帝学到善良德行,要比他通过熟读赫伯特·斯宾塞的哲学作品学到善良德行,更能成为一个好人。"

阿瑟尔尼的这套理论与菲利普的看法正好背道而驰。菲利普仍然把基督教看作耻辱的枷锁,认为人们要不惜代价地挣脱。在他的头脑里,他会不自觉地把这种观念与特坎伯雷大教堂里枯燥乏味的礼拜仪式,还有在布莱克斯达布尔阴冷的教堂中长达数小时的难熬的无聊时光联想到一起。在他看来,阿瑟尔尼刚才谈到的道德如果把使它合理的唯一的信仰抛在一边,这种道德观不过是一个软弱无力的神明保存的宗教的一部分。但是就在菲利普考虑该如何回答阿瑟尔尼时,后者随即对罗马天主教又脱口而出一番演讲,他似乎对自己发表高论要比与人讨论更感兴趣。对他而言,罗马天主教是西班牙的重要组成部分,而西班牙对他的影响甚大,意义深远,因为在他的婚姻生活中,他发现传统习俗让他不胜其扰,为了摆脱这种习俗,他逃到西班牙。阿瑟尔尼向菲利普描述了西班牙大教堂那昏暗巨大的圣堂、圣坛背面屏风上的大块黄金,镀金但有的已经褪色的奢华铁艺,教堂里香烟缭绕,一片肃穆。他手舞足蹈的手势和强调的语气使他的话更加让人印象深刻。在他的描述中,菲利普仿佛看到了穿着白色短亚麻细布法衣的教士们,后面跟着穿红法衣的襄礼员,从圣器室走向他们的席位。菲利普还仿佛听到了晚祷时单调的吟诵。阿瑟尔尼提到的地名——阿维拉、塔拉戈纳、萨拉戈萨、塞哥维亚、科尔多瓦①——就像一声声号角从菲利普心中吹过。他似乎看到在狂风刮过的黄褐色的旷野中，坐落着古老的西班牙城镇，在城镇中矗立着一堆堆巨大的灰色花岗岩石块。

"我一直认为应该到塞维利亚去看看，我喜欢那里。"菲利普随口说了这么一句。而阿瑟尔尼一只手戏剧性地高高举着，停顿了一会儿。

"塞维利亚！"阿瑟尔尼喊道，"不，不，千万别去那儿。一提塞维利亚，人们就会想到姑娘们踏着响板的节拍跳舞，在瓜达尔基维尔河畔的花园里大声歌唱，就会想起斗牛、香橙花、女人的薄头纱和马尼拉披巾②。那是喜歌剧和蒙马特尔的西班牙。这种轻浮的迷人之处只能给智力平平的庸人带来永久的乐趣。戴奥菲尔·戈蒂埃③把塞维利亚所有的一切都写完了。我们跟随其后的话，也只能是重复他的感受罢了。戈蒂埃胖乎乎的大手所触到的都是显而易见的东西。但那里除了显而易见的东西之外就没有别的了。那里的一切都留下了指印，都被磨损了。穆里略④是那儿的画家。"

阿瑟尔尼从椅子上站起来，走到那个西班牙式的橱柜前，打开门前精巧华丽的锁头，取下镀金铰链，拉开柜门，露出一排小抽屉。他从抽屉里拿出一摞照片。

"你知道埃尔·格列柯吗？"阿瑟尔尼问道。

---

① 阿维拉、塔拉戈纳、萨拉戈萨、塞哥维亚、科尔多瓦，这五个地方均为西班牙城市。

② 原文为西班牙语。

③ 戴奥菲尔·戈蒂埃（Pierre Jules Théophile Gautier，1811—1872），法国唯美主义诗人、评论家和小说家，"为艺术而艺术"的倡导者。

④ 穆里略（Bartolomé Esteban Murillo，1618—1682），西班牙巴洛克画家，风格柔和细腻。

"哦，我记得在巴黎时我的一位朋友对他推崇备至。"

"埃尔·格列柯就是托莱多的画家。贝蒂没找到我想给你看的那张照片。那张照片上的画正是格列柯所画的他钟爱的这座城市，这张画比任何一张照片都要真实。过来，坐到桌子边上来。"

菲利普往前拽了拽椅子，阿瑟尔尼把那张照片放到了他面前。菲利普好奇地看着它，很长时间都没有说话。他又伸手去拿其他照片，阿瑟尔尼把它们往他跟前推了推。他以前从来没看过这位高深莫测的大师的作品，看第一眼时，他对这幅好像随手乱画的作品感到困扰：人物的身子被拉得出奇地长，而头又非常小，神态很夸张。显然，这不是一幅现实主义的作品，然而就连在照片中，你也能感到纷扰的现实。阿瑟尔尼正在用生动形象的语句急切地解释着这张照片中的画，但菲利普只模模糊糊听到他讲的话。菲利普感到困惑，感到莫名其妙的感动。对他而言，这些画似乎有着某种特殊的意义，可他又不知道到底是什么意义。在有些肖像画中，男人们睁着忧伤的大眼睛，似乎在对你诉说着那些你不清楚的事情。还有穿方济各会或多明我会①长袍的长腿修士，一个个脸上都是心急如焚的神情，做着谁也不懂的手势。有一张是圣母升天的画面。还有一张画的是耶稣受难的场景，在这幅画中，画家以一种奇特的感情，成功地表明其实耶稣的身体并非人类肉身，而是神圣之躯。另外还有一张是耶稣升天图，画中的救世主腾空而起，直上最高天②，但其脚踩云端，

① 方济各会和多明我会是天主教的两大派别。方济各会修士披灰色会服，被称为"灰衣修士"；多明我会修士披黑色斗篷，被称为"黑衣修士"。
② 最高天，古宇宙论认为该处存有纯火，早期基督教认为该处是上帝的家园。

656

好似踏着坚实的土地。使徒们向上伸着双臂，衣巾飘动，露出狂喜的姿态，给人一种圣洁的快乐与狂喜的印象。这些画作的背景都是夜空：心灵的夜空，来自地狱的怪风吹得乱云飞渡，在一轮躁动的月亮的照射下，显得让人毛骨悚然。

"我在托莱不知见过多少遍那样的夜空。"阿瑟尔尼说道，"我有一个想法，埃尔·格列柯第一次来到这座城市时，就是这样的夜晚。这样的夜晚给他的印象非常深刻，让他无法离开半步。"

菲利普记起了克拉顿曾受到过这位奇怪的大师的巨大影响，自己这是第一次见到这位大师的作品。他觉得克拉顿是他在巴黎认识的所有人当中最有趣的一个人。克拉顿冷嘲热讽的态度，对人充满敌意的冷漠性格，使人很难了解他。回头想想，克拉顿身上似乎有一种悲剧的力量，他想在画作中将其表现出来，却只是徒劳。他的性格与众不同，在一个不再崇尚神秘主义的时代，他还故作神秘。他对生活没有耐心，因为他发现自己无法说出心中突如其来的模糊意念所暗示的东西。他的智力总是跟不上精神的步伐，所以他对埃尔·格列柯能感同身受也就毫不奇怪了，因为格列柯这位希腊人想出了一种新方法来表达心灵的渴望。菲利普又看了一遍这位画家给几位西班牙绅士画的肖像画，画中人满脸皱纹，留着尖尖的胡须，在简朴的黑衣和黑暗背景的衬托下，脸色显得十分苍白。埃尔·格列柯是心灵的画家，他画中那些绅士苍白又憔悴，并非因为身体劳累，而是因为精神受到压抑。他们的心灵受尽折磨。他们走路时对这个世界的美好无所察觉，他们的眼睛只盯着他们自己的心灵，他们被灵魂世界的荣耀之光弄得头晕目眩。没有哪个画家能像埃尔·格列柯那样无情地揭露了这世界只是一个暂时的栖身之所。他画里的人物通过他们的眼睛诉说着奇怪的渴望：他们的感官对声音、气味和色彩反应迟钝，却对心灵每次细微的感受敏锐得不可思议。这位伟大的画家满怀虔诚之心四处漫步，他的眼睛能看到圣徒们在密室中看到的东西，而他对此并不吃惊。他的唇边不带一丝微笑。

菲利普仍然没说话，目光又回到那张托莱多风景画的照片上。对他来说，这张画是所有画中最迷人的。他的眼睛片刻也不能离开它。他只是莫名觉得他就要对生活有新的发现了。这种冒险的感觉让他颤抖不已。一瞬间，他想到了他那场让他死去活来的爱情。比起如今在他心中悸动的兴奋，爱情似乎显得微不足道。他正在看的画很长，画上有一座小山，在小山上有很多房子。在画的一角，有个男孩正拿着一幅很大的城镇地图，在画的另一角是一个象征着塔古斯河①的古典人物。天空中，一群天使簇拥着圣母。这幅画作的景致与菲利普的观念相悖，因为他生活的圈子崇拜严谨的现实主义，但这幅画，再次让他觉得匪夷所思，他觉得画中的现实比他以前亦步亦趋模仿的大师的作品更加真实。他听阿瑟尔尼说这幅画作是如此的真实，以至于当托莱多的市民来看这幅画作时，他们都能认出自己的房子。画家用他的心灵之眼把所看到的东西丝毫不差地画了下来。在那座灰蒙蒙的城市中有一种脱尘超俗的气氛。这是一座在暗淡光线照射下的心灵之城，这种光线既不是夜晚的光线也不是白昼的光线。这座城市坐落在绿色的山冈上，但这绿色并不是一种属于尘世的色彩。城市四周是巨大的城墙和堡垒，人类发明的机器和工具不能摧毁它，只有祈祷和斋戒、悔悟的叹息、禁欲的苦修才

---

① 塔古斯河，位于欧洲西南部，源出西班牙东北部，下游流入葡萄牙境内。

能将其攻陷。这里是上帝的堡垒。建成那些灰色房子的石料连石匠也没见过，房子的样子有些可怕，你不知道什么人住在里面。你可能穿街过巷，发现房子里空无一人，却不显得空荡也不会感到惊讶。因为你感觉到有种无形的东西在里面，每一种内在的感觉都能够感知到。这是一座神秘的城市，想象力在此会受到牵绊，就像一个人从光亮处一脚踏入黑暗。灵魂在赤裸地走来走去，领悟那些不可知的事物，奇怪地感受到那种亲密但无法言说的体验，奇怪地感知到了绝对。在蓝色的天空中，你看到圣母身着红长袍，披着蓝斗篷，她的周围簇拥着长着翅膀的天使，你也不会感到惊讶。那蓝色天空中出现的景象之所以真实，是因为它是由灵魂所感受到的，而不是用眼睛看到的而。天空中的片片云朵被奇异的微风吹得四处漂动，那微风就像是堕入地狱的亡魂的哭喊和叹息。菲利普觉得那座城市的居民就是看到特异现象也不会惊奇，他们会心怀虔诚和感恩，继续前行。

阿瑟尔尼还谈到西班牙的神秘主义作家，有特蕾莎·德阿维拉、圣胡安·德拉克鲁兹、迭戈·德莱昂修士等人，这些人都对菲利普在埃尔·格列柯的画作中感受到的那种不可见的灵魂世界极为感兴趣。他们似乎都有能力去触摸无形的东西和看见不可见的事物。他们是那个年代的西班牙人，激动地见证了一个伟大国家的开疆拓土：他们的想象中都在美洲取得的荣耀和加勒比海的绿色岛屿；在他们的血管中，流淌着与摩尔人长期作战的力量之血；他们自豪与骄傲，因为他们是世界的主人；他们心中有广袤的疆土、黄褐色的荒原、白雪皑皑的卡斯蒂利亚山区、阳光和蓝天，以及安达卢西亚长满鲜花的平原。生活充满激情，丰富多彩，因为生活给予得太多，所以他们躁动不安，渴望更多。因为他们是人，所以会欲求不满。他们把热切的活力用于激烈地追求某种无法言喻的东西。阿瑟尔尼在闲暇时喜欢翻译诗歌自娱，他很高兴能找到一位知音把自己翻译的诗歌读给他听。阿瑟尔尼用悦耳、带着颤音的声音背诵灵魂和她的爱人耶稣的赞美诗，就是路易斯·德莱昂修士那首以"一个黑沉沉的夜[①]"和"万籁俱寂[②]"开篇的抒情诗。阿瑟尔尼用朴实的语言把它们翻译过来，但也并非没有技巧，无论如何他总能找到恰当的措辞去对应原作的粗犷雄浑之风。埃尔·格列柯的画作诠释了诗歌的真谛，而诗歌又对格列柯的画作做了最好的解读。

菲利普早就对理想主义有一种不屑的观念，他总是对生活充满激情，在他看来，理想主义者在面对现实生活时总是怯懦地逃避。理想主义者逃避是因为他不能忍受人群中的竞争与冲撞；他没有力量去抗争，所以把争斗说成是粗俗的。他虚荣自负，每当同伴对他的评价与他对自己的评估不符，他就蔑视同伴，来安慰自己。在菲利普看来，海沃德就是这样的人。海沃德过去英俊潇洒，懒懒散散，现在他身材发福，头发稀疏，但仍然对自己仅存的风韵格外珍视，仍然在精心地计划自己未来要有所作为；而在这一切的背后是一瓶瓶威士忌，以及街上的低俗艳遇。与海沃德所代表的生活态度不同，菲利普想大声疾呼生活就维持现在的这种样子，肮脏、罪恶、缺陷，这些都不能引起他的不快。他声称他希望人们在生活中保持最真实的一面，当卑鄙、残忍、自私或者贪欲出现在他眼前时，他就会兴奋得直搓手：那才是事情真实的样子。在巴黎，他已经知道生活中既没有丑，也没有美，只有事实。对美的追求不过是感情用事罢了。为了摆脱"美"

---

① 原文为西班牙语。
② 原文为西班牙语。

的专制，他不也曾在一张风景画上画了个推销巧克力的广告吗？

　　但是，现在他似乎又领悟了某种新的东西。他对此一直有些感觉，但始终不能确定，直到现在他才突然意识到这一点。他觉得自己正处于某种新发现的边缘，隐约觉得它是比自己一直推崇的现实主义还要好的东西，当然了它也不是那种消极避世的、懦弱逃避的理想主义。它很强大，很有气魄，无论生活中的活力与欢欣、丑陋与美丽、懦弱与勇敢，它统统都接受。它仍然是现实主义的，不过是一种更高层次的现实主义。在这种现实主义中，事实被置于更为强烈和明亮的光线之下，能够被清晰地发现。通过那些已故的卡斯蒂利亚的贵族的严肃目光，菲利普似乎能更深刻地看透事情的本质。而那些圣徒的姿态，起初看上去似乎有些狂热和扭曲，可现在看起来其中具有神秘的深意，但是菲利普又说不出这深意到底是什么。这就像他收到了一条非常重要的电报，但电报是用一种陌生的语言写成，他根本无法看懂。他总是在寻找生命的意义。现在这儿似乎给他提供一份答案，可又模糊不清、晦涩难懂。他陷入了深深的困惑之中。他好像看到了像是真理的东西，就像在漆黑的暴风雨之夜，借着闪电看到山峦一般。他似乎突然意识到一个人的人生是不能靠运气的，自己的意志是强大的；他似乎也明白了克制自己可以同沉溺于情欲一样强烈，一样活跃；他似乎还明白了精神生活也可以跟现实生活一样，可以是多方面的、变化的和丰富多彩的；就像在现实生活中一个人可以开疆拓土，探索未知的领域，在精神生活中同样也可以如此。

第八十九章

　　菲利普和阿瑟尔尼之间的谈话被一阵上楼梯的声音打断。孩子们从主日学校回来了，阿瑟尔尼为孩子们打开门，他们大声说笑、喊叫着进了屋。阿瑟尔尼高兴地问了他们今天都学到了什么。莎莉只露了一下面就离开了，转达了她妈妈的口信，然后在爸爸和其他弟弟妹妹玩的时候，她就去准备茶点。这时阿瑟尔尼开始给孩子们讲汉斯·安徒生的童话。这些孩子都不算害羞，他们很快得出结论：菲利普并不可怕。简走过来，先是站在菲利普身旁，没过一会儿就爬上了他的膝头。菲利普在他孤独的生活中第一次置身于一个家庭中，当漂亮的孩子们全神贯注地听童话时，菲利普用含笑的目光注视着他们。他这位新朋友的生活，乍看起来好像有些奇怪，可现在却显出一种十分自然的美妙之感。这时，莎莉又走了进来。

　　"现在，孩子们，茶点已经准备好了。"她说道。

　　简从菲利普的膝头滑下来，他们一起去了厨房。莎莉开始把桌布铺到长长的西班牙式的桌子上。

　　"妈妈说，要她过来和你们一起用茶点吗？"莎莉问道，"我可以照顾孩子们用茶点。"

　　"告诉你妈妈如果她能赏光过来陪着我们，我们将不胜荣幸和骄傲。"阿瑟尔尼说道。

在菲利普看来，阿瑟尔尼不张嘴则已，一开口就是一副演说家的做派。

"那好，我给她也摆上餐具。"莎莉说道。

过了一会儿，她又进来了，手里拿了一个托盘，上面放着一个农家面包、一块厚厚的黄油和一小罐草莓酱。她把东西放到桌上后，她父亲又开始跟她开上了玩笑。他说现在到了她出门见世面的时候了。阿瑟尔尼跟菲利普说，莎莉可骄傲了，成双的追求者要么等在家门口，要么等在主日学校的门口，巴不得能陪她走一段，可她丝毫不动心。

"您就拿我开玩笑吧，爸爸。"莎莉说道，露出那种慢悠悠的、好脾气的微笑。

"瞧瞧，你肯定想不到，一个裁缝的助手因为她不愿跟他打招呼一气之下报名参了军；还有一个电气工程师，注意，是个工程师呀，因为她拒绝和他在教堂里合看一本赞美诗的小册子，就开始酗酒了。我真不敢想象，如果她把头发盘起来①，会出现什么情况。"

"妈妈自己会把她的茶点带过来。"莎莉说道。

"莎莉从来就不注意听我的话，"阿瑟尔尼哈哈大笑，用疼爱、骄傲的目光看着她，"不管外面的世界是发生战争、革命还是动乱，她都满不在乎，一心只做自己的事情。她以后绝对会成为一个诚实小伙子的贤惠妻子的！"

阿瑟尔尼太太端着茶点进来了，她坐了下来，动手切面包和黄油。她对待自己的丈夫就像对待一个孩子，这让菲利普忍俊不禁。她给阿瑟尔尼涂果酱，把面包和黄油切成他方

———————

① 姑娘把头发盘起来是成年的象征。

便吃的一块块小长条。她已经摘了帽子，但还穿着礼拜天的衣裙，衣服看上去似乎有点紧，她有点像菲利普小时候和他伯父一起去登门拜访的某个农夫的妻子。这时他才恍然大悟为什么她的声音听上去那么熟悉，她讲话的口音就是布莱克斯达布尔一带的口音。

"您的老家在哪里？"菲利普问她。

"我是肯特郡人，老家在费尔恩。"

"我想也是。我伯父是布莱克斯达布尔的牧师。"

"那可真是太巧了，"她说道，"我刚才在教堂里还琢磨呢，你该不会是凯里先生的亲戚吧。我以前总见到他，我的一个表姐就嫁给了洛克斯利农场的巴克尔先生，农场就在布莱克斯达布尔教堂的边上。我小时候经常过去他们家住。真是太有意思啦，不是吗？"

阿瑟尔尼太太怀着一种新的兴趣看着菲利普，她黯淡的眼睛又放出熠熠的光了。她问菲利普是否知道费尔恩这个地方。那是离布莱克斯达布尔大约十英里的一个美丽的小村庄，在庄稼收获的季节，费尔恩村的牧师也会去布莱克斯达布尔做感恩祈祷。她提到了住在附近的农夫的名字，高兴地再次聊起她度过青春时期的乡村。对于她来说，凭她这个阶层的女人所特有的记忆力，满心欢喜地回忆起那里的一草一木和记忆中的人们。这让菲利普也感到莫名的激动，一缕乡村的气息似乎飘进了伦敦中心带有护墙板的房间。菲利普好像看见了生长着一排排挺直的榆树的肯特郡肥沃的土地，呼吸到了空气的芬芳，这种气味里充满了北海海风的咸味，因此更加浓烈。

菲利普直到晚上十点钟才离开阿瑟尔尼家。孩子们在八点钟的时候进来跟菲利普说晚安，很自然地把小脸仰起来让菲利普亲吻，菲利普从心底里喜欢这些孩子，只有莎莉向他伸出了手。

"莎莉从不亲吻某位初次见面的绅士。"她的父亲戏谑道。

"那你一定得再请我来呀。"菲利普说道。

"您千万别把我爸爸的话当真。"莎莉笑着说道。

"她是个最守规矩的姑娘。"她的父亲又补充道。

当阿瑟尔尼太太哄孩子们上床睡觉的时候，菲利普和阿瑟尔尼吃了面包和奶酪，喝了啤酒，作为晚餐。然后，菲利普走到厨房跟阿瑟尔尼太太道别（她一直坐在那儿休息，读着《每周快报》当作消遣），她真心实意地邀请菲利普下次再来。

"只要阿瑟尔尼还有份工作，每个星期天家里总有一顿好吃的。"她说道，"您能过来和他聊聊天，真是太好了。"

在接下来的周六，菲利普收到了一张阿瑟尔尼寄来的明信片，说一家人期待他周日来家里吃午饭。但是菲利普担心他们家里并不像阿瑟尔尼说的那么宽裕，所以菲利普写了封回信，说他只去用茶点就可以了。菲利普买了一个大葡萄干蛋糕，以便对方招待他能少花费些。去了后，菲利普发现阿瑟尔尼一家人都很欢迎他，他带去的蛋糕完全征服了孩子们。菲利普坚持和大家一道在厨房用茶点，席间热热闹闹，充满欢声笑语。

很快菲利普养成了每个周日去阿瑟尔尼家的习惯，他成了孩子们最喜欢的客人，因为他很淳朴，态度诚恳，还有就是显然他也喜欢孩子们。只要一听到菲利普按门铃的声音，就会有一个小脑袋伸出窗外，看是不是他来了，然后孩子们都冲下楼梯，忙不迭地为他打开门，扑进他的怀中。在用茶点时，他们开始为坐在他身边争得不可开交。没过多久，他们就开始称呼他为菲利普叔叔了。

阿瑟尔尼很健谈，菲利普渐渐了解了他生活不同阶段的经历。阿瑟尔尼干过很多行当，但菲利普的印象是：不管干什么，阿瑟尔尼都会弄得一团糟。阿瑟尔尼曾经在锡兰①的茶园里干过，还在美国做过意大利葡萄酒的旅行推销员，他在托莱多任水厂秘书的时间比他干任何工作的时间都长。他做过记者，有一阵子他还为一家晚报做专门报道治安法庭审理案件的记者，在英国中部地区的一家报社做过文字编辑，在里维埃拉②的另一家报社做过编辑。阿瑟尔尼从他丰富的从业经历中收集了很多有趣的奇闻逸事，当他想娱乐一下时，就会兴致勃勃地把这些逸事讲给别人听。阿瑟尔尼读过不少书，尤其喜欢读与众不同的书。他侃侃而谈书中那些深奥难解的逸事，看到听者吃惊的表情，他就会像孩子一样沾沾自喜。三四年前，阿瑟尔尼陷入了穷困潦倒的境地，不得不接受了一份给一家大成衣公司做新闻代理的差事。虽然他认为自己极有才干，觉得做这份工作对他来说是大材小用了，可在他妻子的坚持下，又因为有一大家子人需要他养活，他只能硬着头皮干下去了。

---

① 锡兰是斯里兰卡的旧称。

② 里维埃拉，地中海沿岸地区，包括意大利和法国的部分地区。

第九十章

　　菲利普离开了阿瑟尔尼家，出了大法官巷，沿着斯特兰德街走到议会大街的尽头去坐公共汽车。这是个星期天，他结识阿瑟尔尼一家已经有六个星期了，他像平常一样去坐公共汽车，但是他发现开往肯宁顿的公共汽车已经坐满人了。时值六月，下了一天的雨，晚上变得潮湿阴冷。他向皮卡迪利广场走去，从那儿上车应该能有座位。公共汽车在喷泉旁边停靠，当车到该站时，车上一般也就两三个人。公共汽车每隔一刻钟一班，所以他还得等会儿。他有点百无聊赖地看着人群，酒吧马上要打烊了，可门口还有很多人走动。菲利普脑子里转着一些念头，这些念头是在阿瑟尔尼旁征博引、高谈阔论的启发下萌生出来的。

　　突然，菲利普的心猛然间像是不再跳动了——他看到了米尔德里德。他已经有好几个星期没再想到过她了。此时，她正准备从沙夫茨伯里大街的拐角穿过大街。她停在一个雨篷下，等着一排出租马车驶过，正找机会穿过马路，所以眼睛没有看别处。米尔德里德戴着一顶上面有很多羽毛的黑色的大草帽，穿着一身黑色的丝绸衣裙，裙摆很长，那个时候，女人们时兴穿拖裙。马路清静了，米尔德里德穿过了马路，她的裙摆拖在地面上，向着皮卡迪利大街走去。菲利普觉得

667

心怦怦跳得很快，他跟在了她后面。菲利普并不想跟她说话，但是他想知道这个时间她要去哪儿。另外，他还想看一眼她的脸。米尔德里德走得很慢，随后她转向了艾尔大街，又穿过摄政街，向皮卡迪利广场走去。菲利普有些迷惑，搞不清楚她究竟要干什么。她也许正在等某个人吧。菲利普很好奇，想知道她等的是什么人。她赶上了一个戴着圆顶礼帽的小个子男人，那个男人跟她向同一个方向慢慢地走着，当她从他身边走过时，偷偷瞟了他一眼。她又向前走了几步，在斯旺-埃德加商场外停下了脚步，面对着大街等在那儿。当那个小个子男人走近时，米尔德里德又冲他一笑，那男人盯着她看了一会儿，然后转过头去，又继续向前漫步而去。这时，菲利普突然明白了一切。

他的心被恐惧攫住了。有一阵子他觉得双腿发软，几乎都站立不稳了。然后，他快步向米尔德里德走去，走近她身旁时，用手碰了碰她的胳膊。

"米尔德里德。"

米尔德里德被吓了一跳，急忙转过身来。菲利普觉得她的脸红了，但是在黑暗中，他看得不是很清楚。有好一阵子，他们就站在那儿，彼此看着对方，谁也没有说话。终于，米尔德里德开口说话了：

"没想到会在这儿看见你。"

菲利普不知道该如何回答才好，他浑身颤抖着。脑海里涌现出千言万语，一切似乎都非常戏剧化。

"太可怕了。"菲利普喘着粗气，几乎是在喃喃自语。

米尔德里德什么话也没说，扭过头去，低头看着人行道。菲利普觉得自己的脸因为痛苦而变得扭曲了。

"我们能找个地方聊聊吗？"

"我不想跟你聊。"米尔德里德沉着脸说,"别烦我了,行吗?"

菲利普突然想到她可能急需用钱,这会儿还走不开。

"我身上还有几个金镑,如果你手头实在太紧的话。"他脱口而出。

"我不明白你的意思,我走到这儿是因为这是我回家的必经之路,我想等一位和我一起工作的姑娘。"

"看在上帝的分上,你现在就别说谎了。"菲利普说道。

随后,他看见米尔德里德哭了起来,他又重复了一遍刚才的问题。

"我们能找个地方聊聊吗?我能去你家吗?"

"不行,你不能去。"她抽泣着,"他们不准我把男人带到那儿去。要是你愿意,我明天去见你。"

菲利普敢肯定她到时一定会失约的,这回他不会让她这么轻易走掉的。

"不行。你现在必须带我随便去个什么地方。"

"好吧,我知道有个房间,但是他们会收六个先令。"

"我不介意。它在哪儿?"

她跟他说了个地址,他叫了一辆出租马车。马车驶过大英博物馆,来到格雷酒店路附近的一条破旧的街道。米尔德里德叫马车停在路的拐角处。

"他们不喜欢你把马车驶到门口。"米尔德里德说道。

这是他们俩自上车以来说的第一句话。下车后,他们又步行了一小段距离,米尔德里德在一个房门前用力敲了三下。菲利普注意到在气窗上有个硬纸板,上面写着公寓出租的广告。大门静静地打开了,一个高个儿的老女人让他们进了门。她看了菲利普一眼,然后低声跟米尔德里德嘀咕了几句。米尔德里德领着菲利普沿着一条走廊到了房屋后面的一个房间。房间很黑，米尔德里德向菲利普要了一根火柴，点燃了煤气灯。灯上没有罩子，火焰显得很耀眼。菲利普环顾四周，发现自己置身一间又脏又小的卧室中，屋里有一套家具，漆成了松木的颜色，对这个房间来说，家具显得太大了。带着花边的窗帘也很脏，铁格栅上遮着一把大纸扇。米尔德里德一屁股坐在壁炉边的椅子上，菲利普则坐在床边，觉得尴尬得要命。他现在注意到米尔德里德的双颊涂了厚厚的胭脂，眉毛也画得乌黑，但她看上去很瘦弱，病恹恹的样子，脸上的红胭脂让她那白里泛青皮肤更显眼。她无精打采地盯着那把纸扇，菲利普也不知道该说些什么，菲利普觉得喉咙处哽着块儿东西，好像马上就要掉下泪来。他用双手蒙住了眼睛。

"我的上帝，太可怕了。"他呻吟道。

"我不知道你在大惊小怪什么呢。我本以为你看到我这般下场，高兴还来不及呢。"

菲利普没有吭声，过了一会儿米尔德里德又哭了起来。

"你不会以为我干这行是因为我喜欢吧？"

"噢，亲爱的，"菲利普大声说，"我很难过，我真的很难过。"

"那对我可真有帮助。"

菲利普再次发现他无话可说，他害怕自己无论说什么米尔德里德都会觉得自己在指责和耻笑她。

"孩子在哪儿？"菲利普最后问道。

"我把她接到伦敦了。我没钱把她寄养在布赖顿，所以不得不自己带她。我在海伯里那边租了个房间，跟别人说我是个演员。每天从住处到西区来路途很远，但要找一个愿意把房子租给女人的房东太难了。"

"他们不让你再回店里工作了？"

"我去哪儿都找不到工作，为了找个活儿干我把腿都跑断了。我有一次确实找到了一份工作，可因为我身体不太舒服，请了一周的假，当我再回去的时候，他们说不再需要我了。也不能怪他们，不是吗？他们那种地方，可用不起身体不好的姑娘呀。"

"你现在看上去不怎么好。"菲利普说道。

"我今晚本来不适合出门，可我没办法呀。我需要钱，我给埃米尔写信，告诉他我山穷水尽了，但他从来没给我回过信。"

"那你应该给我写信呀。"

"我不想给你写信，在发生了这么多事以后，我就不想那样做了。我不想让你知道我的困境。如果你跟我说，我这是罪有应得，我一点也不感到奇怪。"

"你太不了解我了，即使到了今天你也不了解，是不是?"

有好一阵子菲利普又想起他过去因她而遭受的痛苦，痛苦的回忆让他恶心想吐。然而，回忆毕竟是回忆，他在看她时，知道自己已经不再爱她了。虽然为她感到难过，但他很高兴自己对往事终于能释怀了。他认真地观察着她，同时扪心自问：究竟为什么当初自己会被她迷得神魂颠倒。

"你真是个不折不扣的绅士，"米尔德里德说，"你是我这辈子遇到的唯一的绅士。"她沉默了半晌，然后又涨红着脸说道："我实在不好意思开口的，菲利普，不过你能借我点钱吗？"

"所幸我身上还带了点钱，但恐怕只有两英镑。"

他把钱给了她。

"我会还你的，菲利普。"

"哦，那没关系，"菲利普笑着说，"你别放在心上。"

菲利普想说的话一句也没说。他们很自然地聊着天，好像什么事都没发生过一样。不过哪怕她现在就得重新回到那可怕的生活中去，他好像对此也无能为力了。米尔德里德起身去拿了钱，两人都默默地站立着。

"我耽误你的时间了吧？"她问道，"我想你一定是想回家了。"

"不，我不急。"菲利普答道。

"我很高兴终于能有机会坐下休息会儿了。"

米尔德里德的这句话，以及话的背后无意中透露出来的信息，撕扯着菲利普的心。看着她疲惫地坐回了椅子上，真是令人痛苦。屋里又是好长一阵沉默，在尴尬中，菲利普点燃了一支烟。

"你真是个大好人，你一句不中听的话也没说，菲利普。我原以为你会说出不知多么难听的话呢。"

菲利普看到米尔德里德又哭了，让他想起了埃米尔·米勒抛弃她时，她是如何跑到他跟前痛哭流涕的。一想到她所遭的罪和他自己遭受的屈辱，对她的同情更是一发不可收拾。

"如果我能摆脱这一切就好了！"米尔德里德呻吟着说，"我恨透了这种生活。我不适合这种生活，我根本不是那种干这行的姑娘。要是能摆脱这种日子，我愿意做任何事。哪怕做个女仆我都愿意。噢，我要是死了就好了。"

米尔德里德自艾自怜，整个人现在都崩溃了。她歇斯底里地呜咽，瘦弱的小身板颤抖着。

"噢，你不知道那种日子是什么滋味，没人会知道，除非他们真的体验一下。"

菲利普不忍心看她痛哭。想到她处于这么可怕的境况中，他也心如刀绞。

"可怜的人，"菲利普喃喃低语，"可怜的人呀。"

他感慨万千。突然他想到一个主意，这主意让他欣喜若狂。

"对了，如果你想摆脱这种日子，我倒是有个主意。我现在的手头也很紧，得尽可能地缩减开支。我在肯宁顿的一幢公寓楼中租了一套房间，还有一个空闲的房间。要是你愿意，你和孩子可以搬过来住，我雇了个钟点女工，每周付她三先令六便士帮我打扫卫生，给我做点吃的。你应该能干这点活儿，你吃饭的花销也不会比我省下给她的工钱多到哪里去。况且两个人吃饭相比一个人吃饭也多花不了什么钱，我想孩子更不会吃太多。"

米尔德里德不再哭了，抬眼看着菲利普。

"你的意思是说发生了这么多事后，你还能让我回到你身边？"

菲利普的脸红了，对他要说的话感到很窘迫。

"我不想你误解我。我只是给你提供一间不需要我额外付钱的房间和一日三餐。你只需把那个钟点女工的活儿做了就好。除此以外，我对你别无他求。我敢说你做的饭一定很好吃。"

米尔德里德从椅子上一跃而起，就要朝菲利普走去。

"你对我太好了，菲利普。"

"别这样，请你在原地站着就好了。"菲利普急忙说道，同时伸出他的手，好像要把她推开一样。

他不知道为什么，一想到米尔德里德要碰他，就浑身不自在。

"我们之间仅仅是朋友。"

"你对我太好了，"米尔德里德重复道，"你对我真是太好了。"

"那就是说你会来喽？"

"哦，是的，只要摆脱目前这种生活，我干什么都行。你不会为你所做的后悔的，菲利普，绝不会。我什么时候能搬过去呢？"

"你最好明天过来。"

突然，米尔德里德又放声大哭了起来。

"你到底怎么回事呀，干吗现在又哭了？"菲利普笑着说。

"我对你感激不尽，我不知道我能做些什么来补偿你？"

"哦，没关系的。你现在最好回家吧。"

菲利普给米尔德里德写下了地址，告诉她如果在早晨五点半能来的话，他会把一切安排妥当的。天太晚了，他只能步行回家了。但这段路似乎并不长，因为他陶醉在喜悦中，好像在空中行走一般。

第九十一章

第二天菲利普早早就起了床，把房间给米尔德里德收拾妥当。他告诉那个照顾他生活的女人，他不再需要她来打扫卫生和做饭了。六点钟左右的时候，米尔德里德来了，那时菲利普正在窗口那儿往外看，忙跑下楼给她开门，帮她把行李搬上来。所谓行李，不过是用棕色纸包着的三个大包裹，因为她已经把不是必需品的东西都变卖了。她还穿着昨晚的那件黑色丝绸衣裙，尽管现在她脸上没有涂胭脂，但早上只胡乱洗了一把脸，眼圈周围仍是黑的。这让她看上去病恹恹的。当她怀抱着孩子，从出租马车上下来时，一副悲惨的可怜样。她似乎有一点不好意思，两人发现彼此没有什么可说的，只是平淡地寒暄了几句。

"真不错，你还能找到这儿。"

"我以前从没在伦敦的这个区域住过。"

菲利普给她看了房间，就是克朗肖在此去世的那个房间。菲利普一直不想搬回这个房间住，他自己想想也觉得不可理喻。克朗肖去世后，菲利普还一直住在小房间里，在一张折叠床上睡觉。当初他自己搬到小房间是为了让他的朋友住得舒服些。米尔德里德怀中的孩子睡得很熟。

"我想你可能认不出她了。"米尔德里德说道。

"自从我们把她送到布赖顿后，我就没见过她。"

"我把她放哪儿呢？她太沉了，我抱不了太长时间。"

"我这儿恐怕还没有摇篮哩。"菲利普说道，有些不知所措地笑了笑。

"哦，她和我一起睡，一直都是这样。"

米尔德里德把孩子放在扶手椅中，四下打量了一下房间。她认出大多数的物件都是她在菲利普原来的住处见过的。只有一件东西是新的，那就是劳森去年夏末的时候给菲利普画的半身像，悬挂在壁炉上方，米尔德里德用挑剔的眼光看着它。

"在某些方面我喜欢它，而在另外一些方面我又不喜欢。我觉得你本人比画上的你漂亮多了。"

"太阳从西边出来了，"菲利普哈哈大笑，"你以前可从来没说过我长得好看呀。"

"我不是一个在乎男人长相的人，我不喜欢长得好看的男人。在我看来，他们太自负了。"

她的目光在房间里巡视，本能地想找一面镜子，但没有找到。她只好举起手，拍了拍她浓密的刘海。

"我住在这儿，这幢楼里的其他人会怎么说？"她突然开口问道。

"哦，住在这儿的只有一对夫妇，男的整天不在家，女的除了在周六我去付房租的时候能见着她一面，其余时间从没见过她。这对夫妻不跟别人交往。自从我来了以后，跟他们哪一位说的话也没超过两句。"

米尔德里德走进卧室，打开包裹，把自己带来的东西收拾整理好。菲利普想看会儿书，但是他太高兴了，于是他把身子往椅子上一靠，点着了一支香烟，笑眯眯地看着熟睡中的孩子，觉得非常幸福。然而，他十分肯定自己对米尔德里德已经完全没有爱情了。他也很吃惊过去的感情能够消失得如此彻底。他还能感觉到自己对她在生理上有一种隐隐的厌恶。他想如果自己碰她的话，准会起鸡皮疙瘩。他不明白自己为什么会这样。过了一会儿，传来敲门声，米尔德里德又进来了。

"我说，你不需要敲门。"他说道，"你参观完我们的豪宅了吗？"

"这厨房可是我平生见过的最小的。"

"你会发现，对于做一顿丰盛大餐来说，它足够大了。"菲利普轻快地回敬道。

"我看厨房什么也没有，我最好出去采购点东西。"

"可以呀，不过我冒昧地提醒你，我们必须精打细算地过日子。"

"我买点什么来准备晚饭呀？"

"你最好买点你会做的食材。"菲利普哈哈大笑。

菲利普给了她一些钱，她就出门了。半个小时后，米尔德里德回来了，把买的东西放在桌子上。她因为爬楼梯有点上气不接下气。

"我说，你这是贫血的表现呀。"菲利普说道，"我有空给你去开点布劳德氏药丸。"

"找商店费了我点工夫，我买了点猪肝。猪肝的味道不错，对吧？而且一次又不能吃太多，所以比肉店里的肉更实惠。"

厨房里有一个煤气灶，米尔德里德把猪肝炖到灶上，然后又走进起居室，在桌子上铺桌布。

"你干吗只安排一个人的位置呀？"菲利普问道，"你不打算吃东西吗？"

米尔德里德的脸红了。

"我想你可能不愿意让我跟你一起吃饭。"

"我怎么会不愿意?"

"嗯,我只是个用人,不是吗?"

"别傻了,你怎么能说出这样的傻话?"

菲利普笑了,但是米尔德里德的谦卑让他很揪心。可怜的人呀!他想起了他第一次见她时她拒人于千里之外的样子。他犹豫了片刻。

"别老想着我对你有恩,"他说道,"我们只是交易,我给你提供食宿,你为我干些活儿。你不欠我任何东西,更不用表现得低三下四的。"

米尔德里德没有回答,但是大颗的泪珠从脸颊滚滚而下。菲利普凭他在医院的经验知道,像她这个阶层的女人把伺候人看作一件丢人的事。他对她有点不耐烦了,但很快又有些自责,因为很明显她很累,而且身体不好。他站起身帮她在桌子上也安排了一个位置。孩子这会儿醒了,米尔德里德早就给她准备了一些梅林婴儿食品。猪肝和培根肉做好后,他们坐下来吃饭。为了节省生活费,菲利普已经在用餐时只喝水不再喝酒了,但是他在家还留了半瓶威士忌,他想喝上一点可能对米尔德里德有好处。他尽最大的努力让晚餐轻松愉快,但米尔德里德始终郁郁寡欢,显得疲惫不堪。他们吃完饭,她站起身把孩子放到床上。

"我想早点儿睡对你有好处,"菲利普说道,"你看上去累坏了。"

"我洗好碗碟就睡。"

菲利普点上烟斗,开始看书。听见有人在隔壁房间里走动让人心情舒畅。有时孤独总让他感觉压抑。米尔德里德进来收拾桌子，然后他又听见她洗盘子、碟子的声音。菲利普脑海中浮现出她穿着黑色丝绸衣裙做这些活的情景，倒是别具一格，怪有特色的。不过他还得用功，菲利普把书拿到桌上。他正在看奥斯勒的《内科学》。最近这本书深受学生们的喜爱，已经取代了使用多年的泰勒写的教材。不一会儿，米尔德里德走进来，边走边放下卷起的袖子。菲利普漫不经心地瞟了她一眼，但没动。这场景有点怪怪的，他觉得有点紧张，他怕米尔德里德可能误会他会有什么越轨的举动，而除了狠心的方式，他又不知道怎么能让她放心。

"顺便说一句，我明天上午九点有一节课，我想在八点一刻吃早餐，你能做好吗？"

"哦，没问题。我在议会街工作那会儿，每天早上都得赶八点十二从赫恩山发出的列车。"

"我希望你能觉得房间还算舒服，在床上休息一晚后，明天就会容光焕发的。"

"我想你看书得看到挺晚吧？"

"我一般要看到大约十一点或十一点半。"

"那我得跟你说晚安了。"

"晚安。"

他俩之间隔着桌子，他没法伸出手跟她握手。米尔德里德轻轻地关上了门。菲利普听见她在卧室里走动的声音。又过了一会儿，他听见她上了床，床板发出了嘎吱声。

第九十二章

第二天是星期二。菲利普像往常一样匆匆忙忙吃了早餐，然后冲出家门去赶着上九点钟的课。他只有一点时间简单地跟米尔德里德说几句话。当他晚上回来的时候，发现她正坐在窗户边，在补他的袜子。

"我说，你也太勤快了。"他笑着说，"你一整天在家都干什么啦？"

"哦，我把家里打扫完后，抱着孩子出去溜达了一会儿。"

她穿着一件旧的黑裙子，和她在糕点店当服务员时的制服一样。衣服已经破旧，但是她穿在身上比昨天穿的那件丝绸衣裙看上去要好得多。那孩子正坐在地板上玩，睁着好奇的大眼睛仰头看着菲利普，菲利普在孩子身边坐下，开始逗弄她光着的小脚趾，她突然笑出声来。午后的阳光洒入房间，投射进柔和的光线。

"回家时，发现家里有人，真让人觉得快乐呀。女人和孩子是家里最好的装饰。"

菲利普已经去医院药房开了一瓶布劳德氏药丸，他把药给了米尔德里德，告诉她要饭后服用。这是她过去常常服用的药，在十六岁后就陆陆续续地开始吃了。

"我敢保证以劳森的眼光他会喜欢你这种泛着青色的皮

肤的。"菲利普说道，"他会说这种皮肤是最宜入画的。但我现在更务实一些，直到看到你像个挤奶女工一样皮肤白里透红，我才踏实开心呢。"

"我感觉已经好多了。"

在一顿简单的晚饭之后，菲利普在他的烟袋里装满了烟草，戴上了帽子。通常他在每个星期二都会去比克街的一家小酒馆，他很高兴在米尔德里德来后不久这个日子就到了，因为他想让自己和她之间的关系绝对清清白白。

"你要出门吗？"她问道。

"是的，每周二晚上我都让自己放松一下。我们明天见，晚安。"

菲利普总是怀着兴高采烈的心情去小酒馆，麦卡利斯特——那位哲人般的股票经纪人——通常也会去那儿，天下大小事情没有他不喜欢聊的。海沃德只要在伦敦也会定期过来，虽然他和麦卡利斯特彼此都不喜欢对方，但他们每周在这天晚上碰面的习惯始终未变。麦卡利斯特觉得海沃德是个可怜的家伙，对他的多愁善感嗤之以鼻。他用讽刺挖苦的口吻询问海沃德文学创作的情况，海沃德总是模棱两可地回复说自己很快会有几本杰作发表，他总是报以轻蔑的微笑。他们的争论往往会十分激烈，但是这小酒馆的潘趣酒不错，他们俩都爱喝；等喝到深夜快要走了的时候，他们往往就能消弭分歧，认为对方很投自己的脾气，是顶好的人。这天晚上，菲利普发现他们两人都在，劳森也在。劳森平时很少来这家小酒馆，因为随着他在伦敦认识的朋友越来越多，出门吃饭的次数也就增加了。他们三人相谈甚欢，因为麦卡利斯特刚帮他们在股票交易所赚了一笔，海沃德和劳森各赚了五十英镑。尤其对劳森来说，这笔意外之财非同小可，因为他花钱大手大脚，但挣得很少。他作为肖像画画家已经小有名气，作品受到很多评论家的关注，有很多贵妇纷纷邀请他给自己画像，但分文不付（这种做法对于画家和贵妇都是一种绝佳的广告，但更多的是让贵妇们有了一种施恩于艺术的气派）；他很少能找到一位愿意出钱给自己的夫人画肖像的庸俗的有钱人。劳森心中十分满足。

"我还从来没碰到过钱来得这么容易的事，真是太好了。"他大声说道，"我连六便士的本钱都不用掏。"

"你上周二没来真是损失大了，年轻人。"麦卡利斯特对菲利普说道。

"我的上帝呀，你干吗不给我写信呀？"菲利普说道，"要是你知道一百英镑对我来说有多大的用处就好了。"

"哦，时间来不及了。当时人必须在场。我上星期二听说了这个内部好消息，我问这两位伙计是否愿意碰碰运气。在星期三上午给他们每人买进一千股，当天下午股票就涨了，所以我立刻就把它们抛了。他们两个每人各赚了五十英镑，我自己赚了二三百英镑。"

菲利普眼热极了。他最近把用自己那笔微薄的财产所购买的最后一张抵押债券卖了，现在只剩下六百英镑现款。一想到未来，他心里不免有些发慌。在他获得行医资格前的两年时间里他就得靠这笔钱维持生活，之后即使他成功地在医院得到一个职位，也有一年无薪见习期，所以他至少有三年的时间分文挣不到。即使他再紧缩开销，到那时至多剩下一百多英镑的积蓄。万一到时候他生病，又挣不到钱，又或者一时半会儿找不到工作，这点钱可就难以为继了。如果能在股票上赌一把，幸运的话一切都会改观。

"哦，好吧，没关系。"麦卡利斯特说道，"很快就会再有机会的。最近说不定哪一天，南非的股票行情会暴涨，到那时我看看能为你做点儿什么。"

麦卡利斯特在南非矿山交易所做事，经常跟他们讲起一两年前股票行情大涨，很多人一夜暴富的故事。

"好吧，下次可别忘了我。"

他们坐在一起聊天，快到半夜才散，菲利普住得最远，于是最先离开。如果不能赶上最后一班有轨电车的话，他得步行回家，那样回到家里就太晚了。就是这样，他回到家里也将近十二点半了。他上楼的时候，惊讶地发现米尔德里德还坐在他的扶手椅里。

"你怎么这么晚还没睡？"菲利普喊道。

"我不困。"

"那你也应该上床躺着，这样才能休息好呀。"

她没有动。菲利普注意到，晚饭后她又换上了黑色的丝绸裙子。

"我想我还是等着你好，万一你想要什么呢。"

米尔德里德看着他，苍白的薄嘴唇上挂着隐约的笑意。菲利普不能确定她话中的含意，他有些尴尬，但很快摆出一副轻快、就事论事的神情。

"你真是太好了，但也太淘气了。赶紧上床睡觉去，不然的话，你明天早上会起不来的。"

"我还不想上床睡觉。"

"胡说。"菲利普冷冷地说道。

米尔德里德有些愠怒地站起身，怏怏地回了房间。当菲利普听到她故意大声地把门锁上时，不禁露出了微笑。

随后的几天都平安无事地过去了。米尔德里德在新环境中安顿下来。菲利普吃完早餐后会匆匆忙忙出门，整个上午她会在家做家务。他们吃得很简单，不过她喜欢花很长时间去买他们需要的不多的几件东西，她也懒得自己做午饭，只是冲点可可粉喝，吃几片涂黄油的面包了事。随后，她会用个手推车把孩子带出室外，懒懒散散耗过整个下午再回家。回到家，米尔德里德觉得很累，所以她少干些活儿还是合适的。菲利普把交房租的事交代给米尔德里德去做，所以她很快和菲利普的那位拒人于千里之外的房东太太交上了朋友。不到一周，米尔德里德居然把左邻右舍的情况摸得一清二楚，并告诉菲利普这些情况，她了解的情况比菲利普一年之内了解的都多。

"她可是位非常体面的女人，"米尔德里德说道，"特别体面。我跟她说我们结婚了。"

"你认为有必要这么说吗？"

"嗯，我总得告诉她点什么吧。我和你住在一起，又没跟你结婚，这看上去不是太可笑了吗？我不知道她怎么看我呢。"

"我想她根本不会相信你说的话。"

"她相信了，我敢保证。我告诉她说我们已经结婚两年了——我不得不那么说，你知道，因为这孩子——只是你的家人不同意罢了，因为你还是个学生。"米尔德里德故意把"学生"说成"肖生"，"所以我们必须瞒着别人，但是现在你家人同意了，我们俩夏天就要去和他们一起住了。"

"你可真是个编故事的老手。"菲利普不无挖苦地说道。

他对米尔德里德仍然热衷编瞎话的毛病隐约有些生气，看来在过去的两年中她没有任何长进。不过他只是耸了耸肩膀。

"说到底，"菲利普暗忖，"她也是命运多舛。"

这是个美丽的晚上，天气温暖，万里无云，伦敦南部的人们似乎都拥到街上。空气中有一种会让伦敦佬们走出户外的躁动不安的气氛。晚饭后，米尔德里德收拾妥当，走到窗户前伫立在那儿。街上的喧闹声传了进来，人们彼此呼唤的声音，过路车辆的隆隆声，远处一架手摇风琴的演奏声，此起彼伏。

"我想你今晚还必须用功读书吧，菲利普？"她问他，脸上露出一种渴望的表情。

"我应该读书，不过不是'必须'，嗯，你想让我做点别的什么事吗？"

"我想出去转一下。我们干吗不坐在有轨电车的顶层逛上一圈呢？"

"如果你喜欢，我们去吧。"

"我马上去戴上我的帽子。"她欢快地说道。

夜晚如此美好，让人们待在家里几乎是不可能的。孩子也睡着了，可以放心地把她留在家里。米尔德里德说过她以前晚上出门就会把孩子一个人留在家里，孩子不会醒的。米尔德里德的兴致很高，从她房间里出来时已经戴好了帽子，还抓紧时间抹了点儿胭脂。菲利普还以为她是因为激动，苍白的脸上才泛红呢。他被她孩子般的喜悦触动了，暗暗责备自己对她太严苛了。一到户外，她就大笑起来。他们看到的第一辆有轨电车是驶向威斯敏斯特桥的，便跳了上去。菲利普点着了烟斗，他们看着街上熙熙攘攘的人群。店铺都开着，张灯结彩，人们正在购物，准备第二天要用的东西。菲利普和米尔德里德经过一家名为坎特伯雷的歌舞杂耍剧场时，米尔德里德兴奋地喊了起来：

"噢，菲利普，我们进去吧。我已经有好几个月都没去过歌舞杂耍剧场了。"

"你知道，我们可买不起正厅前排的座位。"

"哦，我不介意，只要顶层楼座我就特别开心。"

他们两人下了电车，往回走了一百码远，才到歌舞杂耍剧场的门口。每人花六便士就买了位置极好的座，位置较高而且不是顶层楼座。那天晚上天气实在太好，以至于人们都待在户外，剧场还剩不少空座。米尔德里德的眼睛闪着光，快活极了。她有一种纯朴的气质，这一点打动了菲利普。对于菲利普来说米尔德里德是个谜。她身上的某些东西仍然让他喜欢，他觉得她身上还是有可取之处的。米尔德里德从小没有受到良好的教养，而且她的生活艰难。他过去为很多她无能为力的事情去责怪她。如果他要求她给予她所没有的美德，那是他的错。倘若她生长在不同的环境下，她完全可能成为一名迷人的女子。她完全不适合在人生的战场去搏击。菲利普现在看着她的侧脸，她的嘴唇微张，两颊泛起红晕，他觉得她看上去有种奇怪的圣洁之感。菲利普对她有种无法遏制的怜悯，他已经从心底里原谅了她给自己带来的痛苦。烟雾缭绕的环境让菲利普的眼睛发酸，可当他提议回去的时候，米尔德里德把头转向他，一脸恳求地让他待到散场再走。他微笑着同意了。在接下来的演出中，米尔德里德一直握着菲利普的手。当他们随着观众走到熙熙攘攘的大街上时，米尔德里德还不想回家；他们沿着威斯敏斯特桥路并肩漫步，看着周围来来往往的人们。

"好几个月了，我都没有像现在这样快活过。"她高兴地说道。

菲利普的内心也很充实，他很感恩命运的安排，因为他突发奇想，而且马上付之行动，把米尔德里德和她的孩子接到他的住处。看到她开心而又感激的样子让菲利普的心情也大好。最后，她有些累了，于是他们又跳上一辆电车回家。天已经很晚了，当他们下了车拐进自己住处的街道时，四周已经没有人了。米尔德里德挽起了他的胳膊。

"好像又回到了过去的时光，菲尔。"她说道。

米尔德里德以前从未叫过他"菲尔"，只有格里菲斯这样叫过他，但即便现在，这个称呼仍使他感到一阵莫名的痛。他记起了当初他是那么痛不欲生，那种痛苦实在不堪忍受，他曾认真考虑过自杀。不过那一切似乎是很久以前的事了，他现在能够笑着面对过去。他对米尔德里德也不再怨恨，只剩下无尽的怜悯。他们到了住处，走进起居室后，菲利普点燃了煤气灯。

"孩子还好吧？"他问道。

"我进屋去看看。"

过了一会儿，她回来了，说孩子连个身都没翻，和她走时一模一样。这孩子真乖。菲利普向米尔德里德伸出了手。

"好吧，晚安。"

"你已经想上床睡觉了？"

"快一点啦，这些天我已经不习惯睡得太晚了。"菲利普说道。

米尔德里德握住他的手，一边紧紧地握着，一边笑眯眯地看着他的眼睛。

"菲尔，那天晚上在那间屋里，你让我搬过来住在这儿，你说除了做饭和打扫一类的事情，不需要我做别的。我的想法和你的有些不同呢。"

"是吗？"菲利普应道，抽回了他的手，"可我真就是这个意思。"

"你别冒傻气了。"米尔德里德哈哈一笑。

菲利普摇了摇头。

"我是认真的。我让你待在这儿，绝不会再附加上别的条件的。"

"为什么不呢？"

"我觉得我不能这么做，我也解释不清楚，但我知道如果那样的话，会毁了这一切的。"

米尔德里德耸了耸肩。

"哦，很好，那就随你的便吧。我可不是为了这种事就下跪乞求、碰碰运气的那种人，绝对不是。"

说完，她就走出起居室，随手砰地带上了房门。

第九十三章

第二天早上，米尔德里德阴沉着脸，一言不发。她一直待在自己的房间里，直到该做饭时才露面。她的厨艺可不怎么样，只会炖排骨和烤牛排，不知道如何善用边角料，很多东西随手就扔掉，所以菲利普不得不在食物上花更多钱，远超他的预算。她把饭菜端上桌后，就坐在菲利普的对面，但一口东西都没吃。菲利普问她怎么回事，她推说自己头疼得厉害，也不饿。菲利普很高兴自己还有地方可去，可以打发这天剩下的时光——他打算拜访的阿瑟尔尼一家好客又热闹。一家人肯定都很期待他的到访，想到这一点，菲利普心情很是愉快。当菲利普回来的时候，米尔德里德已经上床睡觉了。可到了第二天，她还是一声不吭。晚饭时，她坐在那里，眉头紧锁，一副对菲利普视而不见的高傲模样。这让菲利普也有些不耐烦，但是他告诫自己一定要对她体贴些，一定要体谅。

"你今天很沉默呀。"菲利普笑着说。

"你雇我来是做饭和打扫卫生的，我不知道我还得陪你聊天。"

菲利普觉得这样回答很没教养，但是既然他们在同一屋檐下生活，他必须尽量让两人的关系融洽些。

"你还在为那天晚上的事生我的气吧。"他说道。

这个话题说起来很尴尬，但是显然很有必要来讨论它。

"我不知道你说的是什么意思。"她回答道。

"请别生我的气。如果我不是想让我们的关系仅仅保持在朋友关系上的话，我就不会邀请你来住在这儿啦。我提那样的建议，就是因为我想你需要找个住处，你也可以有机会出去找个事做做。"

"哦，别觉得我多在乎似的。"

"我一刻也没这样想过。"他赶忙说道，"你也别觉得我不知好歹。我知道你是因为我才提出那个建议的。心意我领了，可我实在无法接受，因为那会让整件事情变得丑陋和可怕。"

"你这人可真有意思。"她好奇地看着他说道，"我真搞不懂你。"

米尔德里德不再生气了，但是心中又困惑不解。她不知道他到底是怎么想的。她接受了这样的安排，确实也隐约感受到他的行为举止非常高尚，她理应表示钦佩，但是她又想嘲笑他，甚至或许还有点瞧不起他。

"他是个难对付的怪人。"她心想。

两人的生活风平浪静，菲利普白天在医院里忙碌，晚上除了去阿瑟尔尼家里或者去比克街的小酒馆外，基本上都待在家里用功读书。有一次，一位菲利普为其做过助手的医生邀请他出席一次正式的午餐会，还有两三次他参加了同学举办的聚餐会。而米尔德里德接受了生活的单调。即使她介意菲利普有时晚上把她一个人留在家里，也缄口不言。偶尔菲利普会带她去歌舞杂耍剧场，让她散散心。不过，他始终坚持自己的想法，两人之间唯一的关系就是他为她提供食宿，而米尔德里德则为他做饭和打扫卫生。她拿定主意在整个夏天不再出去找工作了，而菲利普也同意她在家里待着，直到秋天再说找工作的事，她觉得秋天找工作可能会容易些。

"就我来说，即使你找到工作，如果方便的话，你还可以待在这儿。房间是现成的，以前为我做饭和打扫卫生的那个女人也可以过来帮忙照看孩子。"

菲利普非常疼爱米尔德里德的孩子。他天生就重感情，只不过以前没有机会表现出来罢了。米尔德里德对她的女儿也谈不上不好，她把孩子照顾得也挺好，有一次孩子得了重感冒，她忙前忙后，好像一名尽职的护士。可是如果孩子惹她烦了，在她心情不好时，她也大声呵斥孩子。她喜欢这孩子，但是她的爱不是那种完全无私和忘我的母爱。米尔德里德不是那种感情外露的女人，而且她觉得表露感情是件可笑的事情。当菲利普把孩子抱在膝头，和她一起玩耍，亲吻她的时候，米尔德里德总是嘲笑他。

"你这么宠着她，就是孩子的亲生父亲也不过如此了。"她说道，"跟这孩子在一起的时候，你也傻得像个孩子。"

菲利普的脸唰地红了，因为他讨厌被人嘲笑。如此宠爱一个别的男人的孩子，也确实荒唐，况且他对自己心中泛滥的父爱也觉得有些羞愧。不过这个孩子，感觉到菲利普对自己的喜爱，要么把自己的小脸紧紧贴着菲利普的脸，要么蜷缩在他的臂弯中。

"你倒是会做好人，"米尔德里德说道，"任何不好的事情你都不沾边。如果让你三更半夜起来哄这位不睡觉的大小姐一个钟头，到时候看你还喜不喜欢。"

菲利普想起了他小时候的各种趣事，他原来以为自己早就忘记了呢。他抓着孩子的脚指头逗孩子玩儿。

"小猪上市场，小猪留家家。"

菲利普晚上一回到家，进了起居室，第一眼就看到孩子在地板上爬，听到孩子看到自己发出的开心的欢叫声，他就感到欣喜。米尔德里德教孩子叫菲利普爸爸，可是当孩子第一次主动叫他时，米尔德里德在一旁放肆地大笑。

"真搞不懂你这么喜欢孩子是因为她是我的孩子，"米尔德里德问道，"还是你对所有人的孩子都一样喜欢。"

"我也不认识其他人的孩子啊，所以我也没法说。"菲利普说道。

菲利普在住院部实习的第二学期即将结束的时候，一场好运落到了他的头上。那是在七月中旬的一个星期二的晚上，他去了比克街的小酒馆，发现除了麦卡利斯特外，其他的人都不在。他们坐在一起，聊着他们那些不在场的朋友，过了一会儿，麦卡利斯特对菲利普说道：

"哦，顺便说一句，我今天听到一条相当好的消息，是关于新科兰方丹的消息，那是在罗得西亚①的一座金矿。如果你想赌一下，可能会发一笔小财呢。"

菲利普一直在焦急地等待这样的机会，但是现在机会来了，他又有些犹豫。他特别害怕会损失钱，自身也没有赌徒精神。

"我想发财，但是我不知道是否敢冒这个险。如果事情搞砸了，我会损失多少？"

"我本来不应该说的，只是看到你似乎对这事很上心才说的。"麦卡利斯特冷冷地说道。

菲利普觉得麦卡利斯特似乎把他看作一头蠢驴。

---

① 罗得西亚是非洲国家津巴布韦的旧称。

"我确实是很想挣上一笔的。"菲利普哈哈大笑着说。

"除非你有破财的心理准备，否则的话，你是挣不上钱的。"

麦卡利斯特开始聊别的话题，而菲利普在有一搭没一搭地回答时，脑子里一刻也不停地盘算，如果这场交易成功，这位股票经纪人在下次他们见面时会好好地嘲笑他一番。麦卡利斯特的那个擅于讽刺挖苦的舌头可轻易不饶人。

"我想，如果你不介意的话，我还是要冒险一试。"菲利普焦急地说。

"好吧，那我给你买两百五十股，如果涨了半克朗我就立刻抛出。"

菲利普快速地估算着他能赚多少，口水都流出来了。整整三十英镑呀，这简直是笔天外飞来的横财，怪不得他总觉得命运欠他点什么东西。第二天早上在吃早餐时，他把这事告诉了米尔德里德，她觉得菲利普傻到家了。

"我还从没听说过谁在股票交易所挣到大钱的。"她说道，"埃米尔总是那么说。他说，你不可能在股票交易所赚到钱。"

菲利普在回家的路上买了份晚报，马上翻到金融专栏。他对这些事情一窍不通，很费劲才找到了麦卡利斯特说的那只股票。他看到股票上涨了四分之一。他的心都快跳出来了。随后他又担心万一麦卡利斯特忘了这茬或者因为某种原因没有买，岂不是糟糕，他害怕得心都发慌。麦卡利斯特答应要是买了，会给他拍电报来的。菲利普有些急不可耐，他等不及搭乘电车回家，于是跳上了一辆出租马车。对他现在的情况而言，这是一种少有的奢侈行为。

"有我的电报吗？"菲利普一冲进门，就急忙问道。

"没有。"米尔德里德说道。

菲利普的脸色凝重起来，苦涩的失望让他一屁股坐到椅子上。

"这么说来，他到底是没有给我买股票，这个混蛋！"菲利普怒气冲天地补了一句，"真够倒霉的！我还整天想着怎么花这笔钱呢。"

"那么，你打算用这笔钱干什么呢？"米尔德里德问道。

"现在考虑这个还有什么用？噢，我是多么需要那笔钱呀。"

米尔德里德哈哈一笑，递给菲利普一张电报。

"我只是跟你开个玩笑，我把电报打开了。"

菲利普从她手上一把抢过电报。麦卡利斯特已经给他买进了两百五十股股票，在他建议的半克朗利润点上，把它们抛出去，委托书第二天就会寄来。有那么一刻，菲利普对米尔德里德竟然跟他开这么残忍的玩笑而怒不可遏，但是没过一会儿，他只顾得开心了。

"对我来说,有没有这笔钱情况可大不相同。"他喊道,"如果你愿意，我会给你买一件新衣裙。"

"我正需要一件呢。"她兴奋地回答道。

"我会告诉你我打算干些什么的，在七月底我要去做个手术。"

"为什么呀，你身体哪儿出了状况？"她打断了菲利普的话。

她突然想到也许是一种她不知道的疾病，能够解释让她百思不得其解的问题。菲利普的脸涨红了，因为他对自己的残疾讳莫如深。

"没有，但是他们觉得多少能矫正我的脚。我以前没有时间，但是现在没关系了。我十月份才开始在病房当包扎员，而不是下个月。我在医院只住上几周，然后我们可以去海边度过余下的夏天时光。这对我们大家都有好处，你和孩子，还有我。"

"哦，我们去布赖顿吧，菲利普，我喜欢布赖顿，在那儿你碰到的都是有身份有地位的人。"

菲利普本来模模糊糊地想到康沃尔的一个小渔村，但是既然米尔德里德提出来，他突然想到要是去小渔村，米尔德里德会无聊得要死的。

"只要是去海边，我倒是不介意去哪儿。"

不知为什么，他突然对大海产生了一种无法抗拒的向往。他想去洗海水浴。他还开心地想起自己在咸咸的海水中嬉戏畅游的情景。他游泳很棒，没有什么比汹涌的大海更能使他兴奋的了。

"我说，那一定会很开心。"菲利普喊道。

"就像度蜜月一样，不是吗？"米尔德里德说道，"你能给我多少钱去买新衣服呀，菲尔？"

第九十四章

菲利普请雅各布医生，就是那位菲利普为他做包扎员的助理外科医生，来给自己做手术。雅各布医生欣然应允，因为他对人们往往忽视的跛足感兴趣，而且正在为撰写一篇论文收集资料。他提醒菲利普，自己不可能通过手术把菲利普的跛足做得跟另一只健全的脚一样，但是他相信矫正肯定还是大有效果的；虽然他术后走起路来还可能有些跛，但至少他能穿正常的靴子，不再像他习惯穿的那样难看。菲利普想起自己小时候向上帝祈祷赐他一只正常的脚，因为别人让他相信，上帝能帮助有信仰的人移动大山，他苦笑了一下。

"我可没有指望奇迹出现。"菲利普回答道。

"我觉得你让我来做手术是个明智的决定。你会发现拖着跛足行医绝对是个大障碍。外行人满脑子的怪念头，他不喜欢让一个自身有残疾的医生来给自己看病。"

菲利普住进了"小病房"，这是一间位于楼梯平台上的房间，在每个病区外都有这么一间，是专门给特殊的病人预备的。菲利普在这个病房住了一个月，因为直到他能走，雅各布医生才让他出院。手术进行得很顺利，他也有足够的休养时间。劳森和阿瑟尔尼都跑来看他。有一天，阿瑟尔尼太太还带了两个孩子来看望他；他认识的几个实习生也时不时地过来和他聊天解闷；米尔德里德一周也来两次。每个人对他都很好，菲利普看到大家都不厌其烦地照顾自己很是感动，内心充满感激之情。他从别人的关心中得到宽慰。他也不必担心未来，既不用担心他的钱还够不够花，也不用担心是否能通过期末考试。他可以尽情地看书了。最近他的书读得不多，因为米尔德里德老是打扰他，当他想集中精力好好看书时，米尔德里德会漫无目的地说上一句，要是他不接腔，她就不高兴。每当他舒舒服服安顿下来，拿上一本书准备好好研读时，她总会给他找点儿事干，要不拿个瓶过来说她拔不出塞子来，让他帮忙；要不就拿个榔头来，让他给敲个钉子。

他们决定在八月份去布赖顿。菲利普本来想租一个短期家庭房，可米尔德里德说那样的话她还得做家务，只有住包食宿的公寓才称得上是去度假。

"我每天在家里忙活买菜做饭，真是腻烦透了，我想彻底地放松一下。"

菲利普同意了，米尔德里德碰巧知道在坎普镇上有一家包食宿的公寓，每人的开销一周不会超过二十五先令。她和菲利普商量由她写信去预订房间，但当菲利普回到肯宁顿的住所时，发现米尔德里德什么也没做。他有些生气了。

"我还真没想到你还是个大忙人呢。"菲利普气哼哼地说。

"好吧，我不可能事事都记着呀。如果我忘了，也不是我的错，对吧？"

菲利普急于去海边，他等不及事先联系公寓的房东太太了。

"我们把行李暂存在火车站，然后直接去公寓看他们是否还有房间，如果还有房间的话，我们再到外边雇个搬运工去取行李。"

"你愿意怎么办就怎么办吧。"米尔德里德生硬地说道。

米尔德里德不愿意被责备，索性气哼哼地一声不吭，在菲利普为出发做准备的时候，她无精打采地坐在一旁。在八月的阳光下，他们的小公寓房又热又闷，从窗外的马路上腾起难闻的热浪。当他躺在小病房的病床上时，面对着同样病态的红墙，他渴望着海边的新鲜空气，渴望海浪拍打他的胸膛。如果再让他在伦敦待上一晚，他会觉得自己快疯掉了。等到了布赖顿，米尔德里德看到街上熙熙攘攘的前来度假的人们，心情又变得好了起来；当他们乘上马车驶向坎普镇时，两人的情绪高涨，兴奋异常。菲利普轻抚着孩子的脸蛋。

"我们只要在这儿待上几天，我敢保证这小脸蛋会变得红扑扑的。"他笑着说道。

他们到了寄宿公寓，打发走了出租马车。一个邋里邋遢的女仆打开了大门，当菲利普问还有没有房间时，她说去给问一下。她找来了女主人。这是位中年妇女，很敦实，一副干练的样子。她走下楼梯时，出于职业习惯，上下打量着他们，然后问他们想住什么样的房子。

"两个单人房间，如果有小床的话，我们想在一个房间里加张小床。"

"恐怕没多余的房间了，还有一间不错的大双人间，我也可以给你们安一张小床。"

"我觉得那不行。"菲利普说道。

"要是下周的话，我还能给你腾出另一间房来。布赖顿现在人满为患，有房住已经很不错了。"

"如果只住几天的话，菲利普，我觉得我们就凑合一下吧。"米尔德里德说道。

"我觉得两个房间还是要更方便些。您能推荐一下其他包食宿的地方吗？”

“可以，但是我觉得别的家也和我们这里一样没有多余的房间了。”

“也许您不介意给我一下地址吧。”

胖女人推荐的公寓就在下一条街上，他们步行寻了过去。菲利普虽然不得不拄着一根拐杖，身体也还相当虚弱，但走路完全没有问题。米尔德里德抱着孩子跟在旁边。他们默默地走了一会儿，菲利普突然看到米尔德里德在落泪。这让他气不打一处来，他装作没看见，可米尔德里德偏要引起他的注意才罢休。

“借我手帕用用，行吗？我抱着孩子没法拿我的。”米尔德里德边抽泣边说道，还把头扭到了一边。

菲利普把自己的手帕递给她，但是什么也没说。米尔德里德擦干眼泪，看见他不吭声，继续说道：

“我可能是个有毒的人。”

“请别在大街上找事。”菲利普说道。

“你像那样坚持要两间房也太可笑了吧，他们会怎么看我们？”

“如果他们知道实际情况，我想他们一定会觉得我们都很守规矩。”菲利普说道。

米尔德里德斜着眼睛看了菲利普一眼。

“你不会和别人说我们没结婚吧？”她很快地问道。

“我不会。”

“那么你为什么不能跟我像夫妻一样住在一起呢？”

“亲爱的，我解释不了。我不想贬低你，但我就是不能。我敢说这很傻，也没什么道理，但是我就是过不了这道坎儿。我以前是那么爱你，可现在……”他突然停下不说了，“不管怎么说，这种事是说不清道不明的。"

"你根本没爱过我！"米尔德里德喊道。

他们按人家的指点找到了那座食宿公寓，房主人是位风风火火的老姑娘，有一双精明的眼睛和一张能说会道的嘴巴。他们要么每人一周花二十五先令住一间双人间，孩子另外加收五先令；要么住两个单人间，每周要多花一英镑。

"我不得不收那么多。"那女人似乎略带歉意地解释道，"因为如果逼不得已，我可以在单人间里塞进两张床呢。"

"我敢说这点钱还不至于让我们破产。你怎么看，米尔德里德？"

"哦，我不介意。我怎么着都行。"米尔德里德答道。

菲利普对她气哼哼的回答一笑置之，房东太太安排人去取他们的行李，他们坐下来休息了一会儿。菲利普的脚有点疼，他高兴地把脚搭在一张椅子上。

"我想你不介意我和你现在坐在一个房间里吧。"米尔德里德挑衅似的说道。

"我们别吵好吗，米尔德里德？"菲利普温和地说道。

"我还真不知道你这么有钱，每周一英镑地往里扔钱也负担得起。"

"别对我生气啦，我敢向你保证，这是我们能和平共处地生活在一起的唯一方式。"

"我觉得你是瞧不起我，就这么回事。"

"我当然没有。我干吗要瞧不起你？"

"这也太不正常了。"

"怎么不正常了？你又不爱我，难道不是吗？"

"我？那你把我当成什么人了？"

"好像你过去就不是一个对我有热情的女人，现在也不是。"

"你这话太伤人了。"她气冲冲地说道。

"噢，如果我是你的话，我才不会大惊小怪呢。"

食宿公寓住着十来个人，他们在一个狭窄、光线昏暗的房间里，围在一张长长的桌子边吃饭，在桌子首位的是女房东，她忙着切肉和面包。食物的味道实在不怎么样，这位女房东还美其名曰法式烹饪，可实际上她口中的法式烹饪无非是些低劣的原料再加上差劲的作料搅和在一起罢了，用鲽鱼冒充鳎鱼，用新西兰老羊肉冒充羔羊肉。厨房又小又不方便，所以端上来的食物都是半温不热的。房客们既无趣又装模作样。老妇人们带着她们韶华已逝、尚待字闺中的女儿们；还有装腔作势又滑稽可笑的老光棍们；脸色苍白已届中年的小职员们，带着他们的妻子，在谈论他们已经嫁人的女儿们，还有他们在殖民地谋得一个好差事的儿子们。在饭桌上，他们讨论科雷利小姐[①]最近发表的长篇小说，有些人喜欢莱顿爵士胜过阿尔玛-塔德曼先生，而有些人喜欢阿尔玛-塔德曼先生超过莱顿爵士。米尔德里德旋即向女士们讲起了和菲利普那带有浪漫色彩的婚姻故事；菲利普发现自己成了大家关注的对象，她说菲利普出身于富有的郡中望族，可因为他还是个学生时就结婚了，家里便不再给他分文的资助；而米尔德里德的父亲在德文郡也有着大片的土地，因为她嫁给菲利普，也不愿意帮助他们。那就是为什么他们只能住在食宿公寓，没有雇一个保姆照顾孩子的原因。但是他们租了两个房间，纯粹是因为他们住惯了大房子，不想让一家人住得憋屈。其他房客也解释了他们住到这么个寒碜的公寓的原因：有一

---

① 玛丽·科雷利(Marie Corelli，1855—1924)，维多利亚时代英国小说家，后文的莱顿和阿尔玛 – 塔德曼均为其小说中的人物。

个单身的绅士通常是住在大都会酒店度假的，但是他喜欢人多热闹，而那些豪华昂贵的大宾馆则太冷清；还有一位老妇人，带着她年近中年尚未嫁人的女儿，她们说自己在伦敦的漂亮房屋正在修缮，于是她对女儿说："格温妮，亲爱的，我们今年得度个便宜的假期了。"所以她们就来到了这儿，当然了这儿的一切和她们所习惯的生活大相径庭。米尔德里德发现这些人的层次都挺高，她讨厌平庸、粗俗的下层人，她喜欢的绅士就该是地地道道的绅士。

"但凡人们成了绅士和淑女，"她说道，"我就喜欢他们身上那股绅士和淑女的劲儿。"

这话对菲利普来说有点晦涩难懂，但是有那么两三次当他听到她对别人这么说时，他发现都会得到人家的真心认同，于是他得出结论：一定是自己的领悟力太差。菲利普和米尔德里德成天单独在一起这还是第一次。在伦敦时，他白天几乎见不到她，晚上回去时，她会跟他唠叨会儿家务、孩子和邻居的事，然后他就坐下来开始用攻读书。而现在他不得不早晚都面对她。吃完早餐，他们会走到海滩，泡个海澡，在海滩上散散步，一早上就轻轻松松过去了；到了傍晚，他们把孩子哄睡着后，去码头消磨时光倒也不难熬，因为在码头上可以听音乐，看着熙熙攘攘的人群（菲利普想象着这些人的身份，虚构着这些人的小故事来自娱自乐；他已经养成了一种习惯，能够有口无心地敷衍米尔德里德的问话，这样他自己的思路不受丝毫影响）；但是，整个下午变得冗长又乏味。他们坐在海滩上，米尔德里德说必须充分利用他们从"布赖顿医生"[1]那里得到的益处，菲利普也无法静下心来读书，因

---

[1] 英国著名作家威廉·萨克雷曾称赞布赖顿是"世界上最好的医生"，表明该海边城市风景优美、气候适宜，对人的健康有好处。

为米尔德里德总是在一旁喋喋不休。如果他不理睬她，米尔德里德就会一个劲儿抱怨。

"哦，把那本又蠢又破的书扔了吧。你老是看书对你没什么好处，而且会把你的脑子看坏的，我看你迟早会把脑子看坏的，菲利普。"

"哦，你又在胡说八道！"他答道。

"再说，你抱着本破书，别人怎么跟你说话呀。"

菲利普发现很难跟她好好交谈，甚至她对她自己说的话都无法集中注意力，只要她面前有一条狗跑过去，或者一个穿着光鲜上衣的男人经过，她都会品头论足一番，然后把自己刚才一直说的话题忘个精光。她总是记不得别人的名字，想不起来心里很恼火，因此在讲话的过程中会突然停下来，绞尽脑汁地要想起这人的名字。她有时不得不放弃，可经常过后会想起来，当菲利普在讲别的事情的时候，她会突然打断他。

"柯林斯，对，那人就叫柯林斯，我就知道我会想起来的嘛。柯林斯，就是这个名字我一下子想不起来。"

这让菲利普怒不可遏，因为这表明她根本没有听他在讲什么，然而，如果他不说话了，她又会责怪他不搭理人。对于抽象的东西，听不到五分钟她脑子就转不动了，菲利普习惯性地会归纳总结，可她很快就表现出厌烦的神情。米尔德里德总是做梦，而且对梦境记得很清楚，每天都会跟菲利普啰里啰唆地复述她的梦。

一天上午，菲利普收到了一封来自索普·阿瑟尔尼的长信。他正在以戏剧化的方式度假，这种方式既有意义又彰显了他本人的个性。阿瑟尔尼这样度假已经有十年了。他带领全家去肯特郡的一片啤酒花田，那儿离阿瑟尔尼太太的老家不远，他们在三周的假期里一边享受大自然，一边摘啤酒花。这样他们既可以待在户外，同时还挣了零花钱。阿瑟尔尼太太对这种安排非常满意，因为这样他们能回归大地母亲的怀抱。阿瑟尔尼在信中始终强调这一点。待在田野里给了他们新的活力，就像一种神奇的仪式，通过这种仪式他们恢复了青春，四肢变得有力，并且精力充沛。菲利普曾经听阿瑟尔尼说过多次。一谈到这个话题，阿瑟尔尼总是妙语连篇、绘声绘色地加以描述。阿瑟尔尼在信中邀请菲利普过去跟他们待上一天，说自己最近对莎士比亚和玻璃碗琴①颇有心得，想和菲利普好好交流一下，孩子们也整天嚷嚷想见他们的菲利普叔叔。下午，菲利普和米尔德里德坐在海滩上时，又把信重新看了一遍。他想到阿瑟尔尼太太，那么多孩子的快乐母亲，善良好客，天性乐观；还想到莎莉，以她的年纪来说，她显得端庄贤淑，稍稍带一点好笑的母亲威仪和说一不二的神情，梳着长长的发辫，露着宽宽的额头；还有那群快乐、吵闹、健康和漂亮的孩子，他的心一下子飞到他们身边。他们身上还有一种品质——善良，那是他以前在别人身上没有发现过的。直到现在，菲利普才突然意识到，显然就是他们身上的善良品质深深地吸引着他。理论上他并不相信善良的品质：如果道德只是一件基于利害关系的事，那么无论是善良还是邪恶都没有意义。他不喜欢毫无逻辑地思考问题，但是阿瑟尔尼一家就是单纯的善良，个个天性如此，自然流露，毫不矫揉造作。于是，他觉得这种善良就是美好的。在沉思中，他慢慢地把信撕成碎片。他想不出一个自己前去而不带米尔德里德的理由，但他又实在不愿意带她一起去。

① 玻璃碗琴，十八、十九世纪欧洲较为风行的一种乐器，由一套定音的、接音级排列的玻璃碗制成，用湿手指摩擦碗边发音。

天气十分炎热，天空万里无云，他们不得不躲在一个荫凉的角落里。孩子在海滩上认真地玩着石头，时不时地会爬到菲利普的身边，递给他一块鹅卵石握着，然后又把它拿过来，仔细地放在沙滩上。她在玩着一个只有她自己明白的神秘、复杂的游戏。米尔德里德打着盹儿，头向后仰着，嘴微微张开，四仰八叉，靴子古怪地顶着衬裙。菲利普以往只是不经意地把目光投在她身上，但现在他开始仔细端详着她。他想起以前自己曾经狂热地爱恋着她，可现在自己也奇怪为什么他完全对她没有了激情。感情上的这种变化让他隐隐作痛。在他看来，他以前所受的那些痛苦莫名地变得毫无意义。过去，碰一下她的手都会让他心中充满狂喜，他渴望进入她的灵魂，能够跟她分享每一个想法和每一份感情。当他们两人无话可说时，他会觉得揪心地痛苦，因为她说的每一句话都表明他们两人的思想有着天壤之别。他曾经想突破那道横亘在人与人之间似乎不可逾越的高墙。他发现自己过去那么疯狂地爱着她，而现在却完全不爱了，这是一场奇怪的悲剧。有时，他恨米尔德里德。她毫无学习的能力，从生活的经历中什么也没学到。她一如从前，还是那么粗俗无礼。有时她对公寓中辛苦工作的女仆大声呵斥，让菲利普非常反感。

　　没过多久，菲利普又思考起自己的人生规划来。在四年级结束时，他就能参加妇产科的考试，再过一年他有望获得从医资格。到那时，他就设法去西班牙旅行一趟。他想去看看从阿瑟尔尼照片上看到的那些地方；他深深感到埃尔·格列柯向他揭示了一个意义特别重大的秘密。他认为在托莱多他一定会发现这个秘密。他不希望铺张浪费，在西班牙靠那一百英镑就可以生活上半年，如果麦卡利斯特能再给他带来一次好运的话，他的计划就能轻而易举地实现。一想到那些古老美丽的城市，还有卡斯蒂利亚的黄褐色平原，他的心感到暖洋洋的。他深信可以从生活中得到比现今多得多的东西，他认为在西班牙的生活可能比现在还要紧张忙碌：他可能在某个古老的城市里行医，那儿有很多的外国人，路过的或者是定居的，他可以在那儿维持生计。不过这是后话。他首先必须在一两家医院供职，等有一定的工作经验后，就好找工作了。他希望能在一条航线不定的远洋货轮上当个随船医生，这种船只装卸货的时间不受限制，足以让他在停泊的地方进行一番观光。他想去东方看看，他的脑海中曾浮现过曼谷、上海和日本港口的景象。他还想象有一排排棕榈树、蓝天白云、热浪滚滚的国度、皮肤黝黑的人们，以及一座座佛塔。东方的熏香刺激着他的鼻腔，让他陶醉。他的心急切地跳动着，渴望去体验世界的美妙和奇特。

这时，米尔德里德醒了。

"我想我一定是睡着了。"她说道，"哎哟，你这个淘气的丫头，瞧你怎么把自己弄成这样？这衣服昨天还干干净净的，你再瞧瞧现在，菲利普，你看她都成什么样了。"

第九十五章

当他们回到伦敦的时候，菲利普开始在外科病房做包扎工作。他对外科的兴趣不如对内科的大，因为内科学是一门更需要依靠经验的科学，为想象提供了更为广阔的空间。外科包扎员的工作比在内科的工作相对要更难一些。上午九点到十点有一节课，他在课后就会去病房，有一些病人的伤口需要包扎、拆线、换绷带。菲利普对自己的包扎技术颇为得意，偶尔再得到护士的赞赏就更是心里乐开了花。一周几天下午有数台手术，他就穿着白大褂，站在手术室的助手位置上，随时递上手术医生所需要的设备和工具，或者用海绵擦拭涌出的鲜血，以便手术医生能够看清手术的部位。倘若有某个特殊的手术要做，手术室会站满人，但是一般说来也不能超过六个实习生。接着，手术便在菲利普喜欢的安静气氛下进行。那时候，似乎人们都爱得个阑尾炎什么的，手术室里做得多的就是这种手术。菲利普为其做包扎员的那位医生似乎和他的同事在进行着一场"友谊赛"，看谁能在最短的时间里，以最小的切口做完手术。

没过多久，菲利普被派到急诊室值班，包扎员要轮流做这个差事。一个班次要连续上三天班，在此期间包扎员要住在医院，在公共休息室吃饭。他们晚上在一楼的一个紧挨着急诊病房的房间休息，白天他们得把睡的床折叠起来放进大壁橱中。值班的包扎员不得不白天黑夜随时待命，等候随时入院的重伤员。他们几乎一刻也不得闲，尤其在晚上，床头的铃声一两个小时就会响一回。铃一响，值班的人会本能地从床上一跃而起。当然，周六的晚上是最忙碌的，尤其是酒馆一关门，医院就忙得不可开交。警察把烂醉如泥的醉汉送入医院，包扎员就得用洗胃泵给他们洗胃。而被送来的女人们比醉汉们的情况要严重得多，入院时她们要么头上有个大口子，要么鼻子血流不止，这些都是拜她们的丈夫所赐。有些女人发誓要上法庭告她们的丈夫；还有的女人顾及脸面，声称是自己不小心磕了碰了。包扎员自己能处理的就自己处理，实在处理不了的，就派人去叫住院医生。但只有情非得已时包扎员才会这么做，因为住院医生无端跑五段楼梯下来，结果发现是些小病小灾，他会老大不高兴的。病人的伤情不一，从割了手指头的到割了喉咙的，什么样的都有。还时常有些男孩子手被卷入了机器，有的人被出租马车撞倒，有的孩子在玩耍时摔断了胳膊或腿被送进医院；更有甚者，时不时有些企图自杀的人被警察送进了医院。菲利普就看过一个脸色惨白、怒目圆睁的男人，他脖子上划了一道大口子，从一只耳朵一直划到另一只耳朵。他在警官的看护下一直在病房待了好几周。他沉着脸一言不发，显然对自己还活着感到十分生气；他公开宣称，只要他一被释放，他还会设法自杀的。病房人满为患，住院医生面临两难境地。有些病人是警察送来的，如果他们被送去警局，一旦他们死在那里，那么各家报纸指责医院的声音就会不绝于耳。但有时很难判断病人是奄奄一息了还是喝醉了。每天菲利普筋疲力尽了才上床休息，免得他刚睡一个小时又得爬起来工作。在工作的间歇，他坐在急诊病房和夜班护士聊天。这位女护士灰白头发，外貌像个男人，她在急诊科做夜班护士已经二十年了。她喜欢这份工作是因为可以自己说了算，没有别的护士打扰她。她做事很慢，但是很能干，在处理急诊病人时从未出过差错。包扎员们——尤其是那些缺乏经验或者精神紧张的包扎员，觉得她是可以依靠的人。她和上千位包扎员打过交道，他们在她脑子里都没留下什么印象，她总是叫他们布朗先生；当他们表示抗议，并告诉她自己的真名实姓时，她只是点点头，照样称呼他们布朗先生。菲利普和她坐在一间没什么摆设的房间里，里面只有两张铺着马鬃的长沙发，还有一盏火焰摇曳的煤气灯。菲利普饶有兴趣地听着她说话。她早就已经不把那些病人当正常人看待，眼里只见醉鬼，或者断了胳膊的，或者割了喉咙的。她把世上的邪恶、苦难和残忍视为理所当然的事情；发现对人的所作所为既没必要表扬，也无须责备，无论什么，她通通接受。她身上有一种冷酷的幽默感。

"我记得有一个自杀的人，"她对菲利普说道，"他投了泰晤士河。人们把他捞了上来并送到这里，十天后，他因为喝了泰晤士河的河水得了伤寒症。"

"他死了吗？"

"是的，他死了。我还拿不准他究竟是不是自杀……他们太奇怪了，竟然还会想到自杀。我还记得有个男人老是找不到活儿干，老婆也死了，他把衣服送进当铺，买了一把左轮手枪。但是他把事情搞砸了，只是弄瞎了一只眼睛，人却没死成。后来你猜怎么样了，带着一只瞎眼，还有半边破了相的脸，他反而得出一个结论：这世界不管怎么说还没坏到家。从那以后，他活得还蛮开心哩。我还注意到：人们不会像你想象的因为爱情去自杀，那只是小说家的凭空臆想。他们自杀是因为他们身无分文。我也不知道为什么会是这样。"

"我想大概是金钱比爱情更加重要。"菲利普说。

就在那时，钱的问题始终困扰着菲利普。他发现他过去一直说的两个人生活比一个人生活花销多不到哪儿去，实在是一句轻率的话，事实并非如此。他现在的花销开始让他犯起愁来，米尔德里德不是一个能持家的人，他们的生活费可是花了不少，好像他们一日三餐都在下馆子。孩子需要衣服，米尔德里德需要靴子、雨伞，还有很多对她来说不可或缺的小物件。他们从布赖顿回来以后，她就说打算去找份工作，但她又从不采取实实在在的行动。没过多久她又得了重感冒，一直在床上躺了半个月之久。等她彻底恢复后，她看到一两份招聘广告便试着去应征，但是都没有结果。要么是她去得太晚，职位已经有人捷足先登；要么是她自己觉得活儿太重，自己太虚弱干不了。有一次，她得到一个职位，但是工资只有一周十四先令，她觉得自己应该挣得比那要高才对。

"如果别人开什么价都接受，这可不好。"她说道，"要是你自己都觉得自己不值钱，那么别人也不会尊敬你的。"

"我不觉得十四先令的工资低呀。"菲利普冷淡地回应道。

菲利普忍不住暗自寻思，这笔钱对于补贴家用是多么必要呀，而米尔德里德已经开始暗示她之所以没得到一份好工作，是因为在雇主面试她时她没有一件体面的衣裙。菲利普给她买了新衣裙，她又尝试了一两次，但是菲利普得出结论：她只是做做样子，其实她根本不想出去工作。菲利普知道的唯一的赚钱方式就是在股票交易所买股票，他十分渴望重复夏天的那次幸运的投资。但是，德兰士瓦①爆发了战争，南非境内经济陷入停滞状态。麦卡利斯特告诉他一个月内雷德弗斯·布勒将军就会进军到比勒陀利亚②，到时一切都会改观，股票行情会上涨。现在唯一能做的事就是耐心等待。他们需要的是英军吃个把败仗，股市行情走低，那时购进股票可能有利可图。菲利普开始仔细地阅读起他最喜欢的报纸上的《城市杂谈》栏目。他既担心又烦躁，有两次还冲米尔德里德严厉地嚷嚷了几句，而米尔德里德既不圆通又没有耐心，她也冲菲利普大发脾气，于是两人就会大吵一架。菲利普总是先低头，表示对自己的话感到后悔。而米尔德里德却没有得饶人处且饶人的品性，她会好几天都阴沉着脸，并且用各种方式来刺激菲利普的神经：她吃饭时一直沉着脸，在起居室里把衣物丢得到处都是，弄得起屋子乱糟糟的。菲利普被战争的形势搞得心烦意乱，如饥似渴地翻阅着早报和晚报。然而，米尔德里德对所发生的一切充耳不闻，视而不见。她又结交了两三位住在这条街上的新朋友，其中一位还含沙射影地问她是否需要副牧师拜访她③。她只好戴上一个结婚戒指，自称凯里太太。在菲利普家的墙上，有两三张他早年在巴黎时的画作，其中有两张是女人的裸体素描，还有一张是米格尔·阿胡里亚的裸体画，画中的米格尔·阿胡里亚正紧握拳头，笔直地站着。菲利普还留着它们是因为这些画都是他的得意之作，能让他回忆起在巴黎的那段幸福时光。米尔德里德则早就看它们不顺眼了。

---

① 德兰士瓦，南非东北部的一个地区。

② 比勒陀利亚，南非东北部的一个城市。

③ 西方人结婚时须有牧师在场，这是邻居对米尔德里德是否结婚表示怀疑。

"我希望你能把那些画摘下来，菲利普。"她终于忍不住对他说道，"昨天下午，住在十三号的福尔曼太太过来串门，我看见她盯着那些画看了半天，我都不知道该往哪儿看。"

"这些画怎么了？"

"它们太不体面了。墙上挂裸体画真让人恶心，我就这么认为的。而且对孩子也不好，她已经慢慢懂事了。"

"你怎么能这么粗俗？"

"粗俗？这叫稳重，好不好。我以前从没说过什么，但是你认为我喜欢整天看着那些裸体的人吗？"

"你没有幽默感吗，米尔德里德？"菲利普口气生硬地问道。

"我不知道这跟幽默感有什么关系。我真想把它们亲手摘下来。如果你想知道我对它们有什么看法，我告诉你吧，它们让人恶心透了。"

"我不想知道你对它们有什么看法，但是我警告你，不许你碰它们。"

当米尔德里德跟菲利普生气时，她总是通过孩子来惩罚他。这个小姑娘很喜欢菲利普，菲利普同样喜爱她。每天早晨小姑娘最喜欢的事就是爬到菲利普的房间里去（她现在快两岁了，走路也走得很稳），然后被菲利普抱到床上。当米尔德里德不许孩子这样做时，可怜的孩子哭得很伤心。菲利普抱怨她的做法，她会理直气壮地说：

"我就是不想她养成这个坏毛病。"

如果菲利普再说些什么，她会说：

"我怎么管我的孩子跟你一点关系也没有。听你这么说，别人还以为你是孩子的父亲呢。我是她的母亲，我应该知道什么对她好，不是吗？"

菲利普被米尔德里德的愚蠢搞得怒火中烧，但现在他对她已经无所谓了，所以只是偶尔会生她的气。他习惯了和她生活在一起的日子。转眼圣诞节到了，菲利普有几天假日。他带回一些冬青树枝，装点着公寓。在圣诞节那天，他送了些小礼物给米尔德里德和孩子。他们只有两个人，所以没有烤火鸡，不过米尔德里德烤了一只普通的鸡，煮了圣诞布丁，这些食物是她在当地食品店买的。他们还喝了一瓶葡萄酒。吃完晚饭后，菲利普坐在炉火边的扶手椅上，吸着烟斗。他不常喝葡萄酒，喝完后他有些晕乎乎的，暂时忘了不断让他担心的钱的问题，他觉得幸福又惬意。不一会儿，米尔德里德走了进来，告诉他孩子想让他亲她道晚安，菲利普带着笑容进了米尔德里德的卧室。然后，他告诉孩子好好睡觉，然后调暗了煤气灯。怕她会哭喊，他还把房门开着，然后又回到了起居室。

"你打算在哪儿坐会儿？"他问米尔德里德。

"你就坐你的椅子吧，我坐在地板上。"

菲利普坐下来，米尔德里德坐在火炉前的地板上，背靠在菲利普的膝盖上。他禁不住想起了他们曾经一起坐在沃克斯霍尔桥路房间里的情景，不过两人的位置掉了个个儿。以前是他坐在地板上，把他的头靠在她的膝盖上。那时他是多么疯狂地爱着她呀！现在他对她又产生了一种长久以来都不曾有过的温情，他似乎仍感觉到孩子那柔软的小胳膊搂着他的脖子。

"你这样坐着舒服吗？"菲利普问道。

米尔德里德抬头看着他，微微一笑，点了点头。他们俩像做梦般地盯着炉火，彼此都没有说话。最后，她转过头去，好奇地盯着他的脸。

"你知道自从我来到这儿，你还一次都没吻过我吗？"她突然说道。

"你想让我吻你吗？"菲利普笑着问道。

"我想你再也不会以那种方式来表示你爱我了吧？"

"我很喜欢你。"

"你更喜欢我的孩子。"

菲利普没有回答，米尔德里德把脸颊紧贴着他的手。

"你不再生我的气了吧？"她垂下眼帘，过了一会儿问道。

"我干吗要生你的气？"

"我从来没像现在这样喜欢你，只有经过了风风雨雨，我才学会了去爱你。"

菲利普听了她的话，觉得心里一阵发冷，因为她用的词句显然是从她读得津津有味的廉价小说中现学来的。然后，他还想知道，她说这番话时是不是言不由衷。也许她除了从《家庭先驱报》学到的矫揉造作的言辞外，就不知道用其他方式来表达她的真挚情感了。

"我们这样住在一起，看起来很奇怪。"

菲利普好长时间没有回答，两人之间再次陷入了沉默。但是，最后他终于开了口，而且似乎这些话是一口气说出来的。

"你一定不要生我的气。这些事是谁都没办法的。我记得自己曾经因你的所作所为认定你是个既邪恶又残忍的女人，但我也太傻了。你只是不爱我罢了，因为这一点就谴责你也实在荒唐。原来我以为可以让你爱上我，但我现在知道这是不可能的。我不知道是什么东西让别人爱上你的，但是无论是什么，那才是唯一重要的东西，如果没有那种东西，你也无法凭着善良、慷慨，或者其他一切好的品质把它创造出来。"

"我早就应该想到，如果你以前真的爱过我，那么你现在也应该还爱着我。"

"我曾经也这么想过。我记得过去常常想，爱情是天长地久的，觉得自己宁愿去死也不愿失去你。我过去还常常渴望时间会让你容颜老去，满脸皱纹，那时没人会再爱你，我就会完全拥有你了。"

米尔德里德没有回答，但过了一会儿，她站起身，说她想上床睡觉了。她羞涩地微笑了一下。

"今天是圣诞节，菲利普，你愿意给我一个晚安吻吗？"

菲利普发出了一阵笑声，微微有些脸红，吻了米尔德里德一下。米尔德里德走进了卧室，菲利普也开始埋头看书了。

第九十六章

两三周之后，两人之间的龃龉越来越白热化了。米尔德里德被菲利普的举止搞得异常恼火。她心里有很多种不同的情感，她能灵活地随时转换心情。她有大把的时间独处，自己揣摩她在菲利普心中的位置。她无法把所有的感情都表达出来，甚至自己也说不清这些感情到底是怎样的，但是她脑海中的某些事情日益明显。她自己也反复思量这些事情。她从来没有理解过菲利普，也不是那么喜欢他，但是有菲利普陪伴左右她很开心，因为她认为菲利普是个绅士。菲利普的父亲是名医生，他的伯父是位牧师，这种出身让米尔德里德印象深刻。自己过去曾经把他当作傻瓜般戏弄，她又有些瞧不起他，同时，在他面前，自己一向感到不自在；她无法随心所欲，她觉得菲利普对她的行为举止总是挑刺找碴。

当她刚搬过来住在肯宁顿区的这间小公寓时，她既疲惫又羞愧，很高兴能不受人打扰。想想住在这里还不用付房租，还是很宽慰的一件事。她不必无论什么天气都得出门去，如果觉得不舒服，她可以静静地躺在床上。她对自己先前过的日子深恶痛绝，强装笑脸、低三下四地接客真的太可怕了；甚至到了现在，她一想起那些粗鲁的男人和他们粗俗下流的语言，她就会自艾自怜地哭泣。不过，近来她很少想过去那段不堪回首的生活了，她很感激菲利普把她从水深火热中解救出来。每当她回忆起他是那么真诚地爱着她，而她对他却那么恶劣，也会深深地感到后悔。想要补偿菲利普也很容易，而且对米尔德里德来说这也根本不算什么事。但让米尔德里德惊讶的是菲利普竟然拒绝了她的献身，她耸了耸肩膀，心想如果菲利普爱摆臭架子，就让他摆去吧，她才不在乎呢。过不了多久，他自己就会沉不住气的，到了那时该轮到她拒绝了。如果菲利普觉得她没什么办法了，那他就想错了。她一点也不怀疑自己对他的掌控力。菲利普是很特别，可米尔德里德自恃对他非常了解。菲利普过去常跟她吵架，总发誓再也不见她了，可没过多久他就会跪着乞求她原谅。想到他那副卑躬屈膝的样子，米尔德里德心中就会涌起一阵快感。他会很乐意匍匐在地上，让她从他身上踩过去的。她以前常看到他哭泣，知道究竟如何对待他：不理睬他，假装没注意到他的脾气，把他晾到一边，过不了多会儿，他肯定就奴颜婢膝地哀求她了。想到他如何乖乖地过来，以及在自己面前含屈忍辱的可怜样子，她不禁暗自发笑。她曾纵情享乐。她知道男人是什么样的，所以日后再也不想和那些男人有什么瓜葛，她准备和菲利普踏踏实实地过日子。说到底，菲利普可是个地地道道的绅士，这一点是无法取笑的，不是吗？不管怎么说，她可不着急，不打算迈出第一步。她很高兴看到菲利普对孩子的感情与日俱增，哪怕这让她感到好笑。他竟然付出那么多心血来抚养别的男人的孩子，实在滑稽。他真是个怪人，这一点儿也没冤枉他。

然而，有一两件事还是让米尔德里德感到吃惊。她本来已经习惯了菲利普的百依百顺，过去他会乐颠颠地为她做任何事，她也习惯看到他因她的一句气话而神情沮丧，因她的一句好话而欢天喜地。可现在他变了，她还对自己说在过去的一年中，菲利普其实没多大的长进。米尔德里德的脑子里片刻也没想过菲利普的感情会起了变化，她总以为自己发脾气的时候菲利普不闻不问的态度完全是假装的。有时，他想看书，就直截了当地让她住嘴。米尔德里德不知道自己应该火冒三丈还是忍气吞声，竟一时愣在那儿，有点不知所措。后来，在一次聊天时菲利普告诉她，他只希望两个人的关系是纯友谊的关系。此时，她联想到之前发生的事，觉得他只是害怕可能会让她怀孕。她再三向他保证不会出现这种状况的，但是情况仍然没有任何改观。她是这样一种女人——她无法理解一个男人可能并不像她那样痴迷于男女之事。而她和男人搞在一起纯粹是因为肉欲。她不能理解竟然有男人会对别的事情感兴趣。她还想到菲利普是不是爱上别的女人了，她对他暗中观察，怀疑菲利普跟医院里的护士或者遇到的别的女人好上了。她还很巧妙地问了菲利普几个问题，然后得出结论：菲利普并没有爱上阿瑟尔尼家中的任何女人；后来她还牵强附会地认为，菲利普和大多数的医学生一样，并没有把一起工作的护士当成女性看待，她们在他的脑子里只会和淡淡的碘酒味儿联系在一起。菲利普也没有收到任何女人的来信，在他的私人物品中没有女孩子的照片。如果他真爱上了什么人，那他把照片也藏得太好了，可是他总是坦率地回答米尔德里德的所有问题，显然一点儿也不怀疑米尔德里德问话的动机。

"我觉得他并没有爱上别的人。"她最后自言自语地说道。

米尔德里德松了口气，这么说的话，他当然还爱着她，但是他的行为却让人迷惑。如果他对她真是像他说的那样，为什么他还邀请她过来和他一起住在同一屋檐下？那也太说不过去了。米尔德里德还真不是那种能够理解世上可能还有同情、慷慨或者善良存在的女人。她唯一的结论就是菲利普是个古怪的人。她脑中想出的多种原因之一还有菲利普的行为是出于骑士精神。她的想象力特别丰富，充满了从廉价小说中得来的情节。米尔德里德幻想着菲利普矜持的行为下有着多种罗曼蒂克的解释。她的想象如脱缰的野马般尽情驰骋，想到了什么苦涩的误解，还有圣火灼烧下心灵的净化，洁白的灵魂，还有在圣诞夜晚严寒中的死亡，等等。她打定主意，在布赖顿时就要把菲利普所有荒唐念头终结掉。在那里，他们可以单独相处，所有人都会认为他们是夫妻。另外，那里还有码头和乐队营造浪漫气氛。可当她发现无论怎么说都不能让菲利普和她同住一间房，菲利普跟她谈论此事时用了一种她以前从未听过的口吻后，米尔德里德突然意识到菲利普不需要她。她非常震惊。菲利普以前跟她说过的情话，他是如何如痴如狂地爱着自己，她至今记忆犹新。此时，米尔德里德感到又羞又怒，但是她天生有一种傲慢的性格，能帮她度过难挨的时光。菲利普别以为她爱他，她根本就不爱他。有时，米尔德里德还有些恨他，她渴望找机会羞辱他。不过她发现自己格外有心无力，不知道能有什么办法对付他。跟菲利普在一起时，她开始觉得有点紧张不安了。有一两次她还暗地里痛哭了起来。还有一两回她特意对他表现得深情款款。当他们晚上沿着海边慢慢散步时，她挽起菲利普的胳膊，可没过一会儿，菲利普就找借口把胳膊从她的手中抽出来，好像她碰他一下，他就会觉得很不舒服。她不知道究竟是什么原因让他这样，她唯有通过孩子才能制住菲利普，他似乎对孩子越来越疼爱了。米尔德里德要是打孩子一下，或者推孩子一把，都会把菲利普气得脸色发白。只有她站着把孩子抱在怀中时，过去的那种久违的温柔笑意才会闪现在菲利普的眼中。这是有一次她抱着孩子在海滩上让一个男人照相时发现的，后来她便经常这样抱着孩子站在那儿，让菲利普用那种眼神看她。

　　他们回到伦敦后，米尔德里德开始找工作了。之前她信誓旦旦地说找个活儿干还不容易，而且她现在也不想再依赖菲利普生活；甚至还幻想她有一天能得意地告诉菲利普，她要带着孩子搬出去住。但是，离这种可能性越近，她的内心反而越抗拒。她已经不习惯长时间在外工作，也不想再被女经理呼来唤去，她的自尊让她从心里抵触再一次穿上女招待制服。她已经让熟识的邻居们相信她和菲利普过得很殷实，如果她们听说她不得不出去工作，那不是显得很潦倒。她天生的惰性又占了上风。她不想离开菲利普，只要他还愿意供她吃喝，她不明白自己为什么一定要走呢。虽然她不能再大手大脚地花钱，但是不愁吃住，况且菲利普的经济状况还可能会好转。他伯父的岁数已经不小了，说不定哪一天就会去世，到那时菲利普可以得到一笔遗产呢；即便是眼下的日子，也比一周为了几个先令，从早到晚做牛做马强得多呀！她一下子泄了劲儿，找工作成了应付事；她仍然继续看着每天报纸上的招工广告，不过仅仅是为了表明如果有值得做的工作，她还是想做事的。然而，她的心里还是常常惶恐不安，担心菲利普会越来越不愿供养她。现在，她根本拿捏不住菲利普。她觉得他之所以还允许她待在这儿，仅仅是因为他喜欢她的孩子。她心里一直琢磨着这些事，甚至有些愤愤不平地暗想，有朝一日她会让菲利普为这一切受到惩罚。对于菲利普不再喜欢她的这一事实，她怎么也不甘心，她一定要让他喜欢自己。有时她对菲利普恨得牙痒痒，有时又莫名其妙地想得到他。菲利普现在对她很冷淡，这让她怒火中烧。却又控制不住自己满脑子都是他。她觉得菲利普对她太过残忍，又不知道自己做了什么孽遭此报应。她不断在心里暗自说，他们这样住在一起是有悖常理的。然后，她又琢磨，如果事情不是这样子，她又怀上了菲利普的孩子，他一定会娶她为妻的。他是有点古怪，但他是个地地道道的绅士，没人会对这一点置疑的。最后，她对这个想法都有点着魔了。她决定采取行动迫使他们的关系发生改变。菲利普现在甚至都不肯主动吻她，而她却希望他吻她。她还记得过去他是多么热情地紧紧压着她的双唇呀。一想到这儿，她就有一种奇特的感觉，经常怔怔地看着他的嘴唇。

二月初的一天傍晚，菲利普告诉她自己要和劳森一起吃晚饭。那天，劳森要在自己的画室里举办一场生日聚会。菲利普要很晚才能回家。劳森还特意从比克街他们常吃饭的小酒馆里买了好几瓶他们爱喝的潘趣酒，他们准备晚上玩个痛快。米尔德里德问活动是否有女士参加，可菲利普告诉她没有，只邀请了男士。他们只是坐在一起聊天，抽烟。米尔德里德觉得这种生日聚会听上去也没多大意思，要是她是个画家的话，她一定会找上五六个模特儿来呢。她上床休息，但是睡不着，过了一会儿，她想出了一个主意。她爬起来，跑去把朝着楼梯的房门插上。这样菲利普就进不了门了。菲利普是大约子夜一点钟回来的，发现门从里面被插住了。米尔德里德听见他嘴里在骂骂咧咧，起床打开了门。

"你干吗把自己关在里面？对不起，把你从床上叫起来了。"

"我还特意为你留了门的，我也搞不清楚为什么门会插上。"

"快点回去睡吧，否则你会感冒的。"

菲利普走进起居室，调亮了煤气灯。米尔德里德跟着他走进来，走到火炉前。

"我想暖和一下脚，它们冷得像冰一样。"

菲利普坐下来开始脱靴子，他的眼睛闪亮，两颊通红。米尔德里德想他一定是喝了不少酒。

"你玩得痛快吗？"她问道，嫣然一笑。

"是的，我今晚痛快极了。"

菲利普很清醒，但是今晚他在劳森那儿一直在说笑着，眼下他的兴奋劲儿还没过去。晚上的聚会让他想起在巴黎的旧时光。他的兴致很高，从口袋拿出了烟斗，往里填满了烟丝。

"你还不上床睡觉吗？"米尔德里德问道。

"还不想睡，我一点也不困。劳森的劲头可足了，从我进门那一刻，他就开始滔滔不绝地说，直到我离开，还说个没完。"

"你们都聊些什么呀？"

"天知道！反正无所不谈。你要是看见那景象就会知道，所有的人都在用自己的最高音量喊着说话，可没人在听别人说话。"

菲利普边说边笑地回忆着聚会的情景，米尔德里德也跟着他哈哈大笑。她敢肯定他有点喝多了，这也正是她所期待的。她太了解男人们了。

"我能坐下来吗？"米尔德里德问道。

菲利普还没来得及回答，她已经坐在了他的膝盖上。

"如果你还不想睡，你最好去穿一件睡袍。"

"哦，我没事的。"然后米尔德里德把胳膊环绕在菲利普的脖子上，她把自己的脸贴着他的脸说道，"你干吗对我这么凶巴巴的呢，菲尔？"

菲利普想站起身，但米尔德里德不让他起来。

"我真的爱你，菲利普。"米尔德里德说道。

"别胡说八道了。"

"我没有，我说的是真话。我不能没有你，我想要你。"

他从她的怀抱中挣脱出来。

"请你站起来，你让你自己看起来像个傻瓜，你也让我觉得自己像个白痴。"

"我爱你，菲利普。我想弥补我过去对你的伤害。我不能再这样过下去了，这样的生活违背人性啊！"

菲利普从椅子上滑出来，把米尔德里德留在了椅子中。

"我很抱歉，可是太晚了。"

米尔德里德发出令人心碎的哭声。

"但是为什么呀？你怎么能这么残忍呀？"

"我想，这是因为我以前太爱你，我耗光了我所有的激情。现在一想起那种事就让我不寒而栗。我现在只要看见你，就会想起埃米尔和格里菲斯。我控制不了我自己，可能是我太神经质了。"

米尔德里德抓起菲利普的手，不住地亲吻起来。

"不要。"他喊道。

米尔德里德又坐回到椅子上。

"我不能像这样生活下去了，如果你不爱我，我宁可走。"

"你快别傻了，你没地方可去，只要你愿意，你可以待在这儿，多久都可以，但千万别搞错，我们只是朋友，仅此而已。"

这时，米尔德里德刚才那暴风骤雨般的热情突然冷却了下来，她发出了一阵轻柔、妩媚的笑声。她侧着身子凑近菲利普，用双臂紧紧地搂着他，压低声音哄着他说：

"别冒傻气了，我知道你心里紧张，你不知道我有多温柔呢。"

她把脸贴着菲利普的脸，并开始用自己的脸蹭着菲利普的脸。可在菲利普看来，她引诱的媚笑令人厌恶，眼中闪烁着暗示性的光芒，让他觉得恐怖，他本能地向后躲避着。

"别这样。"他说道。

但是米尔德里德不让他挣脱，她用自己的嘴寻找着他的嘴。他抓住她的双手，使劲把它们扯开，并一把推开她。

"你让我觉得恶心。"他说道。

"我？"

她用一只手撑在壁炉台上，稳住自己的身子，盯着菲利普看了片刻，脸颊上突然出现两团红晕。她发出一声凄厉、愤怒的笑声。

"我还觉得你恶心呢。"

她顿了顿，深深吸了一口气。然后，她便破口大骂起来。她扯着嗓子骂着，把能想到的所有污言秽语一股脑儿地倾倒了出来。她用的语言是那么下流，让菲利普有些目瞪口呆。平常她总是假装文雅，每当听到别人说脏话时她好像都很吃惊，让菲利普吃惊的是她也熟谙那些脏话。她冲到菲利普跟前，她的脸由于情绪激动变得扭曲，在她不住嘴的骂声中，口沫横飞。

"我从来都没喜欢过你，一秒钟也没有，我也就是把你当成傻瓜在耍着玩儿，你让我腻烦，腻烦透顶，我恨你。要不是为了钱，我绝不会让你碰我一根手指头，以前我不得不让你吻我时，我都想呕吐。我们嘲笑你，格里菲斯和我，我们嘲笑你是因为你就是头蠢驴。一头十足的蠢驴！蠢驴！"

接下来又是一番不堪入耳的骂人话，她把天底下所有卑鄙行为的污水都往菲利普身上泼，她说他吝啬、呆头呆脑；她说他虚荣、自私。但凡菲利普敏感忌讳的事，她都恶毒地讽刺挖苦一番。最后，她转身要走，但歇斯底里的大发作并没有停息，嘴里还在叫骂着。她抓住房门的把手，使劲打开房门，然后转过头去，向菲利普发出最致命的一击，她清楚地知道只有这句话才能真正伤害到他。她把满腔的怨恨和恶毒都倾注到她那个词中，然后用尽全力向菲利普骂了一声，好似给他了重重一击。

　　"死瘸子！"

第九十七章

菲利普第二天早上惊醒时，马上意识到时间不早了，他看了一下表，发现已经九点钟了。他从床上一跃而起，跑到厨房想找点热水好刮脸。厨房里没有米尔德里德的身影，她昨天晚上用过的餐具还放在水槽中没有洗。他敲了敲她卧室的门。

"起床啦，米尔德里德。已经晚啦。"

没有动静，甚至在第二声重重的敲门声之后，还是没有动静，他知道她一定还在生气。他太忙乱了，无暇顾及还要哄她。他自己烧了点开水，然后跳进浴缸里，浴缸里总是在头天晚上就注满水，以驱赶凉气。他还以为在他穿衣的时候米尔德里德会给他做好早餐，然后把早餐放在起居室里呢。以前她发脾气的时候，就这么干过两三次。但是他没听见她走动的声音，他意识到如果他还想吃点东西，他得自己动手了。他被惹得异常恼火，在他睡过头的早上，她竟然还给他来这一手。当他自己做好早餐后，她仍然没有任何露面的迹象，但是他听见她在自己的卧室里走动的声音，她显然也起床了。他给自己倒了杯茶，又切了几片面包，涂上黄油，他一边吃着面包，一边穿上靴子，然后冲下楼梯，沿着街道走到主路上去赶电车。当他的眼睛在报刊亭的宣传海报牌上寻找着战争的消息时，脑子里闪现出昨晚的那一幕。现在事情已经过去了，一觉醒来再想这件事，他忍不住觉得这件事太荒唐。他觉得自己的行为特别可笑，但是他就是控制不住自己的感情，有时候这些感情如同决堤的洪水一般无法抗拒。他对米尔德里德很生气，因为正是她迫使自己陷入那种荒唐的境地，随后他又想起她的歇斯底里和满口的污言秽语，让他再次觉得大为吃惊。当他想起她最后嘲笑他的那个字眼时，又禁不住涨红了脸，不过他只是轻蔑地耸了耸肩。他早就知道，当有些人生他的气时，他们就会把他的残疾作为笑柄来奚落他。他曾经在医院看见有同事模仿他走路的样子，就像过去在学校有同学也做过一样的事，不过同事们没当着他的面模仿罢了，他们以为他没瞧见呢。他如今知道他们那么做并非出于恶意，不过是因为人类天生就是一种好模仿的动物，还因为那是一种很容易就可以逗别人大笑的方式。他什么道理都明白，但是他就是做不到无动于衷，泰然处之。

他很高兴又能全身心投入工作了。当他走进病房的时候，里面的气氛似乎十分欢快友好，那位护士礼节性地冲他笑了笑。

"你今天到得太迟了，凯里先生。"

"我昨天晚上玩得有点疯。"

"看得出来。"

"谢谢。"

哈哈笑着，菲利普开始接诊第一个病人。病人是个患结核性溃疡的小男孩，菲利普要给他拆换绷带。小男孩很高兴见到菲利普，菲利普一边把干净的绷带给他包扎上，一边跟他说笑着。菲利普很受病人们的欢迎，因为他待他们很和气，而且包扎时动作很轻，很小心，不会弄疼病人，不像有些包扎员干起活来有点毛手毛脚，随心所欲。菲利普和同事们在俱乐部休息室吃的午饭，午餐很简单，只有一块司康饼[①]和一点黄油，还有一杯可可。他们一边吃，一边聊着战争的情况。好几个人准备入伍参战，但是政府有特殊要求，拒绝没有在医院取得职位的人参战。有人还提到，如果战争继续下去，用不了多久当局就会很高兴把只取得了行医资格的人也派上战场，但大家普遍的看法是战争在一个月内就会结束。现在既然罗伯茨[②]都已经在那里了，那么形势很快就会好转。麦卡利斯特也是这么看的，他跟菲利普说过，他们必须瞅准时机，在战争宣布结束之前购进股票。到了和平时期，这些股票的行情一定会大涨，他们肯定会赚上一笔的。菲利普对麦卡利斯特千叮咛万嘱咐，只要一有机会就帮他购进股票。在夏天的股票交易中赚到的三十英镑，刺激了菲利普投资的胃口，他现在想一口气赚个两三百英镑。

忙完一天的工作后，菲利普打算搭乘电车回到肯宁顿区的住所。他不知道今天晚上米尔德里德还会怎么折腾。一想到她可能还是那个臭脾气，对他的问题一概不理的模样，菲利普就有些不胜其烦。在一年当中的这个时候，那天晚上算是暖和的了，甚至在伦敦南部的那些光线昏暗的街道上，也呈现出二月份懒洋洋的气氛。在经过冬天数月的漫长等待，大自然开始蠢蠢欲动起来，一切生物不断从睡梦中苏醒。大地中窸窸窣窣的声响是春天到来的先兆，大自然又开始了它

① 司康饼，英式快速面包（Quick Bread）的一种，它的名字是由苏格兰皇室加冕的地方，一块有长久历史并被称为司康之石（Stone of Scone）或命运之石（Stone of Destiny）的石头而来的，是西方世界的代表点心之一。

② 罗伯茨（Lord Frederick Roberts，1832—1914），就是下文的罗伯茨勋爵，英国陆军元帅，在第二次布尔战争中任南非英军总司令。

们永恒不变的活动。菲利普真想就一直坐在电车上，向远方驶去。对他来说，回到住处让他觉得很不舒服，他想多呼吸点新鲜空气。但是，盼着见到孩子的愿望突然拨动着他的心弦，一想到孩子满心欢喜地向他跌跌撞撞扑过来的可爱样子，他就禁不住露出微笑。当他走到楼前，习惯性地抬头望向窗户，却惊讶地发现里面没有灯光。他快步走上楼，敲了敲门，里面没人应声。米尔德里德出门时会把钥匙留在门前的脚垫下，这会儿他在垫子下面找到了钥匙。他进了屋，走到起居室里划着一根火柴。一定出了什么事，但他没有马上反应过来究竟是什么事。他把煤气灯的煤气开到最大，点亮了它。屋里一下子变得亮堂起来，他四下一看，倒吸了一口气。整个屋子一片狼藉，屋里的每件东西都被人故意毁坏了。他怒不可遏，气冲冲地来到米尔德里德的房间，里面黑黢黢的，空无一人。把灯点亮后，他发现米尔德里德已经把她和孩子的所有东西都拿走了（他一进楼，就看到楼梯处平常放婴儿推车的地方空了，他还以为米尔德里德带孩子出去了）；洗脸架上的所有东西都被砸得稀烂，两个椅子的皮座处被刀划了好几道口子，枕头也被划开啦，床单和床罩也被划破。镜子好像是被锤子敲碎的。菲利普有点脑袋发蒙，他走进自己的房间，那儿的东西也都一团糟。脸盆和水壶都被砸破了，镜子碎片散落一地，床单被撕成一条条的。米尔德里德把他的枕头也划了一个足够伸进一只手的大口子，从枕头里掏出的羽绒在房间里飘得四处都是。她用刀子把毯子也戳破了，在梳妆台上摆放着菲利普母亲的照片，相框已经被摔烂，相框上的碎玻璃还在颤动。菲利普走进小厨房，那儿所有能打破的东西都已经破碎了，玻璃杯、做布丁的盆、盘子、碟子，等等。

看到这情景，菲利普都快窒息了。米尔德里德没有留下只言片语，只留下一片狼藉来表明她的愤怒，他能想象到她铁青着脸，疯子似的乱打乱砸。菲利普又回到了起居室，环顾四周，他太过惊骇以至于都不再觉得愤怒了。他好奇地看到厨房的刀和敲煤用的锤子，它们被米尔德里德扔在了饭桌上。然后，他又看到一把大雕刻刀被扔在壁炉里，它已经断成了两截。把家里破坏成这样，一定也费了她不少工夫。劳森给他画的肖像被米尔德里德用刀划了个"十"字，裂着可怕的大口子。他自己的习作也被撕成了碎片，马奈的《奥林匹亚》、安格尔的《女奴》、腓力四世的肖像画都已经被锤子捣得七零八落。在桌布上、窗帘上和两把扶手上都有刀划的一道道的口子，这些东西全都毁了。在一面墙上，菲利普用来当书桌的桌子上方，挂着那条克朗肖送给他的小块波斯地毯。米尔德里德一向很讨厌它。

"如果是地毯的话，就应该把它铺到地板上。"她抱怨道，"而且它又脏又臭，什么用都没有。"

菲利普告诉她这块地毯里包含着一个大秘密的答案，这让她更为光火，她认为菲利普这是在故意嘲笑她。她用刀在这块地毯上狠狠地划了三道，一定费了她不少力气，现在这块地毯就像破布条一样挂在墙上。菲利普有两三个蓝白相间的盘子，虽然不值什么钱，但他是几次用不多的钱一个一个买回来的。他喜欢它们的原因是因为这些盘子能够让他联想起购买时的情景，可现在它们在地板上已经成了一堆碎片。他的书也没有幸免于难，在所有书的背面都有长长的刀痕。米尔德里德还不嫌费事地从没有装订的法文书里撕下了好几页。在壁炉台上的小摆设都被扔到了壁炉前的地面。所有能用刀子、锤子破坏的东西全都毁掉了。

菲利普的全部家当本来也值不了三十镑，但大多数都陪了他好多年了。菲利普是个喜爱家庭生活的人，依恋所有的零零碎碎的东西，因为它们都是他的。他为自己的小居所骄傲，因为没花多少钱，他就把它装饰得漂亮又有特色。现在，他陷入了绝望之中，内心在问自己米尔德里德怎么能那么残忍。突然，他又想起了什么，惊恐地跑到了门厅，那儿立着一个壁橱，里面是他的衣服。他打开了柜门，松了一口气。米尔德里德显然把它忘记了，他的衣服完好无损。

菲利普又重新回到起居室，看着屋里那凌乱不堪的景象，寻思应该怎么办。现在他没有心情去收拾打扫，而且家里也没有任何吃的了，他觉得饥肠辘辘。他出了门，找个地方吃了点东西。等再进家门时，他冷静多了。当他想到那孩子时，心里锥心刺骨般地疼痛，他不知道孩子是否会想念他。也许头几天会想，但是一个星期以后，她可能就会忘记他。谢天谢地，他摆脱了米尔德里德，想到她时他不再愤怒，但是有一种无法压制的厌恶。

"我请求上帝永远别再让我见到她。"他大声说道。

现在，唯一要做的事就是离开这住所，他已经下定决心第二天早上就通知房东。他负担不起弥补这些损失的费用，他剩下的钱也不多了，必须找一个更便宜的住处。他很高兴终于可以从这个住处搬出去了。本来昂贵的房租就让他犯愁，更别说待在这里总让他想起米尔德里德。菲利普一旦打定了主意，就耐不住性子马上采取行动，实施他心中的计划。所以，在第二天下午，他找来一个二手家具商人，这位商人出价三英镑，把他所有损坏了的和没损坏的家具都买了。两天之后，他搬到了医院对面的一幢房子里。在他刚上医学院时，他曾在这儿住过一段时间。女房东是一位非常体面的女士，他在顶层租了一间卧室，女房东一周收他六先令的租金。房间又小又破，透过窗子能看到楼房的后院。此时，菲利普除了他的衣服和一箱书以外，别无长物。他很高兴能租到这么便宜的房子。

第九十八章

　　菲利普·凯里的财产，对于别人来说无足轻重，但是对于他自己来说却是至关重要的。可就是这些财产现在正受到他祖国所经历的各种事件的影响。历史正在被创造，这一发展进程如此轰轰烈烈，竟对一个默默无闻的医学生的生活也产生了影响，这似乎有些荒唐。在马格斯方丹、科伦索、斯皮温山①这些地方进行的一个接一个的战役中，战无不胜②的英军相继败北，既让国家蒙羞，更给贵族和绅士们的威信带来巨大的打击。他们一直宣称他们天生拥有治理国家的能力，在此之前，还没有人认真地反对过这一宣称。旧的秩序正在被打破，人们确实正在创造新的历史。大英帝国这个巨人用尽全身力气，结果又犯下了大错，最后竟无意中取得了胜利的假象。克龙涅③将军在帕尔德堡率部投降，莱迪史密

---

① 马格斯方丹、科伦索、斯皮温山是南非地名，在布尔战争中英军在这些地方均遭惨败。

② "战无不胜"，原文直译为"在伊顿公学的操场上"。在英国，曾经有一种说法是，整个帝国都建立在伊顿公学（Eton）的操场上。指这所著名的私立学校锻炼了英国年轻人的体魄和意志。

③ 克龙涅（Cronje，1835—1911），南非布尔军队将领，1880年在德兰士瓦发动反对英国统治的起义，1900年在帕尔德堡被英军围困，被迫投降。

斯得以解围，罗伯茨勋爵在三月初带领军队挺进到了布隆方丹[①]。

就是在这消息传到伦敦两三天之后，麦卡利斯特来到比克街的小酒馆，开心地宣布在股票交易所情况日渐好转，和平的曙光就在前面，在几周之内罗伯茨就会进军比勒陀利亚，股票已经开始上涨，过一阵行情必定大涨。

"现在是时候买进了。"麦卡利斯特告诉菲利普，"如果等大家都纷纷买进就不妙了，机不可失，时不再来。"

麦卡利斯特得到内部消息，南非一家矿业公司的经理给他公司的高级合伙人打来电报说，工厂没受战事的影响，他们会尽快开工。这不是投机，而是投资。为了表明那位高级合伙人多么看好形势，麦卡利斯特告诉菲利普，那位合伙人已经给他的两个妹妹买了五百股。要不是那家公司像英格兰银行一样安全稳妥，他不会把她们也拉进来。

"我打算把我的全部家当都押上。"麦卡利斯特说道。

这只股票现在卖二又八分之一到四分之一英镑之间，麦卡利斯特劝菲利普别太贪心，只要涨十个先令就可以抛了。他自己买了三百股，建议菲利普也买上三百股。他打算把股票握在手里，等时机成熟时就将它们抛出。菲利普非常信任麦卡利斯特，一部分原因是他是个苏格兰人，天性谨慎；另外一部分原因是他上一次的眼光很准。所以，菲利普立即接受了他的建议。

"我敢说我们能在股票到期之前把它卖掉，"麦卡利斯特说道，"但如果不行的话，我也会安排帮你将股票转期交割。"

在菲利普看来，这个办法再好不过了。你可以沉住气，

---

① 帕尔德堡、莱迪史密斯和布隆方丹均为南非地名。

等股票行情上涨时，就抛掉股票获利，你甚至根本不用自己掏钱。他又开始充满兴趣地来研究报纸上的股票交易栏目了。第二天，所有股市都上涨了一点，麦卡利斯特写信说他不得不花了二又四分之一英镑购进股票，还说目前市场坚挺。但才过了一两天，股票行情下跌。来自南非的消息也令人担心，菲利普忧心忡忡地看到他买的股票已经跌到了两英镑。但麦卡利斯特仍然很乐观，他认为布尔人坚持不了多长时间，他敢下大注打赌罗伯茨勋爵会在四月中旬之前进军到约翰内斯堡[①]。可按照目前的行情，菲利普已经赔进去将近四十英镑了。他心急如焚，但又觉得唯一的出路就是坚持，就他当下的处境而言，这个损失太大了。几周过去，情况依然不明朗。布尔人没有明白他们注定被击溃的前景，也没有认识到他们别无出路，只有投降。事实上，他们还打了一两次小胜仗，菲利普的股票又跌了半克朗。很显然，战争还没有结束，人们纷纷抛售股票，当麦卡利斯特见到菲利普时，他也很悲观。

"我现在吃不准是不是应该割肉止损。到现在我们赔的和想赚的一样多。"

菲利普忧心得不得了。晚上都睡不着觉了。早上起来匆忙吃了点东西，就是为了去俱乐部阅览室浏览报纸，现在他节省到早餐只喝茶，吃几片涂黄油的面包。有时报纸上是坏消息，有时根本没有消息，但是当股票行情有波动时，这只股票就是下跌。他真有点束手无策了。如果他现在就把股票抛掉，总共得损失三百五十英镑，那意味着他只剩下八十英镑来维持生活。他现在追悔莫及，真希望当初没有像傻子一样不知深浅地涉足股市，但是现在唯一能做的就是坚持了。

---

① 约翰内斯堡，南非东北部城市。

说不定某一天决定性转折就会出现，股票的行情就会大涨。不过，他现在已不再奢望能赚钱，把他的损失弥补回来就不错了。这是他能完成医学院课程的唯一希望。夏季学期在五月份开始，学期结束时他还打算参加妇产科的考试。那以后，还要有一年多的时间挣不到钱，他仔细盘算过，得出了结论：如果他有一百五十英镑的话，学费等各种费用勉强还能应付，可这是最低限度。

四月初，菲利普去了趟比克街的小酒馆，他急切地想见到麦卡利斯特。跟麦卡利斯特讨论一会儿局势会让他放松些；当意识到除了他之外还有很多人也蒙受了金钱的损失，他感到自己的困境没那么难以忍受了。但当菲利普到那儿的时候，除了海沃德，谁也没来。菲利普一落座，海沃德马上说道：

"我星期天就要乘船到好望角去了。"

"真的呀！"菲利普喊道。

他做梦也没想到海沃德会去好望角。现在医院里也有很多年轻人要去参军；政府也很乐意征召有行医资格的人入伍；有一些已经加入骑兵的年轻人给家里写信说，他们一被人发现是医科学生后，就马上被安排到医院去工作了。一股爱国主义的浪潮席卷了整个国家，来自社会各个阶层的人纷纷志愿支援前线。

"你以什么身份去呢？"菲利普问道。

"哦，我加入的是多塞特骑兵团，我去当骑兵。"

菲利普已经认识海沃德八年了。年轻时两人交往过密，是出于菲利普对一位滔滔不绝地跟他讲述艺术和文学的人的崇拜、羡慕之情，但现在这种崇拜之情已经消失，取而代之的是聚会和见面的习惯。海沃德在伦敦时，他们一周要见上一两次面。海沃德仍然用一种优雅、欣赏的口气来谈论书籍，菲利普都听厌了。有时海沃德的侃侃而谈经常让菲利普忍无可忍地跟他争辩起来。菲利普不再认为除了艺术以外，世别的东西都毫无意义的观点是正确的了。海沃德对行动和成功的轻蔑也让他反感。菲利普一边搅动着他的潘趣酒，一边想起两人早年的友谊，以及他对海沃德会做出一番丰功伟绩的热切期待。菲利普早已不再对海沃德抱有幻想。他现在知道海沃德除了空谈，什么事也干不成。海沃德今年已经三十五岁了，他发现靠每年三百英镑的进账很难让生活过得舒服，而在他年轻时，他还以为有了这笔钱过上好生活绰绰有余呢。他穿的衣服，虽然还是在一位不错的裁缝那儿定制的，但一件衣服要穿很长时间，这在过去几乎是不可能的。他身材太过粗壮，金色的头发无论如何梳理也无法巧妙地遮盖住他秃秃的头顶。他的蓝眼睛有些呆滞无神，不难看出他平时酒喝得太多了。

"你怎么一下子决定要去好望角呢？"菲利普问道。

"哦，我也不知道，不过我觉得应该这么做。"

菲利普沉默了，他觉得自己相当愚蠢。他明白海沃德正在受到灵魂深处某种躁动的情感的驱使，那种躁动的情感是什么他也不明就里。海沃德内心的某种力量似乎让他觉得有必要挺身而出，为他的祖国而战。说来也怪，因为海沃德平时口口声声说爱国主义只不过是一种偏见，他自诩是世界主义者，把英国视作流放之地。总之一句话，他的同胞们伤害了他的感情。菲利普有些困惑不解，究竟是什么原因使人们的行动与他们的生活哲学背道而驰。在正常情况下，当那些野蛮人自相残杀时，海沃德应该站在一边，面带微笑，冷眼旁观才对。人类好像是某种未知力量手中的玩偶，在这种力量的驱动下做这做那。有时，人们利用理智这一说法来为自己的行为辩护。要是做不到理智时，他们就不顾理智，只管采取行动。

"人真是一种很特殊的动物。"菲利普说道，"我做梦也没想到你会入伍当骑兵。"

海沃德有些尴尬地笑了笑，什么也没说。

"我昨天体检了，"他终于说道，"虽然体检的过程挺麻烦①，但知道自己还是很健康的，倒也值得。"

菲利普注意到海沃德在本来可以用英语表达的地方，还是矫揉造作地用了一个法语词汇。不过就在这时，麦卡利斯特走了进来。

"我正想找你呢，凯里。"他说道，"我家里人都不想再持有那些股票了，市场行情现在糟透了，他们还想让你接手这些股票呢。"

菲利普的心一沉，他知道那是不可能的。但这意味着他必须接受这个损失。他的自尊使得他尽量语气平静地说：

"我不知道自己的想法对不对，这么做值不值，不过你最好还是把它们抛了吧。"

"说起来容易，我还不知道我能不能把它们卖掉呢。现在市场不景气，找不到买主呀。"

"可是这只股票的市场行情已经跌到了一又八分之一英镑了呀。"

"哦，没错，但是这说明不了什么呀，你是卖不到这个价的。"

菲利普一时竟然语噎，他试图控制住自己以免失态。

"你的意思是它们现在一点钱也不值吗？"

① 原文为法语。

"哦，我没那么说。当然了，它们还是值些钱的。不过你知道，现在没人会买它们。"

"那你只要把它们卖了就行，能卖什么价就卖什么价吧。"

麦卡利斯特眯着眼睛看着菲利普，想知道他是不是受到了沉重的打击。

"我真是抱歉，老弟，不过我们是在同一条船上，没人料到这场战争拖得这样久。是我拖累了你，但我自己也陷在里头了呀。"

"完全没有关系。"菲利普说道，"人总是要冒冒险的嘛。"

菲利普又坐回到桌子旁，刚才他是从座位上站起来迎着麦卡利斯特说话的。他有点木呆呆的，头突然开始猛烈地疼痛起来，可他不想让在座的另外两个人认为自己没有点男子汉的气概。他在那儿坐了一个小时，无论他们说什么，他都放声大笑。最后，他站起身准备离开。

"你可真冷静，"麦卡利斯特一边握着菲利普的手，一边说道，"我想任何人要是损失了三四百英镑，都不会像你这样镇定的。"

菲利普一回到他破旧的小房，便一头栽倒在床上，万念俱灰。他不断地懊悔自己愚蠢的鲁莽之举。虽然他告诉自己后悔已经发生的事是荒唐的，因为已经发生，事情不可避免了，但是他就是忍不住不去想。他痛苦万分，无法入睡。他又想起在过去的几年中，自己浪费金钱的种种行为，他头痛欲裂。

第二天傍晚，邮差给他送来了最新的一批账单，他核对了一下自己的存折，发现他付完所有的账单后，只剩下七个英镑了。七英镑！谢天谢地，他总算还能付得起账单。要是他向麦卡利斯特坦承他已经没钱付账了，那会是多么可怕的事呀。夏季学期，他要在眼科病房当包扎员的。他从一名学生手中买了一副检眼镜，可还没付钱，现在他没有勇气告诉那个学生他想把这设备退回去。而且，他还得买几本书，他手里还有大约五英镑可以应付一下。靠这些钱他支持了六个星期。然后，他给伯父写了封信，他觉得这封信的口吻很正式，在信中他说由于战争的原因，他蒙受了巨大的损失，除非伯父能接济他一下，否则他已经无法继续他的学业了。他恳求牧师借给他一百五十英镑，在以后的一年半中按月寄给他。他会支付这笔借款的利息，承诺他开始挣钱后，将连本带利地返还借款。他最迟一年半之后就会取得行医资格，他很确定到时他会获得一个医生助理的职位，每周能挣三英镑。菲利普的伯父写了回信，说他爱莫能助，并说在如今一切每况愈下的境况下，让他变卖家产是不合适的。至于他手头的那一点钱，他觉得要对自己负点责任，也有必要留点积蓄，以备自己生病时用。在信的末尾处，他还多少教训了菲利普几句。他说自己早就一次次地告诫菲利普，可菲利普对他的话就是置若罔闻。他不能不坦率地说，他对菲利普今天的处境一点也不感到意外，因为他早就料到菲利普花钱大手大脚，入不敷出，一定会是这个下场。当菲利普读这封信时，心里冷一阵热一阵。他绝对没想到伯父会拒绝他的求助，心中的怒火一个劲地往上冒。但冷静下来后，他感到一片茫然。如果伯父不帮助他，他就不能再去医院学习了。他有些惊慌失措，再顾不上什么脸面，他又给布莱克斯达布尔的牧师写了封信，把他目前的困境说得更加紧迫。然而，也许他没有把话说清楚，他的伯父并未意识到他已经到了山穷水尽、走投无路的境地，因为牧师回信说，他无法改变初衷。菲利普已经二十五岁了，应该自食其力才是。等他死了以后，菲利普会得到一小笔遗产，但在此之前他拒绝给菲利普一分钱。菲利普读着信，仿佛从字里行间读出了伯父的得意，因为多年来伯父一直不赞同菲利普的所作所为，现在事实又证明自己之前的看法是正确的。

第九十九章

菲利普不得已开始典当衣服。为了节约开支，除了早餐，他每天只吃一餐。而且这一餐只吃涂黄油的面包，喝点儿可可，还在下午四点左右才吃，这样能坚持到第二天早上。到了晚上九点他就开始饥肠辘辘，不得不赶紧上床睡觉。他想向劳森借钱，但是害怕被拒绝，总是迟疑不决。最后，他还是张口向劳森借了五英镑。劳森借给他钱时倒是挺痛快，但是在借给时，劳森说道：

"一周左右你就能还给我，对吧？我还得用这笔钱去付给我做画框的人的工钱，我最近手头也特别紧呐。"

菲利普知道他一周后还不了这笔钱，一想到那时劳森会怎么看他，他就感到羞愧难当。于是过了几天他又把钱原封不动地还了回去。劳森正好要出去吃午饭，邀请菲利普一同前往。菲利普几乎什么也吃不起，很高兴能跟他一起去吃顿像样的饭菜。星期天时，他肯定能在阿瑟尔尼家吃上一顿饱饭。他有点犹豫要不要告诉阿瑟尔尼一家自己的事。他们一直把他看作手头比较富裕的人，他担心如果他们知道了他现在身无分文会瞧不起他。

虽然他一向不富裕，但从没想过会有吃不饱的一天，在他生活的圈子里，这种事也从不会发生。他感到无地自容，好像得了某种见不得人的疾病似的。目前的困境已经大大超乎他过去的生活经验。他太过震惊，除了每天继续去医院工作学习，他不知道还能做些什么。他甚至模糊地希望事情出现转机，他无法相信发生在他身上的事情是真实的。他至今还记得刚上学的第一学期，他经常在心里想，学校生活就是一场梦，当从梦中醒来时他就会发现自己又回到了家中。但是很快，他预见到自己再过一周就身无分文了。他必须马上去尝试挣钱的门路。要是他取得了行医资格，即使有一只跛足，他也能入伍去好望角，因为目前急需医护人员。如果不是因为他的残疾，他可能也会参加源源不断地被派往国外的骑兵团了。菲利普找到医学院的秘书，询问是否可以给他辅导落后学生勤工俭学的机会，但是秘书说根本没可能为他弄到这种工作。菲利普仔细浏览医学报上的广告栏目，发现有人在福尔汉姆路上开了一家诊所，需要聘用人手，可以不要求行医资格，他便申请了这一助手的岗位。菲利普去面试时，那位医生瞟了一眼他的跛足，而且听到菲利普是医学院大四的学生时，他立马就说菲利普的经验不足。菲利普心里明白这只是一个借口，这个医生只是不乐意雇用一位貌似行动不便的助手。于是菲利普把注意力转到其他挣钱的方式上。他会法语和德语，觉得可能有希望找到文员一类的工作。虽然这让他有些心情沉重，可除此之外没有什么他能做的了。他还是咬紧牙关投出了简历。虽然他羞于应征那些要求个人当面申请的广告，但他应征了那些要求寄求职信的招聘广告。不过他既无工作经验，又没有人推荐。他还意识到，无论是他的德语还是法语都不是商务方面的，他不知道商业上的那些用语。而且他既不会速记也不会打字。他无奈地认识到自己的情况没有希望找到合适的工作。他还想到给那位作为其父亲遗产执行人的律师写封信求助，可又始终不敢写。因为他违背那位律师的劝告，把用遗产投资的抵押债券卖了个精光。菲利普从伯父那儿得知，尼克松先生对他的行径大为不满。尼克松先生凭菲利普在会计师事务所的表现认定他既懒散又无能。

"我宁愿饿死。"菲利普喃喃自语道。

有一两次，他的脑中冒出了自杀的念头。从医院的药房里搞点药物易如反掌。让他聊以自慰的是：如果事情到了坏得不能再坏的地步，他能有便捷的方法毫无痛苦地结束自己的生命。但是，这只是偶尔冒出来的念头，他没有认真地考虑过。以前，米尔德里德离开他，跟格里菲斯相恋时，他痛苦得无以复加，为了摆脱痛苦，他想去一死了之。可眼下他没有那样的感觉。菲利普记起急诊科的那位护士说过，自杀的人往往是因为没钱，而不是因为失恋。当时他还想自己倒是个例外，而这时不免苦笑起来。菲利普只是希望能够找个人把自己的焦虑担心诉说一番，但是他又耻于向别人坦白自己的境遇。他还在继续找工作，他的房租已经有三个星期没有付了，他跟房东太太解释说，月底他会搞到钱。房东太太什么也没说，但是噘起了嘴，脸色沉了下来。月底到了，房东太太又问他是否方便先付些房租，而菲利普十分烦闷地说他一分钱也拿不出来。他跟房东太太解释说，他会给伯父写信，保证在下个星期六前把他欠的租金还上。

"好吧，我希望你能说话算话，凯里先生，因为我也得交房租呀，如果你老赖着账，我也受不了。"她说话的语气倒也平和，但是话中有着令人生畏的说一不二的意味。她停顿了一会儿，接着又说道，"如果你下周六还不付清房租，我就只能给你们医院的秘书写信投诉你。"

"哦，会付的，一定会付的。"

房东太太盯着菲利普看了一会儿，又扫了一眼空荡荡的房间。等她再次张口说话时，语气并不重，好似相当自然地说出来似的。

"我楼下有一大块热腾腾的烤肉，如果你愿意到楼下厨房来，我们欢迎你一起吃点儿。"

菲利普脸变得通红，羞愧得无地自容，觉得喉咙中有东西哽住了。

"多谢你了，希金斯太太，不过我现在一点儿也不饿。"

"那好吧，先生。"

她一离开房间，菲利普就颓然地倒在了床上。他握紧了拳头，竭力不让自己哭出声来。

第一百章

转眼到了星期六。这一天是菲利普答应房东太太付房租的日子。整整一周他都一直盼望着情况出现转机。但是，他还是没有找到工作。以前他从来没陷入过这样的绝境，他失神落魄，不知道下一步该怎么办。在他内心深处，总觉得整件事情不是真的，是命运跟他开了一个荒谬透顶的玩笑。他身上没剩下几个铜币了，他当光了所有暂时不穿的衣服，留下的几本书和一两件零零碎碎的东西，也许还能卖一两个先令。房东太太一直密切注意着他进进出出，他恐怕自己再从屋里往外拿东西的话，她会阻止他。菲利普唯一能做的事就是告诉她自己付不起房租的实情，可他又没有勇气说出来。现在已经是六月中旬，夜晚晴好而且温暖，他打定主意在外面过夜。他沿着切尔西堤岸慢慢地向前走，河水闲适宁静，缓缓流淌，直到他走累了，便坐在一张长凳上，打起盹儿来。他不知道自己睡了多久，梦见自己被一名警察摇晃着，命令他离开这里，这时他猛地惊醒，可当他睁开眼睛，发现周围只有自己一个人。不知为什么，他站起身继续朝前走，最后来到了奇西克①，在那儿他又睡了一会儿。没过多久，硬邦

① 奇西克，伦敦西部的一个地区。

邦的长凳把他硌醒了，夜晚似乎格外漫长。他浑身打着哆嗦，心头涌上一股凄苦的滋味，他不知道究竟能做些什么。他为自己不得不在堤岸上过夜感到羞愧，觉得这事别提有多丢脸了，在黑暗中他都能感觉到两颊发红。他想起以前也听说过一些曾有这样经历的人，那些人中有些还是军官、牧师，还有上过大学的人哩。他不知道自己是否也会成为他们中的一员，在一所慈善机构外，排在长长的队伍后面，等待别人施舍热汤。与其这样，还不如自杀好呢。他不能这样继续下去了。劳森要是知道他遇到这种困境，一定会愿意帮他一把的。因为自尊而不去向别人寻求帮助，是多么荒谬的事。他不知道为什么自己就栽了这么大的跟头，他过去总是尽力去做他认为最好的事情，可每件事情都出了偏差。他总是尽己所能去帮助别人，并不认为自己比别人更自私，可他现在却沦落到如此地步，老天似乎太不公平了。

但是，光想这些是没用的，菲利普继续向前走。现在天色有些微微发亮了，在一片静寂中，河流显得很美，天亮之前的空气中有种神秘的气氛，天际在微曦中露出一丝鱼肚白，万里无云。这天会非常晴朗。他觉得非常疲惫，饥饿撕咬着他的胃肠，但他还不能安静地坐在某个地方，总是担心会被警察盘问，他可受不了那份羞辱。他觉得身上脏兮兮的，真希望能梳洗一下。最后，他发现自己不知不觉来到了汉普顿宫[①]，感到自己再不吃点东西就会哭出声来。他找了一家便宜的餐馆，走了进去。里面热气腾腾的气味，让他觉得有点恶心。他打算吃点有营养的东西，好熬过这一天剩下的时间，但是一看见食物，却开始反起胃来。他只喝了一杯茶，吃了

---

① 汉普顿宫，伦敦泰晤士河北岸里士满区的宫殿，英国国王乔治二世前备受青睐的皇室居住地，庭院内建有著名的"迷宫"。

一些抹了黄油的面包。这时，他突然想起来，今天是星期天，是他可以去阿瑟尔尼家的日子。他还想起他们会吃烤牛肉和约克郡布丁，但是他疲惫极了，无法面对那幸福、热闹的一家人。他心情郁闷，十分苦恼，只想一个人待着。他打定主意，自己去汉普顿宫的花园里找个地方躺一下，他觉得全身的骨头酸痛。也许他应该先找一个水泵，洗洗手，洗把脸，喝上几口水，他现在口很渴。此时他已不再饥饿，又有心情欣赏朵朵鲜花、绿油油的草坪和枝繁叶茂的大树了。他觉得在那儿他可以更好地想一想下一步该怎么做。他躺在荫凉处的草地上，点着了烟斗。出于节省的考虑，他已经有很长时间严格控制自己一天就吸两斗烟。他庆幸现在自己的烟袋还是满的。他不知道别人没钱时，是怎么打发日子的。不一会儿他又睡着了。当他醒来时，时间已近正午。他想自己得马上动身赶往伦敦，以便在一大早就赶到那儿，去应征那些有可能雇用他的招聘广告。菲利普想起了伯父，伯父曾告诉菲利普，他死后会给菲利普留下一小笔遗产。但菲利普现在还不知道那一小笔遗产到底有多少钱，可能不会超过几百英镑吧。他不知道能不能从那笔即将继承的遗产里预先提点儿钱。没有那老头的允许，估计是不行。而大伯是不会同意的。

"我唯一能做的事情就是耐心等待，等到他咽气那天。"

菲利普计算了一下伯父的年龄，这位布莱克斯达布尔的牧师已经七十多岁了，他还患有慢性支气管炎。但是很多老人都患有多种疾病，也都活了一大把年纪。不过在此期间，一定会发生什么事情。菲利普一直有一种感觉，感觉他自己的状况完全反常，一般处于他这种特殊境遇的人都不会挨饿。正是因为他怎么也无法让自己相信他所经历的这一切是真的，所以他倒也没有完全绝望，他决定从劳森那儿借半英镑。

他在花园待了一整天，当觉得饿了的时候就抽几口烟。他打算在出发去伦敦之前，再吃些东西，因为那段路途很长，他必须保持体力。当天气开始转凉时，他出发了，走累时，就在长凳上睡会儿，没人来打扰他。他在维多利亚车站洗了脸，整理一下仪容，还刮了刮脸，喝了点茶，吃了几片涂着黄油的面包，一边吃的时候，一边看着晨报上的广告专栏。当他朝下看时，眼睛落在几家著名商店的"纺织品装饰部"招聘销售员的广告上。他心里莫名地感到沮丧，因为出于中产阶级的偏见，去一家商店工作似乎是很失颜面的事。不过，他耸了耸肩，不管怎么说，目前这种境地，这又有什么关系？他决定去试一试。他有一种奇怪的念头：要接受命运给予的任何羞辱，要主动出门迎接它，他要命运向自己低头。当九点钟的时候，菲利普出现在那个部门的门口，他觉得特别不好意思，可又惊讶地发现在他前面还有很多前来应聘的人。在这些人中各个年龄段的都有——从十六岁的少年到四十岁的中年人，有些人压低了声音在交谈，但大多数人都很沉默。当菲利普排到队伍里的时候，周围的人向他投来敌视的目光。他听见一个人说道：

"我唯一盼着的事就是，如果我被拒绝了，让我早点儿知道消息，这样我还有时间去别处试试。"

站在菲利普身边的男人瞥了一眼菲利普，然后问道：

"有经验吗？"

"没有。"菲利普答道。

那个男人顿了顿，然后说道："午饭过后，如果没有预约，哪怕是那些更小的公司也不会提供面试机会的。"

菲利普看着在一边忙碌的店员，他们有些正在挂轧光印花布和印花装饰布，还有一些正在整理从乡下寄来的订单，这些都是菲利普身边的那个男人告诉他的。大约在九点一刻的时候，进货员到了。菲利普听到其中一个正在等待面试的人对另一个人说，这位就是吉本斯先生。吉本斯先生是个中年人，身材矮胖，留着黑胡须，黑发油腻腻的。他动作轻快，一脸精明相。他戴着一顶丝绸帽子，穿着双排扣礼服大衣，衣领上别了一朵绿叶环绕的白色天竺葵。他走进办公室，让门就那样开着。办公室很小，角落里摆放着一个美式翻盖书桌，还有一个书柜和一个壁橱。站在外面的人们看着吉本斯先生把他大衣上的那朵天竺葵拿下来，放进一个盛满水的墨水瓶中。据说按照商店的规矩，上班时是不允许佩戴鲜花的。

（在当天，想巴结这位主管的店员们纷纷对这朵花赞不绝口：

"从来没见过比它更美的花，"他们说道，"是您自己种的吗？"

"没错，是我种的。"他笑着说道，那双精明的眼中闪现出一丝骄傲的光芒。）

吉本斯先生摘下帽子，换了衣服，瞥了一眼桌上的信件，然后又瞅了瞅屋外等着接受他面试的人。他用手指略微示意了一下，队伍里的第一个人走进他的办公室。这些人一个接一个地从他面前走过，回答他的问题。他的问题很简短，在发问的时候，眼睛死死地盯着面试者。

"年龄？有工作经验吗？上份工作为何离职？"

吉本斯先生面无表情地听着回答。轮到菲利普时，他觉得吉本斯先生好奇地盯着他看了片刻。菲利普的衣服很整洁，裁剪得还算得体，看上去与其他人有点不同。

"有工作经验吗？"

"恐怕没有。"菲利普说道。

"那不行。"

菲利普走出办公室，这番经历并不像他想象的那么痛苦，所以他也不觉得特别失望。他没指望第一次面试就会被成功录用。他还一直留着那份报纸，随即又低头扫视上面那些广告。在霍尔伯恩的一家商店也在招一名销售员，于是他去了那里。可他到那里后，才发现已经有人被录用了。如果那天他还想有东西吃的话，他必须在劳森出去吃午饭之前赶到劳森的画室，所以他沿着布朗普顿路向约曼街走去。

"我说，在月底之前，我可是身无分文了。"菲利普一瞅准机会，就向劳森诉苦道，"我希望你借我半个金镑，好吗？"

菲利普发现开口向人借钱可真难呀。可他明明记得，在医院里有些人向他借钱时，一副轻描淡写的样子，虽然他们从他手中借的钱数目不大，也根本没有打算还的意思，但好像他们在给他面子似的。

"乐意之至。"劳森说道。

可他把手伸进口袋时，发现他只有八个先令了。菲利普的心一下凉了半截。

"呃，那好吧，就先借我五个先令吧，好吗？"菲利普轻轻说道。

"给你。"

菲利普去了位于威斯敏斯特的公共浴室，花六便士洗了个澡。然后，他又给自己买了点吃的。他不知道自己下午做些什么好。他又不能回医院，免得有人询问他的情况，再说他如今在那儿也无事可干。他工作过的两三个科室的人可能奇怪他为什么没有再来，不过他们爱怎么想就怎么想吧，反正也没什么关系了，他又不是第一个事先不打声招呼就退学的人。后来，他去了免费图书馆，看了会儿报纸，直到觉得无聊，就拿起一本史蒂文森的《新一千零一夜》。不过他发现自己根本读不下去，那些词句对他来说毫无意义。他继续思索着自己令人绝望的处境，脑子里反复想着同样的事情，想得头都疼了。最后，他渴望呼吸点儿新鲜空气，便去了格林公园，躺在草地上。他悲伤地想到自己的残疾，残疾让他不可能参加这场战争。他渐渐睡着了，在梦中他的跛脚突然变得健全完好，他也随骑兵团进发到了好望角。菲利普在报纸上看到的插图为他的想象提供了材料，他好像看见自己身穿卡其布的军装，夜晚时在南非的大草原上和战友们围坐在篝火旁。当他醒来时，发现天仍然未黑，过了一会儿，他听见大钟敲了七下，他还得无所事事地熬过十二个小时。他厌烦那没完没了的长夜，天空中乌云密布，他担心马上要下雨了。这样他就不得不去寄宿公寓租个铺位过夜。他曾经在兰贝斯区的那些房屋外面的灯杆上见过这种公寓的广告：上好的铺位，只要六便士。他从来没住过这种地方，一想到里面的臭味和虫子，他的头皮就发麻。如果可能的话，他决定还是在户外过夜。他在公园里一直待到关门，然后又开始漫无目的地四处走动。他累极了，脑袋里突然冒出了一个念头：如果这时他遭遇一场事故可能是上天对他的眷顾。那样他就能被送进医院，躺在一张干净的床上，好好休息数周。午夜的时候，他实在饥饿难耐，如果不吃点东西，他就再也走不动了。于是他来到海德公园角处的一家咖啡亭子间，吃了两三块烤土豆，喝了一杯咖啡。有点力气后，他又站起身向前走。他内心焦灼不安，毫无睡意，而且他也特别害怕若真的睡着，会受到警察的驱赶。他发觉自己正在以一个新的角度来看待警察。这是他在外露宿的第三个夜晚。他时不时地坐在皮卡迪利大街的长凳上歇会儿，直到拂晓时又慢慢向堤岸走去。听着大本钟的报时声，他留意着过去的每一刻钟，心中盘算着还要等多久这座城市才能迎来黎明。早上，他花几个铜币把自己梳洗得整齐干净，再买一份报纸浏览上面的招聘广告，接着便再次出发去寻找工作。

连续几天，菲利普都是这样度过的。由于吃得很少，他开始觉得虚弱，很不舒服，几乎没有力气去继续寻找那似乎绝无可能找到的工作了。他现在变得越来越习惯在一家店铺的后门等上老半天，怀着一线希望盼着能被录用，也习惯了被三言两语就打发走人。他走遍了伦敦的大街小巷去应征招聘广告，也逐渐跟一些像他一样无功而返的面试者相熟。甚至还有一两个人想跟他交朋友，但是他太疲倦，太忧愁了，无心接受他们的友好表示。他不想去找劳森，因为他还欠着人家五个先令呢。他感到头晕眼花，无法清晰地思考问题，也不再关注自己的未来会怎样。他痛哭过很多次，刚开始的时候，他对自己这种行为又气又愧，但是后来他惊奇地发现，哭过以后情绪倒能得到缓解，而且不知什么缘故，也不觉得那么饥饿难耐了。在天快破晓时，他冻得打哆嗦。有一天晚上，他溜进自己的出租房换一换内衣。他是确定大家都睡着的时候进去的，那时大约是凌晨三点，早上五点钟的时候他又偷偷溜出来。在短短的两个小时内，他躺在自己的床上，床的柔软是那么让人舒坦。他浑身的骨头都酸痛难耐，当躺在床上时，那种美妙的感觉让他沉迷其中，他都不想就此睡去。菲利普已经渐渐习惯食不果腹的日子，都不怎么觉得饿了，只是感觉浑身无力。现在，他内心深处不断掠过自杀的念头，但是他用尽所有的力量遏制住这个念头，因为他怕自杀的念头一旦掌控住他，他就无法管住自己了。他不停地告诫自己，自杀是荒唐的，因为很快情况就可能峰回路转。他一直有一种感觉：目前的状况太不合常理，自己不必太当真。这就像自己得了一场大病，必须忍受病痛的折磨，但是总有一天他肯定会恢复过来的。每天晚上，菲利普都发誓自己再也不能这样苟活下去了，下定决心第二天一早就给他伯父，或者给尼克松先生——那位律师，或者给劳森写信，可是到了第二天，他又不能让自己丢人地提笔向他们坦承自己彻头彻尾的失败。菲利普不知道劳森会怎么想，以他们做了多年朋友的角度来看，劳森一直是个没头脑的人，而他却以自己精通人情世故而自豪。如果把自己做的蠢事跟劳森和盘托出，菲利普有种不安的感觉：劳森也许帮过他这次后，就会疏远他。他的伯父和律师当然也会帮助他，可是菲利普害怕他们的责备。他不想让任何人责备自己，于是他咬紧牙关，反复地告诉自己：事已至此，世上没有后悔药可吃，懊悔于事无补。

这样的日子好像总也熬不到头，劳森借给他的五先令无法维持多久。菲利普盼望着星期天的到来，这样他就能去阿瑟尔尼家了。他不知道什么原因阻止他没有早一点去他们家，或许是他特别想独自熬过这一难关吧。也曾陷入过绝望困境的阿瑟尔尼，也许是唯一一个能为菲利普做些事的人了。兴许在晚餐之后，菲利普会把自己目前的困境向阿瑟尔尼如实相告。菲利普一遍又一遍地演练他应该怎么跟阿瑟尔尼说，他很担心阿瑟尔尼会用几句漂亮话就把他打发走。那样就太可怕了，他想尽可能地拖延一下，晚一点再经受这场考验，菲利普对自己的亲友都失去了信心。

星期六的夜晚阴冷潮湿，菲利普遭了大罪。从星期六正午开始，他就没吃过任何东西。星期日的早上，他花掉最后的两个便士，在查林十字广场的盥洗室洗了洗脸，上下拾掇了一番。然后，他拖着疲惫的脚步向阿瑟尔尼家走去。

第一百〇一章

当菲利普按响门铃时，一个小脑袋瓜从窗口探了出来，没过一会儿，他就听见楼梯处一阵杂乱的脚步声，孩子们跑下来给他开门。菲利普俯下身子让他们亲吻自己苍白、焦虑和瘦削的脸庞。孩子们对他毫不掩饰的喜爱让他很受感动。为了让自己镇定一下，菲利普找借口在楼梯处磨蹭了一会儿。他正处于情绪不稳的状态，几乎一点小事都能让他大哭一场。孩子们问他为什么上个星期天没有来，菲利普告诉他们自己病了。孩子们又问他得了什么病，菲利普为了跟他们打趣，说自己得了一种神秘的怪病，那病的名字听上去稀奇古怪，由两部分组成：一半是希腊语，一半是拉丁语（好多医学的专门术语都是这样），孩子们尖叫着笑成一团。他们把菲利普拉进客厅，让他再给他们的父亲说一遍那个名字，好让父亲学点儿新知识。阿瑟尔尼站起身和菲利普握了握手。他凝视着菲利普，他那圆圆的、凸出的眼睛总像在凝视着别人似的，但是不知道为什么这次让菲利普觉得有些不自在。

"我们上个星期天都在念叨你。"阿瑟尔尼说道。

菲利普一说谎就非常羞愧，当他解释完没有来的理由后，他的脸涨得通红。这时，阿瑟尔尼太太走了进来，她和菲利普握了握手。

"我希望您好些了，凯里先生。"她说道。

菲利普不知道为什么阿瑟尔尼太太会想到他生病了呢？因为他和孩子们一起进来的时候，厨房的门是关着的，而且孩子们一直跟他在一起，不可能去跟她说呀。

"可能再过十分钟，晚餐才会好。"她慢条斯理地说，"在等着的时候，要不要先给您来杯牛奶冲鸡蛋？"

阿瑟尔尼太太脸上露出的关切神情，让菲利普觉得有些不自在。他勉强挤出些笑容，说自己一点也不饿。莎莉这时走进来摆放餐具，菲利普便跟她打趣起来。全家人都开玩笑说她将来会长得跟阿瑟尔尼太太的姑母——伊丽莎白姑母——一样胖。孩子们还从未见过那位伊丽莎白姑婆，不过是把她当令人不喜的体态肥胖的典型而已。

"我说，自从我上次见过你后，你身上发生了什么变化，莎莉？"菲利普开始逗她了。

"就我所知，什么也没有。"

"我觉得你又长了不少肉。"

"我敢肯定你没长肉，"莎莉反击道，"你完全成骷髅了。"

菲利普的脸一下子变得通红。

"你也一样①，莎莉。"她父亲喊道，"你要被罚一根金发，简，去拿剪刀。"

"哦，他就是瘦嘛，爸爸，"莎莉抗议道，"他就是皮包骨呀。"

"那不是问题所在，孩子，他绝对有权利瘦，可你过度肥胖就有失体统了。"

阿瑟尔尼说这话的时候，自豪地用手揽着莎莉的腰，并

——————————
① 原文为拉丁文。

756

用赞叹的目光注视着她。

"让我把餐具摆好，爸爸。只要我自己舒服就行，总会有人不在乎我是胖是瘦的。"

"这个疯丫头！"阿瑟尔尼嚷嚷道，并夸张地摆了摆手，"她总是用那件众人皆知的事来揶揄我。约瑟夫，是霍尔伯恩珠宝商莱维的儿子，他曾经向莎莉求过婚。"

"你接受了吗，莎莉？"菲利普问道。

"您到这会儿还不了解我父亲吗？他的话没一句是真的。"

"好吧，如果他还没向你求婚的话，"阿瑟尔尼大声说道，"我对圣乔治①发誓，我会揪住他的鼻子，立马问问他到底有什么意图。"

"您安静坐下吧，爸爸，晚饭准备好了。嗨，孩子们，你们都出去，都去洗手，所有人都去，谁也别想偷懒，因为在你们吃饭之前，我会检查的。好，快去。"

菲利普以为自己会狼吞虎咽呢，因为他饿极了。可开始吃饭时，他发现自己又没了胃口，根本吃不下去。他的脑子非常疲惫，他没有注意到阿瑟尔尼一反常态，话说得也很少。菲利普坐在这个舒适的家中，很是放松，但他不时会忍不住瞟一眼窗外。外面下起了暴风雨，刚才的好天气到了头，外面很冷，还刮着大风，一阵阵的瓢泼大雨拍打着窗户。菲利普不知道这样的夜晚他要怎么样才能熬过去。阿瑟尔尼一家睡得很早，十点钟以后他就不便留在这里了。一想到自己过一会儿要一头扎进漫无边际的黑暗中，菲利普的心就直往下沉。现在他和朋友们待在一起似乎比一个人待在外面更为难受。他不断地告诫自己在户外过夜的大有人在。他继续跟阿

_____

① 圣乔治，英格兰的守护神。

瑟尔尼聊着，竭力想以此来分散注意力，但是就在他说话的当口，大雨噼里啪啦地抽打着窗户，让他心惊肉跳。

"三月的天气就这样。"阿瑟尔尼说道，"在这样的天气里，没人喜欢去横渡海峡。"

过了一会儿，他们用餐完毕，莎莉进来收拾餐具。

"这种两便士的劣质雪茄，你要不要来一支试试？"阿瑟尔尼一边说，一边递给菲利普一支雪茄。

菲利普接过雪茄，开心地吸了一口烟，烟让他感到放松。莎莉收拾完之后，阿瑟尔尼让她离开时把门随手关上。

"现在，没人打扰我们了。"阿瑟尔尼扭过脸对菲利普说道。

"我已经告诉贝蒂没有我的允许，不要让孩子们进来。"

菲利普吃惊地看了阿瑟尔尼一眼。还没等他想明白阿瑟尔尼话里的意思，阿瑟尔尼习惯性地用手把眼镜往鼻梁上推了推，继续说：

"我上个星期天给你写了信，问你是不是出什么事，因为你没回复，所以星期三我去了你的住处。"

菲利普把头转向别处，没有说话。他的心猛烈地跳着，阿瑟尔尼也没有说话。过了一会儿，两人之间的沉默不语似乎让菲利普觉得无法忍受。他想不出应该说些什么。

"你的房东太太告诉我说，自从上星期六的晚上你就不住在那儿了，还说你欠了她上个月的房租。这一周你都住在哪儿呀？"

这个问题让菲利普难以启齿，他盯着窗外。

"没地方可去。"

"我想尽办法要找到你。"

"为什么？"菲利普问道。

"贝蒂和我也曾穷得一分钱也没有，而且我们还要养孩子。可你为什么不来这儿？"

"我不能。"

菲利普害怕自己会哭出来，他觉得自己很虚弱。他闭着眼睛，皱着眉头，想控制住自己的情绪。他突然对阿瑟尔尼生起气来，因为他不让自己清静，菲利普的精神已经垮了。过了一会儿，菲利普仍然闭着眼睛，为了让声音保持平稳，他缓慢地跟阿瑟尔尼讲述了过去几周自己跌宕起伏的经历。在讲述的过程中，菲利普觉得自己的行为似乎很愚蠢，就更加难以说出口了。他觉得阿瑟尔尼会觉得他是个十足的傻瓜。

"从今天起，你就和我们住在一起吧，直到你找到工作为止。"菲利普一讲完，阿瑟尔尼就马上说道。

不知道为什么，菲利普的脸唰地红了。

"哦，你真是对我太好了，但我想我不会那么做的。"

"为什么不？"

菲利普没有回答，他本能地排斥这种邀请，因为担心会打扰到人家。对于接受别人的帮助，菲利普有种天生的腼腆。除此之外，他知道阿瑟尔尼家的生活并不宽裕，他们有一大家子人，既没有多余的地方也没有多余的钱来接待一位外人。

"你当然必须来这儿。"阿瑟尔尼说道，"索普可以和他的一个兄弟合住，你可以睡他的床。你也别以为多了你一张嘴吃饭，我们就揭不开锅了。"

菲利普不敢说话。阿瑟尔尼走到门口，喊着他妻子。

"贝蒂，"当他妻子进来的时候，阿瑟尔尼说道，"凯里先生准备和我们住在一起。"

"噢，那太好了。"阿瑟尔尼太太说道，"我去把床铺好。"

阿瑟尔尼太太是用一种真诚、友好的语气说的这话，就好像那是理所当然的事一样。菲利普被深深地感动了。他从不指望有人会对他这么好，当有人这么做的时候，他既吃惊又感动。现在，他再也无法控制自己，两滴大大的泪珠从脸上无声地滑落。阿瑟尔尼夫妇在一旁讨论着如何做安排，假装没看见他脆弱的表现。当阿瑟尔尼太太出去后，菲利普靠在他的椅子上，看着窗外，呵呵一笑。

"今晚可不适合出门，对吗？"

第一百〇二章

阿瑟尔尼告诉菲利普在他自己供职的那家大亚麻布经销公司，他可以轻松地给菲利普找个活儿干。有几个店员已经入伍参战了，而莱恩-赛得利公司是一家极富爱国热忱的公司，承诺为这些人保留工作岗位。公司把这些英雄的工作交由留下来的员工去做，但又不给他们增加工资，这样一来，管理层既展示了他们的公益精神，又省下了一笔钱。但是战争还在继续，生意倒也并未萧条。假期快到了，很多店员这段时间会外出度半个月的假，公司肯定要再雇用些店员。菲利普前阵子应聘的经历使他怀疑公司到时能否雇用他。但是阿瑟尔尼把自己说得像是公司里举足轻重的大人物似的，坚持说经理一定不会拒绝他的提议。他还说，菲利普在巴黎接受过艺术训练，会是个有用之才。现在的问题无非是耐心等一等，他保准会得到一份薪水丰厚的设计服装或者画海报的工作的。菲利普为夏季销售活动画了一幅海报，阿瑟尔尼把画拿走了。两天后，他把画又拿了回来，说经理很欣赏这幅画，但是真心遗憾这会儿在他管理的部门没有空职位了。菲利普问是否还有别的他可以干的活儿。

"恐怕没有。"

"你确定吗？"

"好吧，实际上他们明天要登广告招一位迎宾员。"阿瑟尔尼一边说，一边透过他的眼镜镜片用怀疑的眼光看着菲利普。

"你认为我有机会获得这个职位吗？"

阿瑟尔尼有点不知所措，他一直劝菲利普等待一个更加体面的工作，而另一方面，他又太穷了，无法无限期地为菲利普提供食宿。

"你或许可以接受这个职位，一边工作一边等待更好的岗位。再说，如果你已经进入了公司，你总会有更好的机会的。"

"我不是那种高傲自大的人，这一点你是知道的。"菲利普笑着说。

"如果你决定了，明天上午九点差一刻你必须到那儿去面试。"

尽管战争还在继续，但是想找到工作无疑还是很困难的事，当菲利普来到商店时，很多人已经等在那里了。他认出了几个他在找工作时见过的人，还有一位下午在公园里到处闲晃的男人。在菲利普看来，这个男人和自己一样也是无家可归的人，露宿在外。等待的应聘者中什么样的人都有，有老有少，有高有矮，不过每个人都试图在面试时把自己光鲜的一面展示给经理。他们把头发梳理得一丝不苟，把手洗得干干净净。面试者要在走廊里等候，菲利普后来知道这条走廊通向餐厅和工作间。每走几码远就有个五六级的台阶。虽然商店里有电灯，但这儿只有煤气灯，灯外罩着铁丝罩，煤气灯燃烧着，还伴着嘶嘶声。菲利普是准时到达这家店的，可轮到他走进办公室时已经快十点钟了。这是个只有三个角的房间，就像奶酪被切下了一角倒在那里。墙上贴着几张穿紧身胸衣的女人的照片，还有两张广告画的样稿，一张画的是穿着绿白宽条纹相间睡衣的男人，另一张画的是在蔚蓝大海上劈波斩浪、满帆航行的帆船，船帆上印着"大批白色织物大促销"的几个大字。办公室最宽的一面墙是商店橱窗的背部，此时有人正忙着布置橱窗。在他们面试期间，一个店员不断地在房间里进进出出。经理正在读一封信，他看上去面色红润，一头浅黄色的头发，一大撮浅黄色的八字胡，怀表链子上悬挂着一大串足球奖章。他穿着衬衫，坐在一张大书桌旁，他的手边放着一部电话，他面前摆放着当天的广告，也就是阿瑟尔尼的大作，还有从报纸上剪下的资料，贴在一张卡片上。经理瞥了菲利普一眼，但没说话。他在给打字员口授一封信件。打字员是个姑娘，坐在角落里的一张小桌子旁。然后，他询问了菲利普的姓名、年龄和工作经验。他说话带着伦敦土腔，声音又高又尖，好像他自己也总是控制不住这种声音似的。菲利普注意到他的上排牙齿又大又凸出，让人感觉它们像是已经松动了，只要有人猛劲儿一拔，它们就会全部脱落。

"我想阿瑟尔尼先生已经跟您谈到过我了。"菲利普说道。

"哦，你就是那位画海报的年轻人？"

"是的，先生。"

"对我们的产品起不了什么宣传效果，你知道，没什么用处。"

经理上上下下打量着菲利普，似乎注意到菲利普和前面进来面试的年轻人在某些方面很不一样。

"你知道，你得去买件双排扣长礼服。我想你没有那样的衣服。你看起来倒是个正派的年轻人。我想你发现艺术是填不饱肚子的吧。"

菲利普猜不出他是不是打算雇用他了，因为他说话的口气很不客气。

"你的家在哪儿？"

"我很小的时候父母就去世了。"

"我乐意给年轻人一个机会，很多我给过机会的人现在都成了各个部门的经理。他们对我充满感激，我要为他们说句话。他们知道我为他们做了什么，从梯子的底层爬起，是学习做生意的唯一途径。之后，只要你能持之以恒地攀爬，梯子会将你引向哪种地位谁也不知道。如果你胜任的话，有朝一日你会发现你自己已经坐到和我现在一样的位置上。记住我的话，年轻人。"

"我会尽力做好工作的，先生。"菲利普说道。

菲利普明白，他开口说话时，只要可能，就必须要称呼对方"先生"，但是对他来说这听上去有点奇怪，他担心自己做过了头。这位经理很喜欢高谈阔论，这让他有一种位高权重的感觉，让他心里乐不可支。他滔滔不绝地说了许多话后，才告诉菲利普他的决定。

"好了，我敢说你会照我说的去做的。"他最后以一种傲慢的口吻收住了话题，"不管怎样，我不介意给你个机会来试试。"

"太感谢您了，先生。"

"你可以马上来上班，我一周付你六先令的薪水，并负责你的生活费用。你知道，食宿全免费。这六先令只是你的零花钱，你爱怎么花就怎么花，按月付给你。就从周一算起吧，我觉得你应该没什么意见吧。"

"没有，先生。"

"哈林顿大街，你知道在哪儿吧？在萨福兹伯里大道上。

你的宿舍在那儿，门牌是十号，对，就在那儿。如果你愿意的话，你周日晚上就可以搬过去住了。随你的便吧，或者你可以在周一的时候把你的箱子搬到那儿去也行。"经理点了点头，说道，"再见。"

第一百○三章

阿瑟尔尼太太借给菲利普一笔钱，让他把欠房东太太的房租付清，好搬出自己的东西。菲利普用五先令和一张西服的当票，从当铺老板那里换到一身双排扣长礼服，他穿着倒很合适。其余的衣服他也都赎了回来。他把行李通过帕特森货运公司送到哈林顿大街，并在周一的早上和阿瑟尔尼一起去店里报到。阿瑟尔尼把菲利普介绍给服装部的进货员，然后就离开了。这位进货员三十岁左右，个头不高，挺有趣，咋咋呼呼的，名叫桑普森；他和菲利普握了握手，为了显示自己引以为傲的才华，问菲利普是否会说法语。当菲利普告诉他自己会说法语时，让他大感意外。

"还会别的语言吗？"

"我还会说德语。"

"哦！我自己偶尔去巴黎逛逛。你会说法语吗？[①]去过马克西姆餐厅吗？"

菲利普被安排在楼梯顶部服装部的位置迎宾。他的工作就是指引顾客去不同的部门。按照桑普森先生透露的信息来看，这里的部门还真不少呢。突然，桑普森发现菲利普有点瘸。

---

① 原文为法语。

"你的腿怎么了？"桑普森问道。

"我有一只脚是畸形，"菲利普说道，"但不影响我走路或者做别的活动。"

进货员满脸狐疑地看了菲利普片刻。菲利普暗想他准是在纳闷经理为什么会把自己招进来。其实菲利普心里明白，面试时那位经理没注意到他这个毛病。

"我并不指望你第一天上班就什么都能做好，如果有什么不清楚的地方，你可以去问那些年轻的姑娘。"

桑普森先生转身走了。菲利普试着努力记住各个部门的准确位置，目光急切地留意着那些需要问询的顾客。在下午一点钟的时候，他上楼去吃饭。餐厅位于这幢大楼的顶层，是一间很宽、很长，而且光线很好的屋子；但是所有的窗户都紧闭，以防灰尘进来，里面有一股难闻的做饭的气味。里面的长饭桌都铺着桌布，每隔几张桌子就摆放着一个装满水的大玻璃瓶，桌子中间还放着盐罐子和几瓶醋。店员们吵吵嚷嚷地拥进餐厅，坐在那些十二点半用餐、刚离开的店员坐的座位上，座位上余温尚存。

"没有腌菜了。"紧挨着菲利普的一个男人说道。

他是一个又瘦又高的年轻人，鹰钩鼻，苍白的脸，他的脑袋很大且不规则，好像颅骨被挤压过似的，样子有点古怪，前额和脖子上长满了大大的粉刺疙瘩，又红又肿。他叫哈里斯。菲利普发现有几天在饭桌的一端放着几个大汤盆，里面装满了什锦腌菜，这些腌菜很受大家欢迎。桌上没有刀叉。不一会儿，一个穿着白上衣的高大的胖侍者走进来，拿着一大把刀叉，叮叮咣咣地把它们扔到桌子中间。每个人把自己要用的拿走，这些刀叉既热乎又油腻，是刚从脏水里洗过的。穿着白上衣的侍者们给大家分发着一盘盘浸在肉汁中的肉，他们像变魔术似的把每个盘子飞快地放到桌上，肉汁都溅在桌布上了。随后，他们又拿来用大盘装的卷心菜和土豆。菲利普一见这情景，顿时没了胃口。他注意到每个人都往菜上面倒了不少醋。餐厅里人声嘈杂，大家说笑着，喊叫着，有刀叉的碰撞声，还有咀嚼的奇怪声音。又回到自己的岗位让菲利普很高兴。他逐渐记住了每个部门的位置，当有人问路时，他可以不怎么再问其他店员了。

"先往右拐，再左转，夫人。"

在不忙的时候，有一两个姑娘过来跟他简单地聊几句，他能感觉到这些姑娘在探自己的底细。五点钟的时候，他又可以去餐厅用些茶点了。他很高兴能坐下歇会儿。那儿有抹着厚厚一层黄油的大片面包，很多店员带着自己的果酱瓶，原来这些果酱瓶都放在"储藏架"上，瓶子外面写着各自的名字。

六点半下班时，菲利普已经累得筋疲力尽。哈里斯——那位就餐时坐在菲利普旁边的小伙子，主动提出带菲利普去哈林顿大街，让他看看自己的住处。哈里斯告诉菲利普自己的房间里还有一个空铺位，因为别的房间都满员了，他希望菲利普能住到自己那儿去。哈林顿大街的那幢楼过去是制鞋厂，现在被用作宿舍。不过屋里光线很暗，因为窗户的四分之三已经被木板封住，窗户打不开，唯一的通风口来自宿舍上面的一个小天窗。房间里面有股发霉的气味，菲利普暗自庆幸，好歹自己不用非得住在这里。哈里斯把他带到位于一层的起居室；里面有一架旧钢琴，琴键看上去就像一排被蚀坏的黄板牙。桌子上有一个没盖的雪茄筒，里面装着一副多米诺骨牌，过期的《河滨杂志》和《图画报》扔得到处都是。其他的房间都用作了宿舍，菲利普的宿舍位于大厦的顶层，里面有六张床，每张床的边上伫立着旅行箱或者纸箱。房间里唯一的家具是一个橱柜，有四个大抽屉和两个小抽屉，菲利普作为最后一个来的也分到了一个小抽屉。每个抽屉上都有一把钥匙，但钥匙都长得一样，而且也起不了多大作用，哈里斯建议菲利普把值钱的东西都放到行李箱中。壁炉台的上方还有一面镜子。哈里斯还领菲利普参观了盥洗室。盥洗室很大，里面并排有八个洗脸盆，楼里所有的人都来这儿洗漱。跟盥洗室相连的另一间屋有两个洗澡用的木桶，木桶早已褪了色，木桶里面有一圈未冲净的肥皂沫，还有一圈圈高低不一的黑色印迹，表明每个人洗澡时用的水位不同。

　　哈里斯和菲利普又回到他们的寝室，发现有一个高个男人正在换衣服，一个十六岁左右的男孩正一边梳理头发，一边使劲地吹着口哨。过了一两分钟，高个男人没有跟其他人说一句话，径直出了门。哈里斯向男孩使了个眼色，那个男孩一边吹着口哨，一边也回了个眼色。哈里斯告诉菲利普那个高个男人叫普赖尔，曾经当过兵，现在供职于丝绸部。他从不与人交往，但每天晚上都出去，就像刚才那样，连声再见都不说，去和女朋友约会。后来，哈里斯也出去了，只剩下那个男孩留下来，在菲利普打开行李收拾时，男孩好奇地打量着菲利普。男孩名叫贝尔，在缝纫用品部只干活儿，不拿薪水。他对菲利普的礼服很感兴趣，告诉菲利普屋里其他人的情况，也问了菲利普各种各样的问题。贝尔是个乐观的年轻人，在聊天的间隙，他用嘶哑的嗓子唱了几句从歌舞杂耍剧场听来的歌曲。菲利普收拾完东西，便出门到街上闲逛起来，观察熙熙攘攘的人群；偶尔他在餐馆的门口停下，观察着走进去的人。他觉得肚子咕咕叫，于是买了一个巴斯圆面包，一边溜达一边啃着面包。他从宿舍长那里拿到一把钥匙，宿舍长在十一点一刻时要把煤气灯熄掉。菲利普怕被关到外面，所以便早早地回到宿舍。他已经了解了罚款的规定：如果晚上十一点过后才回来，要被罚款一先令；在十一点一刻后回来，要被罚款半克朗，而且还要通报店方；如果晚归三次，就要被开除。

当菲利普回到宿舍时，除了那位退伍军人外，其他人都在，有两个人已经躺在床上了。他刚一进门，就听见一阵叫喊。

"哦，克拉伦斯！你这个淘气包！"

他发现贝尔已经把他的长礼服套在了长枕上，这男孩对他的"杰作"颇为得意。

"你在社交晚会上一定要穿上它，克拉伦斯。"

"一个不留神，就会俘获莱恩公司美女的芳心。"

菲利普已经听说过社交晚会的事了，因为他听同事们抱怨，工资里有些钱是要被扣除来办这些晚会的。每个月要扣两先令，用来交看病的钱和一个只有几本被翻烂了的小说的图书馆的使用费。另外，每月还要扣四先令的洗衣费。菲利普发现这样一来，自己每周六先令的薪水中总有四分之一的钱到不了他手上。

大多数人正在吃面包夹肥培根。店员们一般把这种三明治当作晚餐，三明治是从一家距此几个门面的小店买的，每个两便士。这时，那个退伍兵突然走了进来，一声不吭，动作麻利地脱掉衣服，旋即爬上了铺位。在十一点过十分的时候，煤气灯的火头跳动了一下，五分钟后便熄灭了。退伍兵已经进入了梦乡，但是其他人穿着他们的睡衣睡裤围坐在那扇大窗户下，冲着下面街道路过的女人头上扔着他们吃剩的三明治，嘴里还喊叫着轻浮的下流话。这幢楼的对面是一幢六层的楼，是一个犹太人开的服装厂，工厂十一点收工，各个房间灯火通明，窗户上没有百叶窗。工厂主的女儿——一家人包括父亲、母亲、两个小男孩，还有一位二十岁左右的姑娘——负责在工作结束后关掉楼里各处的灯。有时，她也会任由某个裁缝在她身上轻薄一番。与菲利普同寝室的那些店员观察着留下来追求这姑娘的这个或那个男人所使手段，从中得到不少乐趣，他们还打赌看哪一位能成功。深夜的时候，街尽头的哈林顿徽章餐馆开始往外赶人，准备打烊。没过多久，他们也都纷纷上床睡觉了。贝尔的铺位靠门口最近，他从舍友们的床上一路跳回自己的床铺，甚至在回到自己的铺位时，嘴仍说个不停。最后，除了退伍兵平稳的鼾声外，一切都安静了下来，菲利普也睡着了。

早上七点，菲利普被一阵响亮的铃声惊醒了。差一刻八点时，他们所有人都穿好衣服和袜子，冲到楼下蹬上靴子。他们一边系着衣扣，一边沿街奔向牛津街的店里去吃早点。如果过了八点钟，哪怕晚了一分钟，就什么吃的都没了；一旦进了店，他们就不许再出门，也不可能再外出买吃的了。有时候，如果他们知道自己无法及时进店，就会在大楼附近的小店里买几个面包，但这得花自己的钱，大多数人宁可饿着肚子，熬到午饭时间。菲利普吃了点涂了黄油的面包，喝了一杯茶，在八点半的时候又开始了他一天的工作。

"先右拐，然后往左，夫人。"

很快他便开始机械地回答各式问题了。这个工作单调乏味不说，而且还很辛苦。几天之后，他的脚疼得几乎都无法站立。又厚又软的地毯让他的脚好像着了火似的，晚上脱袜子时都觉得脚疼得要命。大家都在抱怨，跟他一起的迎宾员告诉他，由于脚不断地出汗，袜子和靴子都沤烂了。他的舍友也因为同样的原因遭了不少罪，他们睡觉时把脚伸到被子外面来缓解疼痛。起初，菲利普几乎无法走路，很多个夜晚他不得不在哈林顿街的宿舍起居室里把脚浸在一桶凉水里。在这些时候，陪伴他的只有贝尔，那位在缝纫用品部干活儿的小伙子，因为他经常留在起居室里整理他收集到的邮票。当他用小纸带把它们都捆起来的时候，嘴里还一直吹着单调的口哨。

第一百〇四章

每隔一周的周一，莱恩公司都要举办社交晚会。菲利普来的第二周就赶上了，他和同一部门的一位女士约好一起去。

"对她们就要迁就一点，"那个女同事说，"我就是这么做的。"

这位女士是霍奇斯太太，一个四十五岁的小个子女人，头发染得很糟，蜡黄的脸上红色毛细血管密布，淡蓝色的眼睛，眼白有些发黄。她对菲利普颇有好感，在他进入店里工作不到一周时，霍奇斯太太就已经开始叫他的教名了。

"我俩都知道落魄的滋味。"她说道。

她告诉菲利普她的真名不是霍奇斯，但是她张口闭口总提"我丈夫罗奇斯先生"[①]；霍奇斯先生是位出庭律师，但对她很不好，所以她离开了他，因为她更喜欢独立自主。但是她是那种早就知道坐自己的马车是什么滋味的人，亲爱的——她管谁都叫亲爱的——他们家的晚餐总是吃得很晚。她经常用一枚硕大的银胸针的针尖来剔牙。这枚胸针设计成马鞭和猎鞭交叉的形状，中间还有两个马刺。菲利普对新环境很不适应，店里的姑娘们称他为"自负的家伙"。有一次，

---

① 这位女士把"Mister Hodges"说成"Misterodges"，把"H"吞掉不发音，两个词读成了一个词。而且这句话和"我丈夫霍奇斯"发音相近。

一位姑娘叫他菲尔，他没应声，因为他根本没有想到她是在跟自己说话；所以，这位姑娘扬起头，说他是个"自负的家伙"，等下次再见他时，故意用挖苦的口吻称他为凯里先生。她是朱厄尔小姐，马上要嫁给一位医生了。其他的姑娘都没见过她的未婚夫，但她们说他一定是位绅士，因为他送给她那么多可爱的礼物。

"别介意她们说什么，亲爱的。"霍奇斯太太说道，"我过去也经历了跟你同样的事情。她们的见识少，这群可怜的姑娘。你记住我的话，只要你像我一样坚持下来，她们会喜欢上你的。"

社交晚会在地下餐厅里举行，大桌子都被堆放到了一边，以便腾出地方来跳舞，而小一些的桌子被留下来打惠斯特牌用。

"头头们一般都到得比较早。"霍奇斯太太说道。

她把菲利普介绍给本内特小姐，她可是莱恩公司的美人。她是女装部的进货员，菲利普进来时，她正在跟男用针织品部的进货员聊天。本内特小姐是个身材高大的女人，一张宽大的脸盘红彤彤的，涂了不少的脂粉，乳房高耸。亚麻色的头发梳理得很精致，她穿着有些过分讲究，但是倒并不显得俗气。她穿着一身高领的黑色衣服，戴着光滑的黑手套，即使在打牌的时候也不脱下手套。她脖子上戴着几条粗粗的金项链，手腕上戴着手镯，还戴着有照片的圆形耳坠，其中一个是亚历山德拉王后 [①] 的头像。她手里拎着一只黑色的缎子女包，嘴里嚼着口香糖。

"很高兴认识您，凯里先生。"她说道，"您是第一次参

---

① 亚历山德拉王后（Queen Alexandra, 1844—1922），英国国王爱德华七世的妻子。

加我们的社交晚会吧，对吗？我觉得您有点害羞，但完全没必要，我向您保证。"

本内特小姐竭力想使大家放松一些，她不时地拍拍人们的肩膀，爽朗地大笑几声。

"我是不是太闹腾了？"她大声说道，一边转向菲利普，"真不知道您怎么看我呢？但我就是控制不住自己呀。"

凡是打算参加社交晚会的人陆陆续续都到了。大部分是年轻的店员，有还没找到心仪姑娘的小伙子，也有没护花使者的姑娘。有几个小伙子穿着休闲西装，戴着白色的晚礼服领带，上衣口袋里装饰着红色的丝绸手帕。他们打算在众人面前大显身手，脸上显出一种忙碌却心有旁骛的神色。有的人很自信，有的人显得很紧张，用焦虑的眼神看着大家。不一会儿，一个有着一头浓密头发的姑娘坐到钢琴前，手指抚过琴键，发出一阵乱音。当观众安静下来后，她环顾了一下四周，报出了她要演奏的曲名：

《俄罗斯之旅》。

那姑娘灵巧地把几个铃铛系在手腕上，这时，四周爆发出热烈的掌声。她微微一笑，随即弹奏出一首激昂的乐曲。当演奏结束时，观众更是掌声雷动。待掌声平息下来以后，她又弹了一曲描摹大海的曲子。先是一小串颤音，象征着海浪拍击海岸的声音；然后是雷鸣般的和弦加上猛地一踩强音踏板，表示风暴的来临。此后，一位绅士出场，演唱了一首名叫《跟我说再见》的歌曲，接着应观众的力邀，又唱了一首《催眠曲》。在场的观众既有极好的鉴赏力，又有高涨的热情。他们为每一个表演者喝彩，直到表演者又加演节目为止。这样就没有哪个人因得到的掌声不同而感到厚此薄彼的尴尬了。本内特小姐向菲利普翩翩走来。

"我敢肯定您不是会弹琴，就是会唱歌，凯里先生。"她调皮地说道，"我从您的脸上就能看出来。"

"恐怕我不会。"

"连朗诵也不会？"

"我可没有什么拿得出手的本事。"

那位"男用针织品"部的进货员是个有名的朗诵者，他部门的店员都在起哄让他表演朗诵。不需要别人催促，他朗诵了一首带有悲剧色彩的长诗，朗诵时他的双眼骨碌碌地打转，把手放在胸口上，做出一副痛苦不堪的模样，直到最后一句诗行才泄露了整首诗歌的主题，原来是说他晚饭只吃了一根黄瓜，这引来大家一片笑声，不过笑声多少有些勉强，因为这首诗他已经朗诵过多次了，但笑声还是很大，并且持续了很久。本内特小姐既没有唱歌弹琴，也没有朗诵。

"哦，不，她自有一套小把戏呢。"霍奇斯太太说道。

"好了，你就别拿我寻开心了。实际上，我对手相和预言还是知道不少的。"

"哦，一定要给我看看手相，本内特小姐。"她管辖部门的姑娘嚷嚷道，争先恐后地讨好她。

"我不喜欢给人看手相，真的不喜欢。我告诉人们会发生可怕的事，结果还真发生了，这会让人变得迷信。"

"哦，本内特小姐，就看一次。"

一小群人聚集在她的周围，本内特小姐神秘地预言有人会遇见皮肤白皙和皮肤黝黑的英俊男人，有人能收到装在信封里的钱，还有人旅行中会有种种奇遇。她的话语惹得姑娘们要么困窘地尖叫，要么咯咯傻笑，要么羞红了脸，要么惊愕地喊叫，要么羡慕地嚷嚷。直到汗珠布满她涂脂抹粉的脸，她才住口。

"瞧瞧，"本内特小姐说道，"累得我满身是汗。"

晚餐九点开始。有蛋糕、面包、三明治、茶和咖啡，全部都免费。但是想喝矿泉水，那得自掏腰包。年轻的小伙子为了向姑娘们献殷勤，常常请她们喝姜汁啤酒，但是女士们出于礼节，经常会拒绝。本内特小姐非常喜欢喝姜汁啤酒，在晚会上她会喝上两瓶，有时甚至三瓶，但是她坚持自己付账。男人们就喜欢她这种豪爽劲儿。

"她可是个难对付的老姑娘，"他们这样说，"但是提醒你，她并不坏，跟有些女人可不一样。"

晚饭后，大家继续玩不时轮换搭档的惠斯特牌，这下可热闹了。当人们从一张桌子换到另一张桌子时，笑声和叫声更是不绝于耳。本内特小姐觉得越来越热。

"瞧我，"她说道，"我浑身上下都被汗水浸透了。"

没过多久，有个胆大的年轻人打断大家，说如果他们还想跳舞的话，最好马上开始。刚才伴奏的那个姑娘坐到钢琴前面，果断地把脚放到强音踏板上，她弹奏了一曲梦幻般的华尔兹舞曲，用低音打着节拍，如痴如醉地不时用右手弹出高八度音阶。为了变换花样，她又双手交叉在低音区弹奏曲子。

"她弹得可真好，不是吗？"霍奇斯太太对菲利普说道，"更可贵的是，她从来没上过一堂音乐课，全靠耳朵听。"

本内特小姐平生最喜欢舞蹈和诗歌了，她本人舞跳得极好，但舞步非常舒缓，她眼中有一种神色，好像她的思绪已经飘到很远很远的地方了。她谈论着地板、热气和晚餐，说得上气不接下气。她说波特曼公寓有全伦敦最好的地板，她一向喜欢在那儿跳舞。宾客都是精英，她无法忍受和不认识的男人跳舞；嗨，要是那样的话，你可能让自己置身于意想不到的麻烦中。几乎所有人舞跳得都很好，他们也很开心，汗水从他们脸上滑落，年轻人的高领子也因为被汗水浸透耷拉了下来。

菲利普在一旁看着，一种前所未有的痛苦涌上了心头。他很长时间没有感受到这种无法忍受的孤独了。他并没有离开，因为他担心这样会显得自己傲慢无礼。他和姑娘们说笑着，但内心很难过。本内特小姐问菲利普是否有女朋友。

"没有。"菲利普笑着说。

"哦，那好，这儿有那么多姑娘呢，随你挑。她们中有些是品行非常端正的好姑娘呢。我想你在不久后就能找到中意的姑娘。"

本内特小姐很顽皮地看着菲利普。

"对她们要迁就一点，"霍奇斯太太说道，"我刚才就是这么跟他说的。"

快十一点晚会才结束。菲利普却久久无法入睡。像其他人那样，他把酸痛的双脚伸到被子外面，竭力不去想自己现在过的这种生活。这时，那位退伍兵正打着微鼾。

第一百〇五章

店员的工资由秘书每月发一次。在发薪日那天，一批批店员用完茶点后来到走廊加入到长长的队伍中，大家都很守秩序地等着，就像在美术馆门外排队的观众一样。他们一个接一个走进办公室。秘书坐在办公桌后面，面前放着几个盛着钱的木匣子。他问着雇员的名字，又飞快地查看一下账本，再用怀疑的眼神瞟一眼领钱的人，然后大声报出应付的工资总数，从木匣中拿出钱在手中数完后交给领钱的人。

"谢谢。"秘书说道，"下一个。"

"谢谢。"领到工资的人回道。

这个店员又走到另一位秘书面前，在离开办公室前交给他四先令的洗衣费和两先令的俱乐部费，如果被罚款，还得交上罚款。最后他拿着剩下的钱回到自己的部门等着下班。菲利普的同事兼舍友们大多欠着那位卖三明治的女人的钱，他们经常从她那儿买三明治当晚餐。她是个有趣的老婆子，长得很胖，一张红润的宽阔大脸，黑发中分着，还抹了油膏，发式像早期画像上的维多利亚女王。她总戴着一顶黑色的小软帽，系着一件白色围裙，袖子总是卷到胳膊肘上。她用一双又脏又油腻的大手来切三明治，她的上衣、围裙和裙子上总是油光锃亮。她是弗莱彻太太，可大家都称呼她为"大妈"；

她也是真的很喜欢这些店员，她把他们叫作"我的孩子"。她从不计较他们赊着账直到月底才还。大家都知道，当某个店员揭不开锅时，她时不时还借给他几先令救急呢。她是个很好的女人，当店员们外出度假或者度假归来时，他们都要去亲吻她那红润的大胖脸。当有人遭到解雇，一时半会儿又找不到其他工作时，可以不用花一分钱就从她那儿得到吃的，让自己能填饱肚子活下去。这些小伙子都很聪明，知道她心地善良、大度，所以对她也报以真挚的感情。他们经常讲一个故事，说在布拉德福有个人事业发达了，开了五家店铺，十五年后回来过，还探望了弗莱彻大妈，送了她一块金表。

菲利普发现结完各种费用后，自己当月的工资只剩下十八先令。这是他这辈子挣的第一笔钱，但他原以为会有的自豪感并没有如期而至，反而有种悲哀的感觉。这笔少得可怜的工资更突显了他目前的状况毫无希望。他拿出十五先令给阿瑟尔尼太太，想还上他欠她的部分借款，但是她只收了十先令。

"你知道，照这个样子，八个月以后我才能还清你借给我的钱。"

"只要阿瑟尔尼还有工作，我的钱就够花，还可以等。谁知道呢，也许他们还会给你提薪呢。"

阿瑟尔尼一直在说，他要找经理去说说菲利普的事，不好好利用他的才华真是荒唐。但他并没有真正去做，菲利普很快就得出结论，这位媒体代理人在经理的眼中并不像他自己想象的那么重要。偶尔，菲利普看见阿瑟尔尼现身店里，他的浮夸招摇已经消失得无影无踪。他就是一个俯首帖耳、毫不起眼的小个子员工，穿着一身整洁、普通、破旧的衣服，在经过各个部门时都步履匆匆，好像要刻意避开别人的注意。

"一想到在公司里浪费我的大好才华。"阿瑟尔尼在家里抱怨道，"我几乎想递上我的辞职信。像我这样的人在公司没有用武之地，我的才华在那儿得不到发挥，挣的工资连肚子都填不饱。"

阿瑟尔尼太太安静地在一旁缝补衣服，没理睬他的抱怨，只是抿了抿嘴唇。

"这些日子找工作太难了。你现在的工作稳定，而且有保障，只要人家还满意你，我希望你就在那儿待着吧。"

很显然，阿瑟尔尼只是说说而已。这个没受过什么教育，而且跟他没有合法关系的女人，竟然能够拿捏住这个才华横溢、情绪多变的男人，倒是很有意思的一件事。因为菲利普现在处境困难，阿瑟尔尼太太对他像慈母般关怀。她那种热切地希望菲利普吃顿好饭的心情，让菲利普深受感动。这正是他生活中的一种慰藉（但主要令他感到惊骇的是他已经变得习惯这种单调乏味的生活了）。菲利普每个星期天都要去阿瑟尔尼的家，那里充满了友好的气氛。坐在堂皇的西班牙椅子上，和阿瑟尔尼无所不谈，真是一件舒心惬意的事情。虽然菲利普目前的处境很糟糕，但每次从阿瑟尔尼家告辞回到哈林顿大街，他的心情都好得出奇。一开始，菲利普为了不忘记他学过的东西，试图继续攻读他的医学书籍，但是他很快发现这没用。经过一天令人筋疲力尽的工作后，他无法集中注意力看书，而且他也不知道自己多久才能回到医院去，坚持看书似乎也没什么希望。菲利普多次梦到自己回到了病房中，醒来后感到非常痛苦。意识到自己和别的人一起睡在同一房间里，心里就有一种无法言说的烦闷。他以前习惯独居，可现在总要和别人待在一起，没有片刻能自己待着，对他来说，这些时刻真是可怕至极。就是在这种时候，他才发现要战胜自己的绝望情绪是一件多么困难的事情。他知道自己还要继续这样的生活，无休止地说着"先右转，再左转，夫人"这类话。不过如果他还没被打发走，还是要心怀感恩，那些参加战争的人很快就要回来了，公司承诺保留他们的岗位，这就意味着其他人就要被辞掉；他还得振作精神，才能保住他目前这个卑微的职位。

唯一能让他摆脱目前困境的事情就是他伯父去世。那时，他会得到几百英镑的遗产，靠着这笔钱他就能完成在医学院的学业。菲利普开始天天盼着那个老头赶紧死去。他盘算着伯父大概还能活多久。伯父已经七十多岁了，菲利普不知道他的确切年龄，但至少有七十五岁了。伯父患有慢性支气管炎，每年冬天都咳嗽得很厉害。虽然菲利普对这种病的细节已经了然于心，但还是一遍又一遍地查阅医学书上关于这种病的内容。一个严冬，就可能要了这个老人的命。菲利普满心希望天气再冷点，多下几场雨。他天天都想这件事，几乎都着魔了。威廉伯父也受不了炎热，八月份布莱克斯达布尔有三周酷热难耐的天气。菲利普暗自想着，也许有一天他会突然收到一封电报，上面写着牧师已经病故，那时自己会有一种说不出的宽慰。当他站在楼梯口给人指着去往各个部门的路径时，他满脑子不停地想着应该怎样用这笔钱。他甚至不知道这笔钱究竟有多少，也许不超过五百英镑，但即使是这样也足够了。他会马上离开这家店，甚至都懒得写一封辞职信。他会收拾好箱子，不跟任何人打招呼，昂首而去。然后，他会回到医院去，这是第一要务。他会不会把学的东西都忘了呀？不出半年，他就能把功课都补上，然后他会尽早参加三门功课的考试，第一门是妇产学，接下来是内科学和外科学。突然一阵莫名的恐惧攫住菲利普的心，尽管伯父承诺把遗产留给他，但是如果他不顾承诺把一切东西都捐给教区或教堂，那该怎么办呀。这念头让菲利普不寒而栗。伯父不会那么残忍吧。不过如果事情真的发生，菲利普也拿定主意该怎么做。他不会让生活这样无限期地过下去，这种生活之所以还能忍受，是因为他还在期盼更好事情的来临。如果他没有了希望，也就没有了恐惧。到时，唯一义无反顾的举动就是自杀，这个问题他已经考虑过多次。菲利普已经盘算好吃哪种药会没有痛苦地死去，他怎样才能得到这种药。想到这儿，他顿时有了勇气。如果事情变得无法忍受，不管怎么说，他还能找到这样一种解决办法。

"靠右边的第二个拐弯处，夫人，在楼下，左边第一个拐弯，一直走到底就行。菲利普斯先生，请向前走。"

菲利普每个月有一周的时间要"值班"。他早上七点钟就得去服装部，要检查卫生打扫情况。当清洁工打扫完以后，他要把蒙在柜台和模特儿上的单子拿下来。傍晚店员们离开后，他又得把单子盖到模特儿和柜台上，还要把清洁工召集在一起打扫卫生。这活儿又脏又累。他还不能读书、写字或者抽烟，只能不停地四处巡视，时间过得很慢，很难熬。晚上九点半他终于可以下班的时候，还可以在公司吃顿免费晚餐，这也是唯一让他感到安慰的地方。下午五点用过茶点后，他的胃口还是很好，所以这个时候公司提供的面包、奶酪和充足的可可很受欢迎。

菲利普在莱恩公司工作三个月后的某一天，桑普森先生——那位进货员，走进服装部大发雷霆。经理走进店里时，碰巧看了一下服装橱窗，于是派人把桑普森先生叫来，对橱窗的色彩搭配狠狠地挖苦了一番。进货员桑普森先生不得不老老实实、一声不吭地接受上司的讽刺和责骂。这会儿，桑普森先生气不打一处来，把火撒在了部门员工头上，他把负责布置橱窗的可怜的家伙大骂了一通。

"如果你想办好一件事情，你就得亲自动手。"桑普森先生咆哮着说，"我过去一直这样说，以后还会这样说。就不能放心把事情交给你们这帮家伙办。你们还自以为聪明呢，对吗？聪明个屁！"

他指着员工们的鼻子大骂，好像那就是最为严厉的斥责似的。

"你们难道不知道如果在橱窗里涂了铁蓝色，就会抵消其他蓝色的效果吗？"

桑普森先生怒气冲冲地环顾了一下部门员工，目光落到了菲利普身上。

"下周五，你来布置橱窗，凯里。让我们看看你能干得怎么样。"

桑普森先生骂骂咧咧地走进自己的办公室。菲利普的心变得沉重起来。周五的早晨终于来临了，他带着一种羞耻感钻进橱窗，心里泛着恶心，觉得两颊发烫。让自己暴露在行人的众目睽睽之下太可怕了，虽然他告诉自己有这种感觉是愚蠢的，但还是在布置橱窗时一直把后背对着街道。在这个时间，医学院的学生几乎不太可能从牛津街路过，他在伦敦也没什么熟人；但是菲利普还是如鲠在喉，认为自己只要一转身就会被某个认识的人看到，所以他尽可能麻利地把活儿干完。通过简单的观察，菲利普发现橱窗里所有的红色服装都挤到了一块儿，只需把这些服装分开些，就会产生很好的效果。当那位进货员走到街上观看新布置的橱窗时，对效果显然也很满意。

"我就知道让你来布置橱窗没错。事实上，你和我都是绅士，请注意，我在部门里是不会说这种话的，不过你和我确实都是绅士，这就是我们和其他人的差别。你要是告诉我没什么差别，这话没用，因为我知道这种差别确实存在。"

菲利普被安排去定期布置橱窗，但是他不能适应这种抛头露面的工作。一到星期五早晨他就紧张，因为这一天他得去布置橱窗，他清晨五点钟就会从梦中惊醒，觉得心里不舒服，躺在床上再也睡不着。部门的姑娘们注意到他那窘迫的样子，她们很快发现了他总是背对着大街站立的伎俩。她们取笑他，称他为"自负先生"。

"我猜，你害怕你姑妈从前面走过，觉得你有辱门风，会把你从她的遗嘱中去掉。"

总的来说，他和这些姑娘相处得很融洽。她们觉得他有点古怪，不过他的跛足似乎能够解释他的与众不同。随着时间的推移，她们发现他还是个挺不错的小伙子。他从不介意帮助别人，彬彬有礼，脾气温和。

"你能看出来，他是个绅士。"她们这样说。

"就是话少，不是吗？"一个年轻的女人说道，她对戏剧如痴如醉地喜爱，但跟菲利普谈论时他却无动于衷。

大多数的姑娘都有"相好的"，那些说没有找到对象的姑娘不过是宁愿让别人以为没有人在追求她们罢了。有一两个姑娘还表现出愿意和菲利普调情的意思，但菲利普不动声色地看她们搔首弄姿，只当是看戏。有好一段时间他已经对男女情爱腻烦透顶，况且他几乎总是疲惫不堪，经常感到饥饿。

第一百〇六章

菲利普有意避免去那些在日子过得比较快活时常去的地方。在比克街小酒馆的聚会早已经散了。麦卡利斯特因为辜负了朋友，不再去那儿了，海沃德去了好望角，只有劳森还在伦敦。菲利普觉得现在这位画家和自己已经没有共同之处，也不希望见到他。在一个星期六的下午，吃过午饭之后，菲利普换了身衣服，沿着摄政街向位于圣马丁巷的一个免费图书馆走去，他打算在那儿待一个下午。突然，他发现劳森正朝他迎面走来。菲利普的第一反应就是一言不发，装作没看见似的朝前走，但劳森没给他这个机会。

"这些日子你到底跑哪儿去了？"劳森喊道。

"我吗？"菲利普说道。

"我给你写信，邀请你来我的画室参加一个快乐的宴会，你根本没回我。"

"我没收到你的信呀。"

"你当然没收到啦，我知道。我去了医院找你，看见我的信还放在搁物架上。你放弃学医了？"

菲利普犹豫了片刻。他耻于说出真相，但是他为自己的这种羞耻感到生气。他强迫自己开口，但还是忍不住红了脸。

"是的，我的那点儿钱全用完了。我没钱再继续学习。"

"嗨，我真的为你难过。那你现在在做什么呢？"

"我现在做商店的迎宾员。"

菲利普艰难地说出这些话，但是他决意不再隐瞒真相。他直视着劳森，发现劳森倒有些窘迫。菲利普冷笑道：

"如果你去莱恩–赛得利百货公司，只要到了'女士成衣'部，你就会看见我穿着双排扣的长礼服，潇洒地走来走去，给那些想买衬裙或长筒袜的女士指路。先往右拐，夫人，左手第二个拐弯。"

劳森看到菲利普拿自己的职位插科打诨，不禁尴尬地笑了笑。他一时不知说什么好。劳森对菲利普描绘的场景感到震惊，但他又不敢表露出他的同情。

"对你来说，这还真是一种变化。"劳森说。

这话劳森自己听着都觉得有些荒唐，他真希望自己没说过这话。菲利普的脸红得更加厉害了。

"是一种变化。"菲利普说道，"对了，我还欠你五先令呢。"

菲利普把手伸进兜里，掏出了几个银币。

"哦，没关系的，我早就忘了这事。"

"来，拿着吧。"

劳森默默地接过钱。他们站在人行道的中间，来来往往的行人推搡着他们。菲利普的眼睛里闪烁着嘲讽的光芒，让劳森感到特别不舒服。他根本不知道此时菲利普的心如铅重，充满绝望。劳森特别想为菲利普做点事情，但是又不知该做些什么。

"我说，你干吗不来我的画室，咱们好好聊聊？"

"不啦。"菲利普说道。

"为什么？"

"没什么可聊的。"

菲利普看见劳森眼中露出痛苦的神色，他很抱歉，但他也没有办法，他不得不为自己考虑。因为一想到讨论他目前境况，他就受不了。他现在之所以能强撑着，只是因为他打定主意不去想它。他害怕一旦敞开心扉，会控制不住把自己软弱的那一面暴露给劳森。更何况，菲利普对带给自己痛苦回忆的地方总有一种无法抑制的厌恶。他对自己遭受的屈辱记忆犹新：他饿得前胸贴后背地在画室里等着劳森请他吃顿饭，以及最后他向劳森借五先令的情景。他实在不愿意看见劳森，因为那会让他想起那些穷困潦倒的日子。

"那这样吧，找一天晚上你过来跟我一块儿吃顿饭吧。你自己定日子。"

菲利普还是被这位画家的善意打动。他暗自想，各种各样的人都对自己好得出奇。

"你真是太好了，老兄，但是我不会去的。"他伸出了手说，"再见。"

劳森似乎被这无法解释的举动搞得一头雾水，只好握了握他的手，菲利普很快一瘸一拐地走开了。他的心情沉重，而且同往常一样，他又开始对自己的行为自责起来。他不知道这股疯狂的骄傲劲儿是从哪儿冒出来的，让他拒绝朋友的友谊。就在这时，他听见有人在他身后跑过来，没过一会儿，传来劳森在叫他的声音。菲利普停下了脚步，他的心中突然涌起一股敌对的情绪。他又板起脸，用冷冷的语气对劳森说道：

"怎么了？"

"我想你听说了海沃德的事，对吧？"

"我知道他参军去好望角了。"

"他死了，呃，登陆后不久就死了。"

菲利普好一阵没有说话，他几乎不能相信自己的耳朵。

"怎么回事？"菲利普问道。

"哦，是伤寒。运气真差，不是吗？我想你可能还不知道。我刚听说这个消息时，心里也有些无法接受。"

劳森说完点了点头，转身走开了。菲利普觉得心头一阵战栗。他以前从未失去过与自己同龄的朋友，至于说克朗肖，他比菲利普年长得多，似乎他去世是合乎常理的，可以接受。海沃德的死让菲利普感到格外震惊，让他想到自己也终究要死去。像大多数人一样，菲利普很清楚人终有一死，但没有想到这一规律同样适用于自己。虽然他早就不再对海沃德有亲切的感情，但海沃德的死还是带给他很大的打击。菲利普猛然回忆起两人曾经无所不谈，想到他们再也无法促膝谈心，心中便隐隐作痛。他回忆起两人初次见面的情景，以及在海德堡共同度过的欢乐日子，不胜唏嘘。当菲利普想到那些逝去的岁月，心情变得格外沉重。他机械地向前走着，没有注意走向哪里。他突然有些懊恼地意识到自己没有拐向草场街，而是沿着沙夫茨伯里大街慢慢向前走着。他又懒得折回去，况且听到那个消息后，他也没有心情看书，只想一个人坐着静静地思考一会儿。他决定到大英博物馆去。现在独处对他来说是奢侈品，自从进了莱恩公司他就经常去大英博物馆，坐在帕特农神庙①雕塑像群前，不刻意去思考，让神圣的雕塑来抚慰他不安的灵魂。但是今天下午它们对他似乎也毫无启示，过了几分钟，他有些不耐烦，便走出展室。外面有很多人，有一脸蠢相的乡下人，有低头钻研旅游指南的外国人。他们的丑陋玷污了这些永恒的杰作，他们的躁动不安扰乱了

---

① 帕特农神庙，雅典卫城主体建筑，为歌颂雅典战胜波斯侵略者而建。

不朽的神灵的安宁。菲利普走进另一间展室，这儿几乎没什么人，他疲惫地坐了下来，可他的神经还紧绷着，无法把那些游客驱赶出自己的脑海。有时候，在莱恩百货公司，他们也以同样的方式影响着他，他惊恐地看着他们从他身旁成群结队地走过，他们如此丑陋，在他们脸上有一种鄙薄的表情，叫人看了实在害怕。他们的五官被可鄙的欲望扭曲，你会觉得他们对于任何美好的想法都非常陌生。他们眼神鬼祟，面容猥琐。他们身上倒是没有什么大的邪恶，有的只是粗俗和小气。他们的幽默也是低级的诙谐打趣。有时菲利普会盯着他们看，心里在想他们和什么动物相像（他努力不让自己去这样联想，因为那很快就变成一种无法摆脱的执念），他发觉他们像是绵羊、马、狐狸或者山羊。一想到人类，他心中就充满厌恶。

然而没过多久，这个地方似乎还是对他产生了影响，他慢慢平静下来。他开始漫不经心地看着展厅里的一排排墓石。这些墓石是公元前四、五世纪雅典石匠的作品。它们看上去朴实无华，虽非天才之作，但处处彰显着精致文雅的雅典精神。时间使大理石变得圆润，不再棱角分明，风雨把它蚀成了蜂蜜的颜色，让人不由想起海米塔斯山①上的蜜蜂。有的墓石上雕刻着一个坐在长凳上的裸体人像；有的描绘着垂死之人与爱他的人诀别的情景；还有的刻画着行将就木的人紧紧抓住活着的人的双手，不愿离去的场景。所有墓石上刻画的都是离别的情景，除此之外再无其他。但这种简单的画面倒让人无限感慨。朋友间永别，母子间永别，画面上展现出的克制使生者的悲痛显得更加强烈。那是很久很久以前的事

① 海米塔斯山，雅典的一座山脉，以养蜂业著名。

了，一个世纪接着一个世纪，沧海桑田，世事变迁，岁月掩盖了不幸。两千多年来，那些哀悼者和被悼念的人都化作了尘土，然而悲哀仍留世间，菲利普的心中充满悲哀，所以他涌起一股怜悯之情，不禁喟叹道：

"可怜的人啊，可怜的人。"

菲利普又想起那些好奇张望的观光客和带着旅游指南、体型肥胖的外国游客，还有那些因为浅薄的欲望和庸俗的爱好而挤进商店的平庸百姓，他们迟早都会死去。他们有爱的人，也必然与那些他们所爱的人诀别——儿子与母亲的诀别，妻子与丈夫的诀别；也许他们更加悲惨，因为他们的生活是丑陋和肮脏的。他们不知道是什么给这个世界增添了美。有一块墓石非常美丽，上面刻着两个年轻的男人手牵着手的浅浮雕，线条严谨，构图简洁，让人感到那位雕刻家是怀着一种真挚的感情创作这件作品的。它是世人为世间最为珍贵的宝物——友谊——而建的一座精美的丰碑。菲利普看着它，感觉泪水涌上眼眶。他又想起海沃德，当他们初相遇时，他对海沃德佩服得五体投地，可后来心中的偶像幻灭，接下来两人之间的感情渐渐冷淡，只是出于习惯和对过去的记忆让彼此维系关系。生活中就是有这样的怪事：你连续数月每天都见到一个人，你和他变得亲密无间，以至于你无法想象失去他生活该如何继续。接下来，你和他分开了，生活还在一成不变地继续着，而那个看起来不可或缺的同伴被证明是可有可无的。你的日子还是照样过，你甚至都不再想起他。菲利普想起早年在海德堡的岁月，那时海沃德志向高远，对未来充满热情，但不知为什么，他的锐气被一点一点地挫去，最终一事无成，他放任自己接受了失败。现在他死了，他的死就像他的生活一样毫无意义。他死得也并不轰轰烈烈，死于愚蠢的疾病，再次成了失败者，甚至到死还是一事无成，就好像他从来就没在这世上走过一遭一样。

菲利普绝望地问自己：人生究竟有什么意义？人生似乎毫无意义。就跟克朗肖一样，活着时默默无闻。他死后，很快就被人遗忘。他的诗集只在二手书摊上低价销售。他的一生似乎就是为了给那个爱出风头的记者写一篇评论文章提供一个机会，除此之外一无是处。菲利普的灵魂深处发出呐喊：

"人生究竟有什么意义？"

人们的付出和回报是那么不相称。人们青年时期对未来所抱有的光辉希望最后总是以痛苦的幻灭为代价。痛苦、疾病和不幸压在人生的天平上，使其向一侧倾斜。人生究竟有什么意义？菲利普想到了自己的人生，他刚步入自己的人生之路时也曾抱有很高的期望，但身体的缺陷给了他很大的限制，他没有朋友，形单影只，他的青春岁月缺乏关爱。他只做那些他认为最好的事情，可到头来还是栽了这么大个跟头！其他一些人条件并不比他好，却成功了；还有些人，尽管条件比他好很多，却失败了。一切似乎全凭运气，就像大雨从天而降，既落在正直的人身上，也落在邪恶的人身上，这里面是没有什么道理好讲的。

想到克朗肖，菲利普便想起他送给自己的那块波斯地毯。克朗肖告诉他，毯子可以给他关于人生意义疑问的答案。突然，菲利普想出了这个答案，不觉咯咯笑出了声。现在他明白了，那就像一条谜语，最开始你百思不得其解，可一旦得到了谜底，你无法想象当初怎么会想不到这个答案。这个答案是如此明显：人生没有意义。地球只是一颗快速穿过太空的恒星的卫星。在某些条件的作用下生命在地球上产生，这些条件只是地球这个行星形成的一部分。就如同生命在这些条件下孕育而生一样，在其他条件影响下生命也会以毁灭而告终。人类，并不比其他形式的生命更有意义，人的出现并非造物主的登峰造极之作，而是自然对环境做出的反应罢了。菲利普想起一个东方国王的故事。那位国王想要了解人类的历史，一位智者便给他带来五百卷书籍。国王忙于国事，没有那么多时间阅读，便打发智者离开，让他把书籍压缩精减后再来；二十年后，智者回来了，带来的讲述人类历史的书不超过五十本，但是国王年事已高，无法再阅读这么多厚重的书籍，便命令他回去再次精减书籍；二十年又过去了，那位智者已经老迈，满头白发，他只带来了一本书，里面写着国王孜孜以求的知识，但是那时国王已经在病榻上奄奄一息，他甚至没有时间去读它了。这时，智者用简单的一句话概括了人类的历史，这句话是这样的：生而受难，久难而终。人生没有意义，人活着也没有目的。人出生还是不出生，活着还是死去，都无关紧要。生命微不足道，死亡也无足轻重。想到这里，菲利普欣喜若狂，正如他还是孩子时摆脱了对上帝的信仰后一样。他顿时觉肩膀上的担子轻了许多，心中充满喜悦。对他来说，生活的最后的重担已经放下，他第一次觉得获得了完全的自由。他原来的渺小变成了强大。他觉得自己突然和压迫他的残酷命运平起平坐了。因为如果人生是无意义的，这个世界也就无残酷可言。不论是他做过的，还是来不及做的，都完全无所谓了。失败不再重要，成功也算不上什么。他只是占据地球表面的芸芸众生中最不起眼的一个，而他又强大无比，因为他从一片混沌中探寻出了人生的一个秘密：虚无。菲利普富于想象的大脑中思潮翻涌。他心里充满喜悦和满足，深深地吸了一口气。他真想又跳又唱。他已经好几个月没有像现在这样开心过了。

"哦，人生，"他在内心中呼喊，"哦，人生，你的不幸与苦难在哪里？"

　　奔涌而来的思潮，以其全部的力量向菲利普精确地展示了人生没有意义这一事实。与此同时，菲利普的心中又冒出了另一个念头，他觉得那就是克朗肖要给他波斯地毯的原因。织工把地毯的图案编织得精美复杂，并非出于某种目的，只是为了满足他的审美情趣而已。一个人也可以像那个织工一样度过一生。或者如果一个人不得不相信他的行动是身不由己的，那么他也可以这样看待他的人生：人生只不过是在编织一种图案。这种图案既无用处，他也不需要，他织这种图案也只图一乐罢了。从他生活中多种多样的活动、行为、感情、思想出发，他可能会设计一种或规则，或精致，或复杂，或美丽的图案。尽管到头来这种设计也许只是一场幻觉——一场他以为自己有选择的幻觉；尽管这也许只是一套让人眼花缭乱的戏法——一套表象与月光交织在一起的虚幻戏法，但那也没有什么关系，人生看上去就是如此。所以在菲利普看来人生也确实是这样。如果你认为生活毫无意义，一切都无关紧要，那就从那宽阔、起伏的人生（就像一条河流，不知从何而起，奔流不息却不流入大海）中随意选择几股不同的丝线，编织成一种图案，从中获得个人的满足。有一种图案最为明显、完美和漂亮，它描绘了人出生、长大、结婚、生子的过程，为了温饱而辛劳，最后死去。但是，人生还有其他的图案，错综复杂却又精彩纷呈，只是里面没有幸福，也找不到成功的踪影，有的可能是让人更加困扰的雅致。有些人的人生——像海沃德的——就在其中，在尚未设计完时，便被盲目和冷漠的命运生生割断。有人说些安慰话，虽然让人舒服些，但也无关痛痒。另外一些人的人生，比如说克朗肖，提供了一个别人很难模仿的图案：在人们能够理解这样的人生自有其正当性之前，人们的观点必须改变，旧日的标准也必须修改。菲利普认为当他抛弃追求幸福的欲望，他就把最后的幻觉也扔到了一边。如果以幸福的标准来衡量的话，他的人生似乎是可怕的，但是现在当他意识到人生可以用别的标准来衡量，他似乎又能聚集起力量了。幸福跟痛苦一样微不足道，两者如影随形，结伴而来，如同生活中其他的琐碎事情也会来到一样，不过是增添了图案的复杂性而已。有那么一瞬间，菲利普似乎超脱于人生中的种种不幸，尽管它们以前给他带来诸多痛苦，但他现在觉得它们不能再像以前那样影响到他了。如今无论什么事再发生到他身上，都无非是使人生的图案更加复杂一些罢了。当人生的图案快要接近尾声时，他会为它的完成而欢庆。它会成为一件艺术品，而且不失美丽，因为只有他自己才知道它的存在，随着他的离世图案也随即消亡。

想到这些，菲利普内心充满喜悦。

第一百○七章

进货员桑普森先生开始对菲利普喜欢起来。桑普森先生衣冠楚楚，风度翩翩，部门的姑娘们都说如果他有朝一日娶了一位富有的顾客，她们是丝毫都不会感到奇怪的。他住在城外边，但他让店员们印象深刻的是他在办公室里也穿着晚礼服。有时，那些负责值班打扫卫生的店员，在第二天早上还能看见他仍然穿着晚礼服上班。在他走进办公室换双排扣长礼服时，他们会神情严肃地彼此交换个眼神。遇到这种情况，桑普森先生会溜出去匆忙吃顿早餐，当他回来走上楼梯时，一边搓着双手，一边向菲利普眨巴眼睛。

"多么美妙的夜晚！多美妙的夜晚呀！"他说道，"我的天哪！"

他告诉菲利普他是店里唯一的绅士，只有他和菲利普才知道什么是生活。说完此话，他态度突然来了个大转弯，称菲利普"凯里先生"而不是"老伙计"，摆出一副盛气凌人的样子，表明他的职位是进货员，而菲利普只不过是一个小小的商店迎宾员。

莱恩-赛得利公司每周都会收到来自巴黎的时尚设计资料，然后将资料上的服装款式加以修改，满足顾客的需求。他们的顾客都很特别，大部分都是来自那些从事制造业的小城镇的女人，她们的品位都很高雅，不想在当地定做衣服，但是对伦敦又不熟悉，找不到与她们收入相匹配的好裁缝。除了这些人以外，还有很多歌舞杂耍剧场的演员，这样的顾客似乎与商店高雅的格调有点格格不入。她们都是桑普森先生发展来的，而且他常以此为傲。她们在莱恩公司定做舞台演出服，他又巧舌如簧地劝说她们中的很多人也在这儿定做其他衣服。

"服装做得和帕奎因公司的一样好，可价钱只有他们的一半。"桑普森先生这样说道。

桑普森先生凭着三寸不烂之舌和热情好客的态度赢得了吃他这一套的顾客的好感，她们彼此议论：

"在莱恩公司定做的外套和裙子，人们都觉得是从巴黎买的，干吗还要把钱白白扔出去呀？"

桑普森先生对于自己和那些他为其定做过礼服的时下极受欢迎的人结成朋友很是得意。他在某个星期天下午两点出门到维多利亚·弗戈小姐位于图尔斯山的漂亮豪宅吃饭，第二天他会眉飞色舞地跟部门的店员细细讲述经过。"她穿着我们为她定做的浅蓝色的衣服，我敢说她自己也不会认为是咱们家做的。于是我不得不告诉她，要不是这是我亲手设计的，我也会说它是从帕奎因公司买来的。"菲利普过去从未关注过女人的服装，可随着时间的推移，他开始从技术的层面对它们产生了兴趣，这一点他自己也感到有些可笑。菲利普对色彩很有鉴赏力，在这方面他比部门的其他人受到的训练更多、更专业。在巴黎学习绘画时，他也掌握了一些有关线条的知识。桑普森先生对这些东西一窍不通，他对自己的无能心知肚明，但他又有些小聪明，能把别人的建议结合起来为他所用。在做新设计时，他总要不断地征求部门其他店员的意见；很快他就看出来菲利普的评论很有见地。可是他又十分妒忌菲利普的才华，从来不愿承认他采纳了别人的建议。每当他按照菲利普的建议修改某项设计后，他总是会说：

"嗯，最终还是按着我的思路修改的设计图嘛。"

一天，那时菲利普在商店里已经工作五个月了。爱丽丝·安东尼娅小姐——一位亦庄亦谐的知名演员，来到店里找桑普森先生。她是个身材高大的女人，亚麻色的头发，浓妆艳抹的脸庞，还有尖厉刺耳的声音。她有着女喜剧演员①活泼轻快的举止，习惯和外地歌舞杂耍剧场楼座里的那些毛头小伙子打情骂俏。她有一首新歌要表演，希望桑普森先生给她设计一套新服装。

"我想要一件引人注目的服装。"她说道，"你知道的，我不想要那种老式样的东西了。我要一件与众不同的衣服。"

桑普森先生和气又亲切，说他相信他们一定会做出她想要的衣服。给她看了好几张设计草图。

"我知道这几种可能都不合适，但是我只是给您展示一下我们建议的式样。"

"哦，不，这些根本不是我想要的衣服。"安东尼娅小姐说道，不耐烦地瞟了这些设计图一眼，"我想要的衣服一定要达到让观众惊掉下巴、目瞪口呆的效果。"

"是的，我很明白您的心思，安东尼娅小姐。"进货员带着讨好的笑容说道，但是他的眼神却变得茫然和不解。

"恐怕最后还得跑一趟巴黎，我才能找到这样的衣服。"

"哦，我想我们会让您满意的，安东尼娅小姐。您在巴黎能得到的东西，在这儿也同样能得到。"

---

① 原文为法语。

爱丽丝·安东尼娅小姐傲慢地走出了女装部的大门，桑普森先生却有点发愁了，他和霍奇斯太太商量怎么办。

"她是个很挑剔的人，可马虎不得。"霍奇斯太太说道。

"爱丽丝，你要怎么样？"进货员烦躁地说道，觉得自己在刚才与爱丽丝·安东尼娅的对阵中已经赢了她一局。

他对歌舞杂要剧场演员服装的想法从来没超越一圈圈的蕾丝边、镶着小圆亮片的短裙的式样，但是安东尼娅小姐在这一问题上非常明确地表明了她的看法。

"哦，天哪！"安东尼娅小姐喊道。

如果她看到了无新意的东西，就会用这样夸张的语调表明她深切的反感，虽然她没有说那些小圆亮片让她特别厌恶。桑普森先生"萌发"出一两个想法，可霍奇斯太太直截了当地告诉他，她觉得那些想法根本不行。最后霍奇斯太太对菲利普建议道：

"你能画张设计图吗，菲尔？你为什么不练练手，看看你能做点什么？"

菲利普买了一盒廉价的水彩颜料，晚上，当贝尔——那位爱玩闹的十六岁小伙子——一边用口哨吹着"老三样"，一边整理他的邮票时，菲利普完成了一两幅草图。菲利普还记得在巴黎时曾见过一些戏服，于是把它们稍作修改，再涂上些浓烈又与众不同的色彩，在搭配上取得了他想达到的效果，这让菲利普觉得很开心。第二天早上他把草图拿给霍奇斯太太看，霍奇斯太太大吃一惊，立刻把图稿拿到进货员的面前。

"真是别具一格，"桑普森说道，"这一点毫无疑问。"

这张设计图虽然让他感到疑惑，但同时桑普森以他老辣的眼光一下看出，按照这份设计制作出来的服装一定会引人注目。为了自己的面子，桑普森开始不断地对这份设计图提修改建议，但是霍奇斯太太比他更明智，建议他先原样不动地拿给安东尼娅小姐看看。

"还是冒一次险吧，没准她会喜欢呢。"

"这可是铤而走险呀。"桑普森先生一边说，一边看着设计图上那件袒胸露肩的衣服①，"他还会画画，是吗？他还一直瞒着不让人知道呢。"

安东尼娅小姐得到通知，让她来店里看看。桑普森先生把菲利普的设计图放在桌上醒目的位置，这样安东尼娅小姐一进办公室就能看见。果不其然，她一看见它，立马就扑了过去。

"这是什么？"她喊道，"为什么我不能有这么一件衣服？"

"那正是我们为您特意设计的，"桑普森先生故作随意地说道，"您喜欢它吗？"

"我喜欢得要命！"她喊道，"快给我拿半品脱水，里面加几滴杜松子酒。"

"哈，您瞧，您完全不必跑到巴黎去，您想要什么，我们就有什么。"

衣服马上依图让人开始缝制，当菲利普看到做好的成衣时心里一阵激动，觉得很满意。进货员和霍奇斯太太把这份功劳据为己有，但是菲利普并不在乎。当他和这两个人一起去蒂沃利杂耍剧场看安东尼娅小姐首次试装时，他内心充满了喜悦。为了回答霍奇斯太太的疑问，菲利普最后告诉她自己学画的经历——之前怕住在一起的人觉得他傲慢，他总是小心翼翼地隐瞒自己过去从事过的工作——霍奇斯太太又把

---

① 原文为法语。

菲利普的话转告给桑普森先生。那位进货员对此一字不提，不过开始对菲利普客气起来。没过多久，他又让菲利普给两位来自乡下的顾客设计了服装图样，这些图样也都很令顾客满意。于是，桑普森先生开始向顾客们炫耀，他手下有个"聪明的小伙子，在巴黎学过绘画，你们想不到吧？"现在这个小伙子正在为他工作。菲利普很快就被安排坐在屏风后面，穿着衬衫，从早到晚地画服装图样。有时，他太忙了，不得不在三点钟和那些也错过饭点儿的人一起吃饭。他喜欢这样，因为吃饭的人很少，而且这些人也都太累，不想说话了。食物也更好一些，因为这些食物都是进货员们剩下的。菲利普从一个商店迎宾员一下子升为服装设计师，在部门里掀起了不小的波澜。他意识到自己成了大家妒忌的对象。哈里斯——那个脑袋有些奇形怪状的店员，也是菲利普在这家商店结识的第一个人，以前很喜欢菲利普，但他也无法掩饰他的妒忌。

"有的人就是运气好。"哈里斯说道，"过不了多久，你就会当上进货员了，我们都得称呼你'先生'。"

哈里斯鼓动菲利普去要求加薪，因为菲利普现在干的活儿难度加大，而他一周的薪水还跟刚来时一样，是六先令。但是要求加薪是件棘手的事，处理不好反受其害。对于这样的申请者，经理自会有一套挖苦讽刺手段来对付。

"你觉得自己应该值更多的薪水，是吗？你觉得值多少钱，嗯？"

那位要求加薪的店员会赔着小心说他觉得一周再涨两个先令。

"哦，很好，如果你认为你值这个价钱，我可以满足你。"然后，经理会停顿一下，有时会冷冰冰地盯着那位店员补充道，"顺便再把解雇通知给你吧。"

到那时再想把加薪的诉求撤回就为时已晚，你不得不卷铺盖走人了。经理的想法是，如果店员心怀不满，他们是不会好好工作的，但凡不值得给他们加薪，那最好立刻解雇他们。结果就是除非做了走人的准备，否则的话没有谁会轻易提出加薪的要求。菲利普犹犹豫豫不敢采取行动。他有点怀疑室友们所说的少了他进货员就寸步难行的鼓噪。他们都是些正派的人，可太喜欢看别人的笑话了，如果在他们的劝说下菲利普去要求涨工资而被解雇的话，他们会暗地里偷着乐的。菲利普无法忘记以前找工作时受到的屈辱，他不希望自己再去面对那种境况了。而且他知道能在别处找到一个设计师的职位希望渺茫，有成百上千的人画得和他一样好。但是另一方面他太需要钱了，他的衣服已经穿破，他的袜子和鞋也被厚厚的地毯磨坏。一天早上，吃过早饭从地下餐厅往楼上走时，他要路过通向经理办公室的走廊。他差一点就要说服自己采取冒失的行动了。这时，他看到前来应聘的人在办公室前排着的长队，有一百来人，无论哪个人幸运地被录用，他每周的薪水都一定是六先令，和菲利普挣得一样多。他看到其中一些人向他投来羡慕的目光，因为他已经是这里的店员。那种目光让菲利普胆战心惊，他不敢冒险去提加薪的要求了。

第一百〇八章

冬天过去了，菲利普时不时会回一趟圣路加医院。不过他都是等到天色晚了才偷偷溜进去，那时几乎不可能碰到他认识的任何人，去看看是否有寄给他的信。在复活节的时候，菲利普收到一封他伯父的信。收到伯父的来信，菲利普感到很吃惊，那位布莱克斯达布尔的牧师这辈子给侄子写的信不超过六封，而且谈的都是正事。

> 亲爱的菲利普：
>
> 　　如果你准备度假，想来这儿待一段时间，我会很高兴见到你的。我的气管炎在冬天尤为严重，维格莱姆医生觉得我好不了了。好在我身体强壮，感谢上帝，又奇迹般地恢复了。
>
> 爱你的
> 威廉·凯里

这封信让菲利普很生气。伯父认为他日子过得怎么样呢？在信中，伯父问都懒得问。哪怕他饿死了，那老头都不会在乎。但当菲利普往住处走的时候，似乎突然想到了什么。他在路灯下停住，又读了一遍信。信上的笔迹不再规整严谨、遒劲有力，字体又大又歪斜。也许疾病对伯父的打击超过了他所愿意承认的事实，他想用一封正式的短信来表达对这世上唯一的亲人的思念。菲利普写了回信，说他可以在七月份回布莱克斯达布尔待上两周。邀请来得正是时候，因为这个简短的假期，他正不知道怎么过呢。阿瑟尔尼一家在九月份去摘啤酒花，但那个时间他正好抽不开身，因为那个月他要准备秋季的服装图样。莱恩公司的规矩是无论员工愿不愿意，每个人都必须要休两周的假，假期这段时间，员工如果没地方可去，就只能在宿舍睡大觉，但公司不提供食物。很多人在伦敦附近没有朋友，对他们来说假期倒是件麻烦事，他们不得不自掏腰包用微薄工资买吃的。这些人整天无所事事，不知干些什么。菲利普自从两年前和米尔德里德去布赖顿度过一次假外，还一直没离开过伦敦。菲利普渴望新鲜的空气和大海的宁静，一想到度假，他心中就充满急切的热望。整个五月和六月都过去了，终于到了可以离开伦敦的时候，他却有些提不起精神。

到了离开伦敦的最后一天傍晚，菲利普在和进货员交代他不得不留下的一两件工作时，桑普森先生突然问他：

"你每周的工资是多少？"

"六先令。"

"我认为远远不够。等你回来的时候，我看看给你加到十二先令吧。"

"太感谢您了，"菲利普微笑道，"我正想添几件衣服呢。"

"如果你踏实工作，不像其他小伙子那样和姑娘们混在一起胡闹，我会关照你的，凯里。提醒你一下，你还有很多东西要学，不过你有着大好的前途。至少我可以对你说，你前途无量，只要你肯干，用不了多久我会设法让你一周挣上一英镑。"

菲利普想知道这个"用不了多久"到底是多久，两年吗？

菲利普对伯父身上的变化大吃一惊。上次见到伯父时，他还是个结实的老人，腰板挺得很直，胡子刮得很干净，圆脸上还是肉嘟嘟的。但是，这次见到他，他的身体好像莫名就垮了，皮肤蜡黄，双眼下面有大大的眼袋，背也驼了，显得老态龙钟。自从上一次病了以后，伯父蓄起了胡子，行动缓慢。

"我今天状态不佳，"伯父说，那时菲利普刚回来，和他一起坐在餐厅里，"这大热天害苦了我。"

菲利普问了问教区的一些情况，同时端详着伯父，想知道他的身体还能坚持多久。一个炎热的夏天可能就会让他丧命。菲利普注意到他的手很瘦弱，还不住地颤抖。这些症状对菲利普来说关系重大。如果伯父在夏天去世，他就能在冬季学期开始时回到医院去。一想到不用再回莱恩公司，他的心都快跳出胸膛了。在吃饭时，牧师佝偻着身子坐在椅子上，那位自他妻子去世后就一直照料他生活的女管家说道：

"让菲利普先生来切肉吗，先生？"

老人不愿承认自己身体虚弱，本来想亲自动手切肉的，听到这个建议后似乎正中下怀，马上放弃了尝试。

"您的胃口真不错。"菲利普说道。

"哦，是的，我的胃口一向很好。不过我比你上次回来时瘦了点。我倒是很高兴能瘦一点，我不喜欢变胖，威格拉姆医生认为我瘦下来反而比以前更健康。"

吃完饭后，管家给牧师送来了要吃的药。

"把药方给菲利普少爷看看。"牧师吩咐道，"他也是医生。

我想让他看看这药方是否开得还行。我告诉过威格拉姆医生
菲利普正在学医，他应该把诊费降低些。我付给他的费用太
高了。两个月了，他天天都来给我看病，每次要收五先令的
诊费。那可不是一笔小费用，不是吗？他现在仍然一周来两
趟。我要告诉他不必再来了，如果有需要，我会派人去请
他的。"

菲利普浏览处方的时候，伯父眼巴巴地看着他。处方上
都是些麻醉性药物，一共有两种。牧师解释说其中一种药只
有在他犯了神经炎，疼得难以忍受时才吃。

"我服药非常小心的。"牧师说，"我可不想染上鸦片瘾。"

他根本不过问侄子的事。菲利普暗想这也是一种提防措
施，伯父怕他开口借钱。伯父对钱一向看得很紧。他看病花
了不少钱，吃药花的钱更多；在他生病期间，他的卧室里每
天都生着火。如今星期天他去教堂时早晚都需要坐马车。菲
利普越想越生气，真想当面告诉他不用担心，自己不会跟他
借钱的，但是还是忍住没说。在菲利普看来，这老头现在就
剩两件事了：吃喝的乐趣以及手里攥着钱的欲望。晚年变成
这样真是可怕！

下午时，威格拉姆医生来了，给牧师看完病后，菲利普
陪医生走到花园的门口。

"您觉得他的状况怎么样？"菲利普问道。

威格拉姆医生更关注的是不出错，而不是把事情做对，
如果有可能，他绝不冒险提出明确的意见。他在布莱克斯达
布尔行医已有三十五年，赢得了稳妥的好名声，很多病人认
为稳妥的医生要比聪明的医生好得多。布莱克斯达布尔有一
位新的医生——他在此地定居十年了，但是当地人仍然把他
看作外人——据说此人很聪明，但是有身份的人很少找他看

病，因为没人真正知道他的情况。

"哦，他如我们所料，身体还好。"威格拉姆医生回答菲利普的问题时如此说道。

"他身上有什么严重的问题吗？"

"嗯，菲利普，你的伯父不再年轻了。"医生微微一笑，措辞谨慎地说。可那笑容的意思又像是在暗示：不管怎么说，布莱克斯达布尔的牧师也还不算太老。

"他似乎觉得自己的心脏不太好。"

"我对他心脏的状况也不大满意，"医生斗胆说道，"我认为他应该小心，非常小心才是。"

菲利普的问题已经到嘴边——他伯父还能活多久？他担心这问题说出来会吓人一跳。因为在这些问题上，按照生活的礼节，话应该问得婉转隐晦一些。于是菲利普把这问题咽了下去，换了个不痛不痒的问题。突然，他脑子里一闪念，这位医生一定已经习惯了病人家属的焦躁，他肯定透过他们怜悯的表情看透了他们的内心。菲利普对自己的虚伪淡淡一笑，垂下了眼帘。

"我想，他眼下不会马上有生命危险吧？"

这是那种让医生很讨厌的问题。如果你说病人可能活不过一个月，病人家属就会时刻准备承受丧亲之痛；如果病人到时还好好地活着，他们就会找到医生，愤怒地指责医生让他们过早地忍受折磨。另一方面，如果你说病人可能还能活一年，可他一周之后就去世了，家属们会说你医术不精。倘若他们知道病人的大限将近，他们会对他更好一些的。威格拉姆医生做了个手势，表示不愿再和菲利普就这个问题谈下去。

"我认为不会有大的危险，只要他——维持现在的样子。"

可最后医生又冒险地说，"但是话又说回来，我们不能忘记他不再年轻，嗯，这部机器已经磨损了。要是他能撑过炎热的夏季，我看他活到冬天不成问题。如果冬天给他带来的问题也不大的话，嗯，我看不会发生什么不测。"

菲利普回到餐厅，他伯父正坐在那儿。牧师戴着无檐小帽，肩膀上披着针织披肩，样子看上去怪怪的。他的眼睛死死地盯着房门，菲利普进来时，伯父的目光落在了他的脸上。菲利普看出伯父一直在焦急地等着他回来。

"嗯，他对我的病情说了些什么？"

菲利普立刻就明白老头怕死，这个发现让他有些愧疚，只好不自觉地看着别处。他对人性中的弱点总是感到窘迫。

"他说他认为您好多了。"菲利普安慰他道。

一抹喜悦的神色从他伯父的眼中闪过。

"我的体格一直很好。"伯父说道，"他还说了些什么？"他又有些怀疑地补了一句。

菲利普笑了。

"他说如果您能照顾好自己，您没理由不活到一百岁。"

"我知道我活到一百岁够呛，但我没理由活不到八十岁，我母亲就活了八十四岁。"

在凯里先生的椅子旁，有一张小桌子，上面有一本《圣经》和一本厚厚的《公祷书》，多少年来，他一直习惯为全家朗读书上的内容。现在他伸出颤抖的手去拿《圣经》。

"那些老主教都活到了很大岁数，不是吗？"他一边说，一边发出了短暂而奇怪的笑声，从笑声中菲利普感觉到了一种怯懦的企盼。

这老头留恋人世，然而他笃信宗教教义，毫不怀疑灵魂不灭之说。他觉得根据自己的职责，他这辈子做得不错，死后灵魂很可能会升入天堂。在他漫长的职业生涯中，他为很多垂死之人做过祷告，带给他们宗教的安慰！也许他就像无法自医的医生。伯父对尘世的留恋令菲利普感到极为不解和震惊。他不知道在老头内心深处对死亡的莫名恐惧有多么深重。菲利普真想钻到伯父的灵魂里去探索一番，那样的话，他就能窥探到伯父对自己所怀疑的未知世界极度恐惧的真相。

半个月的时间很快过去了，菲利普又回到了伦敦。他在服装部的屏风后面，穿着衬衫，埋头画图，就这样度过了闷热的八月。轮休的店员也都去度假了。晚上，菲利普通常都去海德公园听乐队演奏。由于对工作越来越习惯，他倒也不觉得有多累了。他的脑子从长期的苦闷压抑中解脱出来，开始寻找新鲜的活力。他现在整个心思都放在伯父多久能去世这件事上，每天重复做着相同的梦：一天早上，有一封电报交到他手上，通知他伯父骤然离世的消息，从此他彻底自由了。可当他一觉醒来，发现那只是一个梦，心中便大为恼火。既然这件事随时可能发生，他便一心思考着未来该做的详细计划。就这样，他很快就把这一年的时光打发过去了。这本该是他取得行医资格前必经的一年，他竟然把心思放在了去西班牙旅行的计划上。他读了很多关于西班牙的书，那些书是他从免费图书馆中借的，他已经从书里的各种图片中清楚地知道了西班牙每座城市的模样。他好像看见自己到达了西班牙的科尔多瓦，漫步在那座城市横跨瓜达尔基维尔河的大桥上。他在托莱多弯弯曲曲的大街小巷中游荡；坐在教堂里，思索那位神秘画家埃尔·格列柯的画向他传递的人生奥秘。阿瑟尔尼跟他一起想入非非，每个星期天的下午，他们都要做周密的行程安排，这样菲利普就不会落下那些值得参观的地方。为了安抚躁动不安的心，菲利普开始自学西班牙语，在哈林顿街宿舍空落落的起居室里，他每天晚上要花一个小时时间做西班牙语练习，还用手边的英译稿去理解《堂吉诃德》中的华丽词句。阿瑟尔尼每周给菲利普上一次西班牙语课，菲利普也学会了几句，以便在他的旅行时用。阿瑟尔尼太太在一旁笑话他们。

"瞧你们两个，竟然学上西班牙语了！"她说道，"你们干吗不做点儿有用的事呀？"

有时莎莉会端庄地站在一边，听着父亲和菲利普用一种她听不懂的语言交流。莎莉也渐渐长大，预备在圣诞节时盘起她的头发。她觉得父亲是天底下最棒的男人，她只借用父亲的赞美词来表达她对菲利普的看法。

"爸爸可喜欢你们的菲利普叔叔了。"她对弟弟妹妹这样说。

索普是家中的长子，他已经到了可以去"艾里苏萨号"军舰上当水手的年龄，阿瑟尔尼经常绘声绘色地描述这孩子穿着军装回家度假的景象，逗得家人非常开心。莎莉一到十七岁，就要去给一个裁缝当学徒。阿瑟尔尼用其夸张的方式说鸟儿们现在已经翅膀硬了，马上要离开巢穴高飞。说到这儿，他会满含热泪地告诉孩子们，如果他们愿意回来，家还在这里，可以给他们支上临时床铺，准备一顿热乎的饭菜，父亲的心永远为他们敞开着，随时聆听孩子们的苦恼。

"你又在胡说了，阿瑟尔尼。"他的妻子说道，"只要他们踏踏实实做人，我不知道他们可能会有什么苦恼。只要你诚实，不怕辛苦，总能找到一份工作，那就是我的想法。我可以告诉你，就是我看到最后一个孩子出去自食其力，我也不会感到难过的。"

因为养儿育女、辛勤操劳和不断的焦虑，衰老的迹象已经开始在阿瑟尔尼太太身上显现出来。有时她的后背在晚上疼得厉害，她不得不坐下来休息一会儿。她理想中的幸福就是雇个女仆来干些粗活儿，这样她就不必在早晨七点之前起床了。阿瑟尔尼挥了挥他漂亮、白皙的手，说：

"啊，我的贝蒂，你和我应该得到国家的奖励。我们养育了九个健康的孩子，男孩子们将来可以为国王效劳。女孩子们将来可以做饭、缝衣，以后嫁人养育健康的孩子。"他转向了莎莉，为了安慰她，用一种与刚才成对比的平淡但又不无夸张的语气补充了一句，"她们还得伺候那些衣来伸手饭来张口的人。"

阿瑟尼尔笃信一些相互矛盾的理论，最近他又开始推崇社会主义理论了，他很是严肃地说道：

"要是在别的什么国家，你和我都可以得到优厚的退休金，贝蒂。"

"哦，别跟我说这些东西，我可没耐心听。"阿瑟尔尼太太喊道，"在我看来，那就是另一群懒骨头想从工人阶级那里获取好东西的幌子罢了。我的信条是：别管我，我不想让任何人来干涉我；再苦的差事我也会尽力做好，俗话说，'落后就要遭殃'。"

"你把生活称作'苦差事'？"阿瑟尔尼说道，"绝不是这样！我们的生活起起落落，我们挣扎奋斗，虽然我们总是一贫如洗，但是这都是值得的。啊，当我看看站在我身边的孩子们，我觉得这样的生活再过一百遍都值得。"

"你说得倒是轻巧，阿瑟尔尼。"阿瑟尔尼太太看着他说道，她的目光中没有愤怒，那是一种带着轻蔑的平静目光，"你是享受孩子们带给你的愉悦，而十月怀胎生下他们，抚养他们长大的人是我。我不是说我不喜欢他们，现在他们都长大了，但是如果我能再过一回的话，我宁愿一个人过。哎呀，如果我一个人过，现在我可能有一家小店，银行里也有四五百英镑的积蓄了，还可以有一个女仆帮着干粗活儿。哦，无论如何，我可不愿再过一遍这样的日子了。"

菲利普想到，世上有数不清的人，他们的生活只不过是没完没了的劳作，生活既不美丽也不丑陋，他们就像接受四季的变换一样接受了这样的生活。愤懑攫住了菲利普的心，因为世间的一切似乎是毫无意义的。他不甘于认同人生毫无意义的说法，然而他眼见的一切，思考的一切，无不更加坚定了他的信念。虽然他心怀愤慨，但是这是一种令人欣喜的愤慨。如果人生是毫无意义的，那它也就不那么可怕了，这样他可以用一种奇异的力量面对它了。

第一百〇九章

秋去冬来。菲利普已经把他的地址留给了福斯特太太——他伯父的管家，以便她能联系上他。但是，菲利普还是一周去一趟医院，怕万一有信寄到那儿去。一天傍晚，他看到一个信封上写着他的名字，那笔迹是他这辈子再也不想见到的，但又让他生出一种奇怪的感觉。好一会儿，他真的没有勇气拿起信。这封信让他想起许多不堪回首的往事。不过最后他还是没沉住气，撕开了信封。

亲爱的菲尔：

我能尽快地见你一面吗？我遇到了大麻烦，不知道怎么办才好。不是钱的事。

您忠实的

米尔德里德

于菲兹洛伊广场，威廉大街七号

菲利普把信撕得粉碎，然后走到大街上把碎纸片扔到黑暗中。

"见她的鬼吧。"他嘟囔道。

一想到会再次和她见面，菲利普的心中就升起一股厌恶之情。他才不管她遇到什么麻烦，一切都是她罪有应得。他想到她时只有憎恨，也痛恨自己曾经爱过她，过去的回忆让他恶心。当他漫步走过泰晤士河时，他极力控制自己，本能地不去想她。然而上了床以后，他却无法入睡。他奇怪她会出什么事，脑海中翻来覆去地担心她是不是病了或者挨饿了；除非她陷入绝望的境地，否则她是不会给他写信的。他对自己的软弱很生气，但是他知道除非见到她，否则自己就无法平静下来。第二天早晨，他在一张明信片上写了几句话，在去商店的路上寄了出去。明信片上的话口气很生硬，只是说对于她的困境自己很遗憾，会在晚上七点钟的时候，前去她给的地址处见她。

在昏暗的街道上伫立着一幢破旧的出租公寓楼，菲利普想到一会儿要见到她，心里就堵得慌。他问门房米尔德里德是否在家，满心希望她已经搬走了。这地方看上去是那种人们经常搬进搬出的公寓楼。他也没想到看一眼信上的邮戳，不知道信在架子上搁了多少天了。他按了门铃后，给他开门的那个女人没有回答他的询问，只是一声不吭地领着他沿过道走到后面的一个房间，她敲了敲门。

"米勒太太，有位先生想见您。"她说道。

房门开了一条缝，米尔德里德怀疑地往外探头看着。

"哦，是你。"她说道，"进来吧。"

菲利普走了进去，米尔德里德把房门关上。这是一间很小的卧室，跟她住过的每一个地方一样脏乱。地板上扔着一双鞋，东一只，西一只，而且鞋也不干净；一顶帽子放在五斗橱上，旁边还有几绺假发；桌子上还有一件女式衬衫。菲利普四处看看，想找个地方挂帽子。门口的挂钩上挂满了裙子，他注意到有的裙摆还沾满了泥点。

"坐下好吗？"米尔德里德说道，随后尴尬地笑了笑，"我想你再次收到我的信觉得很吃惊吧？"

"你的声音很嘶哑，"他问道，"你嗓子肿了吗？"

"是的，有好一阵子了。"

菲利普没说话，等着她解释为什么想见他。看了一眼房间里的景象，他就清楚地知道她又回到他曾把她拯救出来的那种生活里去了。他还想知道孩子怎么样了。在壁橱架上有一张孩子的照片，但是房间里不像有孩子和她一起生活的痕迹。米尔德里德握着手帕，把手帕攥成了一个小球，然后在两只手里来回传着。菲利普看出来她很紧张。她盯着炉火，他可以不用迎着她的目光从容地打量她。她比上次离开他时瘦了不少，皮肤发黄，而且干巴巴的，更加紧绷绷地贴着颧骨。她把头发染过了，现在成了亚麻色，这头发使她看上去变了很多，而且显得越发粗俗不堪。

"实话告诉你，收到了你的回信。我松了一口气。"她终于开口了，"我还怕你离开医院了呢。"

菲利普没有说话。

"我想你现在已经取得行医资格了，对吗？"

"没有。"

"怎么回事？"

"我已经不在医院了。十八个月前我不得不放弃学业。"

"你太没常性了，好像任何事你都坚持不下来。"

菲利普又沉默了一会儿，然后冷冰冰地继续说道：

"在一次倒霉的投资中，我那点为数不多的钱也损失殆尽，我没有钱继续学医了。我只好尽最大努力谋生。"

"那你现在干什么呢？"

"我在一家商店工作。"

"哦！"

她快速地瞟了他一眼，马上又把目光转向别处。他想她一定是脸红了。她神经质般地用手帕擦着手掌。

"你不会把你的医术全忘了吧？"她冷不防地问出这样一个问题，语调十分古怪。

"没全忘。"

"那就是我想见你的原因。"她的声音低了下去，几乎成了沙哑的耳语，"我不知道我得了什么病。"

"你为什么不去医院看看？"

"我不想那么做，所有的实习生都盯着我看，我还担心他们要留我住院观察。"

"你到底哪儿不舒服？"菲利普冷冷地问道，这句话是他们在门诊部最常用的。

"哦，我出了一身的疹子，总也不好。"

菲利普心里感到一阵恐惧，额头上冒出了汗珠。

"让我看看你的喉咙？"

菲利普把她拉到窗户边，尽自己所能为她做了检查。突然他看到她的眼睛，里面充满了极度的恐慌，让人看了也感到很可怕。她吓坏了，希望他能安慰她一下。她用乞求的眼神看着他，又不敢央求他说些宽心的话，她全身的神经绷得紧紧的，但菲利普却没有说出丝毫能让她感到宽慰的话。

"恐怕你确实病得很厉害。"他说道。

"你认为会是什么病？"

当菲利普告诉她后，米尔德里德的脸变得像死人一样白，甚至连嘴唇也变得焦黄。她开始无助地哭了起来，刚开始还没有出声，可接下来就是号啕大哭了。

"我很抱歉，"他最后说道，"但是我不得不告诉你实情。"

"得了这种病，我还不如死了好。"

菲利普对这种威胁未加理会。

"你手头还有钱吗？"他问道。

"还有六七英镑吧。"

"你知道，你必须放弃这种生活了。你难道不能找些别的工作干干？恐怕我没法帮你太多，我现在一周才挣十二先令。"

"我现在还能做什么？"她不耐烦地喊道。

"真见鬼，你必须想法子做点什么吧。"

菲利普非常严肃地告诉米尔德里德这病对她自己的危害，还有她会对别人造成的危险，而她沉着脸听着。菲利普也试着安慰她，最后，他勉强让她愠怒地同意按他的建议去做。他写了一个处方，说他会拿到最近的药房去取药，并对她反复强调一定要按时按量服用。随后，他站起身，向她伸出了手。

"不要灰心，你的嗓子很快就会恢复的。"

但是当他要走的时候，她的脸突然变得扭曲，用手紧紧地拽着他的外套。

"哦，别离开我。"她声音沙哑地哭喊道，"我害怕，别留下我一个人。菲尔，求你啦。我再也没别的人可找了，你是我唯一的朋友。"

菲利普察觉出她发自灵魂深处的恐惧，奇怪的是，这种恐惧和他在伯父眼中看到的那种对死亡的恐惧很像。菲利普垂下了头。这个女人两度走进他的生活，带给他无尽的痛苦。她无权向他要求什么。但是，他也不知道为什么，在他想到她时心里还是莫名地感到刺痛。也正因为这点，他接到她的信后一直心神不宁，直到他遵照她的召唤，来到这儿。

"我想，我一辈子也摆脱不了啦。"他自言自语道。

他对米尔德里德有种莫名其妙的肉体上的厌恶，只要靠近她，他就会感到不舒服。

"你想让我做些什么呢？"他问道。

"让我们出去一起吃顿饭吧，我来请。"

他犹豫着，本来觉得她已经永远走出了自己的生活，可现在她又慢慢地潜回到自己的生活中。她急切地看着他，那种神情真令人作呕。

"哦，我知道我曾经对你很不好，但是现在别留下我一个人，我也得到了报应，你就算解了气吧。如果你现在撇下我孤零零的一个人，我不知道我该怎么办。"

"好吧，我不介意，"他说道，"但是我们得找一家便宜的饭馆，这些日子我可不能大手大脚了。"

她坐下来，穿上鞋，然后又换了裙子，戴上帽子。他们一起走了出去，直到在托登汉姆法院路找到一家小饭馆。菲利普已经不习惯在晚上这个时候吃东西，而米尔德里德的嗓子很痛，也吃不下什么。他们要了一点冷火腿，菲利普喝了一杯啤酒。他们彼此面对面地坐着，就像他们以前经常坐着那样，他想知道她还记不记得那一幕幕。他们没有什么话可说，如果菲利普不硬逼自己开口的话，他们就默默地坐着。这里还有很多面俗不可耐的镜子，在饭馆明亮的灯光下，彼此相互映照，映出无穷无尽的映像。米尔德里德看上去苍老又憔悴。菲利普焦急地想了解孩子的情况，但是他又没有勇气去问。最后，她说道：

"你知道，去年夏天孩子死了。"

"哦！"他说道。

"你应该说你很难过。"

"我不难过，"他回答道，"我很高兴。"

米尔德里德瞟了他一眼，明白了他话中的含意，把头扭到一边。

"你过去曾经很宠爱她，不是吗？我总是想，像你那样喜欢别的男人的孩子，还真好笑呢。"

他们吃完饭后，又一起去药房拿了菲利普刚才开的药，随后回到那个简陋的房间，他照料她吃了药。他们一起坐到菲利普该回哈林顿街的时候才分开。这一番折腾，让他厌烦极了。

菲利普每天都去看米尔德里德，米尔德里德按菲利普的药方服药，很快疗效就显现了，米尔德里德对菲利普的医术佩服得五体投地。随着病情的好转，她也不那么垂头丧气，说起话来也随便多了。

"只要我一找到工作，一切就都会好起来。"她说道，"我现在可长记性了，我打算吸取教训，再也不会乱来了。"

菲利普每次见她，都会问她是否找到了工作。米尔德里德告诉他别担心，只要她想找工作，就一定能找到事情做的，她有好几手准备呢。一两周不做事有利于她身体康复，这一点，他倒是不能否认。但是随着这一休养期的结束，他就更加坚持要米尔德里德去找工作。米尔德里德嘲笑他，说他是个无事自扰的老人家，她现在心情好多了。她还跟他唠叨了面试她的女经理们的种种趣闻，因为她想在一家餐馆里找份工作；她们问了些什么，她又是怎么回答的。现在什么都没定下来，但她敢肯定到下周开始事情就会有眉目。没必要太着急，仓促找一份不适合的工作是不对的。

"你这么说也未免荒唐，"菲利普不耐烦地说，"你必须力所能及地做些事情吧，我又帮不了你，你的钱也不是永远花不完。"

"哦，好吧，我还没到山穷水尽的地步，还有机会呢。"

他目光锐利地看着她。从他第一次上这儿来，三周的时间过去了，那时她还有不到七英镑。他开始起了疑心，想起她说过的一些话。他把这些话综合在一起仔细琢磨，怀疑她是否真的去找过工作，也许她一直在对他说谎。因为她的那点钱竟然能维持这么长时间，也太奇怪了。

"你这儿的房租是多少？"

"哦，房东太太人很好，和以前的那些人都不一样。她很愿意等，直到我手头方便时再付给她。"

他沉默了。自己所怀疑的事情太可怕了，他都不太敢相信。问她也没用，她是不会承认的。如果他想搞清事情的真相，必须自己去查明。他习惯每天晚上八点钟离开她那儿，钟声一响，他就会起身告辞。但有一天，他没有回哈林顿街，而是等在了菲兹洛伊广场的角落里，这样他能看见沿着威廉大街来往的每个人。对他来说，似乎等了一段漫长的时间，他正打算离开，心想自己的猜测可能错了。就在这时，七号楼的大门打开了，米尔德里德走了出来。菲利普退回了暗处，看着她向自己的方向走来。她戴着一顶帽子，上面插着很多羽毛，这顶帽子他在她的房间里见过，他也认出了她穿的那件衣服，在这条街上显得太花哨，而且也不合时令。菲利普慢慢地尾随着她，直到她拐到了托登汉姆法院路，在那儿米尔德里德放慢了自己的脚步；在牛津街的街角她停下来，左顾右盼，然后穿过马路向歌舞杂耍剧场走去。他三步并作两步赶上了她，碰了碰她的胳膊。他看到她脸上抹着腮红，嘴唇上涂着口红。

"你去哪儿，米尔德里德？"

米尔德里德听到菲利普的声音吓了一大跳，她的脸涨得通红，只要她被抓住说谎，脸就总要红一下。然后，她的眼中冒出菲利普熟悉的怒火，因为她本能地要用破口大骂来为自己辩解。但是那些脏话到嘴边，她忍着没有说出来。

"哦，我只是想看场演出。我每天晚上都是自己呆坐着，实在太无聊了。"

菲利普没有假装相信她说的话。

"你不能这么干呀。老天，我都告诉你有五十次了，这有多危险。你必须马上停止干这种勾当。"

"噢，闭上你的嘴吧。"她粗暴地喊着，"不做这个，我要靠什么生活？"

菲利普抓住米尔德里德的胳膊，想也没想就要把她拖走。

"看在上帝的分上，走吧，我带你回家。你不知道你在干些什么，那是在犯罪。"

"关我什么事？让他们来碰运气吧。男人们对我坏透了，我可不需要为他们操心。"

米尔德里德把他推开了，走到售票处，掏钱买了票就进去了。菲利普兜里只有三便士，没法跟进去。他转过身，慢慢地沿牛津街向前走去。

"我再也无能为力了。"他对自己说道。

一切就这样结束了。打那以后，菲利普再也没有见过米尔德里德。

第一百一十章

那一年的圣诞节是个星期四，菲利普工作的那家商店要停业四天。他给伯父写信询问自己假期时去牧师住所待上几天是否方便。他收到了福斯特太太的回信，信中说凯里先生身体状况很差，已经无力亲自回信，但是很想见到自己的侄儿，如果菲利普能来过圣诞节，他会非常开心。菲利普回到伯父家时，迎接他的是福斯特太太，当她和他握手时，说道：

"你会发现他和你上次见时有了不少变化，先生。即使这样，也请假装你没有发现这一点好吗，先生？他很担心自己的身体状况，神经极为紧张。"

菲利普点了点头，福斯特太太把他领到餐厅。

"菲利普先生到了，先生。"

只要看到这位布莱克斯达布尔的牧师凹陷的两颊，以及无法挺直的身体时，就能猜到他已经离死亡不远了。他的身体蜷缩在扶手椅里，头奇怪地向后仰着，肩膀上披了一条披肩。如果没有拐杖的帮助，他都无法走路。他的双手不停地颤抖，连自己进食都很困难。

"他活不了多久了。"菲利普边看边想。

"你看我现在怎么样？"牧师问道，"你觉得我和上次咱俩见面时变化大吗？"

"我觉得你比去年夏天看起来气色好了许多。"

"都怪天气太热。天一热，总让我烦躁。"

老凯里先生这几个月中，有好几周是在楼上卧室里度过的，还有几周是在楼下坐着度过的。他的手边有一个铃铛，在与菲利普谈话的过程中，他用铃铛把坐在隔壁房间里随时听候差遣的福斯特太太叫了过来。他问她自己第一次离开房间是什么时候。

"是十一月七号，先生。"

老凯里先生看着菲利普，观察他听后有何反应。

"但我胃口很好，不是吗，福斯特太太？"

"是的，先生，您的胃口很好。"

"可是，我并没有长肉。"

现在他关心的只是自己的身体健康，除此之外，他对任何事情都没有兴趣。尽管生活很乏味，还经常遭受着不吃止疼药就睡不好的痛苦，他想活着的愿望依旧很强烈。

"这太可怕了，在看病上我可花了不少钱。"他又摇了摇铃，"福斯特太太，给菲利普看看药房的账单。"

福斯特太太耐心地从壁炉台上取了一张纸递给菲利普。

"这仅仅是一个月的账单。我想知道，如果是你给我看病，能不能给我开一点便宜的药。我想直接从药店里买药，但那样还要支付邮费。"

尽管老凯里先生对菲利普的生活毫无兴趣，甚至连问都不想过问一下，但是他依然很开心菲利普能陪在他身边。他问菲利普能待多久，菲利普回答说自己必须在周二早上离开。伯父表示希望菲利普能够多待几天，他对菲利普讲了很多自己的症状，并原样重复了医生对他讲的话。他又摇了摇铃，随即福斯特太太走进来。他只是说：

"哦，我不确定你是否还在。我叫你来一下就是想确认这一点。"

福斯特太太离开后，他向菲利普解释，每当管家不在身边他就感到心神不安；因为万一他有什么三长两短，她知道如何应对一些突发情况。菲利普发现福斯特太太十分疲倦，因缺乏睡眠眼皮都抬不起来了。他向伯父暗示，让她干的活儿太多了。

"哦，别瞎说，"牧师说道，"她壮得像头牛。"

过了一会儿，当福斯特太太进屋给他送药时，牧师对她说："菲利普少爷说你的活儿太重了，福斯特太太。你愿意照顾我的，是吗？"

"嗯，我的确不介意，先生。只要是我能做的，我都愿意去做。"

不一会儿，药物起了作用，老凯里先生睡着了。菲利普走进厨房，询问福斯特太太是否能够坚持得住。他知道这几个月她几乎没有好好休息过。

"唉，先生，我还能怎么办呢？"她回答道，"这位可怜的老先生太依赖我，尽管他有时候有些麻烦，你还是忍不住喜欢他，不是吗？我来这里很多年了，如果他走了，我都不知道该如何是好。"

菲利普看得出来她是真心喜欢这个老头子。她为他洗澡，帮他穿衣服，喂他食物，整晚有一半的时间都睡不了觉；因为她睡在他隔壁的房间，每当他醒来摇铃的时候，她就要出现。他也许马上就会咽气，也可能再坚持着活几个月。她能够如此有耐心地照顾一个陌生人，实在令人赞赏。可她竟是这世界上唯一一照顾他的人，想到这里菲利普又觉得很悲哀。

在菲利普看来，伯父用一生传教，可到头来，他所做的这些对他来讲，仅仅是一种形式上重要的事：每周日，副牧师来送圣餐。虽然伯父常诵读圣经，但是依旧对死亡充满恐惧。他相信死亡仅仅是通向永生的入口，却不想进入那个世界。他常常因患病感到痛苦，终日被束缚在椅子上，他已经放弃了再去户外的希望，还像一个孩子那样必须要雇个女人来照顾自己。尽管如此，他仍然不想离开这个他所熟悉的世界。

在菲利普的脑中，一直有一个想问但又不敢问的问题，因为他知道即使问了，伯父除了一些老套的回答之外也不会给出其他答案。菲利普想知道，在人的最后阶段，这部机器经受着痛苦的磨损，牧师是否仍相信永生；也许在他的灵魂深处，他根本不相信这个世界上存在上帝，并且人死之后什么都留不下。只是不到万不得已，他绝对不会把真实想法说出来。

节礼日①那天晚上，菲利普与伯父坐在餐厅里。为了能够在明天九点之前到达自己供职的商店，菲利普必须很早就起床，所以准备提前跟伯父告别。这位布莱克斯达布尔的牧师正在打盹儿，菲利普在窗户旁边的沙发上躺着，书放在膝盖上，无聊地环顾着四周，心里盘算着这些家具值多少钱。他在房间里徘徊，看着这些自己童年时代就再熟悉不过的物品；有几件可能值个好价钱的瓷器，菲利普寻思着是否值得把它们带回伦敦；这些红木家具都是维多利亚时代的样式，结实且丑陋，在竞拍市场上恐怕卖不出好价钱。还有三四千本书，但是几乎所有人都知道这些书也卖不出好价钱，加起来可能都卖不了一百英镑。菲利普不知道伯父去世之后能留

① 节礼日为每年的 12 月 26 日，英国法定假日，在圣诞节次日或圣诞节后的第一个星期日，按照传统这一天要向服务业人员赠送圣诞礼物。

给自己多少钱，他计算过上百次自己最少还需多少钱才能修完医学院的课程，拿到学位，并且维持在医院实习期间的费用。他看着眼前这个睡得并不安详的老头，皱巴巴的脸上已经看不出人形，就像是长着奇怪面容的动物。菲利普知道结束这个毫无用处的生命是如此轻而易举。每天晚上福斯特太太为伯父准备有助于睡眠的药时，菲利普就会想到这点。有两瓶药，其中一瓶里面装着伯父平时吃的药，另一瓶里面是疼到无法忍受时才会吃的麻醉药。福斯特太太会倒出几颗药放在床边，伯父通常在凌晨三四点的时候服用这些药。菲利普稍微动一下手脚，把药量加倍再简单不过，这样伯父晚上就会死去，没有人会对这件事情起疑，因为威格拉姆先生认为他将会这样没有任何痛苦地死去。每当想到自己是如此迫切地想要这笔遗产时，菲利普就会握紧拳头。几个月的痛苦生活对这位老人毫无意义，但是对自己却至关重要。他几乎已经没有耐心了，想到第二天早上要回去上班他就惊慌失措，不寒而栗。一想到这个无法摆脱的念头，他就会心跳加速，尽管他努力让自己不去想这个念头，但都无济于事。其实做到这事简直轻而易举，毫不费力。他对这个老人一点感情都没有，从没喜欢过他。伯父一生都不为他人着想，对待爱他的妻子更是冷漠无情，对被交给自己照顾的男孩不闻不问。他不仅是个残酷的男人，还是一个愚蠢、铁石心肠，有些耽于声色的人。结束这老头子的生命易如反掌，但菲利普没有勇气，他害怕自责。如果他一辈子都会为自己所做的事情感到后悔，那要这些钱就没有什么意义了。尽管他总是告诉自己后悔并没有什么用，但是有些事情还是会不时地在脑海中浮现，让他感到心神不宁。不管怎么说，他不想让自己的良心不安。

这时伯父睁开了眼睛，菲利普感到很开心，因为他看上去气色好了很多。菲利普为自己刚刚的想法感到害怕，那可是谋杀啊。他想知道其他人是否也像他一样有过这样的想法，还是只有他才这样邪恶。他觉得若是真到了那种时候，自己也不会动手，但他确实时常有那种念头。他没有下手的原因只是因为害怕。这时，他伯父说道：

"你该不会是盼望我早点儿死吧，菲利普？"

菲利普的心差点从胸膛中跳出来。

"天哪，当然没有。"

"这才是好孩子。我不应该这样误解你的。虽然等我死后你会得到一小笔钱，但是你千万不要期盼着它。这对你不是件好事儿。"

他的声音低沉，语调中有一种莫名的焦虑。菲利普心头一震，他想知道这个老头是如何猜到自己有这种奇怪想法的。

"我希望您能再活二十年。"菲利普说。

"唉，我可不指望能再活二十年，如果我好好照顾自己，我觉得再活三四年是没问题的。"

伯父沉默了一会，菲利普也不知道该说什么。随后，伯父像突然明白了什么一样，又说道：

"每个人都有权能活多久就活多久。"

菲利普想转移一下他的注意力。

"顺便问一句，我猜你从未收到过威尔金森小姐的来信吧？"

"哦，不，今年早些时候我还收到她的信。她结婚了，你知道吗？"

"真的吗？"

"是的，她嫁给了一个鳏夫。我想他们应该过得不错。"

第一百一十一章

第二天菲利普回到伦敦开始了工作，他原本期望几周之内伯父就能寿终正寝，可这一天并没有到来，几周变成了几个月。冬天过去了，公园里树木萌发了嫩芽，嫩芽长成绿叶。一股可怕的倦怠感充斥着菲利普的身心。时间在流逝，尽管它步伐沉重，他想到自己的青春一去不复返，然而自己却并没有取得什么成就。既然他已经决定离开这个地方，工作也就更没有什么目标了。他在服装设计方面技术越来越娴熟，尽管他不懂创作，但是他能够将法国时尚转变成适应英国市场的风格。有的时候他对自己的设计草图还算满意，但是经过加工制作之后，成衣却显得粗制滥造。当他发现自己的想法不能完全被实现时，总会懊恼生气，想想又不免好笑。另外，他还不得不谨慎行事。因为每当他提出新颖的想法，就会被桑普森先生否决，说他们的顾客不需要如此夸张[①]的衣服；说他们商店接待的顾客都是体面人，在与这样的顾客打交道时，表现得太过随意是不适宜的。有几次桑普森对菲利普说话非常尖刻，他认为这个年轻人过于自大，因为菲利普的意见总是与他的不一致。

---

① 原文为法语。

"你最好小心点，我的好小伙子，小心哪天你又会流落街头。"

菲利普真想朝他的鼻子揍上一拳，但是控制住了自己。毕竟这样的日子不会持续太久了，到那时他将永远不再与这些人有瓜葛。有时他又可笑又绝望地大喊，说伯父一定是铁做的，也太硬朗了吧！正常人得了这种病一年不到就得去世。菲利普渐渐把注意力放在其他事情上，可就在这时，他惊讶地接到了牧师病危的消息。那是七月的一天，再过两个星期他就要休假了。菲利普突然接到福斯特太太的来信，信中说医生认为凯里先生已经时日不多了，如果菲利普想见他最后一面，务必尽快回家。菲利普找到桑普森告知自己即将离职。桑普森先生是一个通情达理的人，了解到他的情况后，就同意了他的请求。菲利普向同一个部门的其他人也告了别；他离开的原因被同事们夸大地传开，大家都认为他继承了一笔不菲的遗产。霍奇斯夫人和菲利普握手告别时，眼里充满了泪水。

"我想以后不会经常见到你了。"她说道。

"能离开莱恩公司，我还是很高兴的。"菲利普说道。

让菲利普感到奇怪的是，离开那些让自己厌恶的同事，他心里竟然有点难过。马车驶出哈林顿街的时候菲利普也并没有那么欣喜。他已无数次预想过在这种情形下他会体验到的情感，所以现在反而没有任何感觉了。他表现得很随意，好像只是出门度几天假一样。

"我的本性真是差劲，"他暗自思忖，"之前一直期盼的事情，等到事情成真，自己却又经常感到失望。"

下午，菲利普早早地到了布莱克斯达布尔。福斯特太太给他开了门，从她的脸上看得出伯父还活着。

"他今天看起来又好了点。"她说道，"他的体质可真不错。"

她把菲利普带到老凯里先生躺着的卧室。老凯里先生向菲利普露出了一丝微笑，那丝微笑中有一种又一次战胜敌手后的心满意足的狡黠。

"我以为我昨天就会死掉。"他用疲倦的语气说道，"他们都觉得我快要死了，不是吗，福斯特太太？"

"毫无疑问，您的体质太好了。"

"老当益壮。"

福斯特太太不让牧师说太多话，因为那样会令他疲惫；她对他就像对待孩子一样，温柔与专制并存。尽管很多人都认为他活不了多久，但是牧师一想到自己让别人的愿望落了空，就得意得像个孩子一样。牧师立刻意识到菲利普是被人特意叫回来的，但想到让菲利普白跑一趟，他觉得这有趣极了。在自己心脏病不犯的情况下，一两周之内就会好起来的；他之前犯过几次心脏病，每当他认为自己快要死掉时，却总是能挺过去。所有人在谈论他的身体状况，但他们并不知道他的身子骨有多结实。

"你要在这里住上一两天吗？"牧师问菲利普，假装认为这次他来这里是度假。

"我就是这样想的。"菲利普开心地说。

"呼吸一下海边的空气对你的身体有好处。"

不久，威格拉姆医生走进来，在给牧师检查完身体后，用一种非常得体的态度与菲利普交谈起来。

"我认为他的生命快结束了，菲利普。"医生说道，"这对我们来说是个巨大的损失。我认识他已经有三十五年了。"

"但是他看起来状态很好啊。"菲利普说道。

"那都是药物的作用，但是这种状态并不能持续多久。过去几天的情况太吓人了，好几次我都以为他快要死了。"

医生有一两分钟没有说话，快到大门时，医生突然问菲利普：

"福斯特太太跟你说了些什么吗？"

"什么意思？"

"她们这些人很迷信，她觉得牧师迟迟不肯合眼是因为他对有些事有所挂念，可是你伯父却不肯说出来。"

菲利普没有回答，医生继续说道：

"当然这个说法讲不通。他一生行善积德，认真负责，他是一个优秀的教区牧师，我敢肯定大家都会想念他的；他也没有什么可自责的。我甚至怀疑下一任牧师连他的一半都赶不上。"

几天过去，老凯里先生的状态没多少改变，就是他原来的好胃口不在了，几乎吃不下什么东西。威格拉姆医生毫不犹豫地用药物减轻神经炎给他带来的痛苦。神经炎，再加上瘫痪的四肢不断抽搐，渐渐把他的体力耗尽。但他的意识还是清醒的。菲利普和福斯特太太在他身边轮流看护。这几个月福斯特太太一直照顾伯父，什么事都是她来做，她太累了，为了能让她睡个好觉，菲利普坚持和她轮班陪床。菲利普整晚都坐在扶手椅上，就是为了避免自己睡得太死，他在幽暗的烛光下读起了《一千零一夜》。他第一次读这本书的时候年纪还很小，这次重读让他找回了童年的记忆。有时候他坐着，聆听着黑夜的静寂。当麻醉剂的药效过去之后，老凯里先生在疼痛中醒来，菲利普又得忙碌起来。

终于在一天早上，鸟儿还在枝头鸣叫，菲利普听见有人在喊自己的名字。他走到床头，看见老凯里先生正平躺在床上，眼睛盯着天花板；他没有看向菲利普。菲利普看见他的额头在冒汗，于是拿来毛巾帮他擦拭汗水。

"是你吗，菲利普？"那个老人问道。

菲利普大吃一惊，因为这个声音听起来很陌生，低沉且嘶哑，只有充满恐惧的人才能发出这样的声音。

"是我，您想要什么？"

伯父停顿了一会儿没有说话，仍然出神地盯着天花板，随后他脸上抽搐了一下。

"我觉得我快要死了。"老人说。

"不会的，怎么可能！"菲利普边哭边说，"您还能活很多年呢。"

两滴眼泪从这位老人的眼里流了下来。这让菲利普深受触动。伯父是一个一生中从来不会把特殊感情流露在外的人；菲利普此时看到这番情景，感到很是害怕，这两行老泪意味着难以言说的恐惧。

"去把西蒙斯先生找来，"老人说，"我想要领受圣餐。"

西蒙斯先生是教区的副牧师。

"现在吗？"菲利普问道。

"快，否则就来不及了。"

菲利普想去叫醒福斯特太太，但是她早就已经起来了。菲利普让她派花匠去给西蒙斯先生捎个口信，随后就回到了伯父的房间。

"派人去请西蒙斯先生了吗？"

"去了。"

又是一阵沉默。菲利普坐在床边，不时地为伯父擦去额头上的汗。

"让我握着你的手，菲利普。"老人终于开口。

菲利普把手伸给他，他握紧菲利普的手，就像是握着生命中的希望，这让他在生命的尽头感受到一丝安慰。或许在牧师的一生中他从来没有真心地爱过任何人，但是现在出于本能，他向别人求助。他的手潮湿且冰凉，无力又绝望地撩着菲利普的手。这个老人在与死亡的恐惧做斗争。菲利普认为这是每个人都要经历的事情。人们那么相信的上帝竟会允许他的子民承受这种折磨，这太残忍了！菲利普从未喜欢过伯父，过去的两年中无时无刻不在期望他早点儿去世；但是他现在无法克制心中的怜悯之情。做个有情义的人而不是冷血动物，是需要付出多么大的代价啊！

　　他俩保持着沉默，只有一次老凯里先生用微弱的声音问道：

　　"他还没到吗？"

　　终于，管家悄无声息地进来，告诉他西蒙斯先生到了。西蒙斯先生带了一个包，里面装了他的法衣和头巾。福斯特太太拿来圣餐盘。西蒙斯先生默默地与菲利普握了握手，然后脸上带着他的职业所特有的庄重来到病人身边。菲利普和管家离开了房间。

　　菲利普在空气清新、带着露水的花园里漫步。鸟儿在欢快地歌唱，天空蔚蓝，带着海水咸味儿的空气香甜又清爽。玫瑰花开得正盛。油绿的树木，青葱的草地，一片热烈绚烂的景象。菲利普边走边想象着卧室里此时正在进行的神秘仪式，内心中不由泛起一股奇特的情感。不一会儿，福斯特太太出来叫菲利普，并告诉他伯父想见他。副牧师将他的东西放回黑色包里，重病的牧师稍稍转了一下头，微笑着向菲利普打招呼。菲利普吃惊地发现伯父的身上发生了变化，而且变化还非常明显；伯父的眼神中不再充满恐惧，脸上痛苦的神情也消失了，看上去幸福又安详。

"我准备好了。"伯父说道，声音也和刚才截然不同，"当上帝觉得是时候召唤我时，我随时准备将我的灵魂交给他。"

菲利普没有说话，他能看出伯父说这话时是真心诚意的。这简直就是奇迹。伯父获得了他心中的救世主的血肉，这给了他不再惧怕进入阴暗的力量。他知道自己将会死去，他顺从上天的安排。他仅仅说了一句话：

"我将要与我的妻子团聚。"

这让菲利普非常吃惊。他记得伯父过去待妻子是多么冷漠、自私；对自己妻子卑微的、深深的爱意那么麻木。副牧师也非常感动，离开了房间，福斯特太太啜泣着把他送到门口。凯里先生因为刚刚耗费了力气而精疲力竭，睡着了，菲利普坐在床边等待着伯父的最后时刻来临。上午过去了，伯父的呼吸声渐渐粗重起来。医生来看过他之后，说他很快就会咽气。伯父没有了意识，无力地咬着床单；他辗转难安，不时发出痛苦的叫声。威格拉姆医生给他打了一针。

"这针现在已经不起什么作用了，他随时都可能死去。"

医生看了一眼手表，又看了看他的病人。菲利普发现已经是下午一点钟。威格拉姆医生一定是在想他的午餐。

"您不必等了。"

"我也无能为力了。"医生说道。

医生走后，福斯特太太问菲利普是否愿意去找一下木匠，他还兼做葬礼承办人，让他派个妇人来整理牧师的遗容。

"您需要呼吸下新鲜空气，"她说，"这对您有好处。"

葬礼承办人住在半英里以外。当菲利普告知他这个消息后，他问道：

"那位可怜的老人什么时候过世的？"

菲利普有些犹豫。在伯父还没有完全咽气时就找妇人擦拭他的身体简直太残忍了，他不知道为什么福斯特太太这么急着叫他到这儿来。他们一定认为自己很着急让这个老头死吧。菲利普觉得这个葬礼承办人奇怪地看着他。那人又重复了一遍问题，这让菲利普很生气。这关他什么事。

"牧师是什么时候去世的？"

菲利普差点冲动地说出伯父刚刚去世的话，但是如果回到家伯父依旧没死就无法解释了。他涨红了脸并尴尬地回答道：

"确切来讲，他现在还没死。"

葬礼承办人莫名其妙地看着菲利普，于是菲利普连忙解释。

"福斯特太太一个人在家，她希望能找个妇人来帮助她。这下你明白了吧？他可能现在已经死了。"

葬礼承办人点点头。

"哦，是的，明白了。我马上派人过去。"

菲利普回到牧师的房子，走进了卧室。福斯特太太从床边的那把椅子上站起来。

"他和你走的时候情况一样。"她说道。

说完她就下楼去吃东西了，菲利普好奇地注视着死亡的过程。虽然还在挣扎，但眼前这个没有意识的人已经完全不像个人了。他松弛的嘴唇有时发出几声低低的呻吟。灼热的阳光从晴朗无云的天空直射下来，但花园中的树木很多，让人感到凉爽宜人。这是美好的一天。一只绿头苍蝇嗡嗡地撞击着窗玻璃。突然，一阵咕噜声猛然响起，吓了菲利普一跳，伯父的四肢抽动了一下，彻底告别了人世。这部机器终于停止了运转。此时，那只绿头苍蝇还在嗡嗡地一下一下撞击着窗玻璃。

第一百一十二章

乔赛亚·格雷夫斯轻车熟路地安排着一切，葬礼办得既得体又节俭。当葬礼结束后，格雷夫斯与菲利普一起回到牧师住所。牧师把遗嘱交由格雷夫斯先生负责，在喝下午茶期间格雷夫斯先生以与此相称的情感把遗嘱读给菲利普听。遗嘱写在半张纸上，牧师把他所有的一切都留给侄子菲利普继承。这些遗产有家具，银行里的八十英镑存款，以及一些股票：A. B. C. 公司里有二十只股票，还分别在奥尔索普啤酒厂、牛津剧院和伦敦餐厅有些股份。这些股票都是在格雷夫斯的建议下买的，他得意地跟菲利普说：

"你知道，人活着必须要吃饭，要喝酒，要娱乐。把钱投在这些人们认为必不可少的项目上通常是很安全的。"

格雷夫斯对世俗极度厌恶但又坦然接受，他的话清晰地将有高雅品位的上层人士和粗俗的下层人士区别开来。牧师的股票大概总共值五百英镑，另外还得加上银行的存款和拍卖家具的款项，这对于菲利普来讲已经很多了。菲利普心里称不上怎么高兴，却彻底松了口气。

格雷夫斯先生商量好拍卖会应该尽快举办后就告辞了。菲利普坐下来整理伯父留下来的书信。这位威廉·凯里牧师先生以从不销毁自己的东西为傲，五十多年前的信件他都保存得很好，他把它们一摞一摞地捆好，与一捆捆整齐地贴着标签的单据放在一起。他不仅保存了别人寄给他的书信，也保存了他自己写的。有一摞发黄的信件是牧师四十年代在牛津读大学，去德国度假时写给他父亲的。菲利普随意地翻看这些信件，发现信里的威廉·凯里牧师与自己认识的伯父完全不一样。但目光敏锐的读者仍然能从写信的青年身上看出凯里牧师成年后的影子。这些信写得郑重其事，但显得有些做作。他写道，自己竭尽全力地去看所有值得一看的景点。他在信中向父亲描述看到莱茵河畔城堡时的激动与欣喜。沙夫豪森瀑布的壮美不禁让他为"宇宙的造物主无限崇敬，满怀感激，他的作品实在是美妙绝伦"。他不禁想到那些生活在"神圣的造物主创造出的这些壮美景色下的子民，他们一定会为这种圣洁生活的冥想而感动不已"。在一些单子中，菲利普找到了伯父在担任神职之后的一幅小肖像画。画上是一个瘦削的年轻副牧师，长长的天然鬈发，一双黑色的眼睛，大而迷茫，犹如苦行僧一般的苍白脸庞。菲利普想起伯父咯咯的笑声，伯父过去总是那样咯咯地笑着，说起有些敬慕他的女孩给他做了几十双拖鞋的事。

　　下午余下的时间加上整个晚上，菲利普都在费劲地处理这数不清的信件。他先看一眼信上的地址和签名，然后把信撕成两半，扔进身边的洗衣篮。突然，他看到一封落款是海伦的信。他从未见过这种笔迹——字体瘦长，棱角分明，用的是旧式写法。信以"亲爱的威廉"开头，以"爱您的弟媳"结尾。菲利普猛然意识到这是自己母亲的来信。他从未看过她写的信，所以对这种字迹很陌生。这封信写的是关于他的事情。

亲爱的威廉：

　　斯蒂芬已经给您写了信，感谢您对我们孩子的出生给予的祝福，也感谢您对我的祝福。感谢上帝让我们一切平安，感谢这份伟大的恩赐。现在我可以提笔了，所以想亲自向您和亲爱的路易莎表达感激之情。感谢你们对我，以及从我们结婚以来一直给予我们的关心。现在我想请您帮个忙。我和斯蒂芬都希望您做我们孩子的教父。我知道这不是一件小事，我确信您能非常认真地对待做孩子教父这件事情，我之所以非常希望您能帮我们这个忙，是因为您不仅仅是一位牧师，还是这个孩子的伯父。我非常为这个孩子的幸福担心，我希望他能够成为一个优秀、善良、仁爱的人。有了您的教导，他一定能够成为坚守基督教教义的信徒，希望他一生都能敬畏上帝，谦虚而虔诚。

　　　　　　　　　　　　　　　　　　爱您的弟媳，

　　　　　　　　　　　　　　　　　　　海伦

　　菲利普把信推开，身体前倾，把脸埋在手中。这封信让他很感动，同时又很吃惊。他没想到母亲的语气是如此真诚，在他看来，这种语气既非无病呻吟，也非多愁善感。他只记得已经死去将近二十年的母亲很美，其他一无所知。知道她是一个如此单纯、虔诚的人，让他有一种很奇怪的感觉。他从来不知道母亲还有这样的一面。他又读了一遍她提到自己的这部分：母亲对他的期望，对他的担忧。然而，现在的菲利普却成了和母亲的期许截然不同的人；他反思了一下自己，也许母亲的死是件好事儿吧。一种莫名其妙的冲动让他将这封信撕成了碎片。信中的亲切语气和质朴情感，使这封信似乎具有一种特别隐秘的性质；他心里感觉怪怪的，仿佛阅读披露母亲内心情感的信件是不道德的。接着，他继续整理牧师留下来的那堆枯燥乏味的信件。

几天后菲利普回到伦敦，这是他两年来第一次在白天走进圣路加医院。他去找了医学院的秘书，秘书看到菲利普后很吃惊，好奇地询问菲利普干什么去了。菲利普最近的经历让他充满自信，看待事情的角度也与过去有很大的不同：这个问题要是放在以前，一定会让他感到尴尬；但是现在他却能冷静地解释，说因为自己有一些私事要处理，所以耽误了课程。菲利普故意回答得很模糊，这样就让人无法继续追问下去。他现在急切地希望取得医生的资格。他能赶上的最早的考试是产科考试和妇科考试，于是他便报名到妇产科病房去当助产医士。因为正值假期，所以得到这个职位并不困难。他安排好八月的最后一周到九月前两周去完成这项工作。跟秘书的这次见面结束后，菲利普漫步穿过校园，夏季学期的考试已经结束，所以校园里没什么人，显得空荡荡的。菲利普沿着河边闲逛，心里很充实。他想，现在的自己可以开始一段崭新的生活了，他可以把以前的错误、愚蠢和痛苦都留在过去。流动的河水预示着一切都在流逝，一直在流逝，未来充满了无限可能。

菲利普一回到布莱克斯达布尔就忙着处理伯父的遗产。拍卖会定于八月中旬，那时有不少夏季前来度假的游客，他们可能会出个不错的价钱。藏书目录已经印好并且分发给特坎伯雷、梅德斯通和阿什福德的二手书商。

一天下午，菲利普突然心血来潮想去特坎伯雷看看自己的母校。他自离开后还没有再回去过呢。他至今还记得自己离开学校那天那种如释重负的感觉，他觉得从那以后自己就独立自主了。当菲利普再次漫步在他熟悉的特坎伯雷狭窄的街道上时，感到有些不可思议。他看到那些老店依然在那儿，还在卖着同样的东西；书店的一个橱窗里卖着学校的课本、宗教书刊和最新的小说，而另一个橱窗则摆着大教堂和城镇的照片。卖运动用品的店里有钓鱼竿、板球拍、网球拍和足球。裁缝店也仍旧在那儿，他童年时期的所有衣服都是在这家裁缝店里做的。以前伯父每次来到特坎伯雷都会买几条鱼，那家鱼店依然开着门。他沿着脏兮兮的街道继续向前走，来到一座高墙的跟前，高墙内有几幢红砖楼，那是预备学校，再往前走就是皇家公学的大门。接着，菲利普就站在了周围都是大楼的四方院子里。现在刚好是下午四点，学生们正从学校里蜂拥而出。菲利普看到几个穿着长袍、戴着方帽的老师，可他一个也不认识。他已经离开这所学校十多年了，这里也发生了很大的变化。菲利普看到了校长，只见他慢慢地从学校朝自己住处走去，一边走一边和一个高个子男孩说着话，菲利普估计那是个六年级的学生。校长并没有怎么变样，依旧如菲利普记忆中那般又高又瘦，脸色灰白，举止古怪但眼睛炯炯有神，只是黑色的胡子像是被染上一层白霜，那张蜡黄的脸上多了许多皱纹。菲利普有种想上前去跟他说话的冲动，但是又怕他忘了自己。而且他也不愿意跟别人解释自己是谁。

　　不少学生继续在学校里游荡，彼此聊着天。不一会儿，几个刚刚急匆匆去换衣服的学生跑出来玩起了墙手球[①]；其他学生三三两两跑出了学校大门。菲利普知道他们要去板球

---

① 墙手球，一种在有三面或四面围墙的场地上用戴手套的手或球拍对墙击球的游戏。

场。剩下的一些学生跑到附近的场地去打球网。菲利普站在他们中间，完全是个陌生人。一两个学生向菲利普投来冷漠的一瞥。要知道，被诺曼风格①的楼梯吸引过来的游客并不少见，所以学生们看到他并不惊讶。菲利普好奇地看着那些学生。他想到自己与他们之间的距离，又想起之前满怀雄心壮志的自己现在却一事无成，心中有些苦涩。在他看来，逝去的时光一去不返，这些年白白浪费了。这些充满活力的男孩，生机勃勃，活泼开朗，正玩着与自己当年一模一样的游戏。好像自从他离开学校后，世上连一天都没有过去。当初就在这所学校，他至少能叫得出每个学生的名字，如今他却一个也不认识了。再过几年，其他孩子会替代现在在这里玩耍的学生，他们也会像他现在这样变成一个陌生人。但是即便这样想，他也无法安慰自己，只感到人生的徒劳无益。一代又一代不断重复，他想知道自己当年的朋友们现在过得怎么样；他们现在都将近三十岁，有些人或许已经离世，有些人结婚并且有了自己的孩子。他们可能成为军人、牧师、医生、律师。他们告别了青春，变成古板无趣的人。他们中有没有人的生活会像菲利普一样糟糕？他想起过去那个与自己关系最好的男孩，可笑的是，他连那个男孩的名字都想不起；他清楚地记得那个男孩的长相，他是自己最好的朋友，可是怎么也想不起他的名字。菲利普回忆起自己之前因为他与其他男孩子要好而满心嫉妒，不禁觉得好笑。但是更让他懊恼的事情是他居然记不起他的名字。菲利普真想再变成孩子，就像他看到的那些在四方校园里闲逛的孩子一样，这样的话他就能重新来过，避免自己曾经犯下的错误，在生活里去成就更多的

① 诺曼风格，一种建筑风格，以厚实的石墙、窄小的窗户和方形楼梯为特征，给人以庄严之感。

事情。此时的菲利普觉得孤独到无法忍受的地步。他几乎悔恨他这两年来所遭受的捉襟见肘的困苦，为了勉强填饱肚子而绝望地挣扎，生活的痛苦使他变得麻木。"你流了多少汗水，将会得到多少食物"[1]，这句话并不是对人类的诅咒，而是一种使人类听凭生活安排的镇痛药。

但是菲利普并没有什么耐心。他回想起自己有关人生图案的理解：他经历的所有不幸仅仅就是一种精巧、漂亮的装饰品上的一部分。他告诉自己必须接受生活中的一切，无论是悲伤还是喜悦，无论是快乐还是痛苦，他都要高高兴兴地接受，因为那会给他设计的图案增添绚丽的色彩。他会有意识地去寻找美，他记得自己还是个孩子的时候，就很喜欢那座哥特式的大教堂，正如现在人们站在教堂周围的场地上所能看到的一样。于是，他走到那儿，凝视着乌云密布的苍穹下面那座灰色的宏伟建筑，中央的塔尖高耸入云，就像是人类在赞美着上帝。孩子们正在打网球，他们动作敏捷，健壮又活泼。菲利普忍不住去倾听他们的叫喊声和欢笑声。年轻高亢的喊声还在继续，而对于出现在他面前的美好事物，菲利普只是通过眼睛来欣赏。

---

[1] 语出《圣经·创世记》，上帝把亚当和夏娃赶出伊甸园时说的话。

第一百一十三章

八月最后一周的第一天，菲利普到他负责的那个"区域"开始担任助产医士的工作。这项工作很繁重，因为他一天一般得护理三名产妇。产妇们在分娩前从医院领一张"卡片"，等到快分娩的时候再找人给医院的门房送"卡片"，一般送"卡片"的人是个小姑娘，她再被派去马路对面菲利普住的地方通知他。要是晚上，拿钥匙的门房会亲自去叫醒菲利普。大半夜起床，穿过伦敦南区那条空寂无人的街道，很是瘆人。在深更半夜的时候，通常是产妇的丈夫把卡片送来。如果家里之前有过几个孩子出生，那么做丈夫的一般态度比较粗暴，不怎么把它当回事；但如果是刚结婚的夫妇生头胎，做丈夫的会很紧张，有时为了缓解焦虑还会把自己灌醉。通常情况下，出诊要走一英里多的路，在路上菲利普会和送信的人讨论劳动条件和生活花销等话题；菲利普由此了解到泰晤士河对岸各行各业的情况。菲利普让与他接触的人都对他十分信任。有时他要在密不透风的屋子里等上很长时间，产妇躺在一张大床上，大床占了房间一半的空间，产妇的母亲和接生员也会跟他聊上几句，就像刚才两人聊天时一样自然。在过去两年里，菲利普所生活的环境使他懂得了贫苦人家生活的很多东西。他们发现菲利普对他们的生活相当了解，觉得非常有趣；因为菲利普不会被他们的一些小花招所欺骗，所以大家也不敢对他小觑。菲利普人很好，手法也很轻，还从不乱发脾气。菲利普并不觉得自己高高在上，很乐意和他们一起喝茶；要是天亮了孩子还没出生的话，他们会请菲利普吃一片涂着烤肉汁的面包。菲利普一点也不娇气，什么东西都能吃，而且吃得津津有味。他去的一些人家的房子，位于又黑又脏的街道附近的一些脏兮兮的院子里，彼此挤在一起，里面黑乎乎的，空气也不流通，有的只是污秽和邋遢。不过还有其他一些人家让人有些出乎意料，虽然房子破败，地板被虫蛀，天花板也有裂缝，但是过去威严的气度不减。在这些房子里，你会发现雕刻精美的橡木栏杆，墙上仍然镶有护墙板。这些地方住户众多，人口密集，一家人可能挤在一个房间里。在白天的时候，院子里会有孩子们不断追逐打闹的声音传来。那些古老的墙壁是害虫滋生的地方，屋里面污浊的空气令人作呕，菲利普有时不得不把烟斗点着。住在这里的人都是勉强糊口。新出生的孩子是不大受欢迎的，男人们对新生儿的态度是生气，发脾气；妈妈们则是充满绝望，因为又多了一张嘴要吃饭，而要养活现有的孩子已经够让他们犯愁的了。菲利普经常可以察觉到父母有那种希望生个死胎或者出生的婴儿很快夭折的想法。他给一位妇女接生过一对双胞胎（对于那些爱看热闹的人来说，这可是幽默的源泉），当告诉产妇这个消息时，她突然万分痛苦地尖声号哭起来。产妇的母亲则直言不讳地说道：

"我不知道他们怎么养活这对双胞胎。"

"也许上帝会把他们收回去吧。"接生员说道。

菲利普看着这对双胞胎并排躺在床上，无意间瞥了一眼产妇的丈夫，那位丈夫脸上愁云密布，又有点咬牙切齿的样子，这让菲利普心里一惊。他觉得那一家人对这两个可怜的孩子怀有一种可怕的仇恨，这对儿刚降临到这个世界上的双胞胎并不受欢迎。而且他怀疑，如果他不把话说得坚决些，可能会有某种"意外"发生。对这种家庭来说，"意外"经常发生。比如，母亲翻身"压死"孩子啦，或者是孩子吃错东西啦，吃错东西这种错误并不总是粗心大意的结果。

"我每天都会来的。"菲利普说道，"我可提醒你们，如果孩子们有什么事的话，你们免不了要受到传讯的。"

那位父亲没有回答，但对菲利普怒目而视。他的内心深处确实有过谋杀的想法。

"上帝会保佑他们的，"那位外婆说道，"他们能出什么事呢？"

让刚生完孩子的产妇卧床休息十天是件很困难的事情，但这已是医院所要求的最低限度了。操持家务可不是件容易应付的事，如果不付费，是没人帮忙照看孩子们的；而工作了一天的丈夫筋疲力尽，饥肠辘辘地回到家里，如果茶点没准备好，他会大发雷霆的。菲利普曾经听说过穷人之间互相帮忙的说法，但是一个又一个女人向他抱怨，不付钱的话，就没法找到人帮她收拾屋子，或者给孩子们做顿饭，可付钱的话她又付不起。听见这些女人当面说出或者无意说出的话，菲利普能推断出许多她们没说出口的话。菲利普从这些话中明白了这些穷人和中上层阶级的人之间几乎没有什么共同点。他们并不嫉妒上层阶级生活的优裕，因为生活本来就贫富有别，他们有种悠然自在的神气，这种神气使得中产阶级的生活显得拘泥刻板。而且，他们对中产阶级还有点瞧不起，因为中产阶级太软弱，无法靠自己的双手劳动。有些穷人身上还有种骄傲，只希望别被打扰。可大多数穷人却把有钱人看作可以搜刮钱财的对象，为了获取好处，他们知道说些什么，好让那些有钱人施舍钱财供他们随意支配，他们心安理得地接受这种来自有钱人的愚蠢和穷人自己的精明的好处，认为这是他们的权利。他们虽然对副牧师露出一副轻蔑冷漠的神气，但还可以容忍；而那位教区探访人却激起他们深深的仇恨。她一走进屋里，就打开窗户，连句"请允许我这么做"都不说，嘴里还念念有词："我有支气管炎，这天气冷得要了我的命。"她还在屋里四处查看，即使她没有说这地方很脏，你也能看出她心里就是这么想的。"他们雇得起用人当然好啦，但是如果她有四个孩子，又得自己做饭，还得给他们缝补衣服，浆洗衣服，我倒要看看她会把房间弄成什么样。"

菲利普发现对这些穷人来说，生活最大的悲剧不是生离死别，那是自然规律，只要掉几滴眼泪就可以抚慰悲伤。实际上，他们生活最大的悲剧是失业。一天下午，他曾亲眼看见一个男人回到家，这时他的妻子才分娩三天，他告诉妻子自己被解雇了。他是个建筑工人，那段时间活儿不好找。他说完这个消息，就坐下来开始吃茶点。

"噢，吉姆。"那位妻子说道。

那个男人神情麻木地吃着饭，怕饭菜凉了——一直炖在锅里等着他回来。男人盯着他的盘子，他妻子有些惊慌地看了他两三次，然后无声地哭了起来。这个建筑工人是个粗鄙的小个子男人，长着饱经风霜的粗糙面孔，前额有道白色的长疤，一双短粗的大手。没过一会儿，他把盘子推到了一边，好像必须放弃让自己强行吃东西的努力，又把脸转过去凝视着窗外。他的房间位于楼顶层的背面，除了阴沉灰暗的云层外，什么也看不见。在绝望中，房间内的沉默显得格外凝重。菲利普觉得没有什么可说的，他只能走了。菲利普拖着疲惫的脚步，因为几乎一晚上都没合眼，他的心里充满了对这个残酷世界的愤怒。他尝过找工作屡屡碰壁的滋味，那随之而来的悲怆比饥饿还令人难受。他可以不必信仰上帝真是件幸事，要不然像这一类的事情确实让人难以忍受。一个人之所以可以勉强忍受这种生活，只是因为生活毫无意义而已。

对菲利普来说，那些花时间帮助穷人阶级的人犯了大错，因为他们总是寻求一些方式解决令他们无法忍受的问题，可他们没想到那些对这些问题早已习以为常的穷人根本不把它们当回事。穷人不想要通风良好的大房间，因为他们的食物没有营养，所以他们的血液循环不好，大房间让他们感到寒冷，寒冷让他们苦不堪言。他们舍不得把火烧旺，因为怕浪费煤，几个人在一间屋子里睡还能挤着取暖，他们并不觉得多艰苦，他们宁愿这样。所以他们从出生到死亡都不会一个人待着，因为孤单使他们压抑，大家在一起还热闹些。他们喜欢住在人多混杂的地方，对周围一直乱哄哄的吵闹声充耳不闻。他们觉得经常洗澡实在没有必要，菲利普就经常听见他们愤怒地谈论住院时按照规定必须经常洗澡，他们认为这种规定既是一种公然侮辱，又令人不舒服。他们就是想不受打扰地过日子。家里的男人如果有份稳定的工作，生活就容易多了。生活也并非没有乐趣，工作一天后，有大把的时间可以用来闲聊，一杯啤酒下肚真是畅快极了。如果你想看点儿什么，街上有《雷诺兹报》或者《世界新闻》。"可是，你弄不懂时间怎么过得那么快。实际情况是，在你做姑娘时读点儿书确实难得，但是现在不是这事就是那事，连看报的时间都没有了。"

按照通常的做法，产妇分娩过后要有三次回访。一个星期天，菲利普在探访一个产妇时正赶上吃饭时间。那天是她生产后第一次下床。

"我不能再躺在床上了,真的不能了。我是个闲不住的人,整天躺在床上啥也不干让我烦躁不安,所以我对厄尔伯说,我这就起床给你做午饭。"

厄尔伯正坐在桌子边,手里拿着餐刀和叉子。他是个年轻人,脸上神情开朗,有一双蓝色的眼睛。他收入挺可观,所以小两口的日子过得比较宽裕。他们刚结婚几个月,两人对躺在床脚摇篮里脸蛋红扑扑的男婴喜欢得不得了。房间里弥漫着牛排的香味,菲利普往厨房方向看了一眼。

"我这就去把它盛出来。"那女人说道。

"你忙吧,"菲利普说,"我看一眼你们的宝贝儿子兼继承人就走。"

听菲利普这么说,年轻的夫妇俩都哈哈笑了起来,厄尔伯站起身和菲利普一起来到摇篮前。他骄傲地看着他的宝贝。

"看来小家伙挺好的,是吗?"菲利普说道。

菲利普拿起帽子准备要走,这时厄尔伯的妻子已经盛好牛排,还往桌子上放了一盘青豆。

"你们这顿饭真丰盛啊。"菲利普笑着说。

"他只有星期天才在家,我要给他做点特别的东西,这样他外出工作的时候就会想着这个家。"

"我想您不见得愿意坐下来和我们一起吃顿饭吧?"厄尔伯说道。

"哦,厄尔伯。"他妻子惊讶地嗔怪道。

"如果你们邀请我,我当然就不客气啦。"菲利普爽快地答道,脸上带着迷人的微笑。

"好,这才够朋友,我就知道他不会见怪的,珀丽。再拿一个盘子来,亲爱的。"

珀丽有些慌乱，她想厄尔伯真是个想一出是一出的家伙，你永远猜不到下一秒他脑子里又会冒出什么想法。但是，她还是拿了一个盘子，用围裙快速地擦了擦，然后又从五斗橱里拿出了一套新的刀叉。她一向把最好的餐具与她最好的衣服一起放在橱柜里。桌上还有一罐黑啤酒，厄尔伯给菲利普倒了满满一杯。他想把一大半牛排切给菲利普，但菲利普坚持两人一人一半。阳光透过两扇落地窗暖暖地照进来，这个房间过去是一幢房子的客厅，当时如果称不上时髦的话，至少也算很体面了。五十年前，住在里面的也许是一位富有的商人或者一位退休领取半薪的军官。厄尔伯在结婚前是个足球运动员，墙上挂着他在不同球队的照片，球员们一个个头发利落整洁，脸上的表情有些拘谨，足球队长骄傲地坐在队员中间捧着奖杯。从其他几处细节也能看出这个家庭的幸福美满：好几张厄尔伯和妻子穿着星期天的盛装和亲戚们在一起的照片也挂在墙上；在壁炉台上有一块石头的微缩景观，石头上面精心地贴着贝壳；在石头的两侧各放一个大杯子，上面印着哥特体的文字"索斯恩德敬赠"，杯子上面还印着码头和游行的人群。厄尔伯是个很有个性的人，他从不加入工会，对工会强迫他加入的种种做法颇为不满。他觉得工会没有什么用处，自认为找工作没有遇到困难，一个人只要肩膀上长着脑袋，而且不挑挑拣拣，能找到一份挣到好薪水的工作是自然而然的事情。珀丽是个胆小怕事的人，如果她是厄尔伯的话，准会加入工会。上次工会罢工，每次丈夫出门，珀丽都怕他会被救护车送回来。这时，她转过身对着菲利普，说：

"他太固执，真拿他没办法呀。"

"好了，正像我所说的，这是个自由的国家，我可不想让别人指手画脚的。"

"你光说这是个自由的国家没用，"珀丽说，"他们要是逮着机会，一定会砸扁你的脑袋。"

他们吃完了饭，菲利普把他的烟袋递给厄尔伯，两人点着了他们的烟斗。随后，菲利普站起身，跟两人握手道别，说可能下一个病人已经在他的诊室里等他了。菲利普看得出来，自己能和他们一起吃饭，而且不摆架子，还很享受，让这夫妻俩很高兴。

"好的，再见，先生。"厄尔伯说道，"希望下次我老婆再生孩子时，我们还能遇上您这么好的大夫。"

"你净瞎说，厄尔伯，"珀丽反驳道，"你怎么知道还有下一次呢？"

第一百一十四章

持续三周的助产医士实习接近尾声，菲利普已经护理了六十二个产妇，他觉得疲惫不堪。当最后一天晚上大约十点钟回到住处后，他由衷地希望别再被叫出去了。十天了，他没睡过一个囫囵觉。他刚刚出诊去看的那个病人的情况真够可怕的。菲利普是被一个身高体壮、喝得醉醺醺的粗鲁男人叫走的，然后他被领到了散发着恶臭的院子的一个小房间里，里面比他见过的任何房间都要脏乱：那是个很小的顶楼房间，大部分的空间都被一张木床占据，床上挂着脏兮兮的红色幔帐，房间的天花板很低，菲利普一伸手，手指尖都能够到。屋里有一支蜡烛，是这个房间唯一的光源。借着蜡烛的光菲利普看了一下天花板，上面满是被烧焦的小虫。病人是个肥硕邋遢的女人，已届中年，此前已经连着生过几次死胎。这是菲利普熟悉的一个故事：她的丈夫曾在印度当过兵，谈性色变的英国公众强加给这个国家的法律，让最令人不安的那种疾病大肆蔓延，却让无辜者遭了殃。回到住处后，菲利普打着哈欠，脱掉衣服，洗了个澡，然后，他在水面上抖了一下衣服，看到抖落下去的小虫在水面上扭动。他正想上床睡觉，这时传来了一阵敲门声，医院的门房给他送来一张卡片。

"真该死，"菲利普说道，"你是我今晚最不想见到的人。

这卡片是谁送来的？"

"我想是产妇的丈夫，先生。我能告诉他先等一下吗？"

菲利普看着卡片上的地址，这条街道他很熟悉，于是告诉门房说自己找得到。他用五分钟穿好衣服，手里拿着黑皮包，来到街上。在黑暗中有一个人影迎了上来，菲利普看不清楚，这人对他说自己是产妇的丈夫。

"我想我最好还是等您一下，先生。"那人说道，"我们那个街区很不安全，再说他们又不认识您。"

菲利普哈哈大笑起来。

"上帝保佑你的好心，他们都认识医生，我以前去过比威弗尔街更危险的地方呢。"

这话千真万确，菲利普手里的黑皮包就是通过破旧不堪的小巷和去往臭气冲天的院子的通行证，这些地方连警察都不会冒险去。有一两次，当菲利普经过的时候，有一小群人好奇地看着菲利普。他听见他们经过一番观察之后，一个人小声咕哝道：

"那是个医生。"

他走过他们身边时，有一两个人还同他打招呼："晚上好，先生。"

"如果您不介意的话，我们得快点走，先生。"现在陪着他一起走的那个男人说道，"他们告诉我要抓紧时间。"

"那你为什么这么晚才来呢？"菲利普问道，脚下加快了步伐。

他们路过一个路灯时，菲利普看了一眼这个男人。

"你看上去相当年轻呀。"他说道。

"我刚满十八岁，先生。"

他皮肤很白，金发，脸上光溜溜的，没有一根胡须，看上去还是个大男孩。他个头不高，但很壮实。

"你这么年轻就结婚啦。"菲利普说道。

"我们不得不这样啊。"

"你能挣多少钱呀？"

"十六先令，先生。"

一周挣十六先令对于养老婆孩子是不太够的。夫妻俩住的房间表明他们贫穷到了极点。房间大小中等，可显得挺大，因为里面几乎没有什么家具，地板上也没有地毯，墙上没有贴图片。而大多数人家的墙上要挂一些东西的，照片或者镶在廉价相框里的从圣诞节画报增刊上裁剪下来的图片。现在，病人正躺在那种最便宜的小铁床上。看见她这么年轻也让菲利普吓了一跳。

"我的老天，她不会超过十六岁吧。"菲利普对身边的那个女人说道，她是过来"照应产妇"的接生员。

在卡片上，产妇填报的年龄是十八岁，但如果病人太年轻的话，他们通常会多填个一两岁。她也很漂亮，这在他们这个阶层很罕见。因为食物不好，他们往往营养不足，再加上呼吸的空气糟糕，不健康的职业环境让他们的身体很糟糕。她很标致，眉清目秀，长着一双蓝色的大眼睛，一头浓密的乌发，精心梳成了卖水果姑娘的发型。她和她丈夫都十分紧张。

"你最好等在外面，如果我需要你，你就能随叫随到。"菲利普对小伙子说道。

现在菲利普把他看得更真切了，他对这小伙子身上的那种孩子气再次感到吃惊。你会觉得他应该在街上和其他的孩子一起嬉戏玩耍，而不是焦急地等待自己孩子的降生。好几个小时过去了，直到将近深夜两点孩子才生下来。一切似乎进展得还算顺利，那位小丈夫被叫了进来，看到他尴尬、害着地亲吻他妻子的样子，菲利普很感动。菲利普收拾妥当了他的工具，在离开之前又一次摸了摸病人的脉搏。

"哎呀！"他惊呼了一声。

菲利普迅速地看了产妇一眼，出事了。若遇到危急的情况，就得派人去请高级助产医士；那位已经取得了资格的医生负责这个"区域"。菲利普草草地写了一张便条，把它交给产妇的丈夫，告诉他要跑着把便条送到医院去；菲利普请小伙子一定要快，因为他的妻子危在旦夕。菲利普焦急万分地等待着，他知道产妇在大出血，快要死了。他害怕在上司到来之前她会死去，他已经采取了必要的措施。他强烈地企盼高级助产医士千万不要被叫到别处去。等待的分分秒秒都那么难熬。高级助产医士终于来了，当他检查病人时，用低沉的声音问了菲利普几个问题。从他脸上的表情菲利普就能看出来，他也认为产妇的病情十分严重。这位高级助产医士名叫钱德勒，是位寡言少语的高个子男人，鼻子挺长，瘦削的脸上有着他那个年纪不该有的皱纹。他摇了摇头。

"从一开始就没什么希望了。她的丈夫在哪儿？"

"我告诉他在楼梯那儿等。"菲利普说道。

"你最好让他进来。"

菲利普打开了门叫他进来，那个大男孩正坐在黑暗里，在通往下一层楼的楼梯的第一级台阶上。他走到了床边。

"怎么啦？"他问道。

"呃，你妻子正在体内出血，又无法止住。"高级助产医士犹豫了片刻，因为要说的是一件令人痛苦的事情，他强迫自己的声音变得生硬起来，说，"她快死了。"

那个年轻人没有说一句话，他呆若木鸡地愣在那儿，看着他的妻子。他妻子脸色煞白，已经失去了意识，静静地躺在床上。旁边的接生员开了口。

"这两位先生已经尽力了，哈瑞。"她说道，"从一开始我就感到情况不妙。"

"闭嘴。"钱德勒说道。

窗户上没有窗帘，夜色似乎渐渐地有些发亮了。虽然还没到破晓的时间，但是也快了。钱德勒正想方设法挽救产妇的生命，但是生命的迹象一点一点地从她身上消失，很快她就死了。那位大男孩般的丈夫正站在廉价铁床的一端，用双手扶着床头。他没有说话，但是看上去脸色非常苍白，有那么一两次钱德勒担心地看了他几眼，觉得他马上就要晕倒了：他的嘴唇毫无血色。接生员在一旁大声地抽泣起来，但哈瑞根本没理睬她。他的眼睛紧紧地盯着他的妻子，眼神里充满了困惑。他的神情让你联想到一条可怜巴巴的小狗，被人鞭打了一顿，却不知道哪里犯了错。当钱德勒和菲利普收拾器具的时候，钱德勒转过身对那位丈夫说道：

"你最好躺下休息会儿。我看你快撑不住了。"

"没我躺的地方，先生。"哈瑞回答道，他的声音里有种谦恭的意味，让人听了很不是滋味。

"在这幢楼里，你连个能给你临时支张床铺的人都不认识吗？"

"不认识，先生。"

"他们上周才搬进来，"接生员说，"他们在这儿还谁也不认识呢。"

钱德勒有些尴尬地犹豫了一会儿，然后他走到小伙子面前说道：

"对发生的事我很难过。"

钱德勒医生向他伸出了手，而小伙子本能地瞟了一眼自己的手，看看是否干净，然后握住了钱德勒的手。

"谢谢您，先生。"

菲利普也和他握了握手。钱德勒告诉接生员早上过来拿死亡证明。他们离开了那间屋子，沿着大街默默地一起走着。

"一开始见到这种事总会让人心里有点难过，是吗？"钱德勒最后开口说道。

"是有一点。"菲利普答道。

"如果你希望的话，我叫门房今晚不要再去叫你了。"

"不管怎么说，我今天早晨八点实习期就结束了。"

"你看了多少个病例？"

"六十三个。"

"不错。到时你可以拿到合格证书的。"

他们到了医院，高级助产医士走了进去，看看是否还有病人找他。菲利普继续向前走着。头一天天气很热，就是现在，凌晨的时候，空气还暖烘烘的。大街很安静，菲利普还不想上床睡觉。他的工作结束了，也就不着急匆匆往回赶了。他慢慢沿着街边溜达着，享受着新鲜的空气和静谧。他想他应该走到桥上去看看泰晤士河日出的景象。街角的一个警察向他问候着"早安"。从菲利普携带的包，他猜出了菲利普的医生身份。

"今天夜里出诊可够晚的呀，先生。"那位警察搭话道。

菲利普点了点头，走了过去。他斜靠在桥栏上，期待着清晨的景象。在这个时刻，这座雄伟的城市就像一座死城。天空中没有一丝云，但是现在临近破晓，星星已经变得暗淡了。河面上有一层薄雾，北岸巨大的建筑物就像在一座魔幻岛屿上的宫殿，一群驳船停泊在了河流中间。一切都笼罩在一种神秘的紫色中，让人感到躁动不安，又令人敬畏。但很快一切都开始变得清冷、灰白。接着太阳升起来了，一缕金黄色的光掠过天际，天空随即变得五彩斑斓。菲利普无法把刚才见到的那种悲惨景象从眼前挥去：躺在床上的那个死去的女孩，脸上没有一丝血色，站在床头的那个男孩就像一头受伤的野兽。脏兮兮的小房间空无一物，显得那种痛苦更加强烈。那个女孩的生活之路刚刚开始，可是一次倒霉的命运捉弄竟然把她活生生断送，这是多么残忍啊。但当菲利普自言自语时，他又想到，倘若她的生活之路能够延续下去，她要养儿育女，还要在穷困中苦苦挣扎，青春韶华会被辛苦操劳毁掉，用不了几年，她就会变成一个邋里邋遢的中年妇女——他仿佛看见了那漂亮的面孔变得又干巴又苍白，头发也变得稀疏，细嫩的双手因干粗活儿而受到磨损，就像衰老的动物爪子一样——那个时候，小伙子也度过了他的壮年期，找工作变得困难，即使找到了工作，挣的那点微薄工资也难以为继，最后不可避免地陷入赤贫之中。也许女孩干劲十足、勤俭持家，但那也无法挽救她的命运，她最后要么是在济贫院了此残生，要么是靠儿女的接济度日。因为生活对她如此吝啬，谁又会对她的死而心生怜悯呢？

怜悯确实毫无意义。菲利普觉得这些人也不需要怜悯，他们甚至自己都不会怜悯自己，他们只接受命运的安排。那是一种自然规律。要不然，天呀！要不然他们会一批一批地蜂拥到河对岸，到那些既安全又庄严的高大建筑中去，抢劫、纵火、洗劫一切。但就在这时，天已破晓，显出柔和、渐白的天色，河上薄雾弥漫，一切沐浴在柔和的阳光中，泰晤士河呈现出灰色、玫瑰色和绿色等多种色彩：灰如珍珠母的光泽，绿若黄玫瑰的花蕊。萨里区那边河岸上的码头和仓库杂乱无章地挤在一起，反而有一种可爱之处，风光十分旖旎。菲利普的心剧烈地跳动着，他为大千世界的美丽倾倒和震撼。除此之外，一切似乎都显得无足轻重。

第一百一十五章

在冬季学期开学之前，菲利普在门诊部度过了剩下的几个星期。到了十月份，他就能安下心来开始按部就班地继续学业。他离开医学院的时间太久，发现自己身边的同学大部分都是生面孔。不同年级的人又少有交往，他当初的同学现在大多已经毕业，取得了行医资格：有些人已经离开，到乡村医院或诊所当上助理医生或者医生；有些则在圣路加医院谋得了职位。两年时间，他的大脑一直闲着，已经得到了休整，他现在充满了活力，觉得自己又可以精力充沛地学习了。

阿瑟尔尼一家很高兴菲利普时来运转。菲利普从伯父的遗产中留下了几样东西，把它们当作礼物分别送给阿瑟尔尼一家人。他送给莎莉一条他伯母留下来的金项链。莎莉现在已经长成大姑娘了，在给一位裁缝当学徒，每天早上八点钟去摄政街的一家店里工作一整天。莎莉长着一双清澈明亮的蓝眼睛，宽阔的额头，一头浓密的秀发柔顺闪亮。她体态健美，臀部和胸部都非常丰满。她的父亲喜欢讨论她的外貌，不断地警告她千万别长胖。莎莉健康、活泼、拥有女性的温柔，显得非常迷人。她有很多的爱慕者，但是他们都因为她无动于衷悻悻而去。她给人一种印象：她把谈恋爱看作胡闹，因此不难想象小伙子们都觉得她难以接近。相对于她的年纪而言，莎莉显得很成熟。她过去一直帮她母亲做家务，也帮忙照顾弟弟妹妹，所以她有一种爱发号施令的习惯，因此她母亲总说莎莉有点独断专行。莎莉话不多，但随着年龄的增长，她似乎养成一种沉静的幽默感。有时她也会冒出一句话，表明在她冷若冰霜的外表之下，对她的同龄人也有好奇和兴趣。菲利普发现自己无法和她建立起亲昵的关系，而他和阿瑟尔尼家的其他成员却相处得极为亲密。有时候，她的冷漠多少让他有些不高兴。她身上有种令人猜不透的东西。

当菲利普送给她金项链之后，阿瑟尔尼一个劲儿起哄让她亲一下菲利普，但是莎莉红着脸，退缩了。

"不，我不想，"她说道。

"不知感恩的臭丫头！"阿瑟尔尼嚷嚷道，"为什么不？"

"我不喜欢被男人亲吻。"她说道。

菲利普看出她的尴尬，觉得有些好笑，便想法把阿瑟尔尼的注意力转移到别的事情上去了，他不费吹灰之力就可以做到这一点。不过，显然后来莎莉的母亲专门找莎莉谈过这件事，因为下一次菲利普来的时候，他俩有几分钟单独待着，她抓住这个机会跟他提了这件事。

"我上周不愿意吻你，你不会对我有什么不满吧？"

"一点也没有。"菲利普笑着说。

"那不代表我不知感激。"她一本正经地说出事先准备好的话，脸唰地红了，"我会一直把这条项链视如珍宝，你真是太好了，能把它送给我。"

菲利普发现，跟她聊天总是有点困难。她做起事情来干脆利落，可是似乎觉得没有必要与人闲聊。然而，她也并非没有一点交际能力。有一个星期天的下午，阿瑟尔尼夫妇一起出了门，而菲利普——现在大家都把他当作家里的一员——坐在客厅里看书，莎莉走了进来，坐在窗户边做着针线活儿。姑娘们的衣服都是在家里做的，莎莉即使在星期天也不能闲着。菲利普想她可能希望聊会儿天，就放下手中的书。

"继续看你的书。"她说道，"我只是觉得你一个人待着太寂寞，我过来坐在这儿陪你一会儿。"

"你是我见过的最不爱说话的人。"菲利普说道。

"这个家里已经有一个喜欢说话的人了，我们可不想再要一个。"她说道。

她的口吻里没有丝毫讽刺的意味，仅仅在陈述一个事实。但是，在菲利普看来，这还意味着她觉得，唉，她的父亲不再是她孩童时期的英雄了。在她的脑海中，把她父亲逗人的谈天说地和因不知节俭而经常给家里生活造成困难的行为联系在了一起。她把父亲的夸夸其谈和母亲的务实作风做了比较，虽然父亲的那种快活劲儿让她觉得有趣，但有时她或许对这种有趣有些不耐烦。当她低头做活儿的时候，菲利普在一旁看着她。她是那么健康、结实，一切都正常。若是她站在他曾供职的商店里那些胸脯平平、面无血色的姑娘中间，那种景象必定很奇怪。米尔德里德患有贫血症，同样也是如此。

过了一段时间，莎莉好像有了一个求婚者。她偶尔也和工作中认识的朋友们一起外出，她遇到一个小伙子，他在一家生意做得风生水起的公司里做电气工程师，条件非常不错，显然是个最合适的求婚者。一天，莎莉告诉母亲，小伙子已经向她求婚了。

"你说了什么？"她母亲问道。

"哦，我告诉他，我目前还不急于结婚。"莎莉停顿了一会儿，这是她考虑问题时的习惯，"他很难过，所以我说星期天他可以来家里喝茶。"

对于阿瑟尔尼来说，这正是他求之不得的场合。他排练了整整一下午如何扮演好一位严厉父亲的角色，要对这年轻人教导一番大道理，直到孩子们咯咯笑个不停方才作罢。就在年轻人登门之前，阿瑟尔尼翻箱倒柜找出了一顶埃及塔布什帽，坚持要戴在头上。

"别胡闹了，阿瑟尔尼，"他妻子说道，她穿着自己最好的衣服，就是那件黑色的天鹅绒长裙，因为每年她都会长胖一圈，裙子在她身上紧紧地箍着，"你会把我们女儿的好事搅黄的。"

阿瑟尔尼太太想把帽子给他摘下来，但是那个小个子男人机敏地跳开了。

"放过我吧，婆娘，说什么我也不会把它摘下来的。一定得让那个年轻人立刻明白，他准备进入的家庭可是不一般的。"

"让他戴着吧，妈妈。"莎莉用她那平稳、冷淡的语气说道，"如果唐纳森先生对接待他的方式不满意，他尽可以走好了，那样倒好，我也总算摆脱了。"

菲利普觉得那个年轻人就要经受严峻的考验。阿瑟尔尼穿着他棕色的天鹅绒夹克，系着一条黑色的领带，戴着红色的塔布什帽，对于那位纯朴的电气工程师来说，这番景象一定会让他惊掉下巴的。当年轻人到访的时候，男主人阿瑟尔尼以西班牙大公般骄傲又彬彬有礼的态度迎接了他，而阿瑟尔尼太太则以亲切自然的态度接待了他。他们在旧熨衣桌旁僧侣用的高背椅上坐定。这时，阿瑟尔尼太太用亮闪闪的茶壶给他们倒茶，这茶壶给这喜庆日子增添了英国乡村的情调。

桌上还有阿瑟尔尼太太自己亲手做的小点心，以及自己制作的果酱。这是一顿农家茶点，对于菲利普来说，在这座具有詹姆斯一世时代风格的房子里吃这样的茶点，别有一番趣味。阿瑟尔尼出于某种荒唐的原因，竟然大谈拜占庭的历史。他最近一直在读卷帙浩繁的《罗马帝国衰亡史》[①]的后几卷。此时，他戏剧性地伸出食指，往目瞪口呆的求婚者耳朵里一个劲儿地灌输着关于狄奥多拉和艾琳的风流艳史。他对着客人侃侃而谈。而那位年轻人，则陷入无助的沉默中，要么在阿瑟尔尼喘口气的间隙害羞地频频点头，表示他对这番睿智的谈话很感兴趣。阿瑟尔尼太太对阿瑟尔尼的聊天非但置若罔闻，而且还时不时地打断他的话，给年轻人一个劲倒茶，递点心和果酱。菲利普观察着莎莉，她垂着双眼坐在一边，安静又沉默，但保持着敏锐的观察力。她长长的睫毛在脸颊上投射出一道漂亮的阴影，你看不出她是觉得这场面好笑，还是她喜欢那个年轻人。虽然她叫人猜不透，但有一件事是肯定的：这位电气工程师长得非常精神，皮肤白皙，胡子刮得干干净净。他有一张坦诚的面孔，五官端正，讨人喜欢，身材高大挺拔。菲利普不禁想，这两人真是天生的一对，而且还对将来两人的幸福生活生出了些妒忌。

过了一会儿，求婚者说他觉得应该告辞了。莎莉没说话，站起来送他到门口。当她回到屋里时，她的父亲又突然大声嚷嚷道：

"哦，莎莉，我们认为你这位小伙子非常好，我们准备

---

① 《罗马帝国衰亡史》是英国历史学家爱德华·吉本（Edward Gibbon，1737—1794）所著的一部历史著作。全书共有六卷，以恢宏壮阔的篇幅，叙述了罗马帝国从二世纪安东尼时代的赫赫盛景，到 1453 年君士坦丁堡陷落时黯然谢幕的 1300 多年的历史风貌。

欢迎他加入我们的家庭。请教堂公布结婚预告吧，我要创作一首婚礼歌曲。"

莎莉开始收拾茶具，没有回答。突然，她飞快地瞟了一眼菲利普。

"你觉得他怎么样，菲利普先生？"

她一直不像其他孩子那样叫他菲尔叔叔，也不叫他菲利普。

"我觉得你们俩很般配。"

她又很快地看了他一眼，然后脸一红，继续忙手里的活儿了。

"我认为他是一个举止得体、谈吐文雅的年轻人，"阿瑟尔尼太太说，"而且，我想他正是能让任何女孩幸福的那种男人。"

莎莉有一两分钟没有吭声，菲利普好奇地看着她，也许她正在思考母亲说的话，又或许她正在想着意中人吧。

"我们在跟你说话，你为什么不回答呀，莎莉？"她母亲有点不高兴地说道。

"我在想他是个傻瓜。"

"那你不打算接受他的求婚啦？"

"是的，我不打算。"

"我不知道你想找个什么样的。"阿瑟尔尼太太说道，很显然，现在她被惹恼了，"他是个非常体面的年轻人，而且可以为你提供一个舒适的家。如果你出嫁了，我们家吃饭的人少一口还能松快点。你有那么好的机会，却不抓住它，真是说不过去。我敢说，如果你嫁给了他，将来肯定能有个女仆给你做粗活儿的。"

菲利普以前从来没听过阿瑟尔尼太太这么直截了当地抱

怨生活的艰难。他这时才明白让每个孩子都不缺吃少穿是一件多么不容易的事。

"您再怎么说也没用，妈妈，"莎莉心平气和地说道，"我不会嫁给他的。"

"我觉得你真是个铁石心肠、残忍、自私的姑娘。"

"如果您想让我挣钱养活自己，妈妈，我可以去做用人。"

"别说傻话了，你知道你爸爸绝不会让你那么干的。"

菲利普正好看到了莎莉的眼睛，他觉得她眼里有一丝说不出来的笑意，真搞不懂刚才的对话里有什么触动了她的幽默感。她真是个奇怪的女孩子。

第一百一十六章

在圣路加医院的最后一年，菲利普不得不发奋攻读。他现在对生活很满意，内心不为爱情所困，而且有足够的钱满足日常所需，实在是很惬意。以前常听到人们用不屑的口吻谈起钱，他不知道他们是否尝过没钱的滋味。他知道缺钱会使人小气、卑鄙、贪婪，会扭曲人的性格，会让人从粗俗的视角看待世界。当你花每一个便士都要精打细算的时候，钱对你来说变得出奇地重要，你需要有一种恰当地评估钱财的价值的能力。菲利普一个人生活，除了阿瑟尔尼一家以外，和其他人没有来往，但是他并不感到孤单。他忙于制订未来的计划，有时还会想起过去的生活。时不时会回忆起一些老友，但是他并没有去看他们。他想知道诺拉·内斯比特现在过得怎样，眼下她应该是冠了夫姓的诺拉，但是他怎么也想不起诺拉要嫁的那个男人姓什么。菲利普很高兴能结识诺拉，她是个善良而勇敢的女性。一天晚上大约十一点半时，他看见劳森正沿着皮卡迪利大街走着。劳森穿着晚礼服，可能是从剧院看完戏后回家。菲利普还是顺从了一时的冲动，很快拐向了一条小路。菲利普已有两年没见过劳森了，现在觉得无法重拾那中断了的友谊。他和劳森彼此也没有什么话可谈了。菲利普不再对艺术感兴趣，在他看来，现在他对美的感悟比以前更深刻，但是艺术好像无关紧要了。他更多地关注如何从纷繁复杂的生活中织就一种"人生的图案"，编织这幅人生图案所用的材料似乎使他以前关注的色彩和文字都显得微不足道。劳森已经满足了菲利普的需要。菲利普和劳森的友谊是菲利普过去精心设计的人生图案的主题，而现在这位画家不再能激起他进一步的兴趣，忽视这一事实只能徒增感伤罢了。

有时，菲利普还会想起米尔德里德。他有意避免经过那些有可能会碰见她的街道，但是偶尔会涌现某种感觉，或许是好奇，或许是他不愿承认的比好奇更深刻的感情，使得他在皮卡迪利大街和摄政街之间，在那些她有可能会出现的时刻，一直徘徊。他不知道自己是希望见到她还是害怕见到她。有一次，他看见一个女人的背影很像米尔德里德，有那么一刻他以为那个女人就是她，顿时，他心中泛起了奇怪的感情：一种莫名的刺痛，其中夹杂着恐惧和百爪挠心的难过。当他匆忙赶上她时，却发现认错了人，他搞不清楚自己的心情是如释重负，还是深深的失望。

八月初，菲利普通过最后一门考试——外科学，得到了毕业文凭。从他进入圣路加医学院学习到此时已经过去七个年头，他也年近三十岁了。他沿着皇家外科学院的楼梯慢慢往下走去，手里拿着那一纸文凭，证明他有资格行医了，他的心满意地跳跃着。

"从现在起，我才真正要开始我的人生。"他心想。

第二天，他去医院秘书办公室登记名字，申请医院的职位。秘书是位讨人喜欢的小个子男人，留着一抹小黑胡子。菲利普发现他总是那么和蔼可亲，他对菲利普的成功表示了祝贺，然后说：

"我想你不愿意去南部海岸做一个月的临时代班医生吧？包食宿，薪水是一周三个几尼。"

"我倒无所谓。"菲利普说道。

"地点是多塞特郡的法恩利，做索斯医生的助手。你最好能立刻动身，索斯医生的助手得了腮腺炎。我认为那地方相当不错。"

那位秘书的态度让菲利普觉得有些困惑，这事多少有些蹊跷。

"有什么难应付的吗？"菲利普问道。

秘书犹豫了片刻，笑着安慰他。

"嗯，事实是，我知道他是个相当执拗的、有趣的老家伙，很多机构都不愿给他派助手。他心里想什么就说什么，人们都受不了他这个脾气。"

"可是你觉得他会对一个刚刚取得行医资格的人满意吗？毕竟我没什么经验呀。"

"他该为你去当助手而庆幸。"秘书圆滑地说道。

菲利普想了一会儿，接下来的几周他没什么事可做，倒是很高兴能有机会挣上一点钱。他可以把钱攒起来作为去西班牙度假的费用。这是他对自己的承诺。只要他能在圣路加医院任职，或者如果圣路加医院无法给他任何职位，他在其他医院谋到职位的话，他就去西班牙旅游一趟。

"好吧，我去。"

"问题的关键是，你必须今天下午就走，你可以吗？如果可以，我立刻给那边拍个电报。"

菲利普本来想给自己放几天假，但是昨天晚上他已经看望过阿瑟尔尼一家（他一得到通过考试的好消息，就马上去了他们家），没有什么理由不能马上动身。他只有一点行李要收拾。晚上七点钟刚过，他就走出法恩利火车站，叫了辆出租马车驶向索斯医生的诊所。那是一幢宽阔、低矮的粉饰灰泥房子，墙上爬满五叶地锦。他被领进门诊室，一位老人正坐在桌子后，低头写着什么。当女仆把菲利普领进来时，老人抬头看了看菲利普，没有起身，也没说话，只是盯着菲利普。菲利普心里一惊。

"我想您是在等着我吧，"菲利普说道，"圣路加医院的秘书今天上午给您拍了电报。"

"我把晚餐往后推了半个小时，你想先洗漱一下吗？"

"好的。"菲利普说道。

索斯医生古怪的言谈举止让菲利普觉得有趣。这时，索斯医生站了起来，菲利普发现他中等个头，身材瘦削，一头白发修剪得很短。一张大嘴紧紧地抿着，好像没嘴唇似的。他的脸刮得很干净，只在两腮留了一点白胡须，配上宽宽的下巴，让他的脸显得更加方正。他穿着一件棕色的苏格兰呢制服，系着一条宽大的白色硬领巾。衣服松松垮垮地套在他身上，好像原本是为一个身材更高大壮硕的人做的。他看上去就像十九世纪中叶某个体面的农夫。这时，他推开门。

"那儿是餐厅。"他指了指对门说，"你的卧室是上了楼梯平台的第一个门。你收拾完后就下楼吃饭吧。"

在吃晚饭的过程中，菲利普知道索斯医生在打量他，但是很少说话，菲利普觉得他也不想让助手多说话。

"你什么时候获得行医资格的？"他突然问道。

"昨天。"

"你上过大学吗？"

"没有。"

"去年我的助手度假时，他们给我派来一位大学生，我告诉他们以后别再干这种事了。大学生老摆出一副绅士的派头，我可受不了。"

接着他们之间又出现了一阵沉默。晚餐十分简单，但是味道不错。菲利普外表镇静，但内心思潮汹涌，兴奋异常。他对被聘为临时代理医生欣喜若狂，觉得自己成熟了不少。他想到医生职业受人尊重，就越发感到心花怒放，恨不得没来由地大笑一场。

但是，索斯医生突然打断了他的思绪。

"你多大了？"

"快三十了。"

"那你怎么才取得行医资格？"

"我快二十三岁才开始学医，其间又不得不休学两年。"

"为什么？"

"因为穷。"

索斯医生神情古怪地看了菲利普一眼，又不说话了。晚饭结束时，索斯医生从桌子旁站起身来。

"你知道在这儿行医是怎么回事吗？"

"不知道。"菲利普回答道。

"病人大多数是渔夫和他们的家人。我负责这家'工会和渔民诊所'。过去这儿只有我们一家医院，但自从这儿变成海边度假胜地之后，有个家伙在山上建了一家诊所，有钱人都去找他看病了。我的病人都是些付不起医生诊费的穷人。"

菲利普看得出，两家诊所的竞争是这位老人的一块心病。

"您知道我没有什么经验呀。"菲利普说道。

"你们这些人呀，什么都不懂。"

索斯医生说完这话就走出了屋子，把菲利普自己撂在那里。当女仆走进来收拾的时候，告诉菲利普，索斯医生每天晚上六点到七点要看病人，今天晚上的工作已经结束了。菲利普从房间里拿了一本书，点着了烟斗，坐下来准备看书。真是惬意，在过去的几个月中，除了医学书以外，他没看过任何东西。十点钟的时候索斯医生进了屋，看着他。菲利普喜欢在读书的时候把脚搭在高处，因此他拽了把椅子把脚搭在了上面。

"看起来，你能让自己很享受呀。"索斯医生声音严肃，如果菲利普不是心情很好的话，一定会感到不安的。

菲利普回答的时候眨了眨眼睛。

"您对此很反感吗？"

索斯医生看了他一眼，但是没直接回答。

"你在看什么书？"

"斯摩莱特①的《辟克尔历险记》。"

"我碰巧也知道斯摩莱特写的《辟克尔历险记》。"

"对不住，医生们不是对文学不怎么感兴趣吗？难道不是吗？"

菲利普把书放到了桌子上，索斯医生把它拿了起来。这本书曾是布莱克斯达布尔的牧师的藏书，薄薄的，用色泽暗淡的摩洛哥羊皮装帧，卷首插画是铜版印刷的版画。书页因年代久远散发着霉味，斑斑点点。索斯医生手里拿着书的时候，菲利普下意识地把身子往前一倾，眼里闪过一丝笑意。这个细微的动作没有逃过老医生锐利的眼睛。

"我让你觉得好笑吗？"老医生冷冰冰地问道。

---

① 　托比亚斯·斯摩莱特（Tobias Smollett，1721—1771），英国小说家。他在1751年写了一本漫游历史小说《辟克尔历险记》（《柏雷葛伦·辟克尔》）。

"我能看出来，您很喜欢书。我从人们拿书的姿势就能辨别出来。"

索斯医生闻言马上把书放下来。

"早餐八点半。"索斯医生说完转身离开了房间。

"真是个有趣的老家伙！"菲利普心想。

菲利普很快就明白为什么索斯医生的助手们觉得很难和他相处。首先，他对近三十年来医学上的新进展一律置若罔闻，拒绝接受。对那些大家都认为有奇效，但用不了几年就被弃用的时新药物，他无法容忍。索斯医生在圣路加医院学习过，离开那儿后他随身带回几种混合药剂的配方，他一辈子都在使用这几种药行医。他发现这几种药和后来面世的新药一样有效。菲利普惊讶地发现索斯医生竟然对外科的无菌处理法也抱着怀疑的态度。只是因为大家都达成了共识，他才勉强接受。在医院里谨慎采用的预防措施，他倒是也采用，不过他统统看不上眼，就像大人逗小孩玩一样，敷衍了事。

"我曾见证抗菌剂的应用，它一经面世就横扫之前的一切药物，现在我又看到无菌法取代了它们，真是瞎胡闹！"

那些被派给他当助手的年轻人只知道医院里的那套操作流程，受到他们在医院耳濡目染的那种气氛影响，对全科医生有着毫不掩饰的蔑视。但是，他们看的只是病房中的复杂病例，只知道如何治疗肾上腺的疑难杂症，对于头疼脑热、感冒发烧一类的小病就束手无策了。他们的知识只局限于书本，自信却膨胀得漫无边际。索斯医生紧闭双唇，注视着他们，抓住机会来证明他们是多么无知，他们实在没有自大的资格，他喜欢从这种事中取乐。他们的病人都是些贫穷的渔民，在这儿行医挣不了多少钱，医生要自己配药剂。索斯医生质问他的助手，如果他给一名渔民开的胃疼药剂中一半都是昂贵的药，怎么指望这所公益医院能够办得下去。他也抱怨年轻的医生们没有文化底蕴，他们读的东西要么是《体育时报》，要么是《英国医学杂志》。他们写的字要么歪七扭八，要么错字连篇。有那么两三天，索斯医生密切观察着菲利普，只要让他抓住菲利普出点什么差错，他就准备劈头盖脸给菲利普一顿猛批。菲利普显然心里很清楚这一点，有条不紊地做着工作，心中对老医生的做法暗自好笑。菲利普对自己职业的改变感到高兴，喜欢这种独立和负责任的感觉。来诊室的病人什么样的人都有，只要能鼓舞起病人的信心，菲利普就感到心满意足。在这里能够观察治疗的整个过程，这真让人感到愉快，而在大医院实习时，只能隔很长一段时间才能看到。外出巡诊时，他经常到低矮的小屋中去，里面装满打鱼的用具和船帆，到处都是远航带回来的纪念品，有从日本带回来的漆器，从美拉尼西亚带回来的鱼叉和船桨，或者从斯坦布尔集市上买回来的匕首。在那一间间不通风的小屋中，弥散着一种浪漫的情调，大海的咸味又给它们带来一种新鲜气息。菲利普喜欢和水手们聊天，他们也发现他并不高高在上，所以会把他们年轻时候远航的种种冒险经历讲给他听。

有一两次他在诊断上出了错（他以前从来没看过麻疹的病例，当他面对这些疹子时，以为是皮肤的疑难杂症）；还有一两次他的治疗方案和索斯医生的不同。第一次时，索斯医生言辞激烈地对他一顿挖苦，但是菲利普愉悦地听着，一点也不往心里去。他有某种能做出巧妙回应的天赋，回一两句嘴就能让索斯医生住嘴，好奇地瞪大眼睛看着他。菲利普的脸很严肃，但两只眼睛却闪烁着光芒，这位老先生不能不产生这样的感觉：菲利普正在跟他开玩笑呢。他已经习惯被他的助手们讨厌和害怕，而菲利普带给他一种新的体验。索斯医生脑子里闪过一个念头：对菲利普大发一顿脾气，然后把菲利普打发掉，就乘下趟火车走，他以前对他的助手们就这么干过。但是，他有一种不安的感觉，那样的话菲利普会当面奚落他。突然，他又觉得这样的情形很有趣。他嘴边不知不觉地露出了微笑，但这微笑似乎又违背了他刚才的想法，于是他转身走开了。过了一会儿，他渐渐意识到菲利普是在故意打趣他。起初他有些吃惊，后来也乐了。

"真他妈的放肆，"他暗自笑着说，"真他妈的放肆！"

第一百一十七章

菲利普写信给阿瑟尔尼，告诉他自己正在多塞特郡做代班医生，没过几天菲利普收到了阿瑟尔尼的回信。信写得很正式，信上满是矫揉造作的华丽辞藻，如同镶满珍贵宝石的波斯王冠；字写得相当漂亮，就像古代哥特式黑体字一样，但难以辨认，不过，阿瑟尔尼可为他这手漂亮字骄傲呢。他建议菲利普来肯特郡的啤酒花田，加入他们每年的采摘啤酒花活动。为了说服菲利普，阿瑟尔尼还发表了一通动听又复杂的宏论来描述菲利普的心灵以及啤酒花的卷须藤蔓。菲利普立刻回信，说他一有空闲就赶去和他们会合。虽然他没有出生在萨尼特岛①，但他对那儿一直有着特殊的感情。他一想到要和大地母亲亲密接触，想到在一片蓝天下，在如同阿卡迪亚②的橄榄树丛那样具有田园风情的环境里待上整整两周，他就热血沸腾，满是憧憬。

他在法恩利工作的四周时光很快就过去了。那里的悬崖上，一座新的城镇正在崛起，一幢幢红色砖墙的别墅周围是高尔夫球场，一家宾馆最近也开张迎接夏季的游客；但是菲利普很少到那儿去。悬崖下方，一些二十世纪的石头小屋错

---

① 萨尼特岛，苏格兰东南部岛屿，位于肯特郡的东北侧。

② 阿卡迪亚，古希腊地名，以田园风光著称。

落有致地聚集在港口旁；狭窄的街道，坡度很陡，有一种古朴的风貌，引起人们的无限遐思。海边是一座座整洁的村舍，每座房舍前都有一个修剪得十分整齐的小花园。这里住着从商船退休的船长们，还有一些靠大海为生的男人的母亲或者遗孀。这些小屋显得古朴又宁静。这个小港口经常有来自西班牙和地中海东部地区的不定期货船，还有小吨位的轮船；在浪漫之风的吹动下，不时还会有一条帆船徐徐入港。这景象使菲利普想起了布莱克斯达布尔的那个脏兮兮的小港口，以及小港口里停泊的黑黢黢的运煤船。他想起正是在那儿，他第一次产生了去那些东方国度和被明媚阳光照耀的热带海岛的愿望，而如今这种愿望让他魂牵梦萦，无法忘怀。但是在这里，你才会觉得自己离宽广浩瀚、深不见底的海洋更近，那种感觉远比在北海海岸上来得更真切；在这儿，面对风平浪静、一望无际的大海，你不禁会深深地吸口气；西风，那夹杂着英格兰特有的亲切柔和、带有咸味的海风，会让你精神为之一振，同时又会融化你的内心，让你变得充满柔情。

菲利普和索斯医生一起工作的最后一周的一天晚上。当菲利普和老医生正在配药的时候，一个孩子来到诊所门口。那是一个衣着破烂的小女孩，小脸脏兮兮的，光着小脚丫。菲利普给她打开了门。

"先生，求求您了，您能立即去一趟弗莱彻太太在常春藤巷的家吗？"

"弗莱彻太太怎么了？"索斯医生用他嘶哑的嗓音在屋里问了一句。

孩子没理他，但又继续冲着菲利普说道：

"求您了，先生，她的小儿子出了意外，您能马上来吗？"

"告诉弗莱彻太太我马上到。"索斯医生喊道。

小女孩犹豫了一会儿，把脏手指头放进脏嘴里，仍然站在那儿，眼巴巴地看着菲利普。

"怎么啦，孩子？"菲利普笑着问道。

"求您啦，先生，弗莱彻太太说，能请新来的医生跑一趟吗？"

药房里一阵响动，索斯医生随即出现在了过道上。

"弗莱彻太太对我不满意吗？"索斯医生咆哮道，"从她一出生，我就给她看病，难道我现在都不够格给她那脏乎乎的小崽子看病了？"

有那么一会儿，小女孩看起来好像快哭出来了，随后她想了想又改变了主意；朝索斯医生吐了一下舌头，趁老医生还没从震惊中缓过神来，拔腿跑开了。菲利普看出来这位老先生是真生气了。

"您看上去累坏了，而且这儿离常春藤巷也够远的。"菲利普说道，试图给老先生找个台阶下，让他不用亲自跑去了。

索斯医生发出了一声低吼。

"他妈的，这条路对于一个用两条腿走路的人来说，比只有一条半腿的人可要近多了。"

菲利普的脸红了，好一阵一声不吭地站在那里。

"您是希望我去，还是您自己去？"菲利普最后冷冷地问道。

"我去有什么用？人家要你去。"

菲利普拿上帽子，走着去看病人了。当他回来的时候已经快到八点钟了。索斯医生正站在餐厅里，背对着壁炉。

"你去的时间可不短呀。"索斯医生说道。

"对不起，您干吗不先吃呀？"

"因为我决定要等你。你这段时间一直都待在弗莱彻太太家里？"

"不，没有。我在回来的路上停下来看了一会儿日落，忘了考虑时间。"

索斯医生没有回答，这时女仆给他们端上来了烤西鲱鱼。菲利普胃口大开，津津有味地吃起来。突然，索斯医生问了他一个问题。

"你为什么要看日落？"

菲利普满嘴都是食物，嘟囔了一句：

"因为我开心。"

索斯医生用奇怪的眼神看了他一眼，苍老、疲惫的脸上掠过一丝微笑。剩下的用餐时间两人都没说话。但当女仆给他们拿来一瓶葡萄酒，转身离开房间后，老医生往后一靠，目光锐利地看着菲利普。

"我说你的瘸腿时刺伤你了吧，年轻人？"他说道。

"人们对我发火时，总提我的跛足，不管是直接的还是间接的。"

"我想他们知道那是你的痛处。"

菲利普平静地看着老医生。

"您是不是也很高兴发现了这一点？"

医生没有回答，但是苦笑了几声。他们坐在那儿彼此盯着对方。然后，索斯医生说了一句让菲利普大吃一惊的话。

"为什么你不留下来？我会把那个得了腮腺炎的傻瓜打发走的。"

"您真是太好了，但是我希望秋天时能在医院谋个职位。这对我以后找其他工作会有很大的帮助。"

"我的意思是你做我的合伙人。"索斯医生气呼呼地说。

"为什么？"菲利普吃惊地问道。

"他们似乎喜欢你留下来。"

"我还以为您绝不会喜欢这样的事呢。"菲利普干巴巴地说道。

"我开业行医四十年了，你认为我会在乎人们喜欢我的助手而不喜欢我吗？不，我的朋友。我的病人和我之间没有什么感情可言。我不指望他们对我感恩戴德，我只希望他们付我看病的费用。好了，你觉得这个提议怎么样，说说看？"

菲利普没有回答，不是因为他正在考虑这项建议，而是因为他震惊得有点缓不过神来。很显然，有人向一个刚刚获得行医资格的年轻人提供合伙人的机会确实很不寻常。菲利普也惊诧地意识到，虽然索斯医生怎样都不会承认，但是他是喜欢自己的。菲利普暗想，如果自己告诉圣路加医院那位秘书这件事，他一定会觉得十分有趣。

"在这里，一年能有大约七百英镑的收入。我们可以估算一下给你多少股份，你可以分期付给我。等我死了，你就能接任我的位子。我认为这比你在医院待上两三年好多了，因为直到你独当一面之前，你不过是个助理医生罢了。"

菲利普知道这是他们这一行大多数人梦寐以求的机会，行医的人太多了，尽管这里的收入并不太高，但他认识的人中至少也有一半会感激涕零地接受索斯医生的建议。

"我真是太抱歉了，我不能接受。"菲利普说道，"那意味着放弃我多年来所追求的东西。尽管之前我遇到过各种各样的困难，但我从未放弃我的目标：只要获得行医资格，我就去旅行。现在，每当我早晨醒来时，浑身骨头酸痛，就像在催我启程，我不介意具体去哪儿，只需出发，去我从没到过的地方就行。"

如今这个目标似乎非常近了。他在圣路加医院的实习期将在明年年中结束，那时他会去西班牙；他可以在那儿待上几个月，在那块对他来说充满浪漫色彩的土地上漫游；然后，他会坐船去东方的国度。人生之路就在他面前展开，时间也很充裕。如果他愿意，他可以花几年时间在偏远的地方四处游历，在陌生人中间，在生活方式奇特的土地上漫游。他不知道他寻求的东西是什么，或者他的旅程会带给他什么，但他有一种感觉：他会了解许多关于生活的新知识，得到解开生活奥秘的某种线索，而这只是为了发现更为神秘的东西。即使他什么也没发现，也可以减轻撕咬他内心的那种躁动。然而，现在索斯医生正向他展示一种巨大的善意，如果没有充分的理由就拒绝，似乎显得不知好歹。所以，菲利普用他那种羞怯的方式，竭力表现出郑重其事的样子，试图向索斯医生解释，为什么实现那个珍藏在他心中多年的计划对他来说是如此重要。

索斯医生静静地听着，他饱经风霜、阅历丰富的眼中露出温和的神情。对菲利普来说，老人并没有强迫菲利普接受他的建议，这似乎显得老人更加友好。通常情况下，善举总是带着些不容拒绝的强硬。索斯医生好像觉得菲利普的理由很充分，便把这个话题放到一边，开始谈论自己的青年时代。索斯医生曾在皇家海军服役，成年累月和大海打交道，让他与大海结下不解之缘。退役后，他决定定居在法恩利。他跟菲利普讲述了过去他在太平洋上漂泊的经历，还有在中国充满冒险的奇遇。他曾经参加过远征军与婆罗洲^①土著的作战，也到过萨摩亚^②——当时它还是个独立的国家。他还登上过

---

① 婆罗洲，当时为英国的殖民地，即现在的加里曼丹岛，世界第三大岛。
② 萨摩亚，南太平洋中属于波利尼西亚的一个岛群，现分为美属萨摩亚群岛和萨摩亚国。

很多珊瑚岛礁。菲利普听得如痴如醉。就这样，索斯医生一点一点地把自己的身世讲给菲利普听。索斯医生是个鳏夫，他的妻子三十年前就去世了，他的女儿长大后嫁给了罗德西亚的一个农场主。索斯医生和他的女婿发生了激烈的争执，女儿已经有十年没回英国了。在外人看来，好像他从来没有妻子或孩子。他很孤独，他那粗暴的脾气不过是用来掩盖生活理想彻底幻灭的一把保护伞。在菲利普看来，索斯医生不是不耐烦，而是怀着厌恶的心情等待着死神的降临，索斯医生憎恨自己的风烛残年，又不甘忍受年事已高给自己带来的种种限制，觉得只有死亡才是解决他凄苦生活的唯一办法，这似乎非常可悲。菲利普和他在人生旅途上邂逅，他因长期和女儿分离而泯灭的慈父之情就倾注到了菲利普身上。在翁婿的争执中，女儿站在丈夫的一边，索斯医生也从未见过他的外孙和外孙女。起初，对菲利普的这种感情让索斯医生很生气，他告诉自己说这是年老昏聩的迹象；但是菲利普身上的一些东西确实吸引着他，不知为什么，他发现自己常常会对着菲利普微笑。菲利普并不让他觉得讨厌。有那么一两次菲利普还把手放在他的肩膀上，这种近乎爱抚的动作自女儿多年前离开英国前后，索斯医生就没有再得到过。等菲利普要走的那天，索斯医生一路陪着他走到火车站，老医生竟然发现自己心中充满不可名状的悲伤。

"我在这儿度过了一段快乐的时光。"菲利普说道，"您对我一直很好。"

"我想你很高兴终于要走了？"

"我真的很喜欢这儿。"

"但是你想去看看外面的世界，是吗？哦，你还年轻。"他犹豫了片刻，"我想让你记住，如果哪天你改了主意，我的建议依然算数。"

"您真是太好了。"

菲利普把手伸出车厢窗户外，和索斯医生握了握手，列车缓缓驶出了车站。这时菲利普的心思已经转到他即将度过半个月的啤酒花田，想到能再次见到朋友们他就感到开心；另外，那天天气晴朗，让他的心情格外舒畅。但是，此时索斯医生正慢慢地走回他空落落的家，他觉得自己非常苍老，非常孤独。

第一百一十八章

当菲利普到达费尔恩时，天色已经很晚了。费尔恩是阿瑟尔尼太太老家的村子，她从小时候起就习惯在啤酒花田里采摘了，现在她和丈夫以及孩子们每年在采摘时节都回到费尔恩。就像很多肯特郡的人家一样，她的一家人会定期回来采摘，既能挣点零花钱，更重要的是，又可以把这每年一家人的外出远足看作最愉快的假期。在这次出行前的好几个月，一家人就一直在期盼了。其实采摘的活儿不重，大家一起在露天地里采摘，对于孩子们来说，更是一次时间较长的快乐野餐会。在这儿，年轻小伙子可以和姑娘们约会；在采摘结束后的漫长夜晚，他们会在田野小径漫步，谈情说爱。于是，在采摘季节一结束，就会迎来好几场婚礼。新人们坐着装满被褥、锅碗瓢盆、桌椅的马车去往新家。在啤酒花采摘季，费尔恩村几乎都空了。村民们都很排外，对"外来人"——他们这样称呼那些来自伦敦的人——的入侵愤愤不平。当地村民既瞧不起这些"外来人"，又害怕他们，认为他们是一帮粗鲁的家伙，而体面的乡村居民是不愿意和他们交往的。在过去，来这儿采摘啤酒花的人都睡在谷仓里，不过十年前一排小屋在草场旁边搭建起来了。阿瑟尔尼一家，就像其他很多人家一样，每年都住在同一间小屋中。

阿瑟尔尼从小酒店借了一辆马车去车站接菲利普，也为他在这家小酒店订了一个房间。小酒店距离啤酒花田地大约有四分之一英里的路程，他们把菲利普的行李放到小酒店后，向草场边的小屋走去。那些小屋只不过是一长溜低矮的棚子，被分隔成好几个十二平方英尺左右的小房间。每个小屋的前面都有一堆用树枝燃起的篝火，一家人围坐在火堆的周围，眼巴巴地等着火上煮的晚饭。海风和阳光已经把阿瑟尔尼家孩子的脸变成了棕色。阿瑟尔尼太太戴着她的遮阳帽，现在看上去完全变了一个人：你会觉得多年的城市生活并没有真正改变她，她还是那个土生土长的乡下女人。可以看出来，她在乡村的环境中是多么得心应手。这时，阿瑟尔尼太太正在煎培根肉，同时照看着年龄小一点的孩子。见到菲利普，她高兴地和他握了握手，对他露出愉快的笑容。阿瑟尔尼对于乡村生活的乐趣充满了热情。

　　"我们住的城市太缺少阳光和新鲜空气了。那不是生活，而是长期的监禁。我们把东西都卖掉吧，贝蒂，在乡下买个农庄该多好。"

　　"我可知道你待在乡村会怎么样了。"阿瑟尔尼太太愉快又半带挖苦地说道，"哼，冬天一下雨，你就喊着要回伦敦了。"她又转向了菲利普说："阿瑟尔尼总是像这样，当我们刚到这儿的时候，他会整天嚷嚷：'乡村，我太喜欢了！'哼，他连甜菜和甘蓝都分不清楚呢。"

　　"爸爸今天偷懒了，"简喊道，心直口快是她的特点，"他连一个帆布袋都没装满。"

　　"我在练习嘛，孩子，等到了明天，我摘的比你们所有人加起来的都要多。"

　　"来吃晚饭了，孩子们。"阿瑟尔尼太太喊道，"莎莉跑哪儿去了？"

"我来了，妈妈。"

莎莉从他们的小屋中走出来，篝火这时烧得正欢，火焰直往上蹿，火光把她的脸映得通红。近来菲利普见她穿的都是整齐的工装，自从她去裁缝那儿学徒以来就是那种工装打扮，而现在她穿着印花的裙子，显得非常迷人；这身装束十分宽松，便于干活儿。她把袖子高高卷起，露出了她结实、圆润的手臂。她也戴着一顶遮阳帽。

"你看上去就像童话中的挤奶女工。"菲利普跟她握手时打趣道。

"她是啤酒花田地中的美女。"阿瑟尔尼说道，"我的天呀，如果乡绅的儿子看见你，他一眨眼的工夫就会向你求婚的。"

"乡绅没有儿子，爸爸。"莎莉说道。

她四下看了看，想找地方坐下来。菲利普在他旁边给她腾了块地方。在篝火照耀的夜晚，莎莉看上去漂亮极了，就像一个乡村女神，让你联想起老赫里克①在优美的诗句中所描绘的那些充满青春活力、身体强健的姑娘。晚饭很简单，面包、黄油加上香脆的培根肉，孩子们喝茶，阿瑟尔尼夫妇和菲利普喝啤酒。阿瑟尔尼一边狼吞虎咽地吃着，一边啧啧赞叹食物的可口。他大声地嘲笑卢库勒斯②，连布里亚-萨瓦兰③也没能逃过他的挖苦。

"阿瑟尔尼，有一点你值得称赞。"他的妻子说道，"你

---

① 罗伯特·赫里克（Robert Herrick，1591—1674），英国骑士派诗人，写过很多清新的田园抒情诗。

② 卢库勒斯（Lucullus，前 110—前 56），古罗马将军，曾任财务官、行政长官等。喜美食，故今天"卢库勒斯"有"饕餮盛宴"之意。

③ 布里亚-萨瓦兰（Brillat-Savarin，1755—1826），法国法学家，又是美食家。其名言："告诉我你吃什么，我就能知道你是什么样的人。"

确实享受你的食物，这一点没错！"

"这是你亲手做的饭菜呀，我的贝蒂。"阿瑟尔尼一边说，一边像演说家一样伸出食指比画着。

菲利普觉得十分惬意。他开心地看着连成一串的篝火，人们围坐在篝火旁，火焰的颜色映衬着夜空。在草场的尽头是一排高大的榆树，榆树上方是布满星星的天空。孩子们说笑着，阿瑟尔尼像个孩子似的坐在他们中间，变着戏法，讲着故事，让孩子们的欢声笑语在田野上回荡。

"这儿的人们可喜欢阿瑟尔尼了。"他妻子说道，"嗯，有一天布里奇斯太太跟我说，如果没阿瑟尔尼先生，我们现在都不知如何是好，她就是这么说的。他总是耍些小把戏，与其说他是一家之长，还不如说他是个小学生更恰当。"

莎莉静静地坐着，但是对菲利普照顾得非常周到，那副模样让菲利普着迷。有她在身边真是件幸福的事，他时不时地会瞄一眼她被太阳晒黑、气色健康的脸庞。有一次，两人的目光相遇，她文静地笑了笑。晚饭过后，简和她的一个弟弟被派去草场边上的小溪打一桶水洗碗。

"你们这群孩子，领着你们的菲利普叔叔去看看我们睡觉的地方吧，然后你们也该上床了。"

一双双小手拽着菲利普，他被孩子们领着向小屋走去。走进小屋，他划着一根火柴。里面没什么家具，除了一个锡制的箱子用来装衣服外，还有几张床，再没别的东西了。一共有三张床，都靠墙放着。阿瑟尔尼跟着菲利普走了进来，自豪地向他介绍。

"那是睡觉用的铺板，"他大声说道，"这儿可没有你睡的弹簧床和盖的天鹅绒被褥。我还从来没有像在这儿睡得那么香过呢。你可还得睡在被褥中，我亲爱的朋友，我打心眼里可怜你呀。"

三张床上都铺着一层厚厚的啤酒花藤蔓，藤蔓上面又铺了一层稻草，稻草上铺了一条毯子。在露天地里经过一天的忙碌，在四周散发着啤酒花芬芳的香气中，幸福的采摘者们都能酣然入睡。到了晚上九点钟，草场上安静下来，人们都上床了，只有一两个男人还在小酒店中流连忘返，直到酒店十点钟要打烊了，才磨磨蹭蹭地回去。阿瑟尔尼陪着菲利普来到小酒店。在菲利普离开阿瑟尔尼一家之前，阿瑟尔尼太太告诉他：

"我们大约差一刻六点吃早餐，但是我敢说你不想起得那么早。你知道，我们六点钟就要出去干活儿了。"

"他当然必须早起，"阿瑟尔尼喊道，"他必须像我们一样干活儿。他得挣他的饭钱呢。不干活儿，没饭吃，我的老朋友。"

"孩子们在早饭之前要去海里游泳，他们在回来的路上可以去叫你。他们正好路过'快乐水手'酒店。"

"如果他们乐意去的时候就叫醒我，我就跟他们一起去游泳。"菲利普说道。

简、哈罗德和爱德华听完这句话都兴奋地叫起来。第二天一早，熟睡中的菲利普被冲进他房间的孩子们吵醒。男孩们跳到他的床上，他不得不用拖鞋把他们撵了下去。他穿上一件外套和一条外裤，下了楼。天刚破晓，空气中带着一丝寒意，但是天空万里无云，太阳发出金黄色的光芒。莎莉拉着康妮的手正站在大路中间，她的胳膊上搭着一条毛巾和一件泳衣。他现在才看清莎莉的遮阳帽是薰衣草般的淡紫色，在帽子的映衬下，她黑里透红的脸庞就像熟透的苹果。她慢悠悠地对他甜美地笑了一下，算是和他打招呼。菲利普突然注意到她的牙齿，小巧、整齐而洁白。他奇怪为什么自己以前没注意到。

"我本来想让你多睡会儿的，"莎莉说，"但是他们非要过来叫醒你。我说你其实并不是真的想去。"

"哦，不，我真的想去。"

他们沿着大路向前走去，然后又抄近路穿过了一片沼泽地，这条路离海边也就一英里。海水看上去冷冰冰、灰蒙蒙的，菲利普看后不禁打了个寒战。但是孩子们已经脱掉衣服，喊叫着冲进了大海。莎莉做什么事都慢条斯理，直到其他孩子围着菲利普泼水和打水花，她才进了水里。游泳是菲利普唯一的特长，在水里他非常自如，他一会儿装成一条海豚，一会儿又装成一个溺水的人，一会儿又装成一位怕水打湿头发的胖太太，很快孩子们便纷纷学起他的样子。这海水澡洗得热闹非常。莎莉不得不严厉呵斥他们，才把他们都叫上岸。

"你和他们一样不听话。"莎莉用母亲教训孩子般的严肃口吻对菲利普说道，那副样子既好笑又感人，"你不在的时候，他们可不像现在这样淘气。"

他们一起往回走，莎莉一头秀发瀑布般地垂在一侧肩膀上，手里拿着遮阳帽。但当他们走到小屋的时候，阿瑟尔尼太太已经出发去啤酒花田了。阿瑟尔尼穿了一条破旧得不能再破的裤子，上衣的纽扣一直系到脖领，表明他里面没穿衬衫，头上戴着一顶宽边软帽，正在火堆上煎熏鲱鱼。他正暗自得意自己的这身打扮看上去就像个强盗。刚一看见菲利普他们这一群人，他就对着香喷喷的熏鲱鱼大声背诵起《麦克白》里女巫的台词。

"你们吃早饭可不能再磨磨蹭蹭了，否则你们的妈妈该生气了。"当他们走近时，他说道。

几分钟后，哈罗德和简手里拿着几片涂了黄油的面包，晃悠着穿过草场向啤酒花田走去。他们是最后离开的人。啤酒花田是联系着菲利普童年记忆的景象之一，而啤酒花的烘干房对他来说是最具有肯特郡特色的地方。菲利普跟在莎莉后面穿过一行行的啤酒花田垄。他对这一切都不感到陌生，好像回到了他久违的家。现在太阳当头，非常耀眼，在地上投下一道道清晰的影子。菲利普尽情欣赏着一望无际的绿叶。啤酒花正在变黄，在他看来，它们蕴藏着美与激情，如同西西里的诗人们在紫色的葡萄中所发现的一样。当他们向前走时，菲利普觉得自己被周围繁花似锦的景色征服了。肯特郡肥沃的土壤中散发着甜美的气息，九月的阵阵微风也充满啤酒花浓厚的香味。阿瑟尔斯坦兴奋不已，竟放声高歌起来。但他发出的是一个十五岁男孩的沙哑嗓音，莎莉转过身来说道：

"你安静会儿吧，阿瑟尔斯坦，否则你会把隆隆暴雨喊下来的。"

过了一会儿，他们听到了嗡嗡的说话声。又过了一会儿，采摘者的说话声更大了。他们都在忙着手头上的工作，但采摘时说笑声一刻也没断过。他们坐在椅子上、凳子上、盒子上，身边都放着篮子，有的干脆站在帆布袋旁，把采摘到的啤酒花直接扔进去。周围有很多孩子，还有很多婴儿，有的被放在简易的摇篮里，有的裹着毯子被放在干燥、松软的褐色土地上。孩子们采摘得很少，光顾着玩了。妇女们一刻不停地工作着，她们小时候就开始采摘了，所以速度是从伦敦来的"外来人"的两倍。她们炫耀着自己一天能采摘的蒲式耳①数，

---

① 蒲式耳，农作物的容量单位，相当于 8 加仑。

但是她们也抱怨现在挣的钱不如以前多了：那时五蒲式耳可以值一个先令，但现在的价钱是八甚至九蒲式耳才能卖一先令。过去，一个熟练的采摘者在一个采摘季节挣的钱够她维持一年中剩下时间的生活，但是现在已经不行了。你挣到的钱也只够度个假了，差不多就是这样。希尔太太用她采摘挣的钱买了一架钢琴——她是这么说的——但是她太过吝啬，谁也不会像她那么吝啬，大多数人觉得那只是她自己说的；如果真相被揭露出来的话，也许人们会发现，实际上她是把存在银行中的钱取出来一些，添进去才买回了钢琴。

采啤酒花的人分成几个组，每个组十个人，还不算孩子。阿瑟尔尼大声吹嘘道，总有一天他会有一个全部由自家人组成的小组。每一组有个组长，职责是把一捆捆啤酒花放在各人的帆布袋旁边（袋子是木框做支撑的帆布袋，约有七英尺长，一大长溜帆布袋就放在两行啤酒花的中间）。阿瑟尔尼梦寐以求的就是家里的孩子长大后，可以组成一个小组，那他就可以理所当然地当组长了。同时，与其说阿瑟尔尼是来干活儿的，还不如说他是给别人鼓劲来的。他晃荡到阿瑟尔尼太太的身边，嘴上叼着根香烟，开始采摘。阿瑟尔尼太太已经忙了半个小时，往袋子里倒了满满一篮子啤酒花。阿瑟尔尼号称自己当天打算超过所有人，当然，不包括阿瑟尔尼太太，没人能采得像她那样多。这使他想起了阿佛洛狄忒[1]让好奇的普绪客[2]经受的那些考验的传说，他就给孩子们讲起了普绪客倾心于她那位从没露过面的新郎的故事。他讲得引人入胜，菲利普嘴角带着笑意听着，在他看来这古老的故

----

① 参见 160 页注释。

② 普绪客，古希腊的人类灵魂的女性化身，常以长着蝴蝶翅膀的少女形象出现。

事似乎和这场景很协调。现在天空湛蓝，他想即便在希腊也不见得有比这更好的蓝天了。孩子们头发金黄，小脸红扑扑的，结实又健康，活泼又欢快。还有啤酒花形状优美，叶子翠绿，色泽就像喇叭形植物一样。你从上面俯身看下面的花田，那富有魔力的绿色小径弯弯曲曲通往远处，在远处缩成一点；采摘者们戴着遮阳帽。也许这儿的希腊精神，比你在教授们的书中或者博物馆里发现的要多得多。对于英格兰之美，菲利普心中充满欣慰。他想起了一条条蜿蜒的白色道路和一道道灌木树篱，绿油油的草场上长着榆树，群山线条优美，山顶上覆盖着树丛，沼泽地平坦开阔，还有北海的凄凉的景象。他很高兴自己能感受到英国的这些美景。但是，不一会儿阿瑟尔尼有些干不下去了，宣称他要去看看罗伯特·肯普的母亲状况如何。他认识田里的每一个人，总是用教名称呼他们。他对他们每一个人的家史和身世了如指掌。他虽然虚荣，但心地不坏，在他们中间他往往扮演好绅士的角色，但待人亲切的同时，还有点居高临下的意味。菲利普不愿和他一起去。

"我还要干活儿挣吃饭钱呢。"菲利普说道。

"太对了，我的老弟。"阿瑟尔尼答道，他挥了挥手，溜达着走开了，边走边嘟囔，"不干活儿，没饭吃。"

第一百一十九章

菲利普自己没篮子，但他坐在莎莉的身边。简觉得菲利普只帮她大姐而不帮自己真是不公平。于是，他只能答应等莎莉的篮子装满了，就去帮她。莎莉采摘得几乎和她妈妈一样快。

"采摘会不会伤着你的手，以后该不好缝补衣服了？"菲利普问道。

"哦，不会的，干这种活儿需要柔软的双手。那就是为什么女人总比男人采得快。如果你老干粗活儿，你的双手就会变僵硬，手指也会变得不灵活，采摘的速度就快不起来。"

菲利普喜欢看她的手灵巧地上下翻飞，莎莉也时不时地用一种做母亲的神气看着他，让人看着觉得既有趣又迷人。起初，菲利普笨手笨脚，莎莉就一个劲地笑他。然后，莎莉弯下身子，给他演示如何去采摘整排的啤酒花，他们两人的手不小心碰到了一起，他吃惊地发现她的脸红了。他在心里无法说服自己她已经长成大姑娘了，因为他很早以前就认识她，那时她还是个黄毛丫头，所以他仍不由自主地把她当孩子看。然而，她众多的追求者说明她已经不再是个孩子了。虽然他们才来这儿没几天，但莎莉的一位表哥已经频繁向她大献殷勤了，她不得不忍受大家的调笑。这位小伙子名叫皮特·甘恩，是阿瑟尔尼太太姐姐的儿子，她姐姐嫁给了费尔恩村附近的一个农夫。每个人都知道这位表哥为什么每天非要走路穿过啤酒花田。

八点，一阵号角声响起，是招呼人们回去吃早饭的号令。虽然阿瑟尔尼太太跟他们开玩笑说，他们都没资格吃早餐，但他们都吃得津津有味。早饭后，他们又出去干活儿，直到十二点，这时号角声又一次响起，招呼人们吃午饭。计量员就会趁这个间隙转一圈，把帆布袋都过一遍，跟着他的还有一位记录员，记录员先把数记在自己的本子上，然后在采摘者的本子上记上所采的蒲式耳数。当每个帆布袋都装满了的时候，就用蒲式耳筐①把采摘的啤酒花从帆布袋里盛出倒进另一个大袋子里。在此以后，计量员和车夫就把大袋子运走，抬到运货的马车上。阿瑟尔尼一会儿回来一趟，告诉大家希斯太太或者琼斯太太采摘了多少，他鼓动他的家人要超过她们：他总想创造采摘纪录。有时他心血来潮，能坚持采上一个小时。然而，他主要的热情来自采摘动作能够展示他优雅双手的美丽，这双手是他特别引以为荣的，他花了很多时间去修剪指甲。他伸出修长、纤细的手指，告诉菲利普西班牙大公为了保持双手的白皙细嫩，睡觉时总要戴着抹了油的手套。"那只扼住欧洲咽喉的手②，"他很夸张地说，"就像女人的手一样漂亮和纤巧。"当他优雅地采摘啤酒花的时候，总会看着自己的双手，满意地感叹。干了一会儿，他有点烦了，便给自己卷了一支烟，开始跟菲利普讨论艺术和文学。到了下午的时候，天气变得非常炎热，人们干活儿的速度慢了下来，聊天也停止了。上午那种喋喋不休的闲聊现在已经缩减

①　蒲式耳筐，容积为一蒲式耳的筐子。
②　指西班牙国王查理一世，后成为神圣罗马帝国皇帝。

成不连贯的只言片语。莎莉的上唇布满了密密麻麻的小汗珠，手里忙活的时候，嘴唇微微张开。就像一朵含苞待放的玫瑰花。

大家收工的时间取决于烘干房的工作状况。有时，烘干房早早就被装满了。到了下午的三四点钟，采摘的啤酒花的数量已经够当天晚上烘干了，这时就要收工了。但是，一般来说，当天最后一次计量是在下午五点钟开始。每一组计完数后，采摘的人便开始收拾工具。一天的工作结束了，人们又开始热火朝天地聊起来。采摘的人三三两两地慢慢走出啤酒花田。女人们回到小屋忙着收拾，准备晚饭，而很多男人则沿着大路溜达到了小酒店，干了一整天活儿后喝一杯啤酒解乏又令人开怀。

阿瑟尔尼家的帆布袋是最后一个被计量的。当计量员走过来的时候，阿瑟尔尼太太如释重负般地舒了口气，她站起身，伸展了一下胳膊。她已经以同样的姿势坐了好几个小时，身体都僵硬了。

"现在，让我们去'快乐水手'酒店找点乐子吧。"阿瑟尔尼说道，"一天的各项仪式必须一项不落地履行完，现在没有比去酒馆更神圣的事了。"

"带上个酒壶，阿瑟尔尼。"他的妻子说道，"带回一品脱半啤酒，晚饭时喝。"

阿瑟尔尼太太把钱给他时，一个铜币一个铜币地数着。酒吧里早已挤满人。店里的地板是浅棕色的，长条凳摆了一圈，四面墙上贴满了维多利亚时代职业拳击手泛黄的画像。老板能叫出所有顾客的名字，他斜靠在吧台上，笑眯眯地看着两个年轻人正在往立在地板上的杆子上套圈。他们每次都套不中，惹得周围的人哄堂大笑。为了给新来的人腾地方，大家都挤在了一起。菲利普发现自己坐在两个陌生人之间，一个是上了岁数的雇工，穿着灯芯绒裤子，膝盖下面的裤腿上系了根细绳；另一边是一个十七岁左右的小伙子，油光满面，红润的前额上平贴着一绺可爱的鬈发。阿瑟尔尼坚持要扔套圈试试手气，他下了半品脱啤酒的赌注，结果赢了。当他为输家的健康祝酒时，他说道：

"德比赛马①算什么呀，还不如赢点儿啤酒喝呢，我的孩子。"

在那帮乡巴佬中，阿瑟尔尼戴着宽边帽子，胡须尖尖的，一副怪里怪气的样子，从周围人们的神情里很容易看出他们都认为他很古怪。不过，阿瑟尔尼情绪高涨，热情四射，使得人们不可能不喜欢他。聊天的气氛很融洽，人们用萨尼特岛那浓重、缓慢的口音彼此说笑。当地爱开玩笑的那些人的俏皮话，常常引得大家哄堂大笑。多么令人开心的聚会呀！要是在这样的同伴中还无法感到满意的喜悦，怕是只有那些铁石心肠的人才做得到。菲利普看向窗外，看到外面天色仍然很亮，阳光充足。酒馆的窗户跟很多村舍的窗户一样，也挂着白色的小窗帘，用红色的缎带扎在了一起。窗台上摆着几盆天竺葵。不一会儿，在这儿闲坐的人都站起身来，慢慢地走回草场，家里的女主人正在准备晚饭。

"我想你该准备休息了吧。"阿瑟尔尼太太对菲利普说道，"你可能不习惯在清晨五点钟就起床，而且整天待在户外。"

"你要来跟我们一起游泳的，对吧，菲尔叔叔？"男孩子们喊道。

"肯定来。"

---

① 德比赛马，英国的传统赛马大会，1780 年由德比伯爵创立，每年六月的第一个星期三在伦敦附近埃普瑟姆举行，参赛马龄平均为三岁。

菲利普虽然身体很累，但很开心。晚饭后，他坐在一张没有靠背的椅子上，为了平衡后背靠在小屋的墙上，他抽着烟斗，看着夜空。莎莉还在忙碌，她从小屋里进进出出，菲利普懒懒地看着她有条不紊地忙活。她走路的姿势吸引了他的注意力，倒不是因为特别优雅，而是因为步履轻松，充满自信。她依靠髋关节向前摆动双腿，双脚看起来坚定有力地踏在地面上。阿瑟尔尼早就起身离开找邻居聊天去了，过了一会儿，菲利普听见阿瑟尔尼太太自言自语道：

　　"哎呀，家里的茶叶用完了，我想让阿瑟尔尼去布莱克太太开的小店买一点。"过了一会儿，她提高了嗓门，"莎莉，你去布莱克太太店里跑一趟，买半磅茶叶回来好吗？没茶叶了。"

　　"好的，妈妈。"

　　沿着大路走大约半英里，就是布莱克太太开的店铺，那儿既是邮局又是杂货铺。莎莉从小屋中走出来，放下卷起的衣袖。

　　"我能跟你一起去吗，莎莉？"菲利普问道。

　　"别麻烦了，我不怕一个人去。"

　　"我知道你不怕，只是快到我睡觉的时间了，我想正好活动一下我的腿脚。"

　　莎莉没回答，他们一起出发了。月光下的大路白白的，十分寂静，夏夜里没有一丝声响，他们彼此的话也不多。

　　"到了这时候了还这么热，是吧？"菲利普说道。

　　"我觉得这是一年中最好的时候了。"

　　然而，他们两人之间的沉默似乎并不显得尴尬。他们发现两个人肩并肩走路轻松愉快，觉得任何话都是多余的。突然，他们听见篱笆边的阶梯处传来一阵窃窃私语，在黑暗中他们看见两个人影。当菲利普和莎莉经过的时候，他们一动也不动。

"不知道那两人是谁呀。"莎莉说道。

"他们俩看上去很幸福，不是吗？"

"我想他们把咱俩也当成一对情侣了。"

他们看着前面那个村舍的灯光，没用多久就走进了小店。店里耀眼的灯光晃得他们好一会儿才睁开眼睛。

"你们来得够晚的，"布莱克太太说道，"我刚好要关门。"说完她看了一眼墙上的钟表。"都快九点了。"

莎莉买了半磅茶叶（阿瑟尔尼太太买茶叶一次从不超过半磅），然后他们又出发踏上回去的路。时不时地，一些晚上出没的野兽会发出短促、尖厉的嘶吼，但是这叫声反而使得夜晚的寂静更加明显。

"我相信只要你静静地站着，就能听见大海的声音。"莎莉说道。

他们竖起耳朵倾听，想象着细浪发出微弱的拍击海边鹅卵石的声响。当他们再次路过篱笆边的台阶时，那对情侣还在那儿，但是现在他们没有说话，而是紧紧拥抱着彼此，小伙子的嘴紧紧压在姑娘的唇上。

"他们好像很忙呀。"莎莉说道。

他们转过一个角落，一阵阵暖风吹到他们脸上，大地散发出清新的气息。在这令人心荡神摇的夜晚，空气中有种异样的东西，这种东西，你不知道是什么，似乎在那里等待已久，蠢蠢欲动。寂静突然被赋予了某种意义。菲利普心里有种奇特的感觉，这感觉似乎很充实，似乎又在慢慢融化（这些陈词滥调准确地表达出这种奇特的感觉），他觉得幸福、焦虑又满是期待。在他的记忆中，不知不觉涌现出杰西卡和罗兰佐[①]两人之间喁喁私语的对白，他们低声向对方说着悦耳动听的诗句的景象；但那对情侣胸中的激情却通过别出心裁的奇想，闪耀出夺目的光芒，照亮了一切。菲利普不知道空气中有什么东西让他的感情细腻敏锐起来，在他看来，他是一个有纯洁灵魂的人，可以体会大地的气息、声音和味道。他从没有觉得自己有这样高雅的审美能力，甚至害怕莎莉说话会打破这魔咒，但是她没说一句话，他反而又想听她的声音了。她那低沉美妙的声音只属于这乡村夏夜。

他们到达了那片草场，穿过它莎莉就可以回到她住的小屋。菲利普走上前，伸手为她打开了栅门。

"好了，我们该在这里道晚安了。"

"谢谢你一路陪着我。"

莎莉向菲利普伸出了手，他握住它的时候，说道：

"如果你像家里其他人那样跟我吻别，就太好了。"

"我无所谓。"她说道。

菲利普刚才的那句话是玩笑话，他仅仅是想吻一下她，因为他觉得幸福，他喜欢莎莉，而夜晚又是如此美好。

"那么晚安吧。"菲利普笑了笑说道，把莎莉拉向了自己。

莎莉把嘴唇向菲利普凑了过去，她的双唇是那么温暖、丰满和柔软。他陶醉地吻了好一会儿，她的嘴唇就像鲜花一样。然后，他也不知道怎么回事，他本没打算这么做，可就是情不自禁地伸出两只胳膊抱住她。莎莉安静地顺从了。她的身体结实又健康，他感觉她的心怦怦跳着，贴着自己的胸口，两颗心跳到了一块儿。接着，菲利普失去了理智，激情像汹涌的洪水淹没了他，他把莎莉拉进树篱深处更幽暗的地方。

---

① 莎士比亚戏剧《威尼斯商人》中的一对情侣，杰西卡是夏洛克的女儿，与安东尼奥的朋友罗兰佐私奔，引发了夏洛克对安东尼奥的仇视。

第一百二十章

菲利普睡得很香，蓦地醒来，发现哈罗德正在用一根羽毛挠他的脸。他一睁开眼睛就听见一声欢呼。但因为刚醒，他还有点迷迷糊糊的。

"快起床，大懒虫。"简大声喊道，"莎莉说如果你不快点，她就不等你啦。"

这时菲利普记起昨晚发生的事，他的心一沉，已经从床上起了一半的身子突然停住。他不知道如何面对莎莉，一阵自责蓦地涌上心头，他非常后悔自己竟做出那样的事。今天早上莎莉会对他说些什么呢？他害怕见到莎莉，他在心里问自己怎么这么蠢。可是，孩子们不容他多想。爱德华拿了他的游泳裤和毛巾，阿瑟尔斯坦掀开他的被子。不到三分钟，他们都噔噔地跑下楼，来到大路上。莎莉朝他笑了笑，这笑容就像以往一样纯真和甜美。

"你穿衣的时间可够长的呀，"莎莉说，"我以为你来不了了呢。"

她的态度没有任何异样，他原来觉得她的态度会有某种变化，微妙或者突兀。他原以为她见到他时会有些不好意思，或者有些生气，或许更加亲昵。但是好像什么都没有，她和以前一模一样。菲利普和孩子们说笑着，一起向大海走去。

莎莉很安静，但她一向如此，很内敛，菲利普还从来没见过她表现出别的样子。莎莉既不主动和他说话，也不刻意回避。菲利普很惊愕。他原以为昨晚的事一定会在她身上引起巨大变化，但是现在看上去就像他们之间什么事都没发生过一样，那该不会是一场梦吧。菲利普往前走着，一只手拉着一个小女孩，另一只手拉着一个小男孩。他一边佯装不在意地跟孩子们聊着天，一边想找出答案。他猜不透莎莉是不是想把那件事忘掉。也许莎莉和他一样，一时被感官控制，现在把这件事看成是由于特殊情况而引发的意外，或许她已经决定把此事忘掉。这是她那与年纪、性格极不相称的思考能力和成熟的智慧所造成的。不过他意识到自己对她一点也不了解，在她身上总是有一种神秘的东西。

　　他们在水里玩着蛙跳游戏，跟昨天的情景一样，游泳时他们闹腾得热火朝天。莎莉像母亲般地照顾他们，一直密切注意他们每一个人，当他们往远处游去时，就赶紧把他们叫回来。在其他人玩耍时，她也不紧不慢地游来游去，时而翻过身仰躺在水面上漂浮。没过一会儿，莎莉就上岸了，开始擦干身子。然后，她不容置辩地招呼其他人上岸，最后只有菲利普还留在水里，他趁机欢畅淋漓地游了个痛快。这是他第二次早上下海游泳，已经适应了冰冷的海水，尽情地沉醉于海水那种清新的咸味；能自由地舒展四肢让他很高兴，他在水中用大幅度的动作、坚定有力地划动着。但这时莎莉披了一条毛巾，走到了水边。

　　"马上给我出来，菲利普。"她喊道，好像他是由她照管的一个小男孩。

　　菲利普觉得她这种发号施令的神情很有趣，便微笑着向她游来，这时，她责备道：

"你真是太淘气了，在水里待这么长时间，你的嘴唇都冻得发青，看看你的牙齿，它们也在打战。"

"好吧，我这就出来。"

她以前从来没有像这样跟他讲过话，好像昨晚发生的事给了她一种命令他的权力。她把他看作一个该受她照顾的孩子。过了几分钟，他们穿好衣服，开始往回走。莎莉注意到了他的双手。

"你瞧，你的手也都冻青了。"

"哦，没关系的，只是血液循环的问题，一会儿就好。"

"把手给我。"

莎莉用自己的手握住菲利普的手，用力搓它们，先是一只，然后是另一只，直到他的手恢复血色。菲利普既感动又不解地看着她。由于孩子们在场，他不好跟她说什么，也没接触她的目光。但是他能确定她的目光没有刻意回避，只是两人的目光碰巧没有遇到而已。那天白天，莎莉的行为举止并没有流露出她觉得他们俩之间发生的事让一切改变了，或许她的话比平时多了些。当他们都坐在啤酒花地里时，莎莉告诉她妈妈，菲利普有多调皮，待在水里不肯出来，直到身子被冻得发青。这真是不可思议，现在看起来昨天晚上发生的事对她产生的唯一影响，似乎只是激起了她对他的保护欲。就像她对她的弟弟妹妹们一样，莎莉对菲利普也有着一种想要像个母亲那样照顾他的愿望。

直到晚上，菲利普才有机会和莎莉单独待在一起。莎莉正在做饭，菲利普坐在篝火边的草地上。阿瑟尔尼太太去村子里买东西了，孩子们分散在各处，都在各玩各的。菲利普有点紧张，不想说话。莎莉娴熟地照看着火上的饭菜，她对两人间的沉默泰然自若，而菲利普却显得很尴尬。他不知道如何开口，莎莉很少说话，除非她想说，或者有什么事不得不说。最后，他终于无法忍受两人间的沉默了。

"你不生我的气了吧，莎莉？"他突然脱口而出。

莎莉平静地抬起眼帘，不动声色地看着他。

"我？没有呀，我为什么要生气？"

菲利普听了一惊，没有说话。莎莉把锅的盖子掀开，搅了一下锅里的东西，又把盖子盖上。一股饭菜的香味弥散在空气中。她又看了他一眼，微启的唇边带着一贯的淡淡的微笑。但是她的眼里充溢着更多的笑意。

"我一直喜欢你。"她说道。

菲利普的心脏都要跳出胸膛了，他觉得血涌到了脸上。他勉强地轻笑了一下。

"我还真不知道哩。"

"那是因为你傻呗。"

"我不知道你为什么喜欢我。"

"我也不知道。"她把一些柴火添到火堆中，"你在外风餐露宿几天后来到我家的那天，你还记得吗？就是那天，我知道我喜欢上你了。那天是我和妈妈把索普的床腾出来给你睡的。"

菲利普的脸又红了，因为他不知道她竟然也知道那件事，他自己一想起来都觉得可怕和羞愧。

"这就是为什么我不想和别的男人交往的缘故。你还记得妈妈让我嫁的那个年轻人吗？我让他来喝茶是因为他老是缠着我，但我知道我是不会答应他的。"

菲利普很吃惊，他竟然无话可说。他心里有种奇怪的感觉，如果那不是幸福的话，他就不知道那是什么了。莎莉又搅动了一下锅里的东西。

"我希望孩子们快点回来，我不知道他们都跑哪儿玩去了，晚饭现在都准备好了。"

"我去找找他们吧？"菲利普说道。

谈到这些实际的事，菲利普感觉松了口气。

"嗯，我得说，那倒是个好主意……妈妈回来了。"

当菲利普站起身后，莎莉大方地看着他，没有一丝困窘。

"今晚我把孩子们打发上床后，要我过来陪你一起走走吗？"

"好呀。"

"嗯，你在篱笆边的台阶那里等我，我这边一完事就去找你。"

菲利普坐在台阶上，在满天的星星下面等候着，两旁高高的树篱上挂满了成熟的黑莓。土地上升起了夜晚浓郁的气味，周围的气氛柔和、宁静。他的心怦怦地狂跳着。他不能理解眼下发生在自己身上的这些事。过去他总是把爱情与哭喊、泪水和激情联系在一起，可这一切在莎莉身上根本看不到。他不知道除了爱情之外，还有什么能使她委身于他，但是莎莉爱他吗？如果莎莉爱上了她表哥皮特·甘恩的话，他是一点也不会吃惊的。甘恩又高又瘦，身材挺拔，脸色黝黑，走起路来大步流星。菲利普不知道莎莉看中自己什么。他不知道她是否是用自己理解的爱情来爱他的。那还会是别的什么吗？他确信她的纯洁无瑕。他有一种模模糊糊的想法：很多事情都混杂在一起。这些事情她虽说还没有意识到，但已真切地感觉到了，包括令人陶醉的空气、啤酒花的香气和迷人的夜晚，那种女人的健康本能，喷薄欲出的柔情，以及混合着母爱和姐妹之爱的强烈感情。她把所有的一切都给了他，因为她的心里充满了仁爱。

菲利普听到路上传来的脚步声，一个身影出现在了黑暗之中。

"莎莉。"他轻声唤道。

莎莉停下脚步，又向台阶旁走来，带着一阵乡村甜美、清新的气息。她身上似乎还带着新割的干草的芳香、成熟的啤酒花的香味，还有青草的新鲜气味。她柔软、圆润的双唇贴在菲利普的嘴上，她可爱、强壮的身体被菲利普紧紧地搂在怀中。

"牛奶和蜂蜜，"他说道，"你就像牛奶和蜂蜜。"

菲利普让她闭上双眼，然后亲吻她的眼帘，先是一边，然后挪到另一边。莎莉的胳膊丰腴而健壮，裸露着小臂，他用手抚摸着，惊叹于它的美丽。她的胳膊在黑暗中闪闪发亮。她的皮肤像鲁本斯画笔下的人物一样，白皙得出奇，光洁得透亮，在胳膊的一侧长着金色的茸毛，那是撒克逊女神才有的手臂，但是没有一位女神有这样精致又纯朴的手臂。菲利普想到了一座农舍花园，里面盛开着所有男人心中期盼着的可亲可爱的鲜花；想到了蜀葵以及名叫"约克和兰开斯特"的红白相间的玫瑰花；想到了黑种草、美洲石竹、忍冬、飞燕草，还有虎耳草。

"你怎么会喜欢上我？"菲利普说道，"我是个微不足道而且脚有残疾的人，平凡又不英俊。"

莎莉用双手捧起他的脸，亲吻着他的唇。

"你是个大傻瓜，真是个大傻瓜。"莎莉说道。

第一百二十一章

当啤酒花采完的时候，菲利普兜里揣着一纸通知，通知他已经得到了圣路加医院助理住院医生的职位。他随着阿瑟尔尼一家回到伦敦。他在威斯敏斯特租了一套不算太贵的房间，十月初他就正式上班了。工作有趣又不单调，每天他都能学到很多新东西，他觉得自己算是小有所成。他经常去看莎莉，感觉生活非常快乐。除了在门诊部值班的日子，他每天大约六点钟下班，然后就去莎莉工作的裁缝店，等她下班出来后两人见面。经常有几个年轻人在店门对面或者更远些的第一个路口处晃荡；姑娘们三三两两、成群结队地走出店门，当她们认出这些小伙子，就会彼此推推搡搡，咯咯笑起来。莎莉穿着普通的黑色衣裙，看上去和那个与菲利普一起采摘啤酒花的乡下姑娘迥然不同。她从店铺里快步走出来，当两人见面时，她会放慢脚步，面带恬静的微笑跟他打招呼。他们并肩走着，一起穿过繁忙的街道。菲利普跟莎莉讲述自己在医院的工作，莎莉也会告诉菲利普自己一天在店铺里都干了什么。菲利普渐渐知道了那些和她一起工作的姑娘的名字。他发现莎莉有一种含蓄而机敏的幽默感，她说起那些姑娘或者迷上她们的那些男人时，话语总是出人意料地风趣，逗得菲利普直乐。她说话的方式也独具特色，当她说起某件滑稽的事情时，非常严肃，好像这件事一点也不可笑，然而她观察得又那么仔细，描述得那么幽默，让菲利普忍俊不禁。这时，她会用满含笑意的眼睛瞟他一下，表明她并不是不知晓自己话中的幽默。他们见面时只是握一下手，分别时也很庄重。有一次菲利普邀请她和他一起去他的住处喝杯茶，但是她拒绝了。

"不行，我不想那么做，那样不太好。"

他们两人之间从不卿卿我我地说情话，莎莉似乎只想要两人相互陪伴，一起散步。菲利普确信她很高兴和他在一起，可她的行为举止还是如开始一样，让他困惑不解。他仍然不理解她的一些做法，但是他对她了解越多，就越喜欢她。莎莉很能干，自控力很强，身上有种迷人的诚实，让你觉得在任何情况下都可以信赖她。

"你真是个极好的人。"有一次菲利普没头没脑地对她说道。

"我想我只是和其他人一样。"莎莉答道。

菲利普知道自己不爱莎莉，但他能感觉到自己对她特别喜爱，喜欢她的陪伴，那是一种特别的慰藉。另外，他尊重她，对一个十九岁的裁缝店女工产生这种感觉，对他来说似乎很可笑。他还羡慕她令人赞叹的健康体魄，她是一个很棒的姑娘，没有缺陷。她完美无瑕的身体总是让菲利普充满敬畏感，她让他有些自惭形秽。

接下来，大约是他们回到伦敦三周后的某一天，在他们一起散步的时候，菲利普注意到莎莉显得格外沉默。她的眉头微微蹙着，原来脸上的那种安详神情消失了，这是有心事的迹象。

"怎么啦，莎莉？"他问道。

莎莉没有看他，只是目光直直地看着前方，脸上愁云密布。

"我不知道。"

菲利普立刻明白了她的意思。他的心突然咯噔了一下，觉得自己的脸上一下没了血色。

"你这是什么意思？你是怕……"

他打住了话头，说不下去了。他以前从未想过可能发生这种事情。然后，他发现她的嘴唇在颤抖，极力控制自己不哭出来。

"我还不确定，也许没事吧。"

他们默默地继续走着，直到走到大法官巷的拐角处，他们通常在这儿分手。她伸出手来，微笑着说："别担心，让我们往好的方面想吧。"

菲利普走开了，但脑海里思绪翻滚。他真是个傻瓜！这是他脑子里出现的第一个念头，一个厚颜无耻、无可救药的傻瓜。在一股愤怒的情绪下，他用这句话骂了自己十几遍。他鄙视自己，怎么能惹出这样的麻烦事来呢？与此同时，他头脑中的想法一个接着一个杂乱地挤在一起，就像在一场梦魇中看到的一堆凌乱的拼图玩具，他问自己下一步应该怎么办。前面的道路本来很清楚，他梦寐以求的目标终于要实现了，而现在，他那令人难以置信的愚蠢又给自己设置了新的障碍。菲利普本来坚定地希望过一种井然有序的生活，但是他承认他有个缺点始终无法克服，那就是他对未来生活的激情与渴望。他打算一旦他在医院的工作安定下来，就马上着手安排自己的旅行。过去，他经常设法不让自己把将来的计划考虑得过于周密，因为那样只能让人泄气。但是现在，他距离目标是如此近，就算对一种渴望之情做些让步也不会有什么害处。他首先想去西班牙，那是一直让他心仪的地方。如今，他心中充满对那个国家的精神、浪漫、特色、历史和辉煌的向往。他觉得西班牙给了他一种特别的启示，那是别的国家无法给他的。科尔多瓦、塞维利亚、托莱多、利昂、塔拉戈纳、布尔戈斯，他对这些古老又美好的城市早已十分熟悉，好像他孩提时代就在它们弯弯曲曲的街道上行走。西班牙的那些伟大画家是他心目中的画者，当他想象着自己入神地站在那些伟大的画作面前时的情景，他心跳飞快；那些画作远比任何其他画作更能安抚他那受尽折磨、焦躁不安的心灵。他读过很多伟大诗人的作品，但西班牙诗人独具特色的诗歌要胜过其他国家的诗人的作品。西班牙诗人似乎并不是跟着世界文学的潮流亦步亦趋，而是从自己国家炎热、芬芳的平原和荒凉的大山中汲取灵感。还有短短几个月，他就能在自己周围亲耳听到那种语言，那种最能展现伟大灵魂与激情的语言。他有很高的品位，对他来说，安达卢西亚过于柔和，过于舒适了，甚至有点俗气，难以满足他的激情。他更愿意驻留在远方大风吹过的卡斯蒂利亚，崎岖不平但有着壮丽风光的阿拉贡和利昂。他不是很清楚到那些未知的世界去旅行究竟会给自己带来什么。但是他觉得他会从中获得力量和决心，使自己在面对更遥远、更陌生的地方的种种奇观时，更加淡定从容，更有能力领悟其中的美妙。

这只是个开始。他已经联系了几家轮船公司，他们的轮船上都需要随船医生，他对他们的航行路线十分清楚，又从跑过这几条航线的人那里了解到每条航线的优缺点。他放弃了东方轮船公司和大英轮船公司，因为很难在这两家公司的轮船上弄到住舱。再者，他们主要是客运，随船医生的自由度不高。不过，其他公司也有航线不定的大型商船去东方，货运任务不紧，沿途的大小港口都要停靠，停靠时间从一两天到半个月不等，这样他就可以有很多游玩的时间，还经常可以到内陆去旅行一番。但这种随船医生的薪水不高，食物管饱不管好，所以没多少人申请这些职位。若一个在伦敦学医且取得学位的人去申请，十有八九会成功。这种船没什么乘客，偶尔会搭载几个人，船从某个偏僻的港口驶向另一个港口，主要是运送货物，船上的生活还是和睦愉快的。菲利普对这些船只停靠的地方烂熟于心，而且每一个地方都会引发他的无限遐想：热带的阳光、奇异的色彩，还有丰富多彩、神秘莫测、节奏紧张的生活。啊，生活！那才是他梦寐以求的生活。他终于和那种生活越来越近了，也许他可以从东京或者上海换乘另一条走其他航线的船，最终登上南太平洋的群岛。哪儿都会用得着医生的，说不定他还有机会去缅甸游览一趟呢。至于苏门答腊或者婆罗洲的茂密雨林，他为什么不去看看呢？他还年轻，还有大把的时间。他在英国没有太多牵挂，无亲无故，他可以多花几年游历世界，领略生活的美好、奇妙和多彩。

现在出了这么一档子事，他觉得莎莉不会弄错。他莫名地认定她的感觉是对的，不管怎么说，这是很有可能的。任何人都能看出来，造物主把莎莉造就成一个会生儿育女的母亲。他知道他应该怎么做，他不应该让这件小插曲影响自己而偏离自己的人生道路，一丝也不能偏离。他想起格里菲斯，很容易想象出那个年轻人听到诸如此类的消息时，会表现得多冷漠。格里菲斯会觉得这是件麻烦事，一定会像个聪明人一样，立刻拔腿就跑，把那姑娘一个人丢下，让她独自去处理这件麻烦事。菲利普告诉自己，这件事如果真的发生了，就发生吧，那是不可避免的。想到这里，他想，比起莎莉，他不应该受到更多的责备。莎莉是个女孩子，她有生活经验，懂得生活常识，而她却眼睁睁地冒了这么个险。要是让这么件意想不到的事扰乱他的整个人生计划，那才是神经错乱呢。能够敏锐地意识到人生短暂、应该及时行乐的人不多，他是为数不多的人之一。他会竭尽所能补偿莎莉的，可以给她一笔足够的钱。一个意志坚定的男人是绝不会让自己轻易放弃人生目标的。

菲利普一直对自己说这些话，但是他知道自己做不到。他实在做不到，他太了解自己了。

"我真的太软弱了。"他绝望地嘟囔道。

莎莉信任他，对他那么好。菲利普就是不能做出那样的事来，尽管他有各种各样的理由，但他觉得若那样做就太可怕了。莎莉会多么凄惨呀，要是这样的念头不断侵扰他，他知道自己在旅途中也不会得到片刻的安宁。况且，还有她的父母亲呢，他们待他一向是那么好，他可不能用忘恩负义来回报他们呀。唯一的办法就是尽快和莎莉结婚，他会给索斯医生写封信，告诉索斯医生自己马上要结婚了，并告诉他如果他的建议还有效的话，自己愿意接受。在穷苦人中行医，对他来说是唯一可行的出路，因为在那儿他的残疾不会对他行医有丝毫影响，他们也不会嘲笑他妻子的简朴。想到莎莉会成为自己的妻子，他心里萌生出一种奇怪、柔软的感情，当他想到那个未出生的孩子是他的，感情便像波涛一样汹涌而来。他一点也不怀疑索斯医生会接纳他。他幻想着自己和莎莉一起在那个小渔村里生活。他们会有一幢能看见大海的小房子，他会注视着那些大船经过，驶向一个个他永远也无法知晓的国度。这样做也许是最明智的，他想起克朗肖曾说过的话：客观事实对他没有意义，凭借想象的力量，他可以控制时间和空间两个领域。这话说得一点没错：

> 你将永远爱她，她将永远美丽！①

他将把所有的远大理想作为结婚礼物献给他的妻子，他做出了自我牺牲！菲利普在这种美好情操的激励下，意气风发，兴奋异常，整个晚上都想着这件事。他很激动，连书也看不下去了，在屋里好像待不住似的，于是走到街上。他在博德凯奇步道上来回踱步，心脏兴奋地跳动着。他几乎都急不可耐了，想看看在他向莎莉求婚时她幸福的表情，如果不是天已经太晚，他会立刻跑去找她。他想象着一个个漫长的夜晚他会和莎莉共同度过，他们在温暖舒适的起居室里，透过没有拉下的百叶窗眺望大海。他手里拿着书，而她埋头做针线活儿，灯光使她甜美的脸庞更加秀丽。他们会一起谈论一天天长大的孩子，当她转头看他时，眼里满含浓情蜜意。找他看病的渔夫和他们的妻子对他和莎莉的感情也会越发深厚，而他和莎莉也会融入他们的生活，分享他们的喜怒哀乐。他的思绪又回到他俩即将出生的儿子身上。菲利普已经感觉到自己对孩子有种满满的父爱，他想到自己用双手抚摸孩子健全的小胳膊小腿，他知道孩子会很漂亮。他要把自己丰富多彩的人生梦想都寄托在孩子身上。回想过去自己漫长的人生路，他坦然接受了一切。他接受使自己生活变得艰难的残疾。他知道残疾扭曲了自己的性格，但眼下他也看到，正是因为残疾，他获得了内省的力量，使得他能够乐观向上。如果没有这种力量，他永远不会有对美的敏锐的鉴赏力，对艺

---

① 此句出自英国浪漫主义诗人约翰·济慈的著名诗作《希腊古瓮颂》。

术和文学的热爱，对生活不同奇观的兴趣。嘲笑和蔑视经常落到他的头上，使他的思想转向内省，但也让他的内心开出永远散发着香气的花朵。接着，他明白了正常才是世界上最稀有之物，每个人都有某种缺陷，无论是身体上的还是精神上的。他想到所有他认识的人（整个世界就像一座医院，里面毫无规律可循），他看到眼前排着一条长长的队列，里面有身体上有残疾的，也有精神上不健全的：有些人是肉体上的病痛，有些人心脏不好，或者肺部有病；有些人是精神上的疾病，意志消沉，或者酒精上瘾。在此时，他能感觉到自己对他们所有人都有一种神圣的同情心，他们是盲目的命运手中的工具，他能原谅格里菲斯的卑鄙狡诈，也能原谅米尔德里德给他造成的伤害，因为他们都是身不由己的。唯一合理的事情就是：承认人们身上有善良，宽容他们的错误。这时，他脑海中掠过垂死的耶稣的遗言：

　　宽恕他们吧，因为他们不知道自己做了什么。[1]

———————

[1]　此句出自《圣经·新约》中的《路加福音》。

第一百二十二章

　　菲利普已经约好周六在国家美术馆和莎莉见面。她答应店铺一下工就出来赶往那里，并和他一起吃午餐。自从上次见她已经过去两天了，可这段时间里，菲利普欣喜若狂的劲儿一刻也没消失。正是因为沉浸在这种喜悦的感情中，所以他没有着急去找她。菲利普反复练习着见面时自己要对莎莉说的话，应该怎么说。现在，他终于按捺不住了。他已经给索斯医生写了信，口袋里装着上午索斯医生发来的电报："我将辞退那个哭丧脸的傻瓜，你何时来？"菲利普沿着议会大街走着，天气晴朗，高悬在空中发白的骄阳射出的一道道阳光在街上跃动闪烁。街上行人熙熙攘攘。远方升起薄薄的雾气，让那些雄伟建筑的轮廓显得柔和雅致起来。菲利普穿过特拉法加广场，突然，他的心猛地一揪。他看见走在前面的一个女人，以为那是米尔德里德。她与米尔德里德有着一样的体形，走路和米尔德里德一样有点拖着脚。菲利普的心跳得很厉害，他不假思索地赶忙快走几步和这个女人平行。随后，这女人扭过头来，他才发现自己认错人了。那是一张岁数大得多的女人的脸，脸上遍布皱纹，皮肤蜡黄。菲利普放慢步伐，如释重负地松了口气，但不仅仅是放松，也有些失望。他突然对自己感到有些害怕，难道他永远摆脱不了那份感情了吗？在他的心底，尽管有着千思万虑，但他对那个卑贱的女人有种奇怪的强烈渴望，那种渴望永远缠绕着他。那份爱情曾让他遭受巨大的痛苦，他知道自己永远、永远不能完全从中解脱。只有死亡才能最终使他的渴望平息。

但是他努力把痛楚从心中驱赶出去。他想到莎莉，还有她那满含温柔的蓝色眼睛，嘴角不自觉地露出了一丝微笑。他走上国家美术馆的台阶，在第一间展室里坐下来，这样莎莉一进来他应该就能看见她。每当身处各式各样的画作之中，总让他觉得很舒服。他虽然没有特意关注哪一幅画，但画作绚丽的色彩、美妙的线条，都对他的心灵产生着影响。他忙于想象今后和莎莉的生活，把她从伦敦带走真是一件令人高兴的事。在伦敦，她好像是个异于众人的人，就像在花店的兰花和杜鹃花丛中出现了一枝矢车菊。在肯特郡的啤酒花田时，菲利普已经意识到莎莉不属于城市。他相信，在多塞特郡柔和的天空下，莎莉一定会像鲜花般绽放，展示出罕见的美丽。莎莉走了进来。菲利普急忙站起来去迎着她，莎莉穿着黑衣，手腕处有白色的翻边儿，领口处缝了一圈上等细麻布。他们握了握手。

"你等了很长时间吗？"

"不长，也就十分钟吧。你饿吗？"

"不太饿。"

"那我们在这儿坐一会儿吧，好吗？"

"只要你愿意。"

他们安静地并肩坐着，没有说话。菲利普喜欢她坐在自己身边，莎莉容光焕发的健康模样让他感到温暖。生命的光辉似乎就像一道如影随形的光环在她周围闪烁。

"嗯，你身体怎么样了？"他终于微笑着问道。

"哦，没事啦，是一场虚惊。"

"是吗？"

"你不高兴吗？"

一股不可名状的感觉涌上菲利普的心头，他原来很肯定莎莉的怀疑一定是有根据的，一刻也没想过有可能是误报。他所有的计划突然被打乱，甚至精心构想的生活前景都无法实现了。他现在再次获得了自由，多么珍贵的自由啊！他也不必放弃所有的人生计划，生活的主动权仍然掌握在他的手中，可以想干什么就干什么。但他就是高兴不起来，有的只是失落，他的心直往下沉。未来在他面前展现的是一片荒凉的空旷之景，就好像他在一望无际的大海上漂泊了很多年，已经历尽艰辛，最后终于来到一个美好的避风港外面。但当他正打算驶入时，一阵逆风突然刮来，再次把他刮到浩瀚的大海上。因为他已经把心思安放在陆地上柔软的草坪和令人愉快的树林中，那茫茫大海使他陷入了痛苦的深渊，他无法面对那充满暴风雨和孤独寂寞的生活了。莎莉用清澈的目光注视着他。

"你不高兴吗？"她又问道，"我还以为你会高兴得像个孩子哩。"

菲利普万分沮丧地迎着莎莉的目光。

"我说不上来。"他嘟囔道。

"你真有意思，大多数男人听到后都会高兴的。"

菲利普认识到自己有些自欺欺人，其实促使他产生结婚念头的并不是自我牺牲精神，而是对妻子、家庭和爱情的渴望。而现在这些似乎正从他手指间溜走。他现在才意识到自己对这些东西的渴望超过世界上其他一切东西。他还关注什么西班牙和它的城市呀，科尔多瓦、托莱多、利昂都到一边去吧，缅甸的佛塔和南太平洋海岛的环礁湖对他来说又算得了什么？美洲新大陆就在眼前。菲利普觉得，似乎他以前所有的生活都按照别人的理想过着，无论这种理想是以口头的形式还是文字的形式灌输给他的，但他从没按自己内心的想法行事。他的生活总是受到他认为自己理应做的事的影响，而不是按照自己的心愿来行事。眼下，他不耐烦地把那一切都挥到一边。他总是生活在对未来的憧憬中，却总是一而再再而三地错失当下的机会。他的理想又是什么呢？他想到自己的愿望：他渴望从各式各样毫无意义的生活琐事中编织出纷繁复杂、美丽多彩的人生图案。有一种最简单的人生图案——出生、工作、结婚、生子、死亡。这种最简单的图案也最完美。他有没有认识到这一点呢？很可能有人认为：向幸福投降就是接受失败。但这种失败要比无数次胜利好得多。

菲利普飞快地瞥了一眼莎莉，他想知道她此刻在想什么，然后目光又转向了别处。

"我想请你嫁给我。"菲利普说道。

"我想你可能会这么说，但是我不想碍你的事。"

"你才不会碍我的事呢。"

"那你的旅行怎么办，去西班牙，还有别的地方？"

"你怎么知道我想去旅行？"

"我知道一点，我听到过你和爸爸谈论这事，有时你们俩争得面红耳赤的。"

"我现在才不在乎旅行不旅行呢，"菲利普停顿了一会儿，然后用低沉、嘶哑的声音小声说，"我不想离开你！我离不开你。"

莎莉没有回答，菲利普也不知道她在想什么。

"我想知道你愿不愿意嫁给我，莎莉。"

莎莉一动不动，脸上的表情没有丝毫的变化，但是当她回答的时候，没有看他。

"如果你愿意。"

"难道你不想嫁给我吗？"

"哦，我当然想有一个自己的家，现在也到了我谈婚论嫁的时候了。"

菲利普笑了，到现在他终于了解她的心思。她的态度一点也没让他感到吃惊。

"但是，难道你不想嫁给我吗？"

"除了你，我不想嫁给别人。"

"那事情就这样定了。"

"爸爸妈妈一定会吃惊的，不是吗？"

"我太幸福了。"

"我想吃午饭了。"莎莉说道。

"哎呀！"

菲利普笑了，拉起莎莉的手紧紧地攥着。他们站起身，走出美术馆。两人在栏杆那里站了一会儿，看着特拉法加广场，马车和公共汽车来往穿梭，人们匆匆走过，赶往各个方向，太阳当头照耀，眼前一片光明。